Vielstimmige Reformation in den Jahren 1530–1548

Herausgegeben von Gudrun Litz,
Susanne Schenk und Volker Leppin

Ulm 2018
Kommissionsverlag W. Kohlhammer
Stuttgart

Forschungen zur Geschichte der Stadt Ulm
Reihe Dokumentation Band 16

Herausgegeben vom Haus der Stadtgeschichte – Stadtarchiv Ulm

Schriftleitung: Prof. Dr. Michael Wettengel
Redaktionelle Betreuung des Bandes: Dr. Gudrun Litz

1. Auflage 2018
© Stadtarchiv Ulm 2018
Gestaltung: Sabine Lutz Grafik-Design, Ulm
Herstellung: Digitaldruck Leibi.de, www.leibi.de
Kommissionsverlag W. Kohlhammer, Stuttgart
Printed in Germany
ISBN 978-3-17-036393-9

Der Druck wurde ermöglicht durch die freundliche Unterstützung
der Beauftragten der Bundesregierung für Kultur und Medien

Die Beauftragte der Bundesregierung
für Kultur und Medien

Inhalt

**Grußwort der Staatsministerin Prof. Monika Grütters MdB
für die wissenschaftliche Tagung und die Sonderausstellung
„Vielstimmige Reformation" in Ulm**

Fast jeder hat schon einmal von ihnen gehört – von den Männern, mit deren Namen die Reformation untrennbar verknüpft ist: von Martin Luther natürlich – aber beispielsweise auch von Philipp Melanchthon, später „Lehrer Deutschlands" genannt, oder von den bekannten Schweizer Reformatoren Huldrych Zwingli und Johannes Calvin, die eine eigene reformierte Richtung begründeten. Weniger bekannt ist, dass die reformatorische Bewegung des 16. Jahrhunderts ganz wesentlich auch eine Angelegenheit der Städte war, die nach größerer Selbstständigkeit verlangten. Als auf dem Reichstag 1529 Teile der Reichsstände die „Protestation zu Speyer" formulierten und damit die ungehinderte Ausübung des evangelischen Glaubens einforderten, unterzeichneten neben sechs Fürsten auch Vertreter von 14 Reichsstädten, darunter das reiche Ulm – damals eine der tonangebenden Reichsstädte im südwestdeutschen Raum mit weit verzweigten Verbindungen. Hier wirkten bekannte Theologen wie Martin Bucer, der eine Kirchenordnung für die Stadt entwarf und Ratgeber Herzogs Ulrich von Württemberg war. 1530 trat die Bürgerschaft zum protestantischen Glauben über.

Weil schweizerisch-reformierte und lutherische Einflüsse miteinander konkurrierten, mitunter aber auch vermittelnd nebeneinander geduldet wurden, entwickelte sich die frühe Reformation im südwestdeutschen Raum vielschichtiger als beispielsweise in Kursachsen mit Wittenberg als geistigem Zentrum oder im lutherisch dominierten Norden Deutschlands. Gleichzeitig entfaltete sie eine beachtliche Dynamik, beispielsweise auf dem Gebiet des Bildungswesens. Diese „vielstimmige Reformation" ist Thema der gleichnamigen Ausstellung und wissenschaftlichen Tagung, die mit Unterstützung aus meinem Kulturetat von der Stadt und der Gesamtkirchengemeinde Ulm sowie der Universität Tübingen realisiert werden konnte. Wer sich für die unterschiedlichen Stimmen der Reformation interessiert, findet im Tagungsband eine anregende Lektüre.

Der Tagung wünsche ich viel Erfolg und allen Besucherinnen und Besuchern der Ausstellung einen erkenntnisreichen Ausflug in die Vergangenheit.

Prof. Monika Grütters MdB
Staatsministerin bei der Bundeskanzlerin

Grußwort des Oberbürgermeisters Gunter Czisch

Eine der vielen Veranstaltungen in Ulm zum Reformationsjubiläum im Jahr 2017, die unter dem Motto der „Vielstimmigkeit" standen, war die wissenschaftliche Tagung am 18./19. Mai 2017 im Haus der Begegnung und im Stadthaus. Ulm gehörte zu den mächtigen Städten im Südwesten des Reiches, die für die frühe evangelische Bewegung und die Neuordnung des Kirchenwesens im 16. Jahrhundert eine maßgebliche Rolle spielten. Kennzeichnend für die Ulmer Reformationsgeschichte ist neben der anfänglichen Begeisterung für den theologischen Neuansatz Martin Luthers auch die Offenheit für die oberdeutsch-zwinglianischen Reformgedanken, die Täuferbewegung und die auf individuell-mystische Erfahrung ausgerichtete Frömmigkeit und Theologie des Spiritualismus.

Das besondere Interesse der Tagung galt dem Neben-, Mit- und Gegeneinander dieser vielfältigen religiösen Strömungen, den Einflüssen auswärtiger Reformatoren auf die lokalen Verhältnisse, der europäischen Vernetzung der Protagonisten und den Beziehungen zu anderen Reichsstädten sowie dem Umgang mit den bei der alten römischen Kirche verbliebenen Gläubigen im Zeitraum zwischen dem Bürgerentscheid von 1530 und dem Interim 1548. Ausgewiesene internationale Expertinnen und Experten der Reformationsgeschichte haben sich auf den Weg nach Ulm gemacht, um über diese Fragen zu referieren und miteinander zu diskutieren. Ihre ausgearbeiteten Beiträge werden nun in diesem Tagungsband vorgelegt, wofür ich mich herzlich bei allen Autorinnen und Autoren bedanke.

Der Beauftragten der Bundesregierung für Kultur und Medien, Frau Prof. Monika Grütters, danke ich für die finanzielle Förderung der Tagung und der Drucklegung des Bandes, der in der Reihe „Forschungen zur Geschichte der Stadt Ulm. Reihe Dokumentation" unseres Stadtarchivs erscheint.

Ulm, im August 2018

Vorbemerkungen der Herausgeberinnen und des Herausgebers

Die Reformationsveranstaltungen des Jahres 2017 stellte Ulm unter das Motto der „Vielstimmigkeit". Als mächtige Reichsstadt des Südwestens war Ulm im 16. Jahrhundert neben Straßburg, Basel und Augsburg einer der Hauptorte der oberdeutschen Reformation. Zwischen Wittenberg und Zürich entfaltete sich in dieser deutlich bürgerlich-städtisch geprägten Region die reformatorische Bewegung in breiter Vielfalt: Es wurden Impulse der Wittenberger Theologie einerseits und der schweizerischen andererseits aufgegriffen, täuferische wie spiritualistische Ideen fanden große Resonanz und eine Minderheit der Bürgerschaft blieb beim römischen Glauben.

Ulm ist eine Musterstadt dieser reformatorischen Vielstimmigkeit: Die Ereignisse und Entwicklungen in der Donaustadt sind exemplarisch für die Vorgänge in vielen oberdeutschen Reichsstädten; zugleich ragt Ulm aus dieser reformatorischen Landschaft heraus durch den Umfang und die Dauer, in denen die reformatorische Vielstimmigkeit hier lebendig bleiben konnte.

Bezeichnend für die Ulmer Vielstimmigkeit ist vor allem die Phase zwischen Bürgerentscheid (1530) sowie Einführung der Kirchenordnung (1531) und der Zäsur des Interims 1548. Da diese Etappe der Ulmer Reformationsgeschichte bislang wenig untersucht ist, haben Stadt und Evangelische Landeskirche in Württemberg seit 2015 gemeinsam ein Forschungsprojekt zur Vielstimmigkeit der Ulmer Reformation getragen, das die reichhaltigen Quellenbestände des Ulmer Stadtarchivs und anderer Institutionen auswertet und am Institut für Spätmittelalter und Reformation der Universität Tübingen angesiedelt ist.

Beim gemeinsamen Forschen und Arbeiten entstand bald der Wunsch, im Rahmen einer wissenschaftlichen Tagung den Kontext der Ulmer Vielstimmigkeit zu beleuchten – sowohl hinsichtlich der verschiedenen theologischen wie frömmigkeitlichen Richtungen als auch hinsichtlich der anderen oberdeutschen Hauptorte. Wir freuen uns sehr, dass sich renommierte Wissenschaftlerinnen und Wissenschaftler aus nah und fern zur Tagung „Vielstimmige Reformation" auf den Weg nach Ulm gemacht haben. Am 18. und 19. Mai 2017 haben wir in anregender Atmosphäre unter Teilnahme vieler Ulmer Bürgerinnen und Bürger wie auch weiterer Interessierter im Chor des ehemaligen Dominikanerklosters, heute Haus der Begegnung, und im Stadthaus getagt.

Allen Referentinnen und Referenten danken wir herzlich, dass Sie Ihre über-arbeiteten Beiträge eingereicht haben und wir diesen Band nun zum Reforma-tionstag 2018 vorlegen können. Der Evangelischen Gesamtkirchengemeinde Ulm, der Stadt Ulm, dem Evangelischen Bund Württemberg und der Staats-ministerin für Kultur und Medien, Frau Prof. Monika Grütters, sind wir für die großzügige Unterstützung der Tagung und der Drucklegung des Bandes zu großem Dank verpflichtet.

Bedanken möchten wir uns bei Herrn Dr. Tobias Jammerthal für die Erstellung der Namens- und Ortsregister. Dem Stadtarchiv Ulm danken wir für die Aufnahme des Tagungsbandes in seine Reihe ‚Dokumentation' der ‚Forschungen zur Geschichte der Stadt Ulm'. Die gelungene grafische Gestaltung des Bandes verdanken wir Frau Sabine Lutz.

Gudrun Litz, Susanne Schenk, Volker Leppin
Ulm/Tübingen, 28. August 2018

Berndt Hamm

Die Antriebskräfte der Reformation in ihrer Vielstimmigkeit

Die Reformation als religiöser und kirchlicher Systembruch

Bei einem so weit ausgreifenden und komplexen Thema ist es gewiss ratsam, mit Grundlegendem zu beginnen und zu fragen, was überhaupt unter ‚Reformation‘ zu verstehen ist.[1] Ich nähere mich dieser elementaren Definitionsfrage nicht von einem bestimmten konfessionellen oder dogmatischen Standpunkt aus, sondern pragmatisch-deskriptiv als Historiker und bezeichne mit den Begriffen ‚Reformation‘ und ‚reformatorisch‘ den Geschehenszusammenhang, der in der ersten Hälfte des 16. Jahrhunderts zu einer antirömischen Umgestaltung des abendländischen Kirchenwesens führte. Wenn ich von ‚antirömisch‘ spreche, habe ich die gemeinsame Front aller Reformationsgesinnten im Blick, die sich gegen die hierarchisch verfasste und auf dem Kanonischen Recht wie auf der biblischen Schrift gegründete Kirche mit dem Papst an der Spitze richtete. Man kann es aber noch weitergehender formulieren: Alle unterschiedlichen Strömungen der Reformation sind bei aller Vielstimmigkeit und über alle Konflikte hinweg nicht nur durch den gemeinsamen Kampf gegen die altgläubige Kirchenhierarchie und ihre Rechtsgestalt miteinander verbunden, sondern vollziehen darüber hinaus alle einen tiefgehenden Bruch mit dem Gesamtgefüge der traditionellen, ‚mittelalterlichen‘ Kirche, Theologie und Frömmigkeit. Man kann hier durchaus im religiösen Sinne von einem revolutionären ‚Systembruch‘ sprechen.[2]

---

[1] Aus der Fülle von Überblickswerken zur Reformation, wie sie zum Zeitpunkt des Abschlusses dieses Beitrags, am Ende des Jubiläumsjahres 2017, vorliegen, seien folgende Monographien besonders hervorgehoben: EIRE, Carlos M. N.: Reformations. The Early Modern World, 1450–1650, New Haven 2016; KAUFMANN, Thomas: Erlöste und Verdammte. Eine Geschichte der Reformation, München 2016; MACCULLOCH, Diarmaid: Reformation. Europe's House Divided 1490–1700, London 2003 u. ö. (dt. Übersetzung von Helke Voß-Becher u.a.: Die Reformation 1490–1700, München 2008 u. ö.); EHRENPREIS, Stefan/LOTZ-HEUMANN, Ute: Reformation und konfessionelles Zeitalter (Kontroversen um die Geschichte), Darmstadt 2002; HAMM, Berndt/MOELLER, Bernd/WENDEBOURG, Dorothea: Reformationstheorien. Ein kirchenhistorischer Disput über Einheit und Vielfalt der Reformation, Göttingen 1995; BRADY, Thomas A., Jr./OBERMAN, Heiko A./TRACY, James D. (Hg.): Handbook of European History 1400–1600, 2 Bde., Leiden/New York/Köln 1994/1995.

[2] Zur Kategorie des ‚Systembruchs‘ und des ‚Systemsprengenden‘ im Blick auf den revolutionären Charakter der Reformation vgl. HAMM, Berndt: Einheit und Vielfalt der Reformation – oder: was die Reformation zur Reformation machte. In: HAMM/MOELLER/WENDEBOURG, Reformationstheorien (wie Anm. 1), S. 57–127, hier: S. 64. Bei dem Begriff ‚Systembruch‘ gehe ich nicht von einem strikten Systembegriff im Sinne rationaler und konsistenter Geschlossenheit aus, sondern – im Blick auf das 15. Jahrhundert – von ‚System‘ im Sinne eines religiösen und kirchlichen Sinngefüges von pluraler Vielfalt und großen inneren Spannungen. Durch die Reformation entstand eine neue Sinnformation von Theologie, Frömmigkeit und Kirche mit einem neuen Zeichen-, Legitimations-, Norm- und Ordnungsgefüge und in diesem Sinne ein neues religiöses System. Vgl. HAMM, Berndt: Wie innovativ war die Reformation? In: ZHF 27 (2000), S. 481–497, hier: S. 496f.

Die Reformation führte zwar insgesamt nicht zu einem gewaltsamen Umsturz politischer Machtverhältnisse, sondern hat das tradierte obrigkeitliche Machtverständnis eher stabilisiert als geschwächt. Sie hat aber den Charakter einer religiös-kirchlichen Revolution, weil sie in ihrem Geltungsbereich die bisherigen theologischen, devotionalen, rituell-kultischen und kirchenrechtlichen Strebepfeiler der *societas christiana* zerstörte. Das reformatorisch Neue ist im frühen 16. Jahrhundert daran zu erkennen, dass es die traditionelle Religiosität und Sakralität nicht behutsam und allmählich umformt, sondern sie – meist binnen kurzer Zeit – radikal ins Unrecht setzt, desakralisiert, zerbricht, vernichtet und durch neue Religionsformen ersetzt. Wie sehr die Terminologie des Bruchs und des Zerbrechens die damalige Realität trifft, ist den zeitgenössischen Quellen zu entnehmen, wenn sie berichten, dass die Anhänger des alten Glaubens sich in einem reformatorisch umgestalteten Gemeinwesen als religiös heimatlos empfinden, vertrieben aus der Religion und dem Gottesdienst ihrer Eltern. Was von den anderen als Reinigung und Befreiung von Abgötterei gepriesen wird, beklagen sie als frevelhafte Zerstörung dessen, was ihnen bisher als besonders heilig, als sakrosankt, gegolten hat.

Man muss sich nur einmal kurz vergegenwärtigen, was sich für die Zeitgenossen binnen weniger Jahre durch die Einführung der Reformation veränderte, welcher Abbruch von Heiligkeit ihnen innerhalb eines neuen religiösen Normgefüges zugemutet wurde.[3] Aus dem Papst als Stellvertreter Christi wird seit 1520 der Antichrist – ein atemberaubender Autoritätensturz! Es entstand eine Kirche ohne Papst und Konzilien, ohne Kardinäle und Bischöfe und ohne Priesterstand, d.h. ohne geweihte Sakralpersonen. Das bedeutete auch, dass die Klöster geschlossen wurden und es künftig keine Mönche und Nonnen mehr gab, eine Kirche ohne Orden, das Herzstück des mittelalterlichen Christentums. An die Stelle des bisherigen Keuschheitsgelübdes, des seit dem Apostel Paulus hochgehaltenen Jungfräulichkeitsideals und des Zölibats, trat das Ideal des Verheiratetseins und der natürlichen Familie. In der neuen Religion gab es keine Verdienste und straftilgenden Satisfaktionsleistungen mehr, daher auch kein Fegefeuer und keinen Ablass. Es durfte nun keinerlei Jenseitsvorsorge mehr geschehen, weder durch Almosen und Gebete noch durch Opfermessen und fromme Stiftungen. Die Fastenzeiten fielen weg; und da nun die Verehrung und Anrufung Marias und der Heiligen als Abgötterei galten, wurde die Zahl der Feiertage mit ihren vielen Marien- und Heiligenfesten drastisch reduziert. Es fand eine Profanisierung der Zeit statt und zugleich eine

---

[3] Vgl. LITZ, Gudrun: Die Depotenzierung traditioneller Gnaden und Heilsmedien. In: Johanna HABERER/Berndt HAMM (Hg.): Medialität, Unmittelbarkeit, Präsenz. Die Nähe des Heils im Verständnis der Reformation (SMHR 70), Tübingen 2012, S. 87–97.

Entsakralisierung nicht nur von Personen, sondern auch von heiligen Räumen und Kultgegenständen. Die Reformatoren beseitigten den Reliquien-, Hostien-, Tabernakel- und Fronleichnamskult, die Kultbilder, Prozessionen und Wallfahrten, ebenso Weihwasser, Weihrauch, geweihte Kerzen und Kräuter und die Letzte Ölung. Die traditionelle Siebenzahl der Sakramente wurde auf zwei, Taufe und Abendmahl, reduziert. Das Zentrum des katholischen Gottesdienstes, die heilige Messe, wurde nicht länger geduldet, jedenfalls nicht mit ihren wesentlichen Charakterzügen der priesterlichen Opferhandlung und Wandlung von Brot und Wein (der Transsubstantiation).

Was ich hier stichworthaft als reformatorischen Traditionsbruch und Abbruch von Heiligkeit skizziert habe, hatte im 16. Jahrhundert zwei wichtige Implikationen:

1. Die christliche Religiosität wurde durch die Einführung der Reformation in hohem Maße entsinnlicht, entkörperlicht und vergeistigt, d. h. aus dem Bereich des Sehens, Hörens, Berührens, Riechens, Schmeckens, Niederkniens, Sich-Bekreuzigens und Wallfahrens in den dominanten Bereich des Hörens von gesprochenen und gesungenen Worten, des Lesens und Belehrens überführt.[4] Durch diese Verlagerung auf das Wortgeschehen entstand aus der sinnlich-körperlichen Multimedialität der spätmittelalterlichen Frömmigkeit die Vielstimmigkeit der Reformation. Unser Tagungsthema trifft also genau diesen Punkt der reformatorischen Akzentverlagerung auf die Stimme, auf das vielstimmige Wort und das vielfältige Hören bzw. Lesen.

2. Die spätmittelalterliche Kirchlichkeit und Frömmigkeit war von einer erstaunlichen Vielfalt; und diese Pluralität war bestimmt durch unterschiedlichste Arten und Intensitätsstufen von Heiligkeit. Man lebte in der Vorstellung, dass sich das Wirken des Heiligen Geistes inmitten der Welt in bestimmten Personen, Institutionen, Räumen und Zeiten, Gegenständen, Substanzen, Handlungen und Worten verdichtet und so immens viele Kraftsphären der heiligenden Gegenwart Gottes schafft, ein Netzwerk von Sakralität in einer unheiligen und bösen Welt. Aus der Wahrnehmung des Ulmer Dominikaners Felix Fabri (1438–1502)[5] war eine große Reichsstadt wie Ulm um 1500 das Eldorado einer geradezu hymnisch zu preisenden Multiplizierung und Differenzierung von Sakralitäten: mit ihrer Menge der Kirchen, Kapellen, Altäre, Priester, Ordensgemeinschaften und Bruderschaften,

---

[4] Vgl. KARANT-NUNN, Susan C.: Die Reformation of Feeling: Shaping the Religious Emotions in Early Modern Germany, Oxford 2010; WALKER BYNUM, Caroline: Christian Materiality. An Essay on Religion in Late Medieval Europe, New York 2011; KAUFMANN, Thomas: Die Sinn- und Leiblichkeit der Heilsaneignung im späten Mittelalter und in der Reformation. In: HABERER/HAMM, Medialität (wie Anm. 3), S. 11–43.

[5] Zum Folgenden vgl. FELIX FABRI O. P.: Tractatus de civitate Ulmensi. Traktat über die Stadt Ulm, hg., übersetzt und kommentiert von Folker Reichert (Bibliotheca Suevica 35), Konstanz 2012, besonders S. 67–81.

Messfeiern, Taufen, Beichten und Absolutionen, Segenshandlungen und Predigten, Kultbildern, Gnadenorten und Prozessionen, mit der stiftungsfreudigen und kultischen Frömmigkeit seiner Bewohner und dem Fürsorgewesen für Kranke, Arme und Alte. Inbegriff dieser ganzen Heiligkeitsfülle und -vielfalt war für Fabri das Münster, die größte Pfarrkirche des Abendlandes. Mit ihren Riesenausmaßen, ihrer auffächernden sakral-architektonischen Gliederung, ihren 52 Altären vom westlichen Eingangsbereich bis zum Hochaltar im östlichen Chorraum repräsentierte diese Marienkirche die reich gestufte und nach oben hin aufstrebende Vielfalt spätmittelalterlicher Sakralität, vielfältig auch an innerlichen und körperlichen Frömmigkeitsformen, die hier vor den Altären, den Epitaphien, den Bildwerken und brennenden Kerzen praktiziert wurden. Was mit dem Ulmer Münster durch die Reformation geschah, ist paradigmatisch für den reformatorischen Umgang mit der Heiligkeitsvielfalt und dem sakralen Gradualismus des Mittelalters überhaupt.[6] Indem der Ulmer Rat in Absprache mit den von ihm berufenen Reformationstheologen die vielen Altäre und sakralen Bilder entfernte, das Personal von über 60 Geistlichen[7] drastisch auf eine Handvoll reduzierte, nur noch den evangelischen Predigtgottesdienst mit Taufe und Abendmahl feiern ließ und alle anderen kollektiven und individuellen Devotionsformen aus dem Kirchenraum verbannte, vollzog er eine radikale Reduktion von Komplexität, eine frappierende Vereinfachung des Heiligen. Die Evangelischen damals verstanden diese Reduktion als Reinigung des Münsters von aller widerchristlichen Überwucherung und Perversion. Rückblickend kann man sie mit der Fachsprache des Historikers als „normative Zentrierung" von Kirche und Religiosität bezeichnen.[8]

Damit meine ich: Das typisch reformatorische Streben nach Authentizität, nach ursprünglicher, reiner und wahrer Christlichkeit des Einzelnen und des Gemeinwesens, verlangt nach der Einfachheit und Klarheit einer normierenden Lebensmitte, die man als unmittelbar einleuchtend und absolut gültig erfahren kann.

---

[6] Zum Begriff des ‚Gradualismus‘ vgl. unten Anm. 8.

[7] Neben dem Münsterpfarrer, seinen fünf Helfern und dem Münsterprädikanten gab es zu Beginn der Reformation im Ulmer Münster 57 Messpriester (Altaristen und Kapläne), also ingesamt ein Personal von 64 Geistlichen. Vgl. GEIGER, Gottfried: Die Reichsstadt Ulm vor der Reformation. Stadt und kirchliches Leben am Ausgang des Mittelalters (Forschungen zur Geschichte der Stadt Ulm 11), Ulm 1971, zu den Helfern: S. 88 mit Anm. 78 und S. 127f., zu den Messpriestern: S. 87f.

[8] Vgl. HAMM, Berndt: Reformation als normative Zentrierung von Religion und Gesellschaft. In: JBTh 7 (1992), S. 241–279 [wieder abgedruckt in: Matthias POHLIG (Hg.): Reformation (Basistexte Frühe Neuzeit 2), Stuttgart 2015, S. 187–222]. In diesem Aufsatz erläutere ich auf S. 196f. auch den oben verwendeten Begriff des ‚Gradualismus‘, der Stufenordnungen und des Stufendenkens in der mittelalterlichen Religiosität (6. Pluralität und Gradualismus als Kennzeichen des Spätmittelalters). Vgl. auch SUNTRUP, Rudolf/VEENSTRA, Jan R. (Hg.): Normative Zentrierung/Normative Centering (Medieval to Early Modern Culture/Kultureller Wandel vom Mittelalter zur Frühen Neuzeit 2), Frankfurt u. a. 2002.

Sprachlich zeigt sich dieser Zentrierungsimpetus der Reformation auf den ersten Blick in den bekannten *Sola*-Formulierungen der Reformation: ‚Allein, allein, allein‘! Auf dem Flyer unserer Tagung (Abb. 1) setzt sich der Münsterturm aus den Worten dieser reformatorischen *Sola*-Formeln zusammen; und damit wird signalisiert, dass sich die Ulmer Münstergemeinde nach Einführung der Reformation neu definiert: nicht mehr von der teils komplementären, teils konkurrierenden Pluralität der immens vielen Sakralitäten der Vergangenheit her, sondern nur von einer einzigen, allein Heil wirkenden Heiligkeit her: von der allein zu verehrenden Heiligkeit Gottes her *(solus Deus)*, der uns als der bedingungslos Gütige, Gnädige und Beschenkende begegnet *(sola gratia)*, der sich uns in Christus allein offenbart und ihn für uns zum alleinigen Erlöser gemacht hat *(solus Christus)*, der für uns die biblische Schrift allein als exklusive Normquelle christlicher Wahrheit eingesetzt hat *(sola scriptura)*, der uns durch ihr Wort allein tröstend und

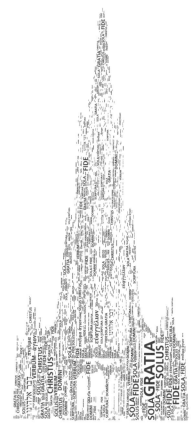

Abb. 1

mahnend anspricht *(solo verbo)*, der allein durch seinen Heiligen Geist seinem biblischen Wort Kraft gibt *(solus Spiritus Sanctus)* und so in den sündigen Menschen den Glauben weckt, einen Glauben, der als pures Vertrauen die einzige Weise ist, wie sie sich von Gott beschenken lassen können *(sola fide)*.

Diese *Sola*-Formulierungen bringen den Bruch mit dem bisherigen Kirchenwesen auf den Punkt, indem sie der bisherigen pluralen Sowohl-als-auch-Religiosität Ausschließlichkeitsmaximen entgegensetzen und scharfe Alternativen formulieren: Nicht sowohl die Hl. Schrift als auch das päpstliche Kanonische Recht sind normativ-verbindlich für die Christenheit, sondern allein die Bibel gegen das Kanonische Recht. Nicht sowohl Christus als auch Maria und die Heiligen können wir als Heilsmittler anrufen, sondern nur Christus allein. Nicht der Glaube in der Kraft der Liebe und in Verbindung mit guten Werken führt uns zur Seligkeit, sondern der Glaube allein ist es, der bedingungslos und nicht um seiner Liebesfähigkeit und seiner guten Werke willen die Fülle des Heils empfängt.

Die Antriebskräfte der Reformation:
Herkunft aus dem Spätmittelalter und innovative Eigendynamik

Mit solchen Alternativformulierungen, die einer katholischen Pluralität und Komplexität die reformatorische Reduktion und Zentrierung gegenüberstellen, könnte ich noch lange fortfahren. Aber ich habe mich schon viel zu lange und mehr und mehr widerwillig dabei aufgehalten, das Verhältnis der Reformation zu den vergangenen Jahrhunderten nur als grundlegenden Systembruch zu beschreiben. Diese Sichtweise des Umbruchs ist zwar zutreffend, trifft aber nur die halbe Wahrheit und ist daher missverständlich. Kann man doch die Reformation, auch die reichsstädtische Reformation Ulms, nur dann historisch angemessen einordnen, wenn man ihre Herkunft aus dem Spätmittelalter berücksichtigt und den gesamten Zeitraum des 14. bis 16. Jahrhunderts als **eine**, zusammenhängende Ära der Kirchen-, Theologie- und Frömmigkeitsreform voller Neuaufbrüche versteht. Eine solche Sicht passt nicht zur früheren Abwertung des Spätmittelalters als einer Epoche des Niedergangs und der kirchlichen Missstände, die sowohl in der protestantischen als auch in der katholischen Forschung des 20. Jahrhunderts verbreitet war: Die Protestanten konnten so vor der dunklen Folie des Spätmittelalters das Licht Luthers und der Reformation um so heller leuchten lassen; und die Katholiken konnten so bedauernd feststellen: Kein Wunder, dass Luther theologisch auf Abwege geriet, da die Theologie, die er als junger Mönch in Erfurt und Wittenberg kennenlernte, nicht den Standards einer echt katholischen Theologie entsprach. Das Spätmittelalterbild hat sich aber dann seit den sechziger Jahren des vergangenen Jahrhunderts nach und nach völlig verändert. Aus einer Herbstepoche des religiösen Verfalls[9] wurde eine Frühlingsepoche blühender Reformimpulse und kultureller Neuaufbrüche.[10] Und diese veränderte Wertung hatte sofort zur Folge, dass man die Reformation ebenso wie die katholische Reform des 16. Jahrhunderts viel näher an das 14. und 15. Jahrhundert heranrückte und von einem Jahrhunderte übergreifenden Zeitalter intensivierter kirchlicher Reformen und gemeinsamer religiöser Antriebskräfte sprechen konnte.[11]

---

[9] Vgl. HUIZINGA, Johan: Herbst des Mittelalters. Studien über Lebens- und Geistesformen des 14. und 15. Jahrhunderts in Frankreich und in den Niederlanden, hg. von Kurt Köster, Stuttgart [11]1975 (niederländische Erstausgabe 1924: Herfstij der middeleeuwen), mit der zentralen These (S. VII): „das späte Mittelalter ist nicht Ankündigung eines Kommenden, sondern ein Absterben dessen, was dahingeht". Vgl. AERTSEN, Jan A./PICKAVÉ, Martin (Hg.): „Herbst des Mittelalters"? Fragen zur Bewertung des 14. und 15. Jahrhunderts (Miscellanea Mediaevalia 31), Berlin 2004.

[10] Vgl. besonders die Umwertung des Spätmittelalters durch den Niederländer Heiko A. OBERMAN seit den sechziger Jahren, z.B. in dem (ältere Aufsätze seit 1962 enthaltenden) Band: The Dawn of the Reformation. Essays in Late Medieval and Early Reformation Thought, Edinburgh 1986.

[11] Vgl. HAMM, Berndt: Abschied vom Epochendenken in der Reformationsforschung. In: ZHF 39 (2012), S. 373–411, bes. S. 382f. und S. 385–387 mit dem Hinweis auf mehrere Autoren der vergangenen drei Jahrzehnte (z.B. Heiko A. Oberman, Pierre Chaunu, Stephen Ozment, Heinz Schilling, Bernhard Jussen, Craig Koslofsky, James D. Tracy, Konstantin Fasolt, Diarmaid MacCulloch), die in diesem Sinn das 14. bis 16. oder 17. Jahrhundert als einen kohärenten Geschichtszusammenhang der Kirchenreform und geistiger Neuaufbrüche darstellten.

Mit dieser Umwertung des Spätmittelalters verbinde ich im Folgenden zwei Haupt-
thesen: Wie sehr die Reformation mit ihrem Veränderungsimpetus im Spätmittelalter verankert war, wird vor allem daran erkennbar, dass es – so meine erste
These – keine Antriebskraft der Reformation gab, die nicht eine bedeutende Vorgeschichte im ausgehenden Mittelalter hatte. Jede dieser Antriebskräfte führte
also aus dem 14. und 15. Jahrhundert in die Reformation des frühen 16. Jahrhunderts hinein. Den Begriff der ‚Antriebskraft' halte ich für besonders geeignet,
wenn man die Frage beantworten will, was hinter den vordergründigen Phäno-
menen der frappierenden religiösen Veränderungen steht, die ich bereits beschrieben
habe, zum Beispiel hinter der Umwandlung des Ulmer Münsters aus einem reich
gegliederten, viele partielle Andachtsorte bietenden Kirchenbau multipler
Sakralität und Devotion in einen normativ zentrierten Einheitsraum der gesprochenen oder gesungenen Verkündigung des biblischen Gotteswortes. Wo es um
diese religiösen Antriebskräfte der Reformation geht, ist – so meine These – immer
das Spätmittelalter mit seinen Reformimpulsen präsent. In der Reformation
kommen Antriebskräfte zum Zuge, z.B. das Verlangen nach der Normativität des
biblischen Gotteswortes, die bereits im 15. Jahrhundert höchst virulent waren. So
richtig diese These ist, so wichtig ist doch ihre Weiterführung durch eine zweite
These: Von den ersten Anfängen der Reformation an verbinden sich diese spätmittelalterlichen Reformimpulse mit einer genuinen Eigendynamik der Reformation, mit ihren eigenen innovativen Antriebsenergien, die sich nicht kausal aus dem
Spätmittelalter herleiten lassen und daher historisch zum Bruch der Reformation
mit dem religiösen Gesamtgefüge des Mittelalters führten.[12] Die besondere Kombi-
nation der spätmittelalterlichen und der seit Luthers frühen Klosterjahren neu
hervorbrechenden Antriebskräfte ergab das spezifische Profil der Reformation in
ihrer divergierenden Vielstimmigkeit.

Das klingt kompliziert, lässt sich aber an Beispielen konkretisieren und verdeutlichen. Aus einem großen Ensemble von Antriebskräften der Reformation greife
ich nur einige wenige heraus, die für alle Strömungen der Reformation und so auch
für alle Richtungen der vielstimmigen Ulmer Reformation gemeinsam wichtig
waren. Das erklärt – nebenbei gesagt – auch, weshalb wir überhaupt im Singu-
lar von *der* Reformation sprechen können und nicht nur von verschiedenen
Reformationen, von der lutherischen, zwinglischen, calvinischen, oberdeutschen,

---

[12] So gesehen war die Reformation mit ihrer frappierenden Neuartigkeit, die aus dem Vorausgehenden historio-
graphisch nicht mit lückenloser Kausalität herleitbar und erklärbar ist, im Sinne komplexer Emergenztheorien
des 20. und 21. Jahrhunderts ein ‚emergentes' Phänomen. Vgl. HAMM, Berndt: Die Emergenz der Reformation.
In: DERS./Michael WELKER: Die Reformation – Potentiale der Freiheit, Tübingen 2008, S. 1–27.

täuferischen, spiritualistischen oder bäuerlichen Reformation. Das Gemeinsame, was alle Reformationsrichtungen gegenüber den Altgläubigen verbindet, ist aber, wie wir gleich sehen werden, von Anfang an auch der Nährboden für die inner-reformatorischen Divergenzen und Konflikte. Ich blicke nun also auf die Antriebs-kräfte der Reformation und frage jeweils: Wie verhält sich die spätmittelalterliche Reformdynamik, die als Antriebskraft in die Reformation Eingang findet, zur innovativen Eigendynamik der Reformation, d. h. zu ihren neuen Antriebskräften eigener Art?

Erste Antriebskraft: Streben nach Authentizität der Kirche

Ich beginne mit einer Antriebskraft, die ich bereits erwähnt habe: mit dem ‚Streben nach Authentizität der Kirche‘, d. h. mit dem reformatorischen Anspruch auf ihre echte, ursprüngliche und wahre Christlichkeit. Die Reformation trat in ihren verschiedenen Wortführern überall mit dem apostolischen und prophetischen Anspruch auf den Plan, den christlichen Glauben und die Gemeinde Jesu Christi aus einem beklagenswerten Zustand des ruinösen Verfalls zu ihrem ursprüng-lichen, authentischen Zustand der frühchristlichen Reinheit zurückzuführen. Insofern war Innovation nie das Ziel der Evangelischen des 16. Jahrhunderts. Sie erstrebten nicht *innovatio,* sondern *renovatio.* Sie wollten – als die wahren Altgläubigen – nicht etwas Neues in den christlichen Glauben einführen, sondern erstrebten eine *reformatio* im Sinne einer Wiederherstellung der ursprünglichen Form der wahren Gemeinde Jesu Christi, während sie ihren Gegnern vorwarfen, durch Neuerungen von der genuinen Kirche abgefallen zu sein. Das bedeutete scharfe Attacken auf Machtbesessenheit und Herrschsucht, Reichtum und Geld-gier, Wohlleben, Unzucht und Sittenlosigkeit, Unbildung, krasse Veräußerlichung, Wahrheits- und Seelsorgevergessenheit der bisherigen Kirche. Wichtig aber scheint mir vor allem: Man beklagte grundsätzlich das Abdriften der römischen Kirche in die Peripherie, weg vom Zentralen und Wesentlichen der Gemeinde Christi, weg von den lebendigen Quellen des christlichen Glaubens hin zu den abgestandenen Tümpeln einer hybriden, sophistisch-scholastischen Gelehrsamkeit und einer versklavenden kanonistischen Gesetzlichkeit. Einer irritierenden kirchlichen Hyperkomplexität stellte man das Idealbild christlicher Einfachheit, Klarheit und Gewissheit stiftenden Eindeutigkeit gegenüber.

Interessant aber ist, dass alle diese reformatorischen Kritikpunkte und ihre normativen Leitperspektiven bereits für die spätmittelalterliche Reformdynamik des 14., 15. und beginnenden 16. Jahrhunderts charakteristisch sind, d. h. die Leitperspektiven von Echtheit, Ursprünglichkeit, Einfachheit, Reduktion und Verwesentlichung des Christentums, Zentralität des Heilsnotwendigen, wahrer Seelsorge und rechter Nachfolge Christi. Ich erwähne als Beispiele nur den Pariser Kanzler Jean Gerson (1363–1429)[13] und die von ihm wesentlich inspirierte seelsorgerliche Frömmigkeitstheologie des 15. Jahrhunderts,[14] die von den Niederlanden ausgehende *Devotio moderna*[15] oder den europaweit rezipierten Humanismus des Erasmus von Rotterdam.[16] Sein um 1500 entwickeltes Programm der Rechristianisierung wollte die christozentrische, biblische und patristische Zentralität der wahren Kirche wiedergewinnen: als *christianismus renascens,* eine Wiedergeburt des Christentums.

Die Reformatoren, angefangen bei Luther, knüpften bewusst an solche Reformimpulse der Jahrzehnte und Jahrhunderte vor ihnen an. Gleichzeitig aber führte sie ihr Drängen nach einer authentischen christlichen Kirche so weit, dass sie von Anfang an auch zentrale und grundlegende Standards der bisherigen Kirche, die die kritischen Reformer vor und nach 1500 unangetastet ließen, als widerchristlichen Abfall von der wahren Kirche anprangerten. Erasmus von Rotterdam reagierte daher empört, als Martin Bucer, der Reformator Straßburgs, ihn zu den Gleichgesinnten rechnete, und schrieb ihm 1532: „Mit größter Verwunderung las ich, dass ich mit Euch im Gesamtverständnis der Religion übereinstimme. Wenn das wahr ist, dann bin ich mir selbst bislang völlig unbekannt gewesen. [...]

---

[13] Vgl. Burger, Christoph: Jean Gerson. Theologie, die erbauen soll. In: Ulrich Köpf (Hg.): Theologen des Mittelalters. Eine Einführung, Darmstadt 2002, S. 212–227; Grosse, Sven: Heilsungewißheit und Scrupulositas im späten Mittelalter. Studien zu Johannes Gerson und Gattungen der Frömmigkeitstheologie seiner Zeit (BHTh 85), Tübingen 1994.

[14] Zu Phänomen und Begriff der ‚Frömmigkeitstheologie‘ vgl. knapp zusammenfassend Leppin, Volker: Geschichte des mittelalterlichen Christentums (Neue Theologische Grundrisse), Tübingen 2012, S. 426f., und Ders.: Theologie im Mittelalter (Kirchengeschichte in Einzeldarstellungen I/11), Leipzig 2007, S. 175–179.

[15] Vgl. Van Engen, John H.: Sisters and Brothers of the Common Life: The Devotio Moderna and the World of the Late Middle Ages, Philadelpha/Pa. 2008 u. ö.; Bollmann, Anne: The Influence of the Devotio Moderna in Northern Germany. In: Henrike Lähnemann/Anne Simon/Elizabeth Andersen (Hg.): A Companion to Mysticism and Devotion in Northern Germany in the Middle Ages (Brill's Companions to the Christian Tradition 44), Leiden 2013, S. 231–259.

[16] Vgl. Christine Christ-von Wedel: Erasmus von Rotterdam. Ein Porträt, Basel 2016; Dies.: Erasmus of Rotterdam. Advocate of a New Christianity, Toronto 2013. Das oben verwendete Bild von den lebendigen Quellen und abgestandenen Tümpeln in der Christenheit findet sich bei Erasmus von Rotterdam: Epistola ad Paulum Volzium/Brief an Paul Volz vom 14. August 1518, ediert und übersetzt von Werner Welzig: Erasmus von Rotterdam. Ausgewählte Schriften, Bd. 1, Darmstadt 1968, S. 16–19.

Zum Beweis berufst du dich auf meine Schriften. Doch wo reduzieren meine Schriften die Zahl der Sakramente, wo verfluchen sie die Messe, wo zerstören sie das Fegefeuer, wo verneinen sie die substantielle Gegenwart des Herrenleibs in der Eucharistie, wo lehren sie, es sei unzulässig, die Heiligen anzurufen, oder wo lehren sie, dass es keinen freien Willen des Menschen gebe?"[17] In der Reinigungsenergie der Evangelischen konnte sich Erasmus nicht wiederfinden. Das war nicht seine Wiedergeburt des Christentums. Wir sehen also, wie die Antriebskräfte des Spätmittelalters, die eine grundlegende Reinigung und Heiligkeitsreform der Christenheit voranbringen wollten, in die Reformation hineinwirkten, hier aber in den Antriebssog radikaler religiöser Kräfte gerieten, die Reinheit und Heiligkeit wesentlich anders als die bisherigen Reformer verstanden.

Zugleich aber ist zu beobachten, wie diese reformatorische Radikalität, diese ins Grundsätzliche der Beziehung zwischen Gott und Mensch, Gott und Kreatur vorstoßende Veränderungsenergie, zu Brüchen innerhalb des reformatorischen Lagers und zur Vielstimmigkeit der Reformation führt. Alle Reformationsgesinnten sehen sich in einem Kampf gegen die Kreaturvergötterung, die für die bisherige Kirche charakteristisch sei, d.h. sie stellen dem alleinigen Heilsvertrauen auf Gott das verkehrte Vertrauen auf Kreaturen, auf Menschenlehren, Menschensatzungen und Menschenwerke oder auf kreatürliche Gegenstände wie Reliquien und Kultbilder, gegenüber. Die Schweizer Reformatoren wie Huldrych Zwingli und die Oberdeutschen wie Martin Bucer sind aber mit ihrem Kampf gegen Kreaturvergötterung weit radikaler als die Wittenberger Reformationsrichtung. Sie verlangen anders als Luther, dass alle Frömmigkeitsbilder einschließlich der Christusdarstellungen als Götzenwerk aus den Kirchen ausgeräumt und vernichtet werden.[18] Und sie sehen in Luthers z. T. sehr drastischen Aussagen über die Realpräsenz des Leibes Christi beim Abendmahl ein Festhalten an der Vergötzung der Kreaturen Brot und Wein. Der Kampf um Authentizität bedeutet für sie ein reinigendes Zerbrechen der Bilder und der alten Sakralität der Abendmahlselemente.

---

[17] *Illud summa cum admiration legi me de tota religione vobiscum sentire. Id si verum est, ipse mihi hactenus prorsum ignotus fui. [...] In testimonium allegas mea scripta. Sed ubi mea scripta minuunt numerum sacramentorum, ubi execrantur missam, ubi demoliuntur purgatorium, ubi negant in eucharistia esse dominici corporis substantiam, ubi docent non esse phas invocare divos, ubi docent nullum esse hominis liberum arbitrium?* ERASMUS VON ROTTERDAM: Brief an Martin Bucer vom 2. März 1532. In: BCor 7, S. 328, Z. 1–9 (Nr. 564).

[18] Zur theologischen Position Luthers, Zwinglis und Bucers in der reformatorischen Bilderfrage vgl. LITZ, Gudrun: Die reformatorische Bilderfrage in den schwäbischen Reichsstädten (SuRNR 35), Tübingen 2007, S. 20–40; zur Theorie und Praxis spontaner Bilderstürme und obrigkeitlich durchgeführter, ‚geordneter‘ Bildentfernungen und -zerstörungen in der Reformation vgl. auch DUPEUX, Cécile/JEZLER, Peter/WIRTH, Jean (Hg.): Bildersturm – Wahnsinn oder Gottes Wille?, Ausstellungskatalog des Bernischen Historischen Museums und des Musée de l'Oeuvre Notre-Dame Strasbourg, Zürich 2000.

Ulm mit seinem Reformationskurs gegen die Bilder und seinen Konflikten um das richtige Abendmahlsverständnis seit den dreißiger Jahren ist ein Musterbeispiel für diese Art von reformatorischer Divergenz und Vielstimmigkeit bei der Frage, wie weit das Verlangen nach der authentischen, wahren und reinen Gestalt der Kirche gehen muss und darf.[19]

Fragt man nach den begründenden und legitimierenden Motiven, die hinter dem reformatorischen Anspruch, wieder zur ursprünglichen und echten Gestalt der Kirche und ihrer Glaubenswahrheit zurückzukehren, stehen, dann stößt man auf ein neues oberstes und alleiniges Legitimationsprinzip von authentischer Christlichkeit. Damit komme ich zur zweiten Antriebskraft der Reformation.

Zweite Antriebskraft: Exklusive Normativität des biblischen Gotteswortes

Es ist rückblickend frappierend zu beobachten, welch überwältigende Wucht an Plausibilität in kürzester Zeit die Berufung auf die allein legitimierende und delegitimierende Autorität der Heiligen Schrift als Gotteswort gewinnen konnte. Selbst ein so konservativ-frommer Mann wie der juristisch geschulte Nürnberger Ratsschreiber Lazarus Spengler (1479–1534),[20] der in seinem Haus eine ganze Sammlung von kostbaren Rosenkränzen hortete,[21] schrieb schon 1519,[22] dass seiner Vernunft nichts so einleuchten könne wie Luthers Vorgehensweise, sich auf den alleinigen Maßstab der biblischen Schrift zu berufen und sie aus sich selbst heraus auszulegen. Denn nur hier, in dieser Ursprungsurkunde der Christenheit, sei Gottes reinstes Wort und Evangelium zu finden: die Quelle und Norm aller Wahrheit, während die Kirche jahrhundertelang durch ein Teufelswerk von Menschenworten, Menschenerfindungen, Menschengewohnheiten und Menschensatzungen in die Irre geführt worden sei. Es ist allerdings bezeichnend, dass Spengler 1516 und 1517, noch vor Luthers Auftreten, in der Nürnberger Augus-

---

[19] Vgl. den Beitrag über die konfliktreiche Vielstimmigkeit der Ulmer Reformation während der 1530er und 1540er Jahre von Susanne Schenk in diesem Tagungsband; unten S. 151–171.

[20] Vgl. HAMM, Berndt/LITZ, Gudrun/ZECHERLE, Andreas: Art. ‚Spengler, Lazarus‘. In: VL 16 6 (2017), Sp. 83–99.

[21] Vgl. das Besitzinventar Spenglers vom 21. Januar 1529. In: Lazarus Spengler Schriften, Bd. 2, hg. und bearb. von Berndt Hamm, Wolfgang Huber und Gudrun Litz (QFRG 70), Gütersloh/Heidelberg 1999, S. 401–428 (Nr. 90), hier: S. 414–416: *Von paternostern.* Die 22 Rosenkränze, die Spengler aufführt, waren kunstvoll aus kostbaren Hölzern, Edelsteinen, Korallen, Perlen, Silber und Gold mit Heiligenbildern gearbeitet; z.B. ebd., S. 415,5f.: *Ain geschnittner koraller paternoster mit einem vergultin Christoff* [Hl. Christophorus] *pildt und funf perlin knopfen.*

[22] Zum Folgenden vgl. SPENGLER, Lazarus: Schutzrede für Luthers Lehre (gedruckt im Nov./Dez. 1519). In: Lazarus Spengler Schriften, Bd. 1, hg. und bearb. von Berndt Hamm und Wolfgang Huber (QFRG 61), Gütersloh/Heidelberg 1995, S. 75–102 (Nr. 6): hier besonders S. 89, Z. 5–S. 94, Z. 4.

tinerkirche aufmerksam den Predigten des Johannes von Staupitz (ca. 1468–1524) gelauscht hat, jenes bedeutenden Reformers, der Martin Luthers Ordensvor- gesetzter, Lehrer und Beichtvater war.[23] Staupitz repräsentierte auf seine Weise eine entschiedene Hinwendung zur Bibel in den Jahrzehnten vor der Reformation. Seine Schriften und Predigten sind ein Geflecht aus Bibelstellen und Augustin- zitaten. In seinem Anfang 1517 erschienenen theologischen Hauptwerk, dem aus Nürnberger Adventspredigten von 1516 hervorgegangenen ‚Büchlein vom Vollzug der göttlichen Prädestination‘[24], werden am Rand 250 Bibelstellen angegeben; sonst aber wird in der Schrift keine andere Autorität der kirchlichen Tradition mit Ausnahme des zweimal genannten Augustinus namentlich erwähnt.[25] Staupitz kam damit dem methodischen Prinzip des Renaissance-Humanismus entgegen, sich ganz an der Normativität antiker Quellen zu orientieren. In diesem Sinne publizierte Erasmus 1516 das Neue Testament erstmals in seiner griechischen Originalsprache.[26] Parallel dazu machte Staupitz die Bibel zum Grundtext für die Tischlesungen in den reformierten Konventen des Augustinereremiten-Ordens, die ihm unterstellt waren.[27] Der Humanismus hatte eine bibelhumanistische Zuspitzung erfahren.

Diese zwei Beispiele aus dem biographischen und literarischen Umfeld Luthers sollen zeigen, dass es in den Jahrzehnten vor der Reformation vielfältige biblische Zentrierungsbewegungen in unterschiedlichen Reformkreisen Europas gab und dabei auch einen starken Popularisierungsschub, der den nicht-lateinkundigen Laien einen Zugang zu volkssprachigen Bibelübersetzungen geben wollte. Allein im deutschen Sprachraum gab es – neben einer reichen handschriftlichen Über- lieferung solcher Übersetzungen – im Zeitraum von 1466 bis 1518 siebzehn gedruckte Übersetzungen des vollständigen Bibeltextes in die Volkssprache und

---

[23] Vgl. POSSET, Franz: The Front-Runner of the Catholic Reformation. The Life and Works of Johann von Staupitz, London/New York 2016 (Erstausgabe 2003); HAMM, Berndt: Johann von Staupitz (ca. 1468–1524) – spätmittel- alterlicher Reformer und ‚Vater‘ der Reformation. In: ARG 92 (2001), S. 6–42; WETZEL, Richard: Art. ‚Staupitz, Johann(es) von‘. In: VL Hum. 2 (2013), Sp. 964–980 (mit Literatur).

[24] JOHANN VON STAUPITZ: Libellus de exsecutione aeternae praedestinationis, bearb. von Lothar Graf zu Dohna und Richard Wetzel (Johann von Staupitz. Sämtliche Schriften 2; Spätmittelalter und Reformation. Texte und Unter- suchungen 14), Berlin/New York 1979.

[25] Vgl. ebd., S. 35 und S. 37.

[26] WALLRAFF, Martin/SEIDEL MENCHI, Silvana /GREYERZ, Kaspar von (Hg.): Basel 1516. Erasmus' Edition of the New Testament (SMHR 91), Tübingen 2016.

[27] So die (in ihrem Quellenwert zu überprüfende) Überlieferung einer Aussage MARTIN LUTHERS bei Tisch: WA.TR 5, Nr. 5346: [...] *praecepit, ut omnes lectiones a mensa tollerentur et biblia ubique legerentur.* „[Staupitz] ordnete an, dass alle Tischlesungen abgeschafft und die biblischen Schriften überall vorgelesen würden." Vgl. ebd., Nr. 5374.

dazu eine Fülle von Drucken deutscher Teilübersetzungen, besonders der Psalmen, Episteln und Evangelien.[28] Ohne dieses dynamische Hervortreten der Bibel-autorität im Spätmittelalter ist die normative Zentrierung der Reformation auf das *sola scriptura* hin nicht denkbar. In diesem *sola*-Prinzip, in dieser Exklusivität ‚göttliches Bibelwort gegen kirchliches Menschenwort' lag aber zugleich der tiefe Bruch der Reformation mit der Legitimitätsstruktur des altgläubigen Kirchen-wesens – und damit auch die Abkehr von Erasmus und Staupitz. Das Normver-ständnis der bisherigen Kirche war generell von pluraler Komplexität: Die Auto-rität der Bibel und ihres vierfachen Schriftsinns wurde von der römischen Kirche eingebunden in die Auslegungsautorität der konziliaren und päpstlichen Lehr-definitionen und der kirchlichen Kult-, Rechts- und Frömmigkeitstraditionen. So konnte die Bibel nicht zur Grundlagen- und Protesturkunde gegen das Sinngefüge des bisherigen Kirchenwesens werden, gegen die normierende Auslegungsmacht der kirchlichen Tradition.

Genau das aber geschieht in der Reformation, indem Luther und Zwingli sagen: Nicht die Kirche mit dem Papst und dem Konzil an der Spitze hat die Hoheit, die Heilige Schrift verbindlich auszulegen, d. h. ihrem normativ-hierarchischen Deu-tungsschema anzupassen; vielmehr hat die aus dem Urtext verstandene Heilige Schrift die Kirche verbindlich auszulegen, d. h. sie auf ihre biblische Begründung hin kritisch zu befragen, zu reinigen und in diesem Sinne zu rechristianisieren.[29] So geschieht eine Umpolung der grundlegenden Autoritäten und normativen Legitimationsprinzipien der Christenheit. An die Stelle des obersten Legitima-tionsprinzips der Universalkirche *(ecclesia universalis),* repräsentiert durch Papst, Konzilien, Heilige, Doktoren und Priesterhierarchie, tritt das oberste und alleinige Legitimationsprinzip der hebräischen und griechischen Heiligen Schrift, die Kirche begründet, korrigiert und reformiert.

---

[28] Vgl. ²VL 1 (1978), S. 842: Stichwort ‚Bibelübersetzungen (deutsche)' mit zwanzig Verweisstichwörtern; instruk-tiv besonders WULF, Christine: Eine volkssprachige Laienbibel des 15. Jahrhunderts. Untersuchung und Teil-edition der Handschrift Nürnberg, Stadtbibliothek, Ms. Solg. 16,2° (MTU 98), München 1991.

[29] Vgl. HENDRIX, Scott H.: Recultivating the Vineyard. The Reformation Agendas of Christianization, Louisville/London 2004; JOHNSON, Anna Marie/MAXFIELD, John A. (Hg.): The Reformation as Christianization. Essays on Scott Hendrix' Christianization Thesis (SMHR 66), Tübingen 2012.

Welche Anziehungskraft macht die Parole ‚allein die Schrift‘ zur Antriebskraft der Reformation? Was erwarteten sich die Stadtmenschen und Bauern in Ulm und seinem großen Landgebiet von der alleinigen Normativität der Bibel? Zum einen versprachen sie sich eine entlastende Befreiung von drückenden seelischen, sozialen, ökonomischen und rechtlichen Belastungen des bisherigen Kirchensystems.[30] Eine große Rolle spielte hier der antiklerikale Affekt gegen die als Ausbeutung angeprangerten Privilegien der Geistlichen.[31] Zweitens ist es die Vision von Ordnung, die die Reformation in Stadt und Land vorantrieb, die Vision einer Neuordnung von Kirche und Gesellschaft unter der dirigierenden Zentralnorm des Gotteswortes, das über allem steht und alle Lebensbereiche reguliert: zum ‚Gemeinen Nutzen‘ des politischen Gemeinwesens und zur Förderung des ewigen Seelenheils seiner Bewohner.[32] Diese Ordnungsvision war auch eine Utopie von strenger Zucht und Heiligung des gesamten Lebens – eine Reichsstadt wie Konstanz, Straßburg oder Ulm als himmlisches Jerusalem auf Erden![33] Nicht nur die evangelischen Prädikanten drängten auf strenge Kirchenzucht; vielerorts waren es gerade auch die einfachen, ärmeren Leute, die sich eine strengere städtische Sittenzucht wünschten, um das Luxusleben der Wohlhabenden und ihre wirtschaftlichen Vorrechte zu zügeln. Drittens erhoffte man sich von der alleinigen Zentralnorm der Heiligen Schrift eine neue Qualität von Geschlossenheit, Einheit und Homogenität in den Gemeinden wider die traditionellen Konflikte zwischen Laiengemeinde und Klerikerhierarchie oder wider die lästigen Rivalitäten unter den Klerikern selbst, zwischen Welt- und Ordensgeistlichen, unter den miteinander rivalisierenden Ordensgemeinschaften und theologischen Lehrrichtungen.[34]

---

[30] Der Entlastungsfaktor bei der Anziehungskraft der Reformation wird besonders stark betont von OZMENT, Steven E.: The Reformation in the Cities. The Appeal of Protestantism to Sixteenth-Century Germany and Switzerland, New Haven/London 1975.

[31] Der Antiklerikalismus ist der wesentliche Schlüssel zum Verständnis des Erfolgs der Reformation bei GOERTZ, Hans-Jürgen: Pfaffenhaß und groß Geschrei. Die reformarischen Bewegungen in Deutschland 1517–1529, München 1987.

[32] Vgl. HAMM, Berndt: Bürgertum und Glaube. Konturen der städtischen Reformation, Göttingen 1996, bes. S. 73–76 und S. 128–140.

[33] Vgl. KÖHLER, Walther: Zürcher Ehegericht und Genfer Konsistorium, Bd. 2: Das Ehe- und Sittengericht in den süddeutschen Reichsstädten, dem Herzogtum Württemberg und in Genf (QASRG 10), Leipzig 1942.

[34] Die Grundidee der durch das biblische Recht ermächtigten politischen und christlichen ‚Gemeinde‘ als Antriebskraft in der städtischen und bäuerlichen Reformation (der reformatorische ‚Kommunalismus‘) gewinnt besonderes Gewicht bei BLICKLE, Peter: Gemeindereformation – Die Menschen des 16. Jahrhunderts auf dem Weg zum Heil, München 1985.

Man lebte zu Beginn der Reformation in der Erwartung: Wenn sich alle nur noch an den vom Heiligen Geist inspirierten Weisungen der Bibel orientieren, setzt sich je länger je mehr durch das segensreiche Wirken des Heiligen Geistes ein Prozess des friedlichen Konsenses und einer biblischen Integration durch, die alles der Ehre Gottes, der Wahrheit seines Wortes und der Liebe zum Mitchristen unterstellt.

Ein Blick auf die Reformationsbewegungen in Augsburg, Straßburg, Basel und Ulm zeigt aber sofort, dass genau das Gegenteil eintrat: Der Zentrierungs-, Vereinfachungs- und Homogenisierungswille, der sich mit der Reduktion auf die biblische Norm allein verband, führte de facto zu einer derartigen Vielfalt und Divergenz der Bibelauslegungen, dass schon seit den Wintermonaten 1521/22, mit der sogenannten ‚Wittenberger Bewegung‘ während Luthers Wartburgaufenthalt,[35] die großen innerreformatorischen Konflikte und das Auseinanderdriften in feindliche reformatorische Lager begannen. Der Grund liegt auf der Hand: In der spätmittelalterlichen Kirche legte ein differenziertes Normengefüge entradikalisierend und domestizierend die Grenzen der Bibelauslegung fest. Dieser autoritative, normative Rahmen war nun weggefallen; und die eine Normquelle der Heiligen Schrift erwies sich als zu vieldeutig, um integrierend zu sein. Auch die bibelbezogenen reformatorischen *Sola*-Leitbegriffe Gnade, Christus und Glaube standen vielstimmigen und höchst dissonanten Füllungen offen. Das normative Zentrum der Reformation war gerade wegen seiner *Sola*-Einfachheit völlig ungeschützt gegenüber den zentrifugalen Tendenzen rivalisierender Deutungen. Es fand Eingang in ganz unterschiedliche und widerstreitende Legitimationsbedürfnisse und Berufungen auf den Bibeltext. So konnten sich die Täufer guten Gewissens mit ihrer Ablehnung der Kindertaufe auf das Neue Testament stützen, in der sich die Praxis der Unmündigentaufe nicht nachweisen lässt. Und die Wortführer der gegensätzlichen Richtungen eines reformatorischen Abendmahlsverständnisses, Martin Luther, Huldrych Zwingli, Johannes Oekolampad und der vermittelnde Martin Bucer, waren zwar die gelehrtesten Bibelexegeten der zwanziger Jahre. Aber sie waren eben nicht nur vorzügliche Bibelausleger, sondern zugleich Menschen mit unterschiedlicher theologischer Prägung, deren Lebenssituationen und existentielle Fragestellungen so verschiedenartig waren, dass ihre Bibellektüre schon im Ansatz nicht dieselbe sein konnte. Jeder las die Bibel mit seiner Brille, auch die Nicht-Gelehrten, Männer und Frauen, sofern sie lesen konnten oder vorgelesen bekamen.

---

[35] Vgl. KRENTZ, Natalie: Ritualwandel und Deutungshoheit. Die frühe Reformation in der Residenzstadt Wittenberg (1500–1533) (SMHR 74), Tübingen 2014.

Allerdings wurde die Rezeption der Bibel, ihre Lesart, in der Frühphase der Reformation bis 1522/23 ganz stark durch die Dominanz der gedruckten Schriften Martin Luthers gesteuert.[36] Man las also die Bibel durch die Brille der Schriftauslegung Luthers und war fasziniert von seiner Meisterschaft, die Bibel gegen die herrschende Kirchenlehre und Frömmigkeitspraxis zum Klingen zu bringen. Auch die späteren Widersacher Luthers, auch ein Karlstadt, Müntzer, Zwingli oder Schwenckfeld, waren am Anfang begeisterte Luther-Leser. Diese Gemeinsamkeit der durch Luthers Schriften und durch Luthers Auftritte in Heidelberg 1518, Leipzig 1519 und Worms 1521 empfangenen Initialzündung erklärt auch bis zu einem gewissen Grade, weshalb man von gemeinsamen Antriebskräften der Reformation sprechen kann. Man muss dann aber gleich hinzufügen, dass bei der Lutherlektüre in den Klöstern, in den Städten, auf dem Land oder auf Ritterburgen dasselbe zu beobachten ist wie bei der Bibellektüre. Jeder las Luther mit seiner Brille, und eine Bürgersfrau oder Nonne verband mit der evangelischen Reformation von Anfang an andere Erwartungen als ein Handwerker, Bauer oder Ratsschreiber. Aber es gab eben auch die gemeinsamen reformatorischen Antriebskräfte, die Menschen unterschiedlichster Lebenssituationen, sozialer Rollen, beruflicher Positionen und wirtschaftlicher Verhältnisse miteinander verbanden. Das lag letztlich daran, dass Luthers Theologie – ebenso wie die der anderen Reformatoren – eine allgemein-existentielle, wurzelhafte Ebene menschlicher Personalität und Gewissensbindung erreichte, die ein größeres Gewicht als die gesellschaftlichen Divergenzen gewinnen konnte.

Bisher habe ich nur zwei dieser Antriebskräfte hervorgehoben: das Leitbild authentischer, ursprünglicher Christlichkeit und die exklusive Autorität der Heiligen Schrift. Nun möchte ich abschließend wenigstens kurz noch drei weitere Antriebskräfte erwähnen, die für den reformatorischen Wandel konstitutiv waren. Wie die bereits genannten sind auch sie jeweils durch drei Eigenschaften charakterisiert:

---

[36] Vgl. MOELLER, Bernd: Luther Rezeption. Kirchenhistorische Aufsätze zur Reformationsgeschichte, hg. von Johannes Schilling, Göttingen 2001, darin bes. die Aufsätze: Das Berühmtwerden Luthers (S. 15–41, erstmals 1988), Die frühe Reformation als Kommunikationsprozeß (S. 73–90, erstmals 1994), Was wurde in der Frühzeit der Reformation in den deutschen Städten gepredigt? (S. 91–107, erstmals 1984); DERS.: Die Rezeption Luthers in der frühen Reformation. In: HAMM/MOELLER/WENDEBOURG, Reformationstheorien (wie Anm. 1), S. 9–29; HOHENBERGER, Thomas: Lutherische Rechtfertigungslehre in den reformatorischen Flugschriften der Jahre 1521–22 (SuRNR 6), Tübingen 1996.

1. Alle diese Antriebskräfte haben eine mittelalterliche Herkunft, die eine wesentliche Kontinuitätslinie zwischen Spätmittelalter und Reformation bildet.

2. Alle gewinnen aber als reformatorische Antriebskräfte eine neuartige Dynamik, die sie vorher nicht hatten und die daher einen qualitativen Sprung und Umbruch gegenüber der kirchlichen und theologischen Tradition bedeutet.

Und 3. treten alle diese Antriebskräfte von Anfang an aus den erwähnten Gründen jeweils vielstimmig und divergierend in Erscheinung.

Dritte Antriebskraft: Laienkirche – Kirche des allgemeinen Priestertums

Nach den zwei ausführlich vorgestellten Antriebskräften komme ich nun drittens zu dem Stichwort ‚Laienkirche‘ oder ‚Kirche des allgemeinen Priestertums‘ und damit zum prinzipiellen Antiklerikalismus der Reformation.[37] Das Spätmittelalter erlebte eine enorme Dynamik der religiösen und kirchlichen Laienemanzipation, ein Hineindrängen der Laien in theologische Kompetenzen und kirchliche Zuständigkeitsbereiche. Doch blieb dabei der sakrale Weihestatus des Priesterstandes prinzipiell unangetastet, während nun in der Reformation die neue Leitidee des allgemeinen Priestertums aller Getauften zur Antriebskraft einer Laienkirche wurde, d. h. der nicht hierarchisch-klerikal gestuften Gemeinde Jesu Christi unter dem Wort Gottes. Auch die Laien, Obrigkeiten und Untertanen, Freie und Unfreie, Männer und Frauen, beanspruchten nun Recht und Vollmacht, theologisch über wahre Lehre, rechten Gottesdienst und echtes christliches Leben urteilen zu können. Die reformatorischen Obrigkeiten wie der Ulmer Rat konkurrierten nicht mehr wie früher mit den Bischöfen und Äbten, sondern setzten sich mit ihrer neu errungenen geistlichen Vollmacht an ihre Stelle. Sie wollten nicht nur wie bisher gewisse Verantwortungsbereiche in der Kirche an sich ziehen, z. B. die Verwaltung des Kirchenbesitzes, Einfluss auf die Besetzung der Pfarrstellen, Aufsicht über die Klöster und Überwachung der Zucht des Klerus, sondern die Hoheit über das gesamte Kirchenwesen ausüben. Hier brach aber sogleich die konfliktreiche Vielstimmigkeit der Reformation an den Fragen auf, wie stark weltliche Obrigkeiten in den spirituellen Bereich der Gemeinde Jesu Christi hineinregieren dürfen und wie sich die pfarramtliche Führungsrolle theologischer Experten zur geistlichen Laienkompetenz aller Getauften verhält.

---

[37] Vgl. Dykema, Peter A./Oberman, Heiko A. (Hg.): Anticlericalism in Late Medieval and Early Modern Europe (SMRT 51), Leiden 1994; Goertz, Pfaffenhaß (wie Anm. 31).

Vierte Antriebskraft: Unmittelbarkeit aller Christenmenschen zu Gott

Damit bin ich bereits bei der nächsten, vierten Antriebskraft der Reformation, die ich mit der Formel ‚Unmittelbarkeit aller zu Gott' bezeichnen möchte. Das Drängen nach geistlicher Unmittelbarkeit zu Gott, nach der Immediatisierung des Gottesverhältnisses, war seit dem 12. Jahrhundert ein *cantus firmus* in der abendländischen Kirche, der besonders in den verschiedenen mystischen Strömungen hervortrat.[38] Die Frühreformation nahm diese Unmittelbarkeitsimpulse auf, indem sie ihnen radikalisierend eine scharf antiklerikale Wendung gab: Die klerikale Heilsmittlerschaft wurde nicht nur – wie früher – relativiert, sondern bekämpft. Ja noch mehr: Die reformatorische Fundamentalunterscheidung zwischen Gott und Kreatur stellte in Verbindung mit dem Ruf nach geistlicher Unmittelbarkeit aller Glaubenden zu Gott die gesamte heilsvermittelnde Potenz des äußeren Kirchenwesens zur Disposition, die Gnadenkraft seiner Sakramente, Worte und Ämter. Dieser Ruf nach geistlicher Unmittelbarkeit wurde dann schnell zum Nährboden heftiger Konflikte in der Reformation.[39] Luther und seine Anhänger betonten, dass es keine unvermittelte Unmittelbarkeit zu Gottvater, Christus und dem Heiligen Geist selbst gebe, sondern ‚nur' die Unmittelbarkeit aller Christen zu Gottes Wort und zur biblischen Schrift. Denn die Trinität schenke Gnade und Heil stets durch die Medialität des ‚äußeren Wortes', durch Predigt, Sakrament und Lesen der Heiligen Schrift.[40] Dagegen betont der reformatorische Spiritualismus, wie er in Ulm besonders wirkungsvoll durch Kaspar von Schwenckfeld vertreten wird, dass die Gnaden- und Heilszueignung des göttlichen Geistes an die wahrhaft glaubenden Menschen prinzipiell unabhängig von Bibel, kirchlicher Verkündigung und Sakramenten geschieht.[41] Schwenckfeld und seine Anhänger proklamieren also die Freiheit des Glaubens von allen äußeren Medien, auch wenn der unmittelbar aus dem Heiligen Geist gewonnene Glaube sich dann, wie sie sagen, schriftlich, bildlich, mündlich und sakramental bezeugen kann und in den biblischen Schriften seine wichtigste Bestätigung findet.[42] An der Frage der Unabhängigkeit des geistlichen Menschen vom äußeren Kirchenwesen scheiden sich also auch in Ulm die Geister.

---

[38] Vgl. Leppin, Theologie im Mittelalter (wie Anm. 14), S. 128–147: Die Immediatisierung des Gottesbildes.

[39] Vgl. Haberer/Hamm, Medialität (wie Anm. 3).

[40] Vgl. Hamm, Berndt: Augustins Auffassung von der Unmittelbarkeit des göttlichen Gnadenwirkens und die reformatorische Medialitätsproblematik. In: Haberer/Hamm, Medialität (wie Anm. 3), S. 45–64, hier: S. 56–59.

[41] Vgl. ebd., S. 60–64. Zum reformatorischen Spiritualismus in Ulm vgl. Schenk, Susanne: Ulm. Sebastian Franck und Caspar von Schwenckfeld. In: Michael Welker/Michael Beintker/Albert de Lange (Hg.): Europa reformata. Reformationsstädte Europas und ihre Reformatoren, Leipzig 2016, S. 413–422 (mit Literatur).

[42] Zur spiritualistischen Auffassung von den religiösen Bildern bei Schwenckfeld und Sebastian Franck, die in ihnen wie in den äußeren Medien Schrift, mündliches Wort und Handlung unter Umständen nützliche ‚Zeichen' sehen, die auf die verborgene geistliche Wirklichkeit Gottes verweisen können, ohne sie aber wirksam zu vermitteln, vgl. Litz, Bilderfrage (wie Anm. 18), S. 56–62.

Fünfte Antriebskraft: Die Fülle des Heils im Glauben

Wenigstens ganz kurz möchte ich schließlich als fünfte Antriebskraft das Stichwort ‚Glauben' erwähnen: ‚die Fülle des Heils im Glauben'. Die Dimension der
puren göttlichen Gnade, die damit zugleich in den Blick kommt, erhielt im ausgehenden Mittelalter ein immer stärkeres Gewicht. Schon vor Luther gab es Theologen, die betonten, dass der Mensch aus Gottes Gnade und Barmherzigkeit allein
(sola gratia, sola misericordia) zum Heil gelangt.[43] Aber die enge Verknüpfung des
sola gratia mit der Parole *sola* fide – allein aus Glauben und nicht aus Werken –
war eine reformatorische Innovation und wurde zum Markenzeichen der Reformation. Wesentlich war dabei, dass das reformatorische *sola* fide nicht nur, wie
gelegentlich schon im ausgehenden Mittelalter,[44] auf die gnadenhafte Rechtfertigung des Sünders bezogen wird, sondern zugleich auch auf die Heilsgabe der
ewigen Seligkeit am Ende seines Lebens. Dazu nur so viel: Indem Luther an die
Stelle der straftilgenden und verdienstvollen Werke den puren Glauben setzte,
verstand er den Glauben nicht als Vorleistung zum Heil, sondern betonte er: Das
Heil des Menschen ist reines Geschenk Gottes ohne vorbereitende Vorgaben des
Menschen; und der Glaube in dieser Heilsbeziehung ist keine Tugend, keine Leis-
tung und keine Aktivität, sondern eine persönliche, bis in das Innerste aller Seelen-
regungen hineinreichende und sie belebende Weise des puren Beschenktwerdens
durch Gott und seinen Geist, reine Gabe ohne Gegengabe. Dieses neue Heils-
verständnis war der erstaunliche und faszinierende Bruch der Reformation mit
einer jahrtausendealten Religionsgeschichte, die das Gottesverhältnis des
Menschen stets in den Koordinaten ‚Keine Gabe ohne Gegengabe', ‚Kein Straf-
erlass ohne Sühne' durchbuchstabiert hatte. Allerdings war diese religionsgeschichtliche Revolution[45] auch auf dem Boden der Reformation nur schwer
durchzuhalten. Eine neue dissonante Vielstimmigkeit entstand überall dort, wo
man doch wieder ein Bedingungsverhältnis zwischen der Heiligung, d. h. der geist-
erfüllten Liebesfähigkeit, des glaubenden Menschen und der Heilsgabe Gottes
postulierte und über die Notwendigkeit guter Werke zum Heil stritt.[46]

---

[43] Zu solchen *Sola*-Formulierungen in frömmigkeitstheologischen Texten des Spätmittelalters vgl. HAMM, Berndt:
    Von der spätmittelalterlichen reformatio zur Reformation: der Prozeß normativer Zentrierung von Religion und
    Gesellschaft in Deutschland. In: ARG 84 (1993), S. 7–82, hier: S. 36–46.

[44] Vgl. exemplarisch ebd., S. 39: Zitat aus STEPHAN FRIDOLIN: Predigten über die Komplet (ausgehendes 15. Jahr-
    hundert), zu Vulgata-Psalm 30,2 *(In iustitia tua libera me): Herr, in deiner gerechtigkeit! Die ist, das uns got
    durch kein ander mitel hat wollen rechtfertigen, denn allein durch den glauben in das plutvergißen Jhesu
    Christi, in dem allein all unßer gerechtikeit ist [...].* Zu Stephan Fridolins Schrifttum und zu seiner Theologie vgl.
    SEEGETS, Petra: Passionstheologie und Passionsfrömmigkeit im ausgehenden Mittelalter. Der Nürnberger Franzis-
    kaner Stephan Fridolin (gest. 1498) zwischen Kloster und Stadt (SuRNR 10), Tübingen 1998.

[45] Vgl. HAMM, Berndt: Pure Gabe ohne Gegengabe – die religionsgeschichtliche Revolution der Reformation.
    In: JBTh 27 (2012), S. 241–276.

[46] Vgl. ebd., S. 274–276 (mit besonderer Berücksichtigung der Reformationstheologen Martin Bucer, Georg Major
    und Andreas Osiander d. Ä. samt der betreffenden Literatur).

Buchdruck, Humanismus und Mystik

Soweit mein Überblick über die Antriebskräfte der Reformation in ihrer Vielstimmigkeit. Und der Gutenbergsche Buchdruck mit beweglichen Lettern?, wird
vielleicht mancher fragen. War diese ‚Medienrevolution' nicht, kulturgeschichtlich
gesehen, eine der zentralen Antriebskräfte der Reformation? Zweifellos haben die
massenhaften Erzeugnisse des Buchdrucks die schnelle Verbreitung der genuinen
Gedanken der Reformation, ihrer Programmatik und Propaganda, enorm vorangetrieben;[47] und sie wurden auch zum Motor der publizierten Vielstimmigkeit der
Reformation und heizten die Konflikte zwischen den Reformationsparteien an.
Aber umgekehrt ist auch wahrzunehmen, dass die Reformation selbst den Buchdruck instrumentalisierte, vorantrieb und veränderte – einen Buchdruck, der
schon vor der Reformation religiöse Massenprodukte herstellte, indem er vor allem
den Ablassmarkt bediente,[48] der aber erst jetzt welthistorisch erstmalig durch die
Ideen der Reformation eine revolutionäre Wirkung gewann. Der Buchdruck
brachte nicht die Reformation hervor, sondern die Reformation bediente sich des
Buchdrucks, forcierte ihn, gab ihm die zündenden Themen und profitierte von
seiner Technologie und Medienstruktur. Nur weil die Reformation den Buch-
druckern die packende Botschaft lieferte, konnten sie durch ihre Produkte den
Reformationsschriften die Flügel einer früher unvorstellbaren Reichweite verleihen.
Aber die ganze neue Medienwelt hätte nichts gebracht, wenn die zündende Nach-
richt gefehlt hätte. Darum sollte man nicht von den innovativen Zügen des reformatorischen Buchdrucks sprechen, ohne die theologischen Inhalte der Reformation zu thematisieren.

Vergleichbares gilt ebenso für die spätmittelalterlichen Antriebskräfte des Humanismus und der Mystik, um aus dem weiten Spektrum kultureller Faktoren nur
zwei zu nennen, die immer wieder in eine enge kausale Beziehung zu Entstehung
und Erfolg der Reformation gesetzt werden: Auch der Humanismus eines Reuchlin
und Erasmus brachte nicht die Reformation hervor; aber die Reformation nahm,
wie vor allem das Wirken Philipp Melanchthons zeigt,[49] seine Bildungsimpulse,

---

[47] Zu diesem Zusammenhang zwischen Buchdruck und Reformation vgl. PETTEGREE, Andrew: Brand Luther: 1517,
Printing and the Making of the Reformation, New York 2015.
[48] Vgl. EISERMANN, Falk: Der Ablass als Medienereignis. Kommunikationswandel durch Einblattdrucke im
15. Jahrhundert. In: Berndt HAMM/Volker LEPPIN/Gury SCHNEIDER-LUDORFF (Hg.): Media Salutis. Gnaden-
und Heilsmedien in der abendländischen Religiosität des Mittelalters und der Frühen Neuzeit (SMHR 58),
S. 121–143.
[49] Vgl. SCHEIBLE, Heinz: Melanchthon – Vermittler der Reformation. Eine Biographie, München 2016.

Frömmigkeitsziele, Schulprogramme und seine an der Antike ausgerichtete Normativität in sich auf, formte sie um und profitierte so von der humanistischen Gelehrsamkeits- und Schulkultur. Ebenso wenig ist die Reformation ein transformierendes Resultat der spätmittelalterlichen Mystik. Doch nahm die Reformation die mystischen Antriebskräfte zur Verinnerlichung, Immediatisierung, Laisierung, Veralltäglichung, Enträumlichung und Verhäuslichung des Heiligen produktiv in sich auf und prägte sie im Sinne ihrer Glaubenstheologie um.[50] Und sowohl der Humanismus als auch die Mystik verstärkten durch ihre Präsenz in der Reformation deren Vielstimmigkeit und konfliktreiche Divergenz, wie auch das Weiterwirken sozialkritischer und -revolutionärer Antriebskräfte aus dem Spätmittelalter in die Reformation hinein[51] das explosive Potenzial zum gewalttätigen und kriegerischen Konflikt im eigenen protestantischen Lager forcierte.

Wertung der Vielstimmigkeit

Wie ist die Vielstimmigkeit der Reformation, die Vielfalt ihrer theologischen, kirchenjuristischen und sozialpolitischen Positionen, ihrer religionspolitischen Strategien, ihrer Frömmigkeitsweisen, Bekenntnisse, Katechismen, Gottesdienstformen, Kirchenordnungen und Gesangbücher rückblickend zu beurteilen? Kann man in dieser Vielfalt einen beeindruckenden Reichtum an Glaubensweisen und Gestaltungsenergien wahrnehmen, die ihren selbständigen Umgang mit der Bibel gegen die auf religiöse Homogenisierung drängenden kirchlichen und politischen Mächte behaupteten? Im Prinzip ja, wie wir gleich nachher an der im Münster erklingenden reformatorischen Vielstimmigkeit hören können.[52] In der ,normativen Zentrierung' der Reformation auf biblische Schrift und Bekenntnis hin lag ja tendenziell die Problematik einer theologischen, kirchlichen und kulturellen Verengung des evangelischen Christentums. So gesehen bildeten die Pluralisierung und die Divergenzen der Reformation einen wichtigen Gegenpol zu den reformatorischen Bestrebungen nach einer reduzierenden Monozentrierung von Kirche und Konfession: Sie begründeten eine öffnende, dezentralisierende und freiheitliche Dynamik des Protestantismus bis in die Gegenwart hinein.

---

[50] Vgl. LEPPIN, Volker: Die fremde Reformation. Luthers mystische Wurzeln, München 2016.

[51] Vgl. exemplarisch SCHWARZ, Reinhard: Die apokalyptische Theologie Thomas Müntzers und der Taboriten (BHTh 55), Tübingen 1977.

[52] Im Anschluss an diesen Abendvortrag fand im Ulmer Münster ein Konzert zum Thema ,Vielstimmige Reformation' statt: Das Scherer-Vokalensemble unter der Leitung von Thomas Müller brachte zusammen mit Markus Munzer-Dorn (Laute) Musik der Reformation zur Aufführung.

Die reformatorische Vielstimmigkeit erwies sich allerdings überall da als fatal und unerträglich, wo sie zur Kakophonie, zu wechselseitigen Beschimpfungen, Ausgrenzungen und Verteufelungen, zu Verletzungen, Vertreibungen und Hinrichtungen führte. Solche Eskalationen der Unduldsamkeit waren aber schon in der ersten Hälfte des 16. Jahrhunderts keine unausweichliche Konsequenz des innerreformatorischen Konflikts. Schon damals wurden mehrfach Modelle religiöser Toleranz entwickelt.[53] Die Wahrnehmung dieser historischen Ambivalenz innerreformatorischer Spannungen, Dissense und Konflikte ändert, wie ich meine, nichts an der prinzipiell positiven Wertung jener vielstimmigen Pluralität von Protestantismus und Christentum, wie sie die Ulmer Reformationsgeschichte länger als die der meisten anderen Reichsstädte prägte.

Es gibt eine noch im 20. Jahrhundert übliche konfessionelle Kirchengeschichtsschreibung, die die religiöse Pluralität der Reformation und ihr Auseinanderdriften in viele Reformationsströmungen grundsätzlich negativ wertete. In diesem Sinne sprach der lutherische Kirchenhistoriker Franz Lau in den sechziger Jahren des vergangenen Jahrhunderts vom unkontrolliert wuchernden „Wildwuchs der Reformation" nach 1521, den es dann nach dem Bauernkrieg durch die Bekenntnisbildung des Luthertums und seine Gärtnerkunst der reinen Lehre *(pura doctrina)* zurückzuschneiden galt.[54] In Zeiten, in denen man auch Wildkräuter, ökologische Artenvielfalt und den biodiversifizierten Weinberg zu schätzen weiß, kann uns die Vorstellung vom Weinberg Christi[55] als einer konfessionellen Monokultur wenig erfreuen. Dagegen wissen wir es zu schätzen, dass im reformationszeitlichen Ulm die Christenmenschen ihre Bibel und Luthers, Karlstadts oder

---

[53] Ein eindrucksvolles Beispiel für einen reformatorischen Standpunkt der Toleranz gegenüber den unterschiedlichen Glaubensweisen und Gottesdienstformen in einem politischen Gemeinwesen, und zwar auch gegenüber Katholiken und nicht-christlichen Religionen, bietet das im Frühjahr 1530 entstandene Gutachten des Nürnberger Kanzleischreibers Georg Frölich zur Frage: *Ob ein weltlich oberkeit recht habe, in des glaubens sachen mit dem schwerdt zu handeln;* ediert in: Lazarus Spengler Schriften, Bd. 3: Schriften der Jahre Mai 1529 bis März 1530, hg. und bearb. von Berndt Hamm, Felix Breitling, Gudrun Litz und Andreas Zecherle (QFRG 84), Heidelberg/Gütersloh 2010, S. 365–390 (Nr. 143), und dazu ein erläuterndes Schreiben Frölichs an Lazarus Spengler, ediert ebd., S. 401–403 (Nr. 148).

[54] Vgl. LAU, Franz: Reformationsgeschichte bis 1532. In: DERS./Ernst BIZER (Hg.): Reformationsgeschichte Deutschlands bis 1555, Bd. 3, Lieferung K (Die Kirche in ihrer Geschichte 3), Göttingen ²1969, S. K 1–65, hier: S. 17–43, § 2 mit der Überschrift: „Aufbruch und Wildwuchs der Reformation", und S. K 43–65, § 3 mit der Überschrift: „Die Entstehung reformatorischen Kirchentums". Der Übergang vom „Wildwuchs" zum „geordneten evangelischen Kirchenwesen" wird so beschrieben (S. K 43): „Die im Bauernkrieg gesammelten Erfahrungen machten es aber unmöglich, die reformatorische Bewegung einfach wild weiterwachsen zu lassen. Es wurde notwendig, Sicherungen gegen antiautoritäre Ausbrüche zu schaffen und klarzustellen, daß die von Luther im Bauernkrieg vertretenen Grundsätze (Obrigkeitsgehorsam) Geltung behielten. Das zwang zur Einführung klarer kirchlicher Ordnungen, auch zur Klarstellung über die Lehre, die die Geistlichen ihrer Predigt zugrunde zu legen hatten."

[55] Zum Bild des vom schädlichen ‚Unkraut' zu reinigenden christlichen Weinbergs vgl. oben HENDRIX, Recultivating the Vineyard (wie Anm. 29).

Zwinglis Schriften auf vielfältige und nonkonformistische Weise zu lesen verstanden und dass es dabei auch beachtliche Stimmen gab, die einen friedlichen, gewaltfreien und toleranten religiösen Umgang miteinander anmahnten.[56] Reformationsgedenken 2017 kann also gerade in Ulm bedeuten, die Pluralität des Protestantismus und des Christentums nicht nur für legitim zu erachten, sondern sie als Reichtum zu schätzen.

---

[56] Vgl. etwa die religionspolitische Haltung der Ulmer Bürgermeister Bernhard Besserer und seines Sohns Georg Besserer, dargestellt bei KEIM, Carl Theodor: Die Reformation der Reichsstadt Ulm, Stuttgart 1851; WALTHER, Heinrich: Bernhard Besserer und die Politik der Reichsstadt Ulm während der Reformationszeit. In: UO. Mitteilungen 27 (1930), S. 1–69. Auch die Vertreter des Ulmer Spiritualismus, Sebastian Franck, Kaspar von Schwenckfeld und ihre Anhänger (vgl. oben Anm. 41), plädierten für einen irenischen Kurs religiöser Duldsamkeit gegenüber unterschiedlichen Glaubensweisen und Gottesdienstformen.

Sabine Holtz

Luthers Lehren
Zur frühen Rezeptionsgeschichte im deutschen Südwesten des Alten Reichs 1530–1540

Ein Thema, das nach der Rezeption Wittenberger Lehren im deutschen Südwesten fragt, muss zwei unterschiedliche Ebenen berücksichtigen, die aber aufs Engste miteinander verbunden sind. Zum einen ist die Ebene der Veränderungen des gottesdienstlichen und kirchlichen Lebens zu betrachten und zum anderen die Umgestaltung des politischen und sozialen Lebens. Die Verbindung zwischen beiden Ebenen ist zentral von der lutherischen Rechtfertigungslehre bestimmt. Sie besagte, dass der einzelne Gläubige das Heil seiner Seele weder durch gute Werke, noch durch Fürbitten der Heiligen und ebenso wenig durch die sakramentale Vermittlung durch geweihte Priester erlange. Dem Gläubigen werde das Seelenheil vielmehr allein aufgrund seines Glaubens *(sola fide)* von Gott aus reiner Gnade *(sola gratia)* zuteil. Dies schloss die monopolistische Heilsvermittlung der spätmittelalterlichen Kirche aus. An die Stelle des heilsvermittelnden Klerus trat der Gedanke des Allgemeinen Priestertums aller Gläubigen.[1] Martin Luther machte den schon in der Alten Kirche bei Tertullian und Augustin bekannten Gedanken eines Allgemeinen Priestertums populär, allerdings ohne den Begriff selbst zu benutzen.[2] Bereits in seiner Adelsschrift hatte Luther die Aufhebung der ständischen Differenz zwischen Klerus und Laien eingeleitet,[3] als er die *Fursten, Hern, handtwercks und ackerleut* als *wahrhafftig geystlichs stands*[4] begriff. Alle Christen waren folglich geistlichen Standes. In der Adelsschrift hieß es weiter: *Dan was ausz der tauff krochen ist, das mag sich rumen, das es schon [zum] priester, Bischoff und Bapst geweyhet sey, ob wol nit einem yglichen zympt, solch ampt zu uben. Dan weyl wir alle gleich priester sein, musz sich niemant selb erfur thun und sich unterwinden, an unszer bewilligen und erwelen das zuthun, des wir alle gleychen gewalt haben. Den was gemeyne ist, mag niemandt on der gemeyne willen und befehle an sich nehmen*[5].

---

[1] Vgl. KLUETING, Harm: Der Hausvater als Pfarrer und Bischof. In: Christian PETERS (Hg.): Fides et pietas. Festschrift Martin Brecht zum 70. Geburtstag (Historia profana et ecclesiastica 8), Münster 2003, S. 33–42, hier: S. 33–35.

[2] Vgl. VOIGT-GOY, Christopher: Potestas und ministerium publicum. Eine Studie zur Amtstheologie im Mittelalter und bei Martin Luther (SMHR 78), Tübingen 2014, S. 136f.

[3] Vgl. KAUFMANN, Thomas: Geschichte der Reformation, Frankfurt/Berlin 2016, S. 271–274.

[4] WA 6, 407,11-12 (LUTHER, Martin: An den christlichen Adel deutscher Nation von des christlichen Standes Besserung).

[5] WA 6, 408,11-17 (LUTHER, Martin: An den christlichen Adel deutscher Nation von des christlichen Standes Besserung).

Um nach dem Umgang mit den Lehren der Wittenberger im deutschen Südwesten zu fragen, muss zunächst einmal bestimmt werden, wo überall in Südwestdeutschland diese Lehren rezipiert worden sind. Um 1500 war der Südwesten des Alten Reiches eine städtereiche Landschaft, ausnehmend viele Reichsstädte befanden sich hier. Vor allem in den Reichsstädten konnte die reformatorische Bewegung rasch an Boden gewinnen. Als eine evangelische Minderheit am 20. April 1529 Einspruch gegen einen Mehrheitsbeschluss des Reichstags einlegte, der auf die strikte Umsetzung des Wormser Edikts von 1521 pochte, waren unter den sechs deutschen Fürsten und den vierzehn Reichsstädten, die die Protestation einreichten, zehn südwestdeutsche Reichsstädte: Heilbronn, Isny, Kempten, Konstanz, Lindau, Memmingen, Nördlingen, Reutlingen, Straßburg und Ulm. Die Protestierenden beriefen sich auf die Freiheit des Einzelnen in Gewissens- und Glaubensfragen und forderten, dass es bis zur Einberufung eines Konzils jedem Reichsstand erlaubt sein sollte, in Angelegenheiten, die das Wormser Edikt betrafen, *für sich also zu leben, zu regieren und zu halten, wie ein jeder solches gegen Gott, und Kaiserl. Majestät hoffet und vertraut zu verantworten.*[6] Der Reichsabschied konnte die Ausbreitung der Reformation nicht mehr aufhalten.

Vollkommen anders sah es bei den Fürstentümern im deutschen Südwesten aus. Zwar gab es auch in der Markgrafschaft Baden, in der Kurpfalz sowie im Herzogtum Württemberg Hinweise auf reformatorische Bewegungen, die politischen Obrigkeiten waren aber ihrerseits auf Neutralität (Kurpfalz) bedacht oder wollten, wie in Baden, keine Position beziehen bzw. standen, wie in Württemberg, unter habsburgischer Herrschaft.

Im nördlichen Teil des deutschen Südwestens hatte die lutherische Reformation in einigen Reichsstädten früh Anhänger gefunden. Zu nennen ist an erster Stelle Schwäbisch Hall. Gemeinsam mit der Markgrafschaft Brandenburg strahlte Hall auf Heilbronn und Dinkelsbühl aus.[7] Giengen an der Brenz[8] schloss sich nach der Mitte der 1530er Jahre der lutherischen Reformation an, Rothenburg,[9] Wimpfen,[10] Bopfingen[11] und Nördlingen[12] folgten erst in den 1540er Jahren. Maßgebliche

---

[6] SENCKENBERG, Heinrich Christian von/SCHMAUSS, Johann Jacob (Hg.): Neue und vollständigere Sammlung der Reichs-Abschiede [...], Teil 2, Frankfurt 1747, S. 274.

[7] Vgl. BRECHT, Martin/EHMER, Hermann: Südwestdeutsche Reformationsgeschichte. Zur Einführung der Reformation im Herzogtum Württemberg 1534, Stuttgart 1984, S. 180. In den 1530er Jahren wurde die Brandenburgisch-Nürnbergische Kirchenordnung übernommen.

[8] Vgl. ebd., S. 177. 1537 kam es zur Übernahme der württembergischen Kirchenordnung.

[9] Vgl. ebd., S. 181. Einführung der Reformation 1544, Brenz diente als Berater.

[10] Vgl. ebd., S. 181. 1546 wurde die Kirchenordnung nach Haller Vorbild übernommen.

[11] Vgl. ebd., S. 182. 1546 erfolgte die Annahme der Confessio Augustana, noch im selben Jahr trat Bopfingen dem Schmalkaldischen Bund bei.

[12] Vgl. ebd., S. 179f. Die Einführung der Reformation erfolgte 1548, die Brandenburgisch-Nürnbergische Kirchenordnung wurde übernommen.

Reformatorenpersönlichkeiten auf lutherischer Seite waren v. a. Johannes Brenz (Hall), Johann Lachmann und Kaspar Gräter (Heilbronn) sowie Andreas Althammer (Ansbach/Markgrafschaft Brandenburg). Abgesehen von Lachmann, der allerdings Gräter mit der Anfertigung eines Katechismus beauftragt hatte, legten alle drei Reformatoren auch eigene Katechismen[13] vor. Althammer führte die Brandenburgisch-Ansbachische Kirchenordnung von 1533 durch.[14] Alle standen fest zur lutherischen Lehre und ließen sich in den an Heftigkeit zunehmenden theologischen Auseinandersetzungen, die um die Einheit der reformatorischen Lehre geführt wurden, nicht beirren. In Württemberg kam später Erhard Schnepf hinzu, im lutherischen Sinne in Augsburg wirkten Urbanus Rhegius und Kaspar Huberinus. Lediglich in der Kirchenordnung zeigten sich bei Matthäus Alber in Reutlingen presbyteriale Elemente (je drei Vertreter des Rats und der Prediger sowie sechs Gemeindevertreter). Sein Abendmahlsverständnis orientierte sich an Luther. Auch die Entfernung der Bilder in Reutlingen – nach neun Jahren Predigt gegen die schriftwidrigen Bilder – entsprach ganz Luthers Vorstellungen, wie dessen Invocavitpredigten[15] in Wittenberg 1522 zeigten. Anders als in Hall und Heilbronn erfolgte der Anschluss an die Reformation jedoch nicht nach Magistratsbeschluss, sondern durch eine Abstimmung in der Gemeinde. Dieses Vorgehen fand sich ansonsten in den zwinglianisch-oberdeutsch beeinflussten Reichsstädten, wie beispielsweise Ulm, aber auch Esslingen.

Die im südlichen Teil gelegenen Reichsstädte lagen im Einflussbereich der zwinglianisch-oberdeutschen Reformation. Straßburg, Esslingen, Ulm, Konstanz, Leutkirch, Kaufbeuren, Kempten, Lindau, Memmingen hatten von Anfang der reformatorischen Bewegung an mit der zwinglianisch-oberdeutschen Richtung sympathisiert. Gemeinsam mit Straßburg, Konstanz und Memmingen gehörte Lindau (1532 schloss sich Lindau der Confessio Augustana an; später der Wittenberger Konkordie) 1530 zu den Unterzeichnern der Confessio Tetrapolitana. 1532 folgte Lindau dann dem Augsburger Bekenntnis. Thomas Gassner, der in Lindau auf den ehemaligen Franziskanermönch Michael Hug und Sigmund Rötlin folgte, orientierte sich, wie Hug und Rötlin, an der Reformation Zwinglis, wie vor allem

---

[13] 1527 und 1535 Brenz; 1528 und 1530 Gräter; 1528 Althammer.

[14] Als Vorlage diente die 1533 von Andreas Osiander für die Markgrafschaft Brandenburg und die Reichsstadt Nürnberg verfasste Kirchenordnung.

[15] Vgl. Acht Sermone D. Martin Luthers, von ihm gepredigt in der Fastenzeit 9.–16. März 1522. Edition und Einführung von Gerhard Krause. In: BORNKAMM, Karin/EBELING, Gerhard (Hg.): Martin Luther. Ausgewählte Schriften, Bd. 1, Frankfurt/Main 21983, S. 271–307.

seine Neugestaltung des Lindauer Kirchenwesens, aber auch der Bildersturm 1530 in der dortigen Pfarrkirche zeigen. Als sich die Auseinandersetzungen zwischen Luther und Zwingli immer weiter zuspitzten, distanzierte sich Gassner zunehmend von Zwingli. 1532 übernahm Lindau die Confessio Augustana. Später trat Gassner für die Wittenberger Konkordie ein. Als der Lindauer Matthias Rot, der bei Luther in Wittenberg studiert hatte, die Nachfolge des 1548 verstorbenen Gassner antrat, bedeutete dieser Amtswechsel den definitiven Übergang zu Luther. In Biberach lässt sich in der zweiten Hälfte der 1520er Jahre ein Übergang von der lutherischen Lehre hin zur Lehre Zwinglis beobachten.[16] Auch in Augsburg kam es nach einer ersten Annäherung unter Urbanus Rhegius an die reformatorischen Lehren Luthers zu einer stärkeren Hinwendung zum oberdeutschen Lager. Seine Ursache hatte diese Umorientierung in der Berufung neuer Prädikanten,[17] die stärker zu Martin Bucer tendierten.

1 Der Schmalkaldische Bund

Einen Wendepunkt in der südwestdeutschen Reformationsgeschichte stellt das Jahr 1531 dar. Zum einen hatten sich evangelische Fürsten und Städte angesichts der nach dem Augsburger Reichstag 1530 gestiegenen Gefahr einer Exekution des Wormser Edikts zum Schmalkaldischen Bund zusammengeschlossen.[18] Sein Bündniszweck war die gemeinsame ‚Gegenwehr'.[19] Darunter wurde ein aktiver militärischer Widerstand verstanden, der freilich nur als allerletztes Mittel eingesetzt werden sollte. Problematisch war, dass nicht definiert war, welches konkrete Bedrohungsszenario den Bündnisfall nach sich ziehen würde. Unter der Führung Kursachsens und Hessens stehend, war der Bund theologisch vom Luthertum geprägt. Zum anderen war das zwinglianische Lager nach der Niederlage der reformierten Kantone im zweiten Kappeler Krieg (1531) gegen die fünf inneren katholischen Berg-Kantone ohne theologische Führungspersönlichkeit, da Zwingli in der Schlacht den Tod fand. Luther übrigens sah

---

[16] Durch Volksentscheid kam es 1530 in Biberach zur Einführung der Reformation. Müller ordnete das Kirchenwesen nach Ulmer Vorbild.

[17] Wolfgang Musculus, Bonifatius Wolfart, Sebastian Maier und Theobald Niger.

[18] Zum Folgenden vgl. HAUG-MORITZ, Gabriele: Der Schmalkaldische Bund. 1530–1541/42. Eine Studie zu den genossenschaftlichen Strukturelementen der politischen Ordnung des Heiligen Römischen Reiches Deutscher Nation (Schriften zur südwestdeutschen Landeskunde 44), Leinfelden-Echterdingen 2002.

[19] HAUG-MORITZ, Gabriele: Widerstand als „Gegenwehr". Die schmalkaldische Konzeption der 6 „Gegenwehr" und der „gegenwehrliche Krieg" des Jahres 1542. In: Robert von FRIEDEBURG (Hg.): Widerstandsrecht in der frühen Neuzeit. Erträge und perspektiven der Forschung im deutsch-britischen Vergleich (ZHF.B 26), Berlin 2001, S. 141–161.

im Tod Zwinglis die Strafe Gottes für dessen Haltung in der Abendmahlsfrage.[20] In der theologisch wie politisch angespannten Situation des Jahres 1531 gewiss keine vertrauensschaffende Äußerung.

Die Gründung des Schmalkaldischen Bundes und der Tod Zwinglis markieren den Beginn jenes Dezenniums, in dem es zu den gravierendsten Veränderungen kam. In der Folge traten zwischen 1531 und 1546 viele oberdeutsche Städte dem Schmalkaldischen Bund bei. Nach der Restitution Herzog Ulrichs in Württemberg wurde auch das württembergische Herzogtum Mitglied im protestantischen Bündnis. Diese Erweiterung des Schmalkaldischen Bundes im Südwesten des Reiches kennzeichnet im Reich den Übergang von einem multiperspektivischen Protestantismus hin zu einem exklusiven Luthertum im Reich. Das Bekenntnis zur Confessio Augustana und der Anschluss an Wittenberg war die Grundlage der eindeutig politischen Option. Der Beitritt zum Schmalkaldischen Bund engte die theologischen Handlungsoptionen zwar ohne Frage massiv ein, war aber für die süddeutschen, der Reformation zugewandten Territorien ohne Alternative.

Hinzu kam, dass eine Formulierung des Kaadener Vertrags (1534), mit dem Herzog Ulrich sein angestammtes Herzogtum wieder übernehmen konnte, wenn auch nur als Afterlehen, die *sacramentirer, wiederteuferisch secten, auch andere unchristliche secten* ausdrücklich ausschloss.[21] Zwar wurde in Kaaden nicht definiert, welche reformatorische Richtung unter den Begriff der ‚Sacramentirer‘ fiel, kein Zweifel bestand aber an der Option einer ausschließlich lutherischen Reformation.[22] In Württemberg wurde diese Lesart des Vertrags auch von der Mehrzahl der Juristen am Hof Herzog Ulrichs gestützt.[23] Herzog Ulrich erwies sich in der Folgezeit nicht nur als Akteur politischer Herrschaft, sondern auch als Akteur reformatorischer Lehre. Trotz der durch die geopolitische Lage zwischen dem lutherischen Hessen und den reformierten Kantonen der Schweiz vorgenommenen Aufteilung des württembergischen Territoriums in zwei unterschiedliche Reformationsräume strebte Ulrich danach, die Einheit der Reformation zu wahren.

---

[20] Vgl. BRECHT, Martin: Luthers Beziehung zu den Oberdeutschen und Schweizern von 1530/1531 bis 1546. In: Helmar JUNGHANS (Hg.): Leben und Werk Martin Luthers von 1526–1546. Festgabe zu seinem 500. Geburtstag, Bd. 1, Göttingen 1983, S. 497–517, hier: S. 500.

[21] BOSSERT, Gustav/ BOSSERT, Gustav (Hg.): Quellen zur Geschichte der Wiedertäufer, Bd. 1: Herzogtum Württemberg (QFRG 13), Leipzig 1930, Nr. 57, S. 37.

[22] Vgl. LEPPIN, Volker: Theologischer Streit und politische Symbolik. Zu den Anfängen der württembergischen Reformation 1534–1538. In: ARG 90 (1999), S. 159–187, hier: S. 183f.

[23] Vgl. DEETJEN, Werner-Ulrich: Studien zur Württembergischen Kirchenordnung Herzog Ulrichs 1534–1550. Das Herzogtum Württemberg im Zeitalter Herzog Ulrichs (1498–1550), die Neuordnung des Kirchengutes und der Klöster (1534–1547), Stuttgart 1981, S. 281.

Wichtig war ihm dabei offenkundig die Rücksichtnahme auf die württembergische Nachbarschaft, mithin also darauf, in welcher Ausprägung die Reformation dort seit längerem Einzug gehalten hat. Keinesfalls sollte der Eindruck entstehen, in Württemberg werde 1534 eine Reformation durchgeführt, die nicht im Einklang mit bereits etablierten Kirchenordnungen stand. Unstrittig war für Ulrich inhaltlich das klare lutherische Bekenntnis.

In dem Dezennium zwischen 1530 und 1540 wurden wichtige Entscheidungen getroffen, die den weiteren Verlauf der Reformation im deutschen Südwesten – und darüber hinaus – beeinflussten. Die meisten Veränderungen im gottesdienstlichen und kirchlichen Leben nahmen die Laien bei der Abendmahlsfeier, bei der Gestaltung des Gottesdienstes und im Umgang mit Bildern im Kirchenraum wahr.

2 Stuttgarter Konkordie

Die Abendmahlslehre betreffend steht die Stuttgarter Konkordie am Anfang. Sie wurde auf herzoglichen Druck hin von Schnepf und Blarer unterschrieben. Blarer, der wohl dem Missverständnis aufsaß, einen vom Oberdeutschen Martin Bucer akzeptierten Text in die Diskussion einzubringen (*Wir bekennend, das uß vermögen dieser wort: Diß ist min lib, diß ist min bluot' der lib und das bluot Christi warhafftiklich, hoc est essentialiter et substantive, non autem qualitative vel quantitative vel localiter im nachtmal gegenwirtig siend und geben werind.[24]*), bot Schnepf mit seinem Formulierungsvorschlag eine Steilvorlage. Schnepf konstatierte die Übereinstimmung dieser Formulierung mit Luthers Auffassung und akzeptierte. Die Stuttgarter Konkordie konnte unterschrieben werden. Schnepf (und nicht nur er) war der Auffassung, Blarer sei dem Luthertum beigetreten. Später wurde Blarer klar, dass er von Schnepf überrumpelt worden war. In einem späteren Gespräch mit Bucer wurde Blarer klar, dass er einer Formulierung zugestimmt hatte, die noch beim Marburger Religionsgespräch 1529 von Zwingli und Oekolampad nicht akzeptiert worden war. Weder war in der Stuttgarter Konkordie also ein Konsens erzielt, noch ein Kompromiss gefunden worden.[25] Brisant war diese Entwicklung auch deshalb, weil Bucer darin den Versuch erkannte, in Anlehnung an den „Sacramentirer"-Artikel des Kaadener Vertrags, die oberdeutsche Reformation auszuschließen. Auf Empfehlung des Straßburgers Jakob Sturm bestimmte Herzog Ulrich schließlich, dass sich die Prediger des Herzogtums ausschließlich auf die Confessio Augustana beziehen sollten.

---

[24] SCHIESS, Traugott (Hg.): Briefwechsel der Brüder Ambrosius und Thomas Blaurer 1509–1567, 3 Bde., Freiburg i. Br. 1908–1912, hier: Bd. 1, S. 528.
[25] Vgl. LEPPIN, Theologischer Streit (wie Anm. 22), S. 164–166.

Dennoch erfolgte nach der inhaltlichen Festlegung auf ein Luthertum in der Stuttgarter Konkordie in der württembergischen Kirchenordnung von 1535[26] die Festlegung der Gottesdienstform.[27] Der Abendmahlsgottesdienst wurde in einer schlichten, oberdeutschen Form begangen. Anders entschied man sich im lutherisch orientierten Hall und in Heilbronn (1532 und Revision 1543). Ausgehend von Hall setzte sich hier eine gottesdienstliche Liturgie durch, die sich an Luthers Deutscher Messe orientierte, also liturgisch reicher war und mehr an die katholische Tradition erinnerte; freilich stand auch in Hall und Heilbronn die Predigt im Zentrum des Gottesdienstes. Für Erhard Schnepf wie für den beratend hinzugezogenen Johannes Brenz war die schlichte württembergische Form kein Problem, da beide, ganz im lutherischen Sinne, die Form als Adiaphoron, als bloße Äußerlichkeit, betrachteten. Allerdings griff Schnepf inhaltlich in die Abendmahlsliturgie ein und spitzte zu: dort sollte nicht stehen *sein Fleisch* und *sein Blut*, sondern Formulierungen, die die Realpräsenz massiv betonten – *seinen wahrhaftigen Leib* und *sein eigen Blut*[28]. Diese Formulierungen sollten gerade angesichts der schlichten, an die zwinglianisch-oberdeutschen Form erinnernden Liturgie jedes Missverständnis ausschließen. Abendmahlsgottesdienste sollten lediglich sechs Mal jährlich stattfinden. Eine liturgisch schlichte Form wurde auch beim Hauptgottesdienst gewählt. Hier knüpfte man an den in vielen Reichsstädten seit dem späten Mittelalter üblichen Prädikantengottesdienst an.

Der württembergischen Kirchenordnung (1536) angehängt wurde der Katechismus in der Form, die Johannes Brenz für Schwäbisch Hall verfasst hatte. Er zielte auf eine frühe Einprägung der neuen Lehre: *Und nachdem vil daran gelegen, was die Jugendt von kindheyt auff lerne, so sollen die Visitatores und Superattendenten ein gleichfo[e]rmigen, bestendigen, kurtzen und kleinen catechismum, den die jungen von wort zu wort, außwendig lernen und sich undereinander darinn befragen mo[e]gen, in der ganzen landschafft anrichten.*[29] In der Folge wurde der Brenzsche Katechismus zum Lehrbuch für den Schulunterricht schlechthin.

---

[26] Die Brandenburgisch-Nürnbergische große Kirchenordnung von 1533 diente als Vorbild.

[27] Vgl. FIGEL, Matthias: Der reformatorische Predigtgottesdienst. Eine liturgiegeschichtliche Untersuchung zu den Ursprüngen und Anfängen des evangelischen Gottesdienstes in Württemberg (QFWKG 24), Epfendorf/Neckar 2013.

[28] Gemein Kirchenordnung, wie die dieser Zeit allenthalb im Fürstenthumb Wirtemberg gehalten soll werden. Tübingen 1536, fol. 12v. Vgl. LEPPIN, Theologischer Streit (wie Anm. 22), S. 168f. mit Verweisung auf KOLB, Christoph: Die Geschichte des Gottesdienstes in der evangelischen Kirche Württembergs, Stuttgart 1913, S. 334f.

[29] REYSCHER, August Ludwig (Hg.): Vollständige, historisch und kritisch bearbeitete Sammlung der württembergischen Gesetze, Bd. 8, Tübingen 1834, S. 49. Vgl. zum Folgenden WEISMANN, Christoph: Eine kleine Biblia. Die Katechismen von Luther und Brenz, Stuttgart 1985, S. 52–54.

Mit der Stuttgarter Konkordie und der Kirchenordnung, die im Grundsatz eine Gottesdienstordnung war, war nun in Württemberg ein Kompromiss gefunden worden, der nicht spitzfindig theologische Formeln justierte, sondern schlicht und einfach Inhalt und Form unterschied (Volker Leppin) und sich an der reichspolitischen Lage Württembergs orientierte.[30] Die Aussage war klar: Württemberg passte sich ins reformatorische Lager ein.

Ähnliches galt auch für den in Württemberg durch die Aufspaltung des Territoriums in zwei unterschiedliche reformatorische Lager strittigen Umgang mit den Bildern im Kirchenraum. Die Bilderfrage wurde u. a. 1537 auf dem sogenannten Uracher Götzentag diskutiert.[31] Als Vertreter der zwinglianisch-oberdeutschen Richtung war Blarer der Auffassung, alle Bilder seien zu entfernen. Die lutherische Position sah vor, nur sogenannte ärgerliche Bilder, wie beispielsweise Heiligenbilder, zu entfernen, jedoch Bilder, die Geschichten aus dem Alten und Neuen Testament illustrierten, als Biblia pauperum für jene didaktisch zu nutzen, die nicht lesen konnten. Herzog Ulrich entschied sich für die Entfernung der Bilder und somit für die Position Blarers. Bei der Umsetzung des Dekrets zur Bilderentfernung stellte sich allerdings heraus, dass Herzog Ulrich und Blarer doch nicht die gleiche Meinung verfolgten. Der Herzog wollte offenkundig zwar alle vorreformatorischen Bilder entfernt sehen, aber gegebenenfalls neue Bilder an deren Stelle anbringen lassen. Dies belegen zwei herzogliche Altarstiftungen für Mömpelgard und für die Stuttgarter Schlosskirche. Der in Württemberg gefundene Kompromiss basierend auf der Unterscheidung nach Inhalt und Form erlaubte also mit seinen Formen kirchlichen Lebens – im Abendmahlsgottesdienst wie in der Bilderfrage – die Einbindung der württembergischen Reformation in das von der oberdeutsch-zwinglianischen Reformation geprägten reichsstädtische Umfeld hinzu. Er war dort, das war für die verspätete Reformation Württembergs von eminenter Bedeutung, v. a. mit Blick auf die württembergischen Untertanen zustande gekommen. Volker Leppin hat herausgearbeitet, dass von Herzog Ulrich „konfessionell signifikante Entscheidungen" getroffen wurden, die den Blick auf die Wirkung in der Bevölkerung richteten.[32] Inhaltlich war lediglich seine Festlegung beim Abendmahl, auch hier vielleicht stärker von der konfessionellen Ausrichtung des Schmalkaldischen Bundes bestimmt als von theologischen Erwägungen. Was die Form des Abendmahlsgottesdienstes und die Bilder anbelangt, kommt der pragmatische Zugriff Herzog Ulrichs klar zum Tragen.

---

[30] Vgl. zum Folgenden Leppin, Theologischer Streit (wie Anm. 22), S. 170–172.

[31] Vgl. zum Folgenden Litz, Gudrun: Die reformatorische Bilderfrage in den schwäbischen Reichsstädten (SuRNR 35), Tübingen 2007, S. 50–56. Sie untersucht den unterschiedlichen Umgang mit der Bilderfrage in den Reichsstädten Lindau, Reutlingen, Ulm, Memmingen. Biberach, Esslingen, Isny, Kempten, Giengen an der Brenz, Kaufbeuren, Ravensburg und Leutkirch.

[32] Leppin, Theologischer Streit (wie Anm. 22), S. 185.

Der Pseudo-Kompromiss der Stuttgarter Konkordie genügte aber nicht zur Herstellung einer Konkordie auf der Ebene des Reichs. Dies wiederum hatte auch Rückwirkungen auf den deutschen Süden, speziell auf die Reichsstädte.

Noch bevor Württemberg sich der Reformation anschloss, mischte sich Luther immer wieder persönlich ins Reformationsgeschehen süddeutscher Reichsstädte ein. So in Frankfurt und Kempten, mehrfach in Augsburg. 1530 warnte Wittenberg die Anhänger Luthers in Augsburg davor, sich nicht auf Bucers Gedanken einzulassen.[33] Und im darauffolgenden Jahr stellte Luther gegenüber dem Augsburger Prediger Johann Frosch klar, dass er den Zwinglianern, anders als diese gelegentlich sagten, keinerlei Zugeständnisse gemacht habe. Dies gelte freilich auch in die andere Richtung. Augsburg und auch Ulm seien ihm, Luther, nicht entgegengekommen. Das dortige kompromisslose Auftreten hat wohl mit der Furcht zu tun, nach Zwinglis (und Oekolampads) Tod den Lutheranern entgegenkommen zu müssen. Als in Frankfurt der lutherische Prediger Martin Cellarius seines Amtes enthoben wurde, publizierte Luther ein Sendschreiben an Frankfurt, in welchem er betonte, dass die Frankfurter Prediger in der Lehre nicht mit ihm übereinstimmten. Luther betonte die objektive Gegenwart Christi im Abendmahl, sie war nicht an den Glauben der Empfangenden gebunden. Auch in Kempten wurden zwei lutherische Geistliche, Johann Seeger und Johann Rottach, entlassen, weil sie einer vermittelnden Abendmahlsauffassung nicht zustimmen wollten. Augsburger Lutheraner, die eine Expertise Luthers einholen wollten, wurden vom Reformator beim Magistrat angeschwärzt. Luther ließ den Rat wissen, dass die Lehre dieser Prediger zwinglianisch sei und mit seiner Lehre nicht übereinstimme. Luther ging sogar so weit, gegenüber dem Magistrat zu drohen, seine Einschätzung öffentlich zu machen. Die Prediger, vom Rat auf die Problematik angesprochen, betonten ihre Übereinstimmung mit Luther. Lediglich bei der Speisung der Ungläubigen im Abendmahl wollten sie seiner Lehre nicht folgen. Dies zeigt die Problemlage, die auch durch die Stuttgarter Konkordie nicht zufriedenstellend gelöst worden war.

Folgende Punkte waren zu klären: Wie ließ sich Luthers Forderung nach der Gegenwart von Leib und Blut Christi formelhaft ausdrücken? Ging die Realpräsenz im lutherischen Abendmahl von einer natürlichen Verbindung der Elemente mit Leib und Blut Christi aus oder von einer sakramentalen Verbindung?

---

[33] Vgl. zum Folgenden BRECHT, Luthers Beziehung (wie Anm. 20), S. 499–502.

Die Formulierung *Mit dem Brot wird der Leib Christi wesentlich und wahrhaftig empfangen* schien für Lutheraner wie Schweizer und Oberdeutsche akzeptabel. Dennoch handelte es sich nicht um einen Kompromiss: „Aufgrund der unio sacramentalis war es vielmehr den Oberdeutschen möglich, sich als Anhänger Luthers zu bekennen. Freilich ließ es ihr Gewissen nicht zu, von einer physischen Verbindung von Brot und Leib Christi [...] zu reden. Und darin wollten sie auch von Luther respektiert werden."[34] Dies war ein wichtiger Schritt in Richtung auf eine Konkordie. Auf dieser Basis signalisierte Augsburg im Sommer 1535 Zustimmung, was einem „echten Durchbruch in den Bemühungen um die Konkordie" markierte.[35] Das langjährige Bemühen Bucers, die Zwietracht zu überwinden, schien zum Greifen nah. Aber noch gab es Gegner einer Einigung. Sie sollten in Gesprächen mit den oberdeutschen Reichsstädten überzeugt werden. Nach Augsburg signalisierten Esslingen (Ende August 1535) und Ulm (Anfang September 1535) Zustimmung. Bei einem Treffen in Basel hingegen einigten sich die Schweizer auf ein Bekenntnis, das später als das Erste Helvetische Bekenntnis tituliert wurde. Es betonte das symbolische Verständnis des Abendmahls und lehnte eine natürliche Vereinigung von Brot und Leib Christi ab. Dies machte die Hoffnung auf eine Konkordie erst einmal zunichte.

An den Verhandlungen in Wittenberg,[36] die die Wittenberger Konkordie[37] auf den Weg brachten, nahmen neben den Oberdeutschen Bucer und Capito aus Straßburg auch die oberdeutschen Vertreter aus Ulm (Martin Frecht), Esslingen (Jakob Otter), Augsburg (Bonifacius Wolfhart und Wolfgang Musculus), Memmingen (Gervasius Schuler), Frankfurt (Johannes Bernhardi), Fürfeld im Kraichgau (Martin Germanus) und Konstanz (zeitweilig Johannes Zwick) teil. Die beiden Vertreter Reutlingens (Matthäus Alber, Johannes Schradin) sind wohl eher der lutherischen Fraktion zuzuordnen. In den Verhandlungen betonten die oberdeutschen Vertreter, dass ihre Obrigkeiten die Realpräsenz Christi im Abendmahl anerkannt hätten. Strittig war nun noch der Punkt der Speisung der Gottlosen.

Hierzu machte Johannes Bugenhagen ein Gesprächsangebot. Er schlug vor, den Begriff „Gottlose" durch den biblischen Begriff „Unwürdige" zu ersetzen.[38] Letztendlich gelang eine Einigung unter Einbeziehung der Speisung der Unwürdigen, obgleich die Oberdeutschen auf dieses Zugeständnis an Luther lieber verzichtet

---

[34] Ebd., S. 504.
[35] Ebd., S. 505.
[36] Vgl. ebd., S. 507.
[37] Vgl. KAUFMANN, Thomas: Art. ‚Wittenberger Konkordie'. In: TRE 36 (2004), S. 243–251.
[38] Vgl. BRECHT, Luthers Beziehung (wie Anm. 20), S. 509.

hätten. Man einigte sich also darauf, dass auch die Unwürdigen Leib und Blut Christi empfingen. Da sie es aber ohne wahre Buße und Glauben taten, gereichte ihnen der Empfang zum Gericht. Abgesehen vom Konstanzer Johannes Zwick, der dafür kein obrigkeitliches Mandat hatte, wurde die Wittenberger Konkordie am 29. Mai 1536 von allen Teilnehmern unterzeichnet. Im Anschluss sollten die Obrigkeiten und jene Theologen, die nicht in Wittenberg dabei sein konnten, informiert werden. Trotz teilweise erheblicher Widerstände unterschrieben im Laufe des Sommers 1536 Frankfurt/Main, Worms, Landau, Weißenburg, Esslingen, Augsburg, Memmingen und Kempten sowie Straßburg.[39] Der Ulmer Rat verhielt sich lange reserviert und unterschrieb erst am 30. Oktober. Auch Biberach ließ sich Zeit. Bern und Zürich lehnten ab, letztendlich konnte auch Basel nicht gewonnen werden. Ende 1536 lehnte Konstanz die Konkordie ab; für Blarer war die Speisung der Unwürdigen unannehmbar.

Das politische und soziale Leben wurde nachhaltig von der Lehre vom Priestertum aller Gläubigen verändert, die politisch das landesherrliche Kirchenregiment weiter gestärkt hat. Zugleich hat die Lehre vom Allgemeinen Priestertum auch den Bildungssektor nachhaltig verändert, vor allem bei den Elementarschulen (z. B. die Haller Schulordnung)[40] und an der Tübinger Universität. Auch die Ablehnung, die Eheschließung als Sakrament zu werten, veränderte das soziale Leben grundlegend. Die Ablehnung einer Werkgerechtigkeit hatte große Auswirkungen auf den Sektor der spätmittelalterlichen Sozialfürsorge.

In den 1530er Jahren massiv umgestaltet wurde die politische und die kirchliche Ordnung des Herzogtums Württemberg. Im Stil einer Fürstenreformation, die an die spätmittelalterlichen Grundlagen des landesherrlichen Kirchenregiments anknüpfen konnte, wurde 1534 die Reformation in Württemberg eingeführt. Der Landesherr übernahm künftig vormals kirchliche Funktionen. Zunächst wurde die Leerstelle, die durch den Wegfall der bischöflichen Gewalt entstand war, in Württemberg vom Landesherrn und einem theologischen und juristischen Beratergremium (Visitatoren) besetzt, 1546 entstand dann mit dem Kirchenrat die erste kirchliche Zentralbehörde im protestantischen Deutschland überhaupt. Der Landesherr übte die Funktion eines Landesbischofs aus. Er übernahm Verantwortung für beide Tafeln des Gesetzes.

---

[39] Vgl. ebd., S. 510.

[40] Vgl. Kirchenordnung von Schwäbisch Hall (1527). In: AREND, Sabine (Bearb.): Die evangelischen Kirchenordnungen des XVI. Jahrhunderts, Bd. 17, 2. Teilband: Baden-Württemberg III. Reichsstädte Schwäbisch Hall, Heilbronn, Konstanz, Isny und Gengenbach (EKO 17,2/III), Tübingen 2007, S. 42–65.

Binnen kurzem erreichte die Reformation alle kirchlichen, politischen und sozialen Bereiche. Die Aufhebung der Klöster, eingeleitet durch die Klosterordnung von 1535[41] und die Neuordnung des Kirchenguts und der Klöster in der Kastenordnung (1536),[42] bot dem hochverschuldeten Herzogtum den finanziellen Rückhalt und bildete die Basis für den Umbau der Sozial- und Armenfürsorge.[43] Folglich regelte sie die künftige Zusammensetzung des lokalen Kirchenvermögens. Es diente von nun an für Zwecke des Unterhalts der Kirchenbauten, für das Schulwesen sowie die Armen- und Sozialfürsorge. Die Armen- und Sozialfürsorge wurde mithin zu einer Aufgabe der weltlichen Kommune, die freilich von der christlichen nicht zu trennen war. Die Fürsorge galt nur den Armen und Bedürftigen der eigenen Gemeinde und nur den sogenannten schwachen Bettlern. Die Reformation ordnete das württembergische Schul- und Bildungswesen neu. Die Aufforderung des Herzogs an die Tübinger Theologieprofessoren, sich der evangelischen Lehre anzuschließen, verhallte zunächst ungehört. Das hatte gute Gründe. Zum einen war die spätmittelalterliche Universität eine kirchliche Einrichtung, der Kanzler der Universität vertrat den Papst im Senat. Mit einem Privileg garantierte der Papst die internationale Anerkennung der an der Universität erteilten akademischen Grade. Zum anderen war die Tübinger Universität ein „Bollwerk des alten Glaubens" – so Heiko Augustinus Oberman,[44] mitnichten ein *Augiasstall*, wie Blarer,[45] dem die Reformation der Universität aufgetragen war, behauptete. Ihre Kompetenzen waren in Kirche und Staat nachgefragt. Die Professoren fühlten sich folglich durch die Predigten und die Bekehrungsversuche des Magisters Blarer in ihrer Ehre gekränkt. Sie lehnten die Konversion schlichtweg ab: *Wir sollen uns […] wie ein gemeines Dorf nur durch Vorpredigen zu der neuen Lehre bringen und dringen lassen, und ohne alle gelehrte Gegenwehr das Feld räumen, das wäre uns Allen nicht nur an unserem Gewissen beschwerlich, sondern gegen dem ganzen Land und aller Welt spottlich.*[46]

---

[41] Vgl. Württembergische Klosterordnung (1535). In: SCHNURRER, Christian Friedrich: Erläuterungen zur württembergischen Kirchen-, Reformations- und Gelehrten-Geschichte, Tübingen 1798, S. 546–554; vgl. EBERL, Immo: Die Entwicklung der „großen Mannsklöster" im Herzogtum Württemberg unter den Herzögen Ulrich und Christoph. In: BWKG 89 (1989), S. 5–26.

[42] Vgl. Erste Kasten-Ordnung von 1536. In: REYSCHER, August Ludwig (Hg.): Vollständige, historisch und kritisch bearbeitete Sammlung der württembergischen Gesetze, Bd. 12, Tübingen 1841, S. 122–132.

[43] Vgl. EHMER, Hermann: Die Kirchengutsfrage in der Reformation. In: BWKG 104 (2004), S. 27–45; DEETJEN, Studien (wie Anm. 23), S. 213–256 (dort S. 215–218 eine Zusammenfassung der Ordnung von 1535, eine der umfangreichsten Klosterordnungen der Reformationszeit).

[44] OBERMAN, Heiko Augustinus: Werden und Wertung der Reformation. Vom Wegestreit zum Glaubenskampf (Spätscholastik und Reformation 2), Tübingen 1977, S. 335f.

[45] Ambrosius Blarer an Heinrich Bullinger, 5. Oktober 1534. In: HBBW 4, Nr. 452.

[46] HEYD, Ludwig Friedrich: Ulrich, Herzog zu Württemberg. Ein Beitrag zur Geschichte Württembergs und des deutschen Reichs im Zeitalter der Reformation, Bd. 3, Tübingen 1844, S. 125.

Ein Verhandlungsangebot der Professoren verhallte ungehört. Sie teilten deshalb dem zuständigen Obervogt mit, sie würden sich dem Herzog schriftlich erklären. Der Herzog reagierte empört: *Nun hetten wir uns von euch sollicher Grobheit unnd Harttnäckigkeit von euch nit versehenn. Dann wir je in sollichen – alss gott weyss – nicht annders, wann das gott gefällig, darzu gemeiner Universität zu hohem uffgang, nutz unnd eer dienlich, fürzunemen willenns sind. Hieruff wollennd unn[s] uff vorig unnser ansynnen unverzogenlich unnd enntlich antwurt gebenn, und darnach habenn zurichten.*[47] Der Herzog reagierte auf den Unwillen der Professoren am 30. Januar 1535 mit einer neuen Ordnung. Sie schrieb vor, dass als Universitätslehrer niemand mehr geduldet werden dürfe, der *der rechten, wahren evangelischen Lehre zuwider sei*[48]. Auf wen das zutreffe, der sei zu entlassen: *danach wisset euch zu richten*[49]. Im Jahr 1538 begann dann eine „Phase der reformatorischen Konsolidierung" an der Universität Tübingen,[50] auch wenn das Verhältnis zwischen Landesherr und Universität nach wie vor spannungsreich war. Bis die reformatorische Ausrichtung der Universität endgültig umgesetzt war, sollte noch etliche Zeit vergehen. Nach 1556 wurde die Universität mit Hilfe von Visitationen einer strengen Kontrolle unterzogen, die sie dann zu einem Hort lutherischer Rechtgläubigkeit machte.

Das Lateinschulwesen, das es in den größeren Amtsstädten Württembergs bereits gab, wurde durch die Reformation nicht wesentlich umgestaltet. Hinzu kam aber der Aufbau eines Stipendienwesens, zur Förderung der künftigen Elite des Landes. Die Finanzierung wurde in der Kastenordnung geregelt, die württembergischen Amtsstädte sollten bis zu drei (Stuttgart) Stipendiaten mit 25 Gulden fördern, wenn sie kein eigenes Studium finanzieren konnten. Im Februar 1536 wurde eine erste Stipendienordnung[51] erlassen, bereits im März des darauffolgenden Jahres konnten die ersten Stipendiaten des herzoglichen Stipendiums an der Universität aufgenommen werden.[52]

---

[47] Ebd.

[48] Zit. nach HALLER, Johannes: Die Anfänge der Universität Tübingen 1477–1537, Stuttgart 1927, S. 335.

[49] Ebd.

[50] PILL-RADEMACHER, Irene: „… zu nutz und gutem der loblichen universitet". Visitationen an der Universität Tübingen. Studien zur Interaktion zwischen Landesherr und Landesuniversität im 16. Jahrhundert (Werkschriften des Universitätsarchivs Tübingen, Reihe 1: Quellen und Studien 18), Tübingen 1993, S. 180.

[51] Vgl. REYSCHER, August Ludwig (Hg.): Vollständige, historisch und kritisch bearbeitete Sammlung der württembergischen Gesetze, Bd. 11,2, Tübingen 1847, Nr. 2, S. 8–11 (14. Februar 1536).

[52] Sie wohnten zunächst in der Burse, 1547 erfolgte dann der Umzug in das ehemalige Augustinereremitenkloster. In der Folgezeit entwickelte sich die Bildungseinrichtung zur besonderen Ausbildungsstätte für künftige Theologen. Die Klosterschulen als propädeutischer Unterbau kamen erst 1556 hinzu. Vgl. BRECHT/EHMER, Südwestdeutsche Reformationsgeschichte (wie Anm. 7), S. 253–355.

Der besondere Impuls der Reformation zielte auf den Ausbau des württembergischen Elementarschulwesens und zwar, für das 16. Jahrhundert reichlich pro-
gressiv, als Unterricht für Jungen und Mädchen. Johannes Brenz in Schwäbisch
Hall war 1527 wohl der erste, der in Südwestdeutschland Luthers Forderung, die
er in der Ratsherrenschrift aufgestellt hatte, u. a. in einer Elementarschulordnung
umsetzte.[53] Bis in die Formulierungen hinein schimmert Luthers Ratsherrenschrift
in seiner Schulordnung durch. Es heißt bei Brenz: *So man nun vil Costens auf
Buchsen wendt, Warum wolt man unfleißig sein, auff den jungen hauffen doch
etwas zu wenden, Welch die besten Buchsen einer gantzen Stat geacht werden
[…]. Man tregt gross sorg obschon frid ist auff Mauren Heg vnnd steg Ist auch
recht dasselibig gethon Irgendt zukunfftigem vbel vorzusten. Aber doch ist es
damit nit auffgericht. Die Jungen sein die best zukunfftig mauren heg und steg.
Darmit man so sie erberlich vnd wesenlich in kunsten auferzogen werden einem
grossen vbel vorsten mag.*[54] Auch an die Mädchenbildung dachte Brenz: *Es were
auch vast gut das man für die Jungen tochter ein geschickte fraw bestelt welche
am tag zwo stund wie der schulmaister die tochter in zuchten schreyben und
lessen underricht. Wie dan der Apostel paul: lert Tito 1. Das die alten weyber
sollen gut lererin sein Das Sie die Jungen tochter oder weyber in zucht unter-
richten. Die geschrift hort ye nit den mannen zu allein Sie gehort auch den
weybern zu So mit den mannen gleych ein himel und ewig leben warten.*[55] In
Württemberg gab es 1559, als im Rahmen der Großen Württembergischen
Kirchenordnung auch die Einführung von Elementarschulen in den Pfarrorten des
Landes geregelt wurde, bereits 156 Deutsche Schulen.[56] Es galt nun, diese Basis
auszubauen und für Mädchen zu öffnen.

Luther hatte in seiner Schrift ‚Vom ehelichen Leben‘[57] 1522 betont, die Ehe sei ein
weltlich Ding, das aber als ein göttliches Werk und Gebot zu verstehen und zu
leben sei. Die Eheschließung fiel künftig in die Zuständigkeit der weltlichen Autoritäten und sollte von dieser Seite geregelt werden. Die Abschaffung des Ordens-
wesens und des Zölibats machte die Ehe zur alleinigen, gottgefälligen christlichen
Lebensform. Das bedeutete auch, dass aus der zölibatären Lebensform keine
größere Gottesnähe abgeleitet werden konnte. Dies wertete die Ehe erheblich auf,
obwohl sie nicht mehr als Sakrament verstanden wurde. Dem „Haus" wuchs

---

[53] Vgl. Kirchenordnung von Schwäbisch Hall 1527. In: Arend, Die evangelischen Kirchenordnungen 17,2/III
(wie Anm. 40), S. 42–65.
[54] Ebd., S. 62.
[55] Ebd., S. 64.
[56] Vgl. Schmid, Eugen: Geschichte des Volksschulwesens in Altwürttemberg, Stuttgart 1927, S. 36.
[57] Vgl. WA 10/2,275–304.

somit eine zentrale Bedeutung zu, weil es zu Ehe und Familie – von Ausnahmen abgesehen – keine alternativen Formen sozialen Lebens gab. Konsequenterweise machte die Reformation das Haus zur Grundlage der Sozialethik. Daraus folgte eine Stärkung der hausväterlichen Gewalt, die sich nicht nur auf die innerhäuslichen Autoritätsstrukturen niederschlug, sondern auch die obrigkeitlichen Strukturen festigte. Die Neubewertung der Ehe machte eine neue Regelung des Eherechts notwendig. In Württemberg wurden Grundsatzfragen in der württembergischen Eheordnung von 1535/36[58] (Revision 1553) geklärt. Bei dieser Eheordnung handelte es sich um die erste Eheordnung des Protestantismus überhaupt. Spätestens seit 1541 gab es in Stuttgart ein Ehegericht, in dem zwei Theologen und zwei Juristen sowie drei weitere Räte die Amtsgeschäfte führten. Die personelle Zusammensetzung unterstrich den weltlichen Charakter des Ehegerichts, ohne die Theologen von den Entscheidungen gänzlich auszuschließen.

Bereits die vorreformatorischen Landesordnungen spiegelten ganz im Sinne eines spätmittelalterlichen landesherrlichen Kirchenregiments das Bemühen der Landesherren um das Seelenheil ihrer Untertanen. Nach einer Anpassung an die reformatorische Neuausrichtung des Herzogtums wurde 1536 die vierte Landesordnung publiziert.[59] Im ersten Absatz, überschrieben mit *Von wegen des Worts Gottes*, hieß es: *Dem wir als ein Christenlicher Fürst vnd vorgenger Unserer vnderthonen, durch Unsere kirchendiener volg zu thun höchst fleiß begirig sind. Und haben demnach damit Unnsere unterthonen zu dem wort Gottes gezogen, zu gutten und jrer seeligkeit gefürdert werden, nach uolgend ordnung fürgenummen. Erst soll niemand das heilig Euangelium von Gottes wort, wie es nach Göttlicher geschrifft und concordia jetzt gepredigt würdt, schmähen oder lestern, bey einer scheren grossen straf, dem überfarer, ye nach gelegenehit der sachen auffzulegen.*[60] Die Obrigkeit und ihre Kirchendiener hatten künftig, deutlich stärker als zuvor, Sorge für die Einhaltung eines christlichen Lebens zu tragen. Die Obrigkeit machte folglich Vorschriften zum Besuch des Gottesdienstes, sie verbot Gotteslästerung, Fluchen, Zutrinken, Würfel- und Kartenspiel sowie Hurerei und ergriff Maßnahmen gegen Vaganten, verbot den Bettel usw. Kurz: Sie reglementierte das Leben der Untertanen in einem bislang nicht gekannten Maße.

---

[58] Ordnung in Ehesachen 1535/36. In: SATTLER, Christian Friedrich: Geschichte des Herzogthums Würtenberg unter der Regierung der Herzogen. Bd. 3, Ulm 1771, S. 138–142.
[59] Vierte Landesordnung 1536. In: REYSCHER, Sammlung der württembergischen Gesetze 12 (wie Anm. 42), S. 84–122.
[60] Ebd., S. 85.

Mit der Vorlage einer Kirchenordnung entwarf Brenz 1527 eine Neugestaltung der religiösen Verhältnisse in Schwäbisch Hall.[61] Predigt, Taufe und Abendmahl sowie die Anzahl der Feiertage erhielten ebenso eine neue Form wie der Ablauf des Gottesdienstes oder das nun weltliche Eherecht. Endgültig durchgesetzt wurde die Reformation mit Hilfe der von Brenz verfassten gedruckten Kirchenordnung von 1543, sie galt fortan auch im Haller Landgebiet.[62] Pläne einer Sittengerichtsbarkeit, bei der Theologen und Vertreter der Bürgerschaft zusammen das Urteilsgremium bilden sollten, wurden nie umgesetzt. Der Magistrat wollte auf die Ausübung der Sittengerichtsbarkeit nicht verzichten. Auch in Heilbronn wurden in den dreißiger Jahren neue Tauf-, Ehe- und Gottesdienstordnungen eingeführt und das Armen-, Schul- und Krankenwesen neu organisiert. Dies gilt in gleicher Weise für alle übrigen lutherischen Reichsstädte im deutschen Südwesten.

3 Fazit

Auch wenn das Interim im Anschluss an die Niederlage der Lutheraner im Schmalkaldischen Krieg einen massiven Einschnitt für die reformatorische Entwicklung im deutschen Südwesten bedeutete, gleichermaßen für die protestantischen Reichsstädte wie für das Herzogtum Württemberg, wird im Rückblick des Jahres 1555, also nach der verfassungsrechtlichen Anerkennung der CA-Verwandten im Alten Reich, deutlich, dass bis Ende der 1530er Jahre alle für die Reformationsgeschichte wesentlichen Weichenstellungen erfolgt waren. Politisch hatte der Tod Zwinglis und das daraus resultierende Schutzbedürfnis der oberdeutschen Reichsstädte die Hinwendung zum Luthertum bewirkt, theologisch hat die Wittenberger Konkordie zu einer Lutheranisierung geführt. Mit der Wittenberger Konkordie konnten die Oberdeutschen für das lutherische Lager gewonnen werden.

Wittenberg hatte sich inhaltlich durchgesetzt. Für Laien, die das Hauptaugenmerk auf die religiöse Wahrnehmung und die sinnliche Erfahrung legten, konnte sich das, was sich um 1540 ‚lutherisch' nannte, in der äußeren Form noch sehr verschieden darstellen.[63] Gerade Württemberg wies „Merkmale einer vermittelnden, das heißt konfessionell profilscharfe Festlegungen vermeidenden Tendenz auf. Dies konnte [...] primär mit Rücksicht auf uneinheitliche konfessionelle Richtungen und Einflüsse innerhalb des Territoriums geschehen."

---

[61] Vgl. MAISCH, Andreas: Art. ‚Schwäbisch Hall. Kirche und Schule'. In: Der Landkreis Schwäbisch Hall, Bd. 2 (Baden-Württemberg. Das Land in seinen Kreisen), Ostfildern 2005, S. 352–360.

[62] Vgl. BRECHT, Martin: Anfänge reformatorischer Kirchenordnung und Sittenzucht bei Johannes Brenz. In: ZSRG.K 55 [ZSRG 86] (1969), S. 322–347.

[63] Vgl. hier und zum Folgenden KAUFMANN, Geschichte der Reformation (wie Anm. 3), S. 631–633.

Wiewohl sich Württemberg, bedingt durch die politischen Umstände im Herzogtum, erst relativ spät der Reformation angeschlossen hatte, spielte es nach seinem Anschluss eine zentrale Rolle bei der Lutheranisierung des deutschen Südwestens. Württemberg übernahm, gerade auch in der Person Herzog Ulrichs, eine Führungsposition. Württembergs reformatorische Ordnungen konnten bereits an Vorbilder anknüpfen (v. a. Brandenburg-Nürnberg, Hall). Die württembergische Große Kirchenordnung von 1559 fasste eine Vielzahl zuvor einzeln erlassener württembergischer Ordnungen zusammen. Dies verlieh dem Ordnungswerk insgesamt eine hohe Wirksamkeit, auch weit über Württemberg hinaus.[64] Allein in Süddeutschland wurde die Kirchenordnung in der Kurpfalz, in Pfalz-Neuburg, in der Markgrafschaft Baden-Durlach sowie in den Grafschaften Oettingen und Limpurg nur leicht modifiziert übernommen.

Trotz verschiedener Versuche, die Schweizer noch umzustimmen, gelang dies nicht. 1538 schlug Zürich Basel vor, das Konkordienprojekt ruhen zu lassen, Bern stimmte zu. In der Schweiz bildete sich eine zweite protestantische Konfession aus. Für Konstanz stellte sich die Frage einer Zustimmung zur Wittenberger Konkordie nicht mehr. Konstanz verlor nach der Niederlage der Protestanten im Schmalkaldischen Krieg den Status als Reichsstadt. Der Kaiser übergab Konstanz an seinen Bruder Ferdinand, der die Stadt 1548 in das vorderösterreichische Habsburg eingliederte. Damit wurde Konstanz zu einer katholischen Landstadt Vorderösterreichs. Die Rückkehr des Bischofs leitete die Rekatholisierung ein.[65]

Das Interim 1548 stellte die konfessionelle Neuordnung des deutschen Südwestens zwischenzeitlich massiv in Frage. Mit dem Augsburger Religionsfrieden 1555 sollten die religiösen Zerwürfnisse verfassungsrechtlich überwunden und die Einheit des Reichs garantiert werden. Der politisch-säkulare Friede sorgte dafür, dass die Konfessionsspaltung zunächst ihre politische Brisanz verlor. Dies ermöglichte für rund eine Generation die friedliche Koexistenz der beiden Konfessionen. Der theologische Dissens blieb erhalten.

---

[64] Vgl. AREND, Sabine/HAAG, Norbert/HOLTZ, Sabine (Hg.): Die württembergische Kirchenordnung von 1559 im Spannungsfeld von Religion, Politik und Gesellschaft (QFWKG 23), Epfendorf/Neckar 2013.

[65] Vgl. ZIMMERMANN, Wolfgang: Rekatholisierung, Konfessionalisierung und Ratsregiment. Der Prozeß des politischen und religiösen Wandels in der österreichischen Stadt Konstanz 1548–1637 (Konstanzer Geschichts- und Rechtsquellen 34), Sigmaringen 1994.

Rainer Henrich

Ulm im schweizerisch-oberdeutschen Korrespondenz-Netzwerk der 1530/40er Jahre

Im Zeitalter des Internets fällt es schwer, sich vorzustellen, welch bedeutende Rolle die briefliche Korrespondenz im 16. Jahrhundert spielte. Briefe waren das wichtigste Kommunikationsmittel, mit dem Informationen rasch über größere Distanzen hinweg ausgetauscht werden konnten. Nicht nur der Buchdruck, auch die intensiv gepflegte Briefkultur gehört zu den Faktoren, die den Verlauf der Reformationsgeschichte entscheidend mitprägten. Briefe sind deshalb besonders wertvolle Quellen für die Erforschung des Reformationszeitalters und geben uns unmittelbare Einblicke in Vorgänge, die uns sonst kaum oder gar nicht bekannt wären.

Seit den großen Briefeditionen des 19. Jahrhunderts wurden immer wieder neue Anläufe unternommen, um diese weit verstreuten Schätze noch besser zu erschließen. Auch in jüngster Zeit sind wieder verschiedene Briefbände erschienen, die Ulmer Korrespondenzen aus dem hier zu behandelnden Zeitabschnitt und geographischen Raum enthalten. Für Ulm ergiebig sind insbesondere die Zürcher Bullinger-Briefwechseledition, von der 2017 der Band zum letzten Quartal des Kriegsjahres 1546 erschienen ist,[1] und der in Erlangen erarbeitete Bucer-Briefwechsel, der im Jahr 2016 bei Ende 1533 angelangt ist.[2] Noch recht wenig bekannt ist ein in St. Gallen laufendes Projekt, bei dem die umfangreiche Vadianische Briefsammlung, die auch den größten Teil des Briefwechsels von Ambrosius Blarer umfasst, durch Regesten erschlossen wird. Auch dort ist schon eine ganze Anzahl von Ulmer Briefen zu finden, allerdings etwas versteckt im Verbundkatalog ‚Handschriften Archive Nachlässe' (HAN).[3] Ein einzelner Brief von Martin Frecht aus Ulm an Wolfgang Capito ist im jüngsten Band der Capito-Korrespondenz in englischer Übersetzung veröffentlicht;[4] im noch ausstehenden letzten Band werden weitere Briefe von und an Frecht enthalten sein.[5] Zwei Frechtbriefe finden sich

---

[1] HBBW, Bde. 1–18. Die Bände 1–17 sind auch schon in einer elektronischen Ausgabe zugänglich: http://teoirgsed.uzh.ch (Zugriff: 9. Januar 2018).

[2] BCor, Bde. 1–10.

[3] https://aleph.unibas.ch/F/?func=option-update-lng&file_name=find-b&p_con_lng=GER&local_base=kb_sg_ar (Zugriff: 9. Januar 2018).

[4] RUMMEL, Erika/KOOISTRA, Milton (Hg.): The Correspondence of Wolfgang Capito, Bd. 3, Toronto 2005, Nr. 539; Transkription des lateinischen Originals: http://www.itergateway.org/capito/letters/1534/Letter_539.pdf (Zugriff: 9. Januar 2018).

[5] Vgl. MILLET, Olivier: Correspondance de Wolfgang Capiton (1478–1541). Analyse et index. (D'après le Thesaurus Baumianus et autres sources) (Publications de la Bibliothèque Nationale et Universitaire de Strasbourg 8), Straßburg 1982, Nr. 684, 694, 698, 700 und 707 = Appendix, Nr. 3.

auch in der kürzlich erschienenen Regestenausgabe des Briefwechsels von Oswald Myconius.[6] Besonders vielversprechend ist das vom Reformations- und Kirchenhistoriker Christoph Strohm initiierte, an der Heidelberger Akademie der Wissenschaften angesiedelte Großprojekt „Theologenbriefwechsel im Südwesten des Reichs in der Frühen Neuzeit (1550–1620)",[7] denn im Rahmen dieses Projekts wird endlich auch der für Ulm so bedeutende Briefwechsel von Martin Frecht in vollem Umfang erschlossen.

1 Zwei Vorbemerkungen
1.1 Obrigkeitliches und kirchliches Korrespondenznetz

Hinsichtlich der brieflichen Vernetzung Ulms und seiner Kirche muss zwischen zwei verschiedenartigen Korrespondenznetzwerken unterschieden werden. Zum einen verfügte der Rat einer Stadt von der Größe und Bedeutung Ulms über sein eigenes Netzwerk, das durch fest angestellte städtische Boten bedient wurde. Allein schon aufgrund ihrer Rolle im Schwäbischen Bund war die Vernetzung der Stadt Ulm mit den übrigen schwäbischen Städten zweifellos sehr eng. Aber auch zwischen Ulm und den Orten der Eidgenossenschaft gingen Boten hin und her, auch wenn diese Kontakte eher sporadischen Charakter hatten. In den 1530er und 1540er Jahren kam es beispielsweise zwischen Ulm und Zürich nur zu ganz gelegentlichen obrigkeitlichen Briefwechseln, in denen meist von profanen Dingen die Rede ist, etwa von Ulms Werbung um eine Geldanleihe in der Zeit des Schmalkaldischen Kriegs, 1546.[8] Besonders während dieses Krieges wurden in dichter Folge auch Kriegsnachrichten von Ulm nach Konstanz gesandt und von dort nach Zürich weitergeleitet, wo sie noch heute weitgehend unbeachtet im Archiv liegen, allerdings nicht im relativ schmalen Bestand Ulm,[9] sondern hauptsächlich in den Beständen Konstanz[10] und Schmalkaldischer Krieg.[11] Enger als zu Zürich war wohl der Kontakt Ulms zur Handels- und Textilstadt St. Gallen; diese Vermutung

---

[6] Vgl. unten Anm. 30.

[7] http://www.haw.uni-heidelberg.de/forschung/forschungsstellen/thbw.de.html (Zugriff: 9. Januar 2018); vgl. STROHM, Christoph: Theologenbriefwechsel im Südwesten des Reichs in der Frühen Neuzeit (1550–1620). Zur Relevanz eines Forschungsvorhabens (Schriften der Philosophisch-Historischen Klasse der Heidelberger Akademie der Wissenschaften 57), Heidelberg 2017.

[8] StA Zürich, A. 202.6, 7. August 1546.

[9] StA Zürich, A. 202.6.

[10] StA Zürich, A 205. In den Reformationsakten des Konstanzer Stadtarchivs sind nur noch einzelne Bände der von Stadtschreiber Jörg Vögeli angelegten Korrespondenzsammlung aus der Zeit des Schmalkaldischen Kriegs erhalten geblieben; StadtA Konstanz, Ref. A. Fasc. 26–29.

[11] StA Zürich, A 177. Aus Ulm übermittelte Nachrichten aus dem Jahr 1547 finden sich auch in Bullingers Materialsammlung zum Schmalkaldischen Krieg, vgl. Zentralbibliothek Zürich, Ms. A 43, S. 23f. und S. 481–488. Bei einem Bericht über den Tod des katholischen Kontroverstheologen Johannes Hoffmeister (ebd., S. 349–352) stammt zumindest die autografe Nachschrift von Martin Frecht.

bleibt allerdings noch zu überprüfen. Besonders dicht war der Schriftverkehr des Ulmer Rats mit Straßburg. Reiches, aber keineswegs vollständiges Material dazu bietet die ‚Politische Correspondenz der Stadt Strassburg im Zeitalter der Reformation‘.[12]

Was uns in reformationsgeschichtlicher Hinsicht jedoch vorrangig interessiert, ist der Briefwechsel der Gelehrten, insbesondere das Korrespondenznetzwerk der führenden Kirchenmänner. Wie dicht ein solches Netzwerk sein konnte, zeigt eindrücklich der umfangreiche Briefwechsel von Heinrich Bullinger, dem Nachfolger Zwinglis in Zürich.[13]

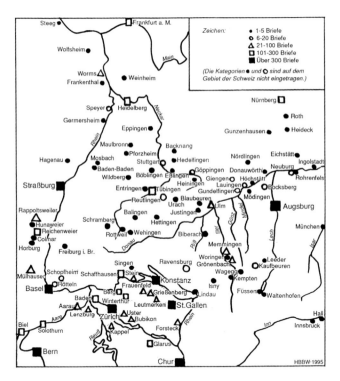

Abb. 1   Der Kartenausschnitt zeigt die Streuung der Korrespondenz Bullingers im südlichen Deutschland aufgrund der noch erhaltenen Briefe. Aus: Bächtold, Bullinger (wie Anm. 13), S. 15.

[12] Politische Correspondenz der Stadt Strassburg im Zeitalter der Reformation, 5 Bde., bearb. von Hans Virck, Otto Winckelmann, Harry Gerber und W[alter] Friedensburg (Urkunden und Akten der Stadt Straßburg, Abt. 2), Straßburg/Heidelberg 1882–1933, hier: Bde. 1–4. Wichtige Ergänzungen, auch aus dem Ulmer Archiv, bietet Jacques Vincent Pollet in seinem außerordentlich materialreichen Werk über die Korrespondenz Bucers, vor allem in den drei Kapiteln, die Bucers Beziehungen zu Ulm, Sam und Frecht gewidmet sind; Pollet, Jacques V[incent]: Martin Bucer. Etudes sur la correspondance, avec de nombreux textes inédits, 2 Bde., Paris 1958/1962, hier: Bd. 2, S. 163–220.

[13] Vgl. Bächtold, Hans Ulrich: Heinrich Bullinger, Augsburg und Oberschwaben. Der Zwinglianismus der schwäbischen Reichsstädte im Bullinger-Briefwechsel von 1531 bis 1548 – ein Überblick. In: ZBKG 64 (1995), S. 1–19.

Natürlich gab es durchaus Berührungspunkte zwischen dem obrigkeitlichen Netzwerk und den Gelehrtenbriefwechseln. Die Kirchenmänner nutzten bei Gelegenheit das städtische Botensystem, und sie tauschten sich mit den Ratsherren über die eingegangenen Nachrichten aus. Gelegentlich wandte sich der Ulmer Rat mit einem Anliegen direkt an auswärtige Theologen,[14] oder diese schrieben umgekehrt an den Ulmer Rat.[15] Auch einzelne Ratsherren, insbesondere die beiden herausragenden Bürgermeister Bernhard und Georg Besserer, verkehrten brieflich mit auswärtigen Kirchenleitern.[16]

Die kirchliche Korrespondenz wurde in Ulm offenbar nahezu exklusiv vom jeweiligen Kirchenleiter geführt. Für die entscheidenden Jahre der Ulmer Reformation bis 1533 war dies faktisch Konrad Sam; nach seinem Tod übernahm Martin Frecht diese Rolle und behielt sie bis zu seiner Gefangennahme nach der Unterwerfung der Stadt und dem Einzug des Kaisers 1548. Um einen Überblick über die Ulmer Gelehrtenbriefwechsel dieser Zeit zu erhalten, können wir uns daher im Wesentlichen auf Sam und Frecht beschränken. Zwar kennen wir aus dem uns interessierenden Zeitraum vereinzelte Briefe anderer Ulmer Gelehrter, etwa je einen Brief des Stadtarztes Georg Strölin und des Pfarrers Johannes Bernhart (Johann Bernhardi) an Vadian,[17] des Schulmeisters Gregor Leonhart an Blarer,[18] des Spitalhelfers Johann Stahel an Bucer[19] sowie ein Schreiben des Balzheimer Pfarrers Johannes Piscatorius an mehrere Zürcher Theologen.[20] Sogar ein Frauenbrief ist überliefert, nämlich von der Äbtissin von Söflingen, Cordula von Reischach, an den Hebraisten Konrad Pellikan in Zürich.[21] Aber das sind wie gesagt Ausnahmen, wenn wir von Leonhard Serin absehen, von dessen Briefwechsel mit Bullinger noch die Rede sein wird.

---

[14] So wandten sich beispielsweise die Fünf Geheimen am 9. September 1533 direkt an Leo Jud in Zürich, um ihn als Nachfolger für den verstorbenen Konrad Sam zu gewinnen (vgl. unten Anm. 60).

[15] Ein eindrückliches Beispiel dafür ist Zwinglis reformatorisches Mahnschreiben an Bürgermeister und Rat von Ulm vom 23. April 1527; Z 9, S. 89–99, Nr. 606.

[16] Vgl. etwa den Brief Bernhard Besserers an Bucer vom 28. August 1531 und Bucers Schreiben an diesen vom 27. Juni [1532] (BCor 6, S. 85f., Nr. 453 bzw. 8, S. 177–179, Nr. 603) sowie den Brief Georg Besserers an Zwingli vom 3. Oktober 1531 (Z 11, S. 634–636, Nr. 1288). Vereinzelte Briefe von und an Bernhard und Georg Besserer finden sich auch in den Briefwechseln von Blarer und Oekolampad.

[17] Die Vadianische Briefsammlung der Stadtbibliothek St. Gallen, hg. von Emil Arbenz und Hermann Wartmann, 7 Bde. (Mitteilungen zur vaterländischen Geschichte 24–30a), St. Gallen 1890–1913, hier: Bd. 5, S. 28f., Nr. 657 bzw. Bd. 6, S. 248, Nr. 1302. Erhalten ist auch ein Brief Wolfgang Capitos an Bernhardi; MILLET, Capiton (wie Anm. 5), Nr. 602.

[18] SCHIESS, Traugott (Hg.): Briefwechsel der Brüder Ambrosius und Thomas Blaurer 1509–1567, 3 Bde., Freiburg i. Br. 1908–1912, hier: Bd. 2, S. 782, Nr. 40.

[19] BCor 6, S. 48–51, Nr. 445.

[20] HBBW 13, S. 29–34, Nr. 1709. Zur Biografie von Piscatorius, der aus Stein am Rhein stammte, vgl. ebd., S. 19, Anm. 1.

[21] Zentralbibliothek Zürich, Ms. F 47, 5 (29. September 1531).

1.2 Zufälligkeiten der Überlieferung

Eine zweite, eigentlich banal scheinende Vorbemerkung: Unser Wissen basiert ausschließlich auf dem, was uns an Quellen erhalten geblieben ist. Die Zufälligkeiten der Überlieferung prägen unsere Wahrnehmung der Geschichte stark. Ein gutes Beispiel dafür ist Joachim Vadian, bekannt als Reformator von St. Gallen.[22] Wir neigen dazu, in ihm einen großen Kirchenmann der Reformationszeit zu sehen, weil wir seinen dichten Briefwechsel mit Persönlichkeiten wie Frecht, Bullinger, Ambrosius Blarer und vielen anderen kennen. Ein kirchliches Amt hatte er aber nie inne. Der St. Galler Hauptpfarrer Dominik Zili hingegen ist fast unbekannt, denn von ihm besitzen wir praktisch keine Briefe. Man kann daraus etwas salopp den Schluss ziehen: Wer sich den Ruhm der Nachwelt sichern wollte, musste seine Korrespondenzen sorgfältig verwahren. Die Ulmer Kirchenleiter – oder aber ihre Nachfahren – waren in dieser Hinsicht weit weniger geschickt als etwa Bullinger oder Vadian. Vom Briefwechsel von Konrad Sam, dem Hauptreformator von Ulm, sind nur zwei bis drei Dutzend Briefe auffindbar.[23] Im Falle von Frecht dürften zahlreiche Briefe bereits bei seiner Verhaftung im August 1548 durch die Beschlagnahmung seiner Papiere verloren gegangen sein. Im Ulmer Stadtarchiv liegt zwar bei den Nachlässen ein Bestand „Frecht-Briefe" mit 140 Briefen.[24] Es handelt sich dabei aber nicht um einen Nachlass im eigentlichen Sinn, sondern um Abschriften von Briefen, die in Zürich aus einer Abschriftensammlung des 18. Jahrhunderts[25] kopiert wurden, also um Kopien von Kopien. Immerhin sind die Originale dieser Frecht-Briefe dank der Quellenangaben in der Zürcher Sammlung meist leicht zu finden. Von den Gegenbriefen, die an Sam und Frecht gesandt wurden, ist in Ulm jedoch leider fast nichts erhalten geblieben. Trotzdem haben wir manchmal Kenntnis von ihrem Inhalt, dann nämlich, wenn Frecht seinen Briefpartnern mehr oder weniger wörtlich und ausführlich mitteilte, was ihm andere geschrieben hatten. Beispiele dafür gibt es recht viele.[26]

---

[22] Zu Vadian vgl. neuerdings GAMPER, Rudolf: Joachim Vadian, 1483/84–1551. Humanist, Arzt, Reformator, Politiker, Zürich 2017; zu Vadians Briefwechsel der 1530er und 1540er Jahre vgl. STETTLER, Bernhard: Überleben in schwieriger Zeit. Die 1530er und 1540er Jahre im Spiegel von Vadians Korrespondenz, Zürich 2014.

[23] Vgl. die fragmentarische Übersicht bei POLLET, Bucer 2 (wie Anm. 12), S. 180f., Anm. 1 und 3.

[24] StadtA Ulm, H Frecht. Zur Wiederentdeckung und zum Charakter dieser Briefsammlung vgl. POLLET, Bucer 2 (wie Anm. 12), S. 197f.

[25] Die von Alumnatsinspektor Johann Jakob Simler (1716–1788) angelegte Sammlung, die größtenteils von ihm selbst angefertigte Kopien, aber auch Originaldokumente enthält, liegt heute in der Zentralbibliothek Zürich und umfasst die Bände Ms. S 1–266.

[26] So zitierte Frecht beispielsweise einen Brief Melanchthons in seinen Briefen an Bullinger und an Vadian vom 29. Oktober und an Ambrosius Blarer vom 30. Oktober 1544; vgl. MBW 3709; HBBW 14, S. 496, Z. 8–15; ebd., S. 511, Z. 28–34; Vadiansche Briefsammlung 6 (wie Anm. 17), S. 352. Mehrere weitere Briefe Melanchthons an Frecht sind ebenfalls ausschließlich durch solche Zitate bekannt; vgl. MBW 2223a, 3817, 3894, 4604 und 5042.

Nicht nur im Ulmer Archiv fehlt manches, was man vielleicht hier erwarten könnte. Es gibt konkrete Hinweise darauf, dass der Briefwechsel der Ulmer Theologen wesentlich ausgedehnter war, als es die vorhandenen Briefe vermuten lassen. Wenn wir zum Beispiel nach Kontakten mit Bern fragen, so gilt zunächst, dass auch dort die Theologenbriefwechsel aus dieser Zeit nur sehr bruchstückhaft erhalten geblieben sind. In einem Brief vom Frühjahr 1539 an Oswald Myconius, den Nachfolger Oekolampads in Basel, zitiert jedoch der Berner Theologe Simon Sulzer sehr ausführlich aus einem Brief Frechts.[27] Umgekehrt zeigt sich Frecht in einem Brief an Vadian bestens informiert über die Kämpfe zwischen den Zwinglianern und den Anhängern Bucers in Bern.[28] Die Annahme liegt deshalb nahe, dass Frecht seine Informationen von Sulzer bezog und dass die beiden eine – vielleicht sogar relativ dichte – Korrespondenz pflegten, von der aber nur ganz geringe Spuren erhalten geblieben sind.

Simon Sulzer wurde später Nachfolger von Myconius als Leiter der Basler Kirche und versuchte ähnlich wie Frecht in Ulm, die Kirche dem Luthertum zuzuführen; beide wussten sich wohl auch durch ihre ähnliche, von Martin Bucer geprägte theologische Haltung verbunden. Aufgrund gleichartiger theologischer Ausrichtung hätte Frecht auch zu Myconius, dem Vorsteher der Basler Kirche von 1532 bis 1552, engen Kontakt pflegen können.[29] Dass Frecht jedoch erst ganz spät vereinzelte Briefe mit Myconius wechselte,[30] lag möglicherweise daran, dass die Stelle des Basler Hauptgesprächspartners anderweitig besetzt war, in den frühen Jahren durch Simon Grynaeus, später durch Sulzer – doch das sind nur Vermutungen aufgrund der wenigen noch greifbaren Spuren. Auch hier gilt: Unser Bild ist so zuverlässig oder so lückenhaft wie das Material, das uns überliefert ist.

Nach diesen Vorbemerkungen, in denen bereits einige wichtige Namen genannt wurden, wenden wir uns nun konkreter dem Netzwerk von Sam und Frecht in den 1530er und 1540er Jahren zu. Um ein klares Bild davon zu bekommen, fokussieren wir zunächst auf den Beginn und das Ende dieser Periode, das heisst auf die Jahre 1530/31 beziehungsweise 1548/49, um dann – hauptsächlich am Beispiel von

---

[27] MYCONIUS, Oswald: Briefwechsel 1515–1552. Regesten, bearb. von Rainer Henrich, 2 Teilbde., Zürich 2017, hier: Bd. 1, S. 508f., Nr. 544.

[28] Vadiansche Briefsammlung 6 (wie Anm. 17), S. 427f.

[29] Myconius schloss sich 1536 der von Bucer vertretenen Abendmahlslehre der Wittenberger Konkordie an, vgl. MYCONIUS, Briefwechsel 1 (wie Anm. 27), S. 32–45 (Einleitung).

[30] Überliefert sind einzig zwei Briefe Frechts an Myconius aus den Jahren 1549 und 1550, vgl. MYCONIUS, Briefwechsel 2 (wie Anm. 27), S. 1095, Nr. 1218 (an Myconius und Sulzer, 13. November 1549) und S. 1111f., Nr. 1232 (an Myconius, 21. April 1550).

Bullingers Briefwechsel mit seinen Ulmer Korrespondenten – etwas genauer zu skizzieren, wie es im Verlauf dieser beiden Jahrzehnte zu den tiefgreifenden Veränderungen im schweizerisch-oberdeutschen Beziehungsnetz der Ulmer Theologen kam.

2   Das Korrespondenznetzwerk der Ulmer Theologen um 1530/31

1530/31 stehen wir in den Entscheidungsjahren der Ulmer Reformation. Der Mann an der Spitze der reformatorischen Bewegung war zu dieser Zeit Konrad Sam, mundartlich auch Som genannt, ein wortgewaltiger Prediger von klar zwinglischer Ausrichtung. So sehr die Reformation in Ulm wie auch anderswo durch das bahnbrechende Auftreten Luthers angestoßen war, so deutlich wies sie doch eine ganz eigene Prägung auf, die sie in mancher Hinsicht mit den reformatorischen Aufbrüchen in anderen oberdeutschen Städten und in der Eidgenossenschaft verband. Heiko A. Oberman warnte zwar zu Recht vor dem unnuancierten Gebrauch des Begriffs „oberdeutsche Theologie",[31] doch es ist klar, dass Ulm in vieler Hinsicht – mentalitätsmäßig, wirtschaftlich, politisch, ebenso auch theologisch – den benachbarten Städten viel näher stand als dem weit entfernten Wittenberg. Neben all den tieferen Gründen, die sich für die enge kirchlich-theologische Verflechtung des oberdeutsch-schweizerischen Raums in der frühen Phase der Reformation anführen lassen, sei hier auf die schlichte Tatsache hingewiesen, dass es sehr dichte persönlich-familiäre Beziehungen über den Bodensee und den Rhein hinweg gab und dass auch das kirchliche Personal nicht selten hin und her wanderte. So haben sich beispielsweise im „Glückshafenrodel" des Zürcher Freischießens von 1504 zahlreiche Männer, Frauen und ganze Familien aus Ulm eingeschrieben, die nach Zürich reisten und dort bei der Verlosung ihr Glück versuchten.[32] Das bekannteste Beispiel für einen in Ulm tätigen Geistlichen aus der Eidgenossenschaft war der in Zürich geborene Dominikaner Felix Fabri (ca. 1438/39–1502).[33] Augustin Marius (1485–1543)[34] aus Lehr (Ulm) war Münsterprediger und Weihbischof in Basel, der Ulmer Dominikaner Georg

---

[31]   OBERMAN, Heiko A[ugustinus]: Werden und Wertung der Reformation. Vom Wegestreit zum Glaubenskampf (Spätscholastik und Reformation 2), Tübingen 1977, S. 371.

[32]   Vgl. Der Glückshafenrodel des Freischiessens zu Zürich 1504, bearb. und hg. von Friedrich Hegi, 2 Bde., Zürich 1942, hier: Bd. 2, S. 215 (Ortsregister s. v. Ulm).

[33]   Vgl. HANNEMANN, Kurt: Art. ‚Fabri, Felix'. In: ²VL 2 (1979), Sp. 682–689.

[34]   Vgl. Helvetia Sacra, begr. von Rudolf Henggeler, weitergeführt von Albert Bruckner, hg. vom Kuratorium der Helvetia Sacra, 34 Bde., Bern/später Basel 1972–2007, hier: Bd. I/1, hg. von Albert Bruckner u.a., Bern 1972, S. 230.

Diener[35] stammte aus Elgg im Kanton Zürich, der aus Geislingen stammende Jodok Hesch[36] war umgekehrt Verwalter der Kartause Ittingen im Thurgau. Die Pfarrer Balthasar Hirt,[37] Melchior Tilman[38] und andere zogen aus der Eidgenossenschaft in ulmisches Gebiet, Wolfgang Russ,[39] Andreas Köllin (auch: Kolli, Kölli)[40] und Vincentius Dachsberger (auch: Daxberger)[41] gingen den umgekehrten Weg. Die Aufzählung ließe sich noch verlängern; sie soll nur illustrieren, wie nahe man sich war.

Konrad Sam stand in der entscheidenden Phase der Ulmer Reformation bereits seit mehreren Jahren in brieflicher Verbindung mit Zwingli. Schon zu Beginn ihrer Korrespondenz hatte Zwingli 1526 Sams Abendmahlslehre gelobt;[42] in der Ablehnung des lutherischen Sakramentsrealismus war man sich völlig einig. Dies gilt auch für den aus Schwaben stammenden Basler Reformator Johannes Oekolampad, der 1527 in einem Brief an Sam von bereits bestehender gegenseitiger Bekanntschaft spricht.[43] Auch Vadian in St. Gallen trat schon 1528 in freundschaftlichen Briefverkehr mit Sam.[44] Bei der Berner Disputation hatten sich die Genannten 1528 persönlich getroffen, man kannte sich und pflegte die Verbindung durch mehr oder weniger regen Briefwechsel. Zu diesem Kreis gehört schließlich auch der Straßburger Reformator Martin Bucer.[45] Mit all den Genannten stand Sam zu Beginn der 1530er Jahre in brieflichem Austausch. Martin Frecht, seit Sommer 1531 Sams Kollege in Ulm, stand damals ebenfalls schon in brieflicher Verbindung mit Oekolampad und Bucer; die beiden Ulmer begannen nun auch gemeinsam eine Korrespondenz mit Ambrosius Blarer in Konstanz, dem

---

[35] Zu Georg Diener (geb. ca. 1495, 1555 noch lebend) vgl. HBBW 5, S. 400, Anm. 7.

[36] Zu Jodok Hesch (auch: Hesse, 1484–1539) vgl. HBBW 6, S. 218f., Anm. 5.

[37] Vgl. HBBW 2, S. 48, Anm. 1.

[38] Vgl. HBBW 3, S. 138, Anm. 2.

[39] Vgl. KÖHLER, Walther: Zu Wolfgang Russ. In: Zwingliana 6/1 (1934), S. 57f.

[40] Vgl. MBW 12, S. 439f.

[41] Dachsberger wirkte gemäß freundlicher Auskunft von Herrn Helmut Ehing, Senden, in verschiedenen Ulmer Landgemeinden, zuletzt wohl in Altheim (Alb), bevor er 1549 in eine Basler Gemeinde wechselte. Vgl. MYCONIUS, Briefwechsel 2 (wie Anm. 27), S. 1095, Nr. 1218; Basilea reformata 2002. Die Gemeinden und Spezialpfarrämter der Evangelisch-reformierten Kirchen Basel-Stadt und Basel-Landschaft, ihre Pfarrerinnen und Pfarrer von der Reformation bis zur Gegenwart, hg. von den Kirchenräten der Evangelisch-reformierten Kirchen Basel-Stadt und Basel-Landschaft, Liestal 2002, S. 154.

[42] Z 8, S. 632f., Nr. 499 (2. Juli 1526). Vgl. auch den Brief Zwinglis[?] an Sam vom 9. Februar 1526. In: STAEHELIN, Ernst (Hg.): Briefe und Akten zum Leben Oekolampads. Zum vierhundertjährigen Jubiläum der Basler Reformation hg. von der theologischen Fakultät der Universität Basel, 2 Bde. (QFRG 10/19), Leipzig 1927/1934, hier: Bd. 1, S. 468f., Nr. 334.

[43] STAEHELIN, Briefe und Akten 2 (wie Anm. 42), S. 17f., Nr. 463 (10. Februar 1527). Der Briefwechsel Oekolampads mit Sam scheint mindestens bis ins Jahr 1526 zurückzureichen, vgl. den Brief an Sam vom 18. August [1526?], ebd., Bd. 1, S. 575f., Nr. 423.

[44] Vadianische Briefsammlung 4 (wie Anm. 17), S. 98f., Nr.512 (30. März 1528). Vgl. auch das Verzeichnis der Briefe Sams (Soms) an Vadian ebd., Bd. 7, S. 244.

[45] Bereits am 26. September [1527] erwähnt Bucer gegenüber Zwingli den Eingang eines Briefs von Sam; vgl. BCor 3, S. 81.

„Reformator Schwabens".[46] All diese Briefpartner der Ulmer standen auch untereinander in Verbindung; sie verstanden sich als Verbündete im Kampf um eine
evangeliumsgemäße Neuordnung des kirchlichen und gesellschaftlichen
Lebens. Der radikalste unter ihnen war zweifellos Zwingli, und ihm stand Sam
auch besonders nahe. Die politischen Entscheidungen traf aber selbstverständlich
nicht Sam, sondern der Ulmer Rat, und dies spiegelt sich auch klar in der Korrespondenz. Zur Enttäuschung der Zürcher und Straßburger ließ sich Ulm nicht zum
Anschluss an ihr Bündnis, das „Christliche Burgrecht", bewegen – nicht aus
religiösen Gründen, sondern weil es sich die Reichsstadt nicht mit dem Kaiser
verderben wollte. Der Rat, der sich bereits 1529 in Straßburg, Basel, Zürich und
Konstanz nach den dort eingeführten reformatorischen Ordnungen erkundigt
hatte,[47] entschloss sich nun aber doch aufgrund der Bürgerbefragung von 1530 zur
Durchführung der Reformation und berief dazu Bucer, Oekolampad und Blarer
nach Ulm. Besonders aus der Zeit ihres Ulmer Aufenthalts im Frühling 1531 sowie
kurz danach liegt eine ganze Reihe von Briefen der Genannten vor, die aus Ulm
abgingen oder hier eintrafen und Einblick in ihre Tätigkeit geben.[48] Dazu kommen
noch einzelne Briefe, die dem obrigkeitlichen Schriftverkehr angehören, beispielsweise wurde das gedruckte Rechtfertigungsschreiben des Rats unter anderem auch
an die Städte Zürich, Bern und Schaffhausen gesandt.[49] Einer weiteren Ratsmis-
sive ist zu entnehmen, dass Ulm die Entsendung von Oekolampad und Zwingli
zum Reichstag nach Speyer anregte;[50] dazu kam es allerdings nicht mehr, Zwingli
fiel wenig später auf dem Schlachtfeld bei Kappel, und Oekolampad erlag im
gleichen Jahr einer schweren Krankheit.

---

[46] Die ersten überlieferten Briefe Frechts und Sams an Blarer datieren vom 10. November bzw. vom 4. Dezember
1531; SCHIESS, Briefwechsel Blarer 1 (wie Anm. 18), S. 285f., Nr. 232 bzw. S. 296f., Nr. 243.

[47] Vgl. Politische Correspondenz der Stadt Strassburg 1 (wie Anm. 12), S. 389, Nr. 643; BCor 3, S. 327f., Nr. 252;
Aktensammlung zur Geschichte der Basler Reformation in den Jahren 1519 bis Anfang 1534, hg. von Emil Dürr
und Paul Roth, 6 Bde., Basel 1921–1950, hier: Bd. 4, S. 84, Nr. 87, Z 10 und S. 286, Nr. 911; SCHIESS, Briefwechsel Blarer 1 (wie Anm. 18), S. 196, Nr. 153.

[48] Die betreffenden Briefe sind gedruckt in den oben erwähnten Ausgaben der Briefwechsel von Bucer, Oekolampad und Blarer.

[49] StA Zürich, E I 1.3, Nr. 11, Beilage (1. August 1531); vgl. Actensammlung zur Schweizerischen Reformationsgeschichte in den Jahren 1521–1532, im Anschluß an die gleichzeitigen eidgenössischen Abschiede bearb. und
hg. von Johannes Strickler, 5 Bde., Zürich 1878–1884 (ND Zürich 1989), hier: Bd. 3, S. 449, Nr. 1073.

[50] StA Zürich, E I 1.3, Nr. 11 (16. August 1531); Politische Correspondenz der Stadt Strassburg 2 (wie Anm. 12),
S. 57f., Nr. 64f.; Z 11, S. 576f., Nr. 1261a. Vgl. auch Oekolampads Schreiben an Ulm vom 24. August 1531. In:
STAEHELIN, Briefe und Akten 2 (wie Anm. 42), S. 649f., Nr. 918.

3   Das Korrespondenznetzwerk der Ulmer Theologen um 1548/49

Blicken wir nun auf das Ende der uns hier interessierenden Periode, so bietet sich ein völlig verändertes Bild dar. Aus den Jahren 1548 und 1549 ist, soweit wir wissen, kein einziger Briefwechsel Frechts mit Bucer oder Bullinger überliefert, nur die zwei letzten Briefe an Vadian fallen ins Jahr 1548,[51] und Blarer bezieht sich im selben Jahr einmal auf einen heute nicht mehr vorhandenen Brief Frechts.[52] Man muss sich natürlich fragen, ob dieser magere Befund auf Lücken in der Überlieferung beruht; dies scheint aber kaum der Fall zu sein. Vielmehr sind die inzwischen völlig veränderten Umstände dafür verantwortlich. Ulm litt unter den Folgen der verheerenden Niederlage der Protestanten im Schmalkaldischen Krieg von 1546/47. Unter den ersten Städten, die sich dem Kaiser unterwarfen, um weiteren Schaden abzuwenden, war auch Ulm, was seinem Ansehen bei den Gegnern der kaiserlichen Religionspolitik sehr abträglich war.[53] Frecht widersetzte sich zwar der Einführung des Interims, d.h. jener Übergangsregelung der kirchlichen Verhältnisse bis zum definitiven Entscheid eines Konzils, die der Kaiser den Protestanten aufoktroyierte. Seinen Widerstand büßte Frecht aber zusammen mit drei Kollegen mit mehr als sechsmonatiger Gefangenschaft und definitiver Vertreibung aus Ulm. So wie er mussten auch seine Briefpartner Blarer und Bucer 1548 bzw. 1549 ihre Heimat verlassen. Ein einziger Brief, den Frecht 1549 aus seinem Exil in Blaubeuren an Myconius und Sulzer nach Basel schrieb,[54] zeugt von der schwierigen Lage, in der sich Frecht, aber auch manche Ulmer Landpfarrer nun befanden, sowie von seiner Enttäuschung darüber, dass ihm der Ulmer Rat nicht zu seinem Recht verhelfen wollte. Einen Ersatz für die fast völlig fehlende Theologenkorrespondenz bieten immerhin einige Briefe Frechts an seine zweite Frau aus der Zeit seiner Gefangenschaft.[55]

---

[51] Vadiansche Briefsammlung 6 (wie Anm. 17), S. 705, Nr. 1596 (25. Februar 1548) und S. 733–735, Nr. 1615 (23. Juni 1548).

[52] SCHIESS, Briefwechsel Blarer 2 (wie Anm. 18), S. 697f., Nr. 1524 (18. April 1548).

[53] Vgl. etwa das harte Urteil Bullingers in einem Brief an Myconius vom 2. Januar 1547; MYCONIUS, Briefwechsel 2 (wie Anm. 27), S. 927, Nr. 1043. In Bullingers Papieren findet sich eine Abschrift von unbekannter Hand des bekannten Schimpfliedes ‚O ir armen Schwaben' ; Zentralbibliothek Zürich, Ms. A 43, 437f.

[54] Vgl. Abb. 1 und oben Anm. 30 (der zweite dort erwähnte Brief an Myconius fällt erst ins Jahr 1550).

[55] BOSSERT, [Gustav]/MEYER, [Hermann]: Briefe Martin Frechts, des Ulmer Reformators, an seine Gattin aus den Jahren 1548 und 1549. In: WVhLG 4 (1881), S. 252–255; 5 (1882), S. 251–265.

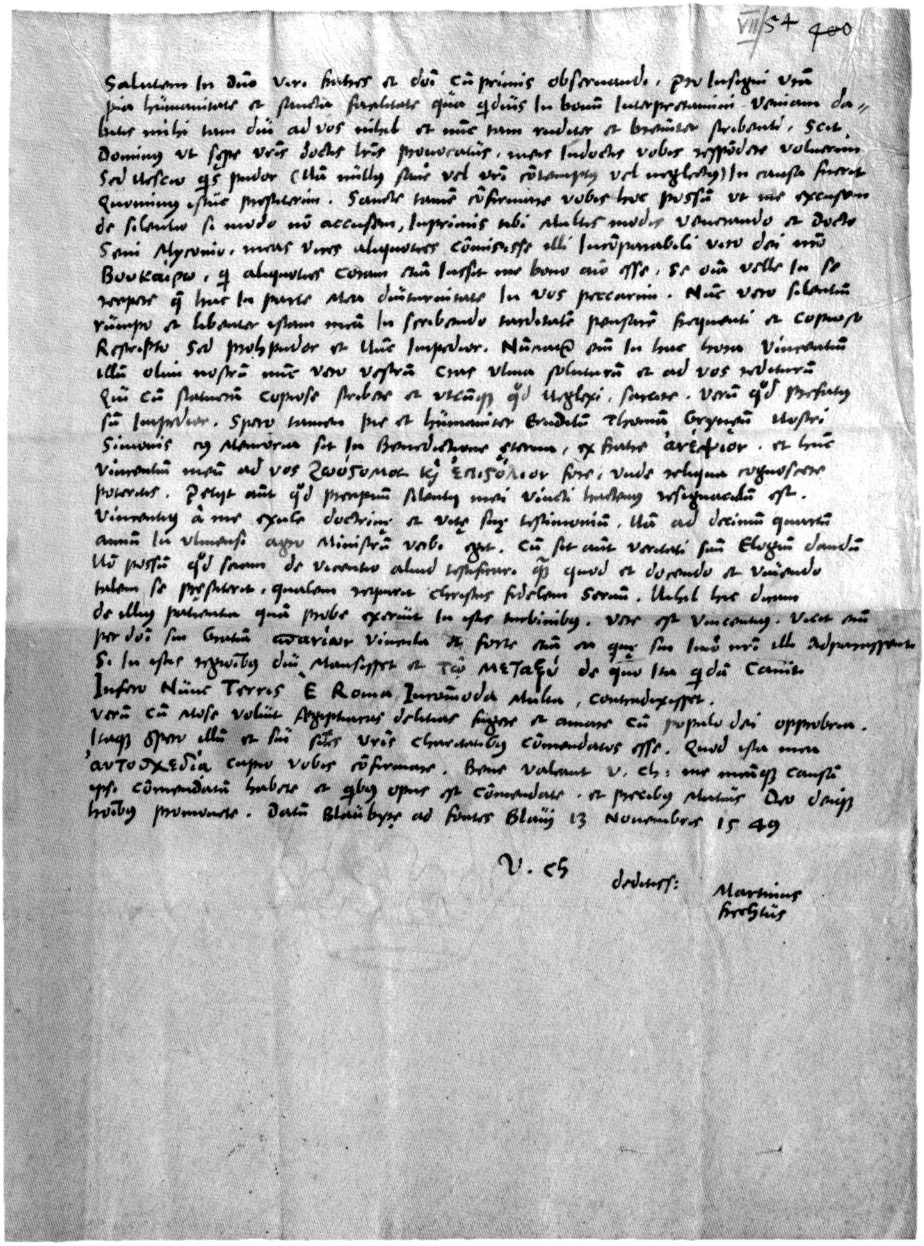

Abb. 2   Brief von Martin Frecht an Oswald Myconius und
Simon Sulzer in Basel vom 13. November 1549 (deutsches
Regest in: Myconius, Briefwechsel [wie Anm. 27], Nr. 1218).
Kantonsbibliothek St. Gallen, Vadiansche Sammlung Ms 36,
fol. 54r.

Im Briefwechsel Bullingers tritt allerdings ab 1546 ein neuer Ulmer Korrespondent in Erscheinung. Es handelt sich um den aus Oberbayern stammenden Zwinglianer Leonhard Serin (Soer, Soerinus, Serinus), der Pfarrer in Justingen und im mährischen Znaim gewesen war, bevor er 1546 nach Ulm kam.[56] Von Serin haben wir zehn aus Ulm geschriebene Briefe an Bullinger – das sind mehr als von Frecht an Bullinger! – und vier Gegenbriefe Bullingers. Diese bisher weitgehend unbeachtet gebliebene Korrespondenz wird nun nach und nach durch die Bullinger-Briefwechseledition erschlossen.[57] Sie ändert aber nichts am offensichtlichen Befund, dass die enge briefliche Vernetzung der Ulmer Theologen mit ihren schweizerischen und oberdeutschen Kollegen am Ende der hier zu untersuchenden Periode weitgehend zusammengebrochen war.

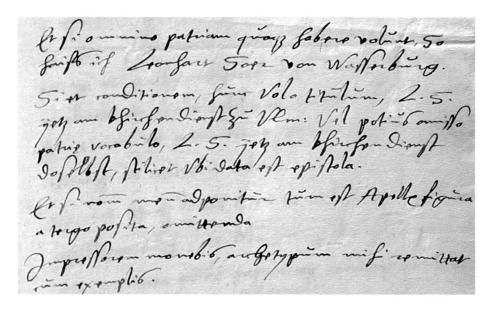

Abb. 3 In einem Brief an Bullinger, der wohl auf den 18. März 1548 zu datieren ist, bittet Leonhard Serin um folgende Verfasserangabe, falls eine anonyme Drucklegung seiner Schrift gegen das Interim unmöglich sein sollte: *Leonhart Soer von Wasserburg [...] yetz am khirchendienst zu Ulm.* StA Zürich, E II 356a, 857.

[56] Zu Serins Biografie vgl. Gauss, Karl: Die Basler Pfarrerfamilie Serin. In: Basler Zeitschrift für Geschichte und Altertumskunde 34 (1935), S. 261–287; HBBW 15, S. 455, Anm. 1 (der dortige Hinweis auf die Chronik Sebastian Fischers beruht auf einer Verwechslung Leonhard Serins mit dem Interimsprediger Leonhard Hackner). Serins Schrift gegen das Interim, um deren Drucklegung er Bullinger vergeblich bat, ist heute verschollen. Mit Serins Katalog der Ulmer Stadtbibliothek von 1549 befasst sich eine in Vorbereitung befindliche Studie von Bernd Breitenbruch, dem ehemaligen Leiter der wissenschaftlichen Abteilung der Stadtbibliothek.

[57] Fünf Briefe an Serin aus den Beständen der UB Basel, darunter auch einer von Frecht, sind veröffentlicht in http://www.e-manuscripta.ch (Zugriff: 9. Januar 2018).

4   Brüchige Freundschaft – Bullingers Briefwechsel mit seinen Ulmer Kollegen

Bullingers Briefwechsel mit seinen Ulmer Amtsbrüdern illustriert in aller Deutlichkeit die Abhängigkeit der brieflichen Kontakte von den politischen wie auch von den innerkirchlichen Entwicklungen der 1530er und 1540er Jahre. Ein näherer Blick darauf, verbunden mit kurzen Seitenblicken auf andere Korrespondenzen, soll unsere Beobachtungen zur Stellung Ulms im schweizerisch-oberdeutschen Korrespondenznetzwerk noch etwas weiter konkretisieren und abrunden.

Zwinglis Nachfolger Bullinger war zunächst völlig in Beschlag genommen durch die schwierigen innereidgenössischen Verhältnisse nach der Niederlage der Zürcher und ihrer Verbündeten im Zweiten Kappelerkrieg. Konrad Sam, der mit Bullinger sicher schon von der Berner Disputation her bekannt war, schrieb zwar 1532 einen Brief an ihn und an Zwinglis einstigen Mitstreiter Leo Jud,[58] doch zu einem engeren Kontakt zwischen den beiden kam es nicht mehr. Nur wenige Wochen später schrieb auch Martin Frecht auf Veranlassung von Sam einen Brief an Bullinger,[59] den ersten in einer Reihe von 13 Briefen und 2 Gegenbriefen aus den Jahren 1532 bis 1544. Als Sam bald darauf starb, wandten sich die Fünf Geheimen von Ulm am 9. September 1533 an Leo Jud, um ihn als Nachfolger zu gewinnen.[60] Das ist eigentlich erstaunlich, denn in Zürich war Jud als enger Vertrauter Zwinglis und als Heißsporn bekannt und umstritten. Allerdings stand er gerade zu dieser Zeit dem Spiritualisten Kaspar von Schwenckfeld nahe,[61] dem auch einzelne Angehörige der Ulmer Führungsschicht schon damals mit Sympathie begegneten. Dass man – neben anderen Kandidaten – auch an Jud dachte, könnte eventuell mit seiner schwenckfeldischen Neigung zusammenhängen; wahrscheinlich versprachen sich die Ulmer von ihm jedoch in erster Linie die Wahrung des zwinglischen Erbes. Jedenfalls distanzierte sich Jud bald wieder von Schwenckfeld und dachte im Übrigen nicht daran, Zürich zu verlassen. Stattdessen trat der aus Ulm stammende Frecht die Nachfolge Sams an.

---

[58] HBBW 2, S. 102f., Nr. 87 (14. April 1532).

[59] HBBW 2, S. 122f., Nr. 97 (23. Mai 1532).

[60] StadtA Ulm, A [9000]_05, fol. 15 (Konzept); ebd., H Veesenmeyer, Georg, Nr. 10, S. 31 (Abschrift 19. Jh.).

[61] Vgl. DEPPERMANN, Klaus: Schwenckfeld und Leo Jud – ein denkwürdiger Briefwechsel über Nutzen und Nachteil der Staatskirche. In: DERS.: Protestantische Profile von Luther bis Francke. Sozialgeschichtliche Aspekte, hg. von Thomas Baumann u.a., Göttingen 1992, S. 65–90.

Die gesamte weitere Entwicklung des Verhältnisses zwischen der Ulmer und der Zürcher Kirche steht in engem Zusammenhang mit dem unermüdlichen Wirken Bucers für eine Überwindung des Abendmahlsstreits.[62] Frecht, der zunächst Sams Kritik an der lutherischen Abendmahlslehre geteilt hatte, unterstützte Bucers Einsatz für eine Abendmahlskonkordie nach Kräften. Im Dezember 1534 trafen sich Theologen aus sieben schwäbischen Städten, darunter auch Frecht, mit Bucer in Konstanz zur Vorbereitung der Verhandlungen mit den Wittenbergern. Den Zürchern, die ihr Abendmahlsbekenntnis nach Konstanz geschickt hatten, versicherten die Gesandten brieflich, dass sie das Zürcher Bekenntnis billigten und sich nicht von den Eidgenossen trennen lassen wollten[63] – mit anderen Worten, man hielt zu diesem Zeitpunkt noch ganz selbstverständlich an der freundnachbarlichen Verbundenheit mit den eidgenössischen Schwesterkirchen fest.

Während der Verhandlungen, die zur Wittenberger Konkordie führten, erscheint überraschend ein weiterer Briefpartner im hier beschriebenen Korrespondenznetz, nämlich der Memminger Pfarrer Gervasius Schuler, auch Scholasticus genannt.[64] Dieser enge Vertraute Bullingers, der einst in Bullingers Heimatstadt Bremgarten gewirkt hatte, stand offenbar in enger brieflicher Verbindung mit Frecht; allerdings wissen wir davon nur dank der häufigen Erwähnung dieser Kontakte in den Briefen Frechts, Bullingers, Vadians und Blarers.[65] Diese Beobachtung wirft die Frage auf, ob Frecht nicht ebenso oft auch mit den Kirchenleitern anderer schwäbischer Städte wie z.B. Augsburg in Verbindung stand. Das ist zwar zu vermuten, es lässt sich aber nicht nachweisen, da nur ganz vereinzelte Belege – etwa für einen Briefwechsel Frechts mit Bonifacius Wolfhart in Augsburg[66] – vorliegen.

---

[62] Aus der umfangreichen Literatur seien hier zwei ältere, aber immer noch grundlegende Werke hervorgehoben, die sich durch gründliche Auswertung der brieflichen Quellen auszeichnen, nämlich KÖHLER, Walther: Zwingli und Luther. Ihr Streit über das Abendmahl nach seinen politischen und religiösen Beziehungen, 2 Bde. (QFRG 6/7), Leipzig 1924/Gütersloh 1953, hier: Bd. 2, sowie POLLET, Bucer 2 (wie Anm. 12).

[63] HBBW 4, S. 453–456, Nr. 496 (21. Dezember 1534).

[64] Vgl. [CULMANN, Friedrich Wilhelm]: Skizzen aus Gervasius Schuler's Leben und Wirken in Zürich, Bischweiler, Bremgarten, Basel, Memmingen und Lenzburg, von 1520–1563, Straßburg 1855; BCor 10, S. 495f.

[65] Vgl. die manchmal ausführlichen Zitate Schulers aus Briefen Frechts an ihn in HBBW 5, Nr. 542, hier: S. 131f., Z. 10–22; 10, Nr. 1438, hier: S. 198–201, Z. 16–79; HBBW 11, Nr. 1508, hier: S. 172, Z. 54–64; HBBW 13, Nr. 1721, hier: S. 81, Z. 54–58; HBBW 14, Nr. 1843, hier: S. 86, Z. 52–54. Umgekehrt zitiert auch Frecht aus einem Brief Schulers an ihn; Vadiansche Briefsammlung 6 (wie Anm. 17), Nr. 1404, hier: S. 425f.

[66] Ein Brief Wolfharts an Frecht vom 2. Oktober 1537 ist gedruckt in: POLLET, Bucer 2 (wie Anm. 12), S. 272–274, Dokument Nr. XXVII. Zu Wolfhart vgl. BCor 10, S. 507f.

Nach Abschluss der Wittenberger Konkordie ging Frecht aufgrund der aus Straßburg und Konstanz einlaufenden Nachrichten davon aus, dass sich zumindest St. Gallen, Basel und Mülhausen dieser Einigung anschließen würden.[67] Nun beginnt ein dichter Briefwechsel Frechts mit Vadian; aus den elf Jahren von 1537 bis 1548 sind über 60 Briefe Frechts an Vadian erhalten.[68] Zahlenmäßig kommt Vadian damit schon fast an Blarer heran, Frechts wichtigsten Korrespondenten. Aber auch die Beziehung Frechts zu Bullinger wird enger, besonders nachdem ein mehrmaliger Briefwechsel der reformierten Schweizer mit Luther sowie eine Konferenz in Zürich 1538 die Illusion genährt hatte, ein Ausgleich sei auch ohne Unterzeichnung der Konkordie möglich, nämlich auf der Basis des Ersten Helvetischen Bekenntnisses von 1536. In dieser Zeit ist sogar nochmals von einer eventuellen Berufung Leo Juds nach Ulm die Rede.[69] Frecht scheute sich auch nicht, Bullinger um Unterstützung in der Auseinandersetzung mit dem radikalen Zwinglianer Georg Keller zu bitten.[70] Die gemeinsame Feindschaft gegen die Spiritualisten Schwenckfeld und Sebastian Franck, gegen die Frecht in fast jedem seiner Briefe polemisierte, verband den Ulmer noch enger mit Bullinger, Blarer und vor allem auch mit Vadian. Dieser unterstützte den Kampf Frechts gegen Schwenckfeld durch mehrere Publikationen.[71] Frecht seinerseits nutzte seine guten Kontakte zu den Schweizern und versuchte mehrfach, mäßigend auf sie einzuwirken und sie von jeder Reizung Luthers abzuhalten.[72] Dass die Zürcher 1544 eine Ausgabe der Werke Zwinglis veranstalteten, missbilligte er deshalb.[73] Umgekehrt war Bullinger nicht entgangen, wie eng sich Frecht an Bucers Abendmahlslehre angeschlossen hatte, mit der er selber sich nie hatte anfreunden können. Recht schroff erklärt Bullinger im Mai 1544 gegenüber Vadian, Frecht sei teils lutherisch, teils bucerisch; er sei nie ein guter Eidgenosse gewesen.[74]

---

[67] Dies teilten die Berner Theologen ihren Zürcher Kollegen am 17. Februar 1547 unter Berufung auf ein heute verlorenes Schreiben Frechts an Erasmus Ritter mit; HBBW 7, Nr. 950, hier: S. 66f., Z. 38–47.

[68] Vgl. das Verzeichnis dieser Briefe in: Vadianische Briefsammlung 7 (wie Anm. 17), S. 230.

[69] HBBW 8, Nr. 1161, hier: S. 196, Z. 31–33 (Frecht an Bullinger, 27. August 1538).

[70] HBBW 12, Nr. 1700, hier: S. 268, Z. 62–78 (9. Dezember 1542); HBBW 13, Nr. 1766, hier: S. 176, Z. 9–23 (2. August 1543).

[71] Vgl. McLaughlin, R. Emmet: The Schwenckfeld-Vadian Debate. In: Schwenckfeld and Early Schwenkfeldianism. Papers Presented at the Colloquium on Schwenckfeld and the Schwenkfelders, September 17–22, 1984, hg. von Peter C. Erb, Pennsburg (Pennsylvania) 1986, S. 237–258; Gamper, Vadian (wie Anm. 22), S. 283–286.

[72] Vgl. z.B. Frecht an Bullinger, 2. August 1543; HBBW 13, Nr. 1766, hier: S. 180f., Z. 105–125. Frecht an Vadian, 30. Januar 1545; Vadianische Briefsammlung 6 (wie Anm. 17), Nr. 1381, hier: S. 373.

[73] Vgl. Bullingers ausführliche Erwiderung auf Frechts Kritik in seinem Brief an Blarer vom 5. September [1544]; HBBW 14, Nr. 1971, hier: S. 364f., Z. 20–50.

[74] Vadianische Briefsammlung 6 (wie Anm. 17), Nr. 1347, hier: S. 321: *Totus enim, quantusquantus est, partim Lutheranus, partim Buceranus est; so weyß ich gründlich, das er nie kein güter Eydgnoß gsin ist.*

In seinem letzten erhaltenen Brief an Bullinger[75] berichtet Frecht am 29. Oktober 1544 vom Kummer Melanchthons über den Streit, der mit der Publikation von Luthers ,Kurzem Bekenntnis [vom heiligen Sakrament]' und der darin enthaltenen Polemik gegen Zwingli erneut ausgebrochen war. Bullinger sandte 1545 die Gegenschrift der Zürcher, mit der die Brücken zwischen Zürich und Wittenberg definitiv abgebrochen wurden, auch an Frecht;[76] ebenso ließ er ihm noch 1548 seine neue Schrift über die Rechtfertigung zukommen.[77] Zu einem direkten Austausch scheint es aber nicht mehr gekommen zu sein, Bullinger und Frecht hörten seither nur noch indirekt durch Vadian und Blarer voneinander. Frechts Kontakt mit Vadian, der in der Abendmahlsfrage flexibler war als Bullinger, dauerte wie erwähnt immerhin noch bis 1548 an. Vadian muss sich in einem Brief an Frecht recht kritisch über die Zürcher geäußert haben, was Bullinger ziemlich verstimmte, als er durch Blarer davon erfuhr.[78] Noch in seinem letzten Brief an Vadian lässt Frecht aber nicht nur Blarer, sondern auch Bullinger grüßen.[79] Bullinger verfolgte zwar die Nachrichten über die Unterwerfung Ulms unter den Kaiser und die Gefangenschaft Frechts mit großem Interesse weiter, zu einem brieflichen Kontakt mit Ulm kam es aber nach 1548 bis zu seinem Tod 1575 nie mehr. Anders als etwa in Augsburg und Nürnberg scheint es in Ulm an Bürgern gefehlt zu haben, die in Zeiten zunehmender konfessioneller Abgrenzung an einem brieflichen Austausch mit den Schweizer Reformierten interessiert gewesen wären.

---

[75] HBBW 14, S. 496f., Nr. 2026.

[76] Vgl. Bullinger an Blarer, 16. März 1545; HBBW 15, Nr. 2111, hier: S. 191, Z. 11. Die Rede ist von der Schrift ,Warhaffte Bekanntnuß der dieneren der kilchen zuo Zürych'; STAEDTKE, Joachim: Beschreibendes Verzeichnis der gedruckten Werke von Heinrich Bullinger (Heinrich Bullinger Werke, 1. Abt.: Bibliographie, Bd. 1), Zürich 1972, Nr. 161–163.

[77] Vgl. Bullinger an Leonhard Serin, 15. Februar 1548; UB Basel, G I 26, fol. 29–30, Nr. 35. Die Rede ist von der 1548 erschienenen Schrift Bullingers ,Iustificatio. De fide in Christum sola iustificante'; STAEDTKE, Verzeichnis (wie Anm. 76), Nr. 157.

[78] Blarer an Bullinger, 27. August 1547; HBBW 15, Nr. 2227, hier: S. 487f., Z. 106–110. Vadian an Bullinger, zweite Hälfte September 1545; Vadiansche Briefsammlung 7 (wie Anm. 17), S. 113–115, Nr. 84; Regest: HBBW 15, S. 528f., Nr. 2244.

[79] Vadiansche Briefsammlung 6 (wie Anm. 17), S. 735, Nr. 1615 (25. Februar 1548).

Die Beziehungen zwischen Ulm und der reformierten Eidgenossenschaft brachen natürlich nicht völlig ab; beispielsweise lud Ulm im Jahr 1556 die Zürcher Schützenmeister und Schießgesellen zu einem Schützenfest nach Ulm ein.[80] Im Jahr 1554 war sogar die Rede davon, Frecht werde nach Ulm zurückkehren und denke daran, als Ersatz für die vertriebenen Interimisten Prediger aus der Eidgenossenschaft anzuwerben, wenn sich diese auf das Augsburgische Bekenntnis einlassen könnten. Blarer, der dies an Bullinger meldete, zweifelte allerdings daran, ob sich überhaupt Bewerber finden ließen, die sich der Unbeständigkeit der Ulmer aussetzen wollten, hätten diese doch mehr als einmal um die Gunst des Kaisers willen opportunistisch gehandelt.[81] Der wahre Grund für den weitgehenden Abbruch der althergebrachten kirchlichen Beziehungen zwischen Ulm und dem evangelischen Teil der Eidgenossenschaft war allerdings, wie aus den angeführten Korrespondenzen klar hervorgeht, die konfessionelle Spaltung des protestantischen Lagers. Eine Bemerkung Bullingers aus dem Jahr 1572 bestätigt diesen Sachverhalt nochmals explizit: *Ich hab gar kein kundtschaft gen Ulm; dann Ludovicus Rabus ist rabidus contra nos Lutheranus.*[82]

---

[80] StA Zürich, A 202.6 (3. August 1556, Einladung auf den 3. Oktober).

[81] SCHIESS, Briefwechsel Blarer 3 (wie Anm. 18), Nr. 1950 vom 11. November [1554], hier: S. 273.

[82] Bullinger an Tobias Egli, 2. Mai 1572; SCHIESS, Traugott (Hg.): Bullingers Korrespondenz mit den Graubündnern, 3 Bde. (QSG 23–25), Basel 1904–1906 (ND Nieuwkoop 1968), hier: Bd. 3, Nr. 301, S. 337. Die Rede ist vom Ulmer Kirchenvorsteher Ludwig Rabus (1523–1592), einem „rabiaten" Lutheraner.

Astrid von Schlachta

Die täuferische Vielfalt im Südwesten
Zwischen Verfolgung, Migration und Glaubensunterweisung

Möchte man die Stimme der Täufer dem bereits sehr vielstimmigen Chor der Reformation hinzufügen, so erscheint dies auf den ersten Blick nicht ganz einfach. Denn die Täufer sangen keineswegs mit einer einheitlichen Stimme. Deshalb war es für die Zuhörer, also die nicht-täuferischen Zeitgenossen, gar nicht so leicht, den Täufern eine Stimmlage zuzuweisen. Schließlich galt es im Vorfeld aller politischer Maßnahmen und theologischer Argumentationen gegen die Täufer und vor dem Hintergrund der sich intensivierenden Verfolgung zunächst einmal zu definieren, wer überhaupt als Täufer anzusehen sei. Und darüber hinaus war es vielfach gar nicht erwünscht, die Täufer in den reformatorischen Chor aufzunehmen. Auf der anderen Seite wollten jedoch auch die Täufer gar nicht immer unbedingt mit den „Anderen" mitsingen. Aus der Retrospektive betrachtet ergänzten die Täufer jedoch unbestritten die Vielstimmigkeit der Reform- und Erneuerungsbewegungen des frühen 16. Jahrhunderts.

Von der Vielfalt der Stimmen – Täufer im Südwesten des Alten Reichs

Die Vielfalt der Täufer drückt sich in einem Spektrum aus, das von apokalyptischen Ideen, die, nicht ohne den Gebrauch von Gewalt zu befürworten, auf die Errichtung des Neuen Jerusalems zielten, bis hin zu abgesondert, wehrlos und obrigkeitstreu lebenden Täufern reichte. Aggressiv missionierende Richtungen wie die Hutterer, die Glaubens- und Wirtschaftsflüchtlinge mit nahezu „paradiesischen" Botschaften nach Mähren lockten, standen neben Täufern, die vermutlich schon im 16. Jahrhundert eher „still im Lande" waren, mit den Nachbarn gut auskamen und in den Quellen gar nicht auftauchen.[1] Gerade für den Südwesten ist das Phänomen des „Nikodemismus" unter den Täufern beschrieben worden. Täufer also, die sich äußerlich zu einer reformatorischen Kirche hielten, innerlich jedoch weiterhin ihren täuferischen Glauben lebten. Für den Südwesten sind zudem – verglichen mit anderen Territorien – günstige Rahmenbedingungen überliefert.

---

[1] Vgl. generell GOERTZ, Hans-Jürgen: Die Täufer. Geschichte und Deutung, München ²1988; SNYDER, C. Arnold: Anabaptist History and Theology. An Introduction, Kitchener (Ontario) 1995; WILLIAMS, George Hunston: The Radical Reformation (Sixteenth Century Essays & Studies 15), Kirksville (Missouri) ³1992.

In Württemberg wurden die reichsweiten Mandate seit der Rückkehr Herzog Ulrichs nicht sehr konsequent umgesetzt, was zur Folge hatte, dass Täufer oft nur eine kurze Zeit im Gefängnis verbringen mussten. Sie wurden dann gegen das Versprechen entlassen, wenigstens den Predigtgottesdienst zu besuchen, was den Nikodemismus gefördert haben dürfte.[2]

Die apokalyptische Naherwartung war in den frühen Jahren der täuferischen Bewegung ein gegenwärtiges Thema, auch in vielen Orten und an vielen Plätzen im Südwesten des Alten Reichs. Nicht nur Straßburg ist in diesem Zusammenhang zu nennen, wo Melchior Hoffmann und Ursula Jost Visionen über das nahe Weltende hatten, sondern auch in der Reichsstadt Esslingen kursierten konkrete Termine.[3] So wurde die Wiederkunft Jesu Christi hier für das Frühjahr 1528 erwartet, was auf die Verbreitung der Ideen von Hans Hut schließen lässt. In Esslingen gab es wohl, wie in Straßburg mit Ursula Jost, Täuferinnen, die Visionen empfingen. Es sei, so der aus Esslingen vertriebene täuferische Prediger Lutz in einem Brief an seine alte Gemeinde, einer Schwester offenbart, *wie ietz nach lichtmeß die verfolgung heftig anfachen wird und wird weren zechen wochen und wan die Zeit ein end hat, so wirt darnach ein soliche verfolgung anheben, das die frumen cristen missent in die kliften und welt verschkufen, die selbig wirt waren 13 tag und so die zehen wochen und die dreizehnt tag werdent verschinen sein, so wirt der son des menschen komen und wirt sein faind haimsuchen, die sein wort und gesatz und gebot nit gehalten haben*[4]. Barbara Rebstock, die später in Straßburg ebenfalls Visionen hatte, stammte ursprünglich aus Esslingen.[5] In der Reichsstadt am Neckar gab es seit 1527 eine täuferische Gemeinde, die sich innerhalb der Stadtmauern traf, ihren Schwerpunkt jedoch vor allem in den umliegenden Dörfern hatte.

---

[2] CLASEN, Claus-Peter: Die Wiedertäufer im Herzogtum Württemberg und in benachbarten Herrschaften (Veröffentlichungen der Kommission für geschichtliche Landeskunde in Baden-Württemberg B 32), Stuttgart 1965, S. 44; OYER, John S.: Anabaptists in Esslingen: A Viable Congregation Under Periodic Siege. In: DERS.: „They Harry the Good People Out of the Land". Essays on the Persecution, Survival and Flourishing of Anabaptists and Mennonites, hg. von John D. Roth, Goshen (Indiana) 2000, hier: S. 245; generell auch SCHLACHTA, Astrid von: Von geistlichen Aufbrüchen, Wirtschaftsflüchtlingen und einem nicht vorhandenen Schlaraffenland. Täufer zwischen Württemberg und Mähren. In: Christine ABSMEIER u. a. (Hg.): Religiös motivierte Migrationen zwischen dem östlichen Europa und dem deutschen Südwesten vom 16. bis zum 19. Jahrhundert (Veröffentlichungen der Kommission für geschichtliche Landeskunde in Baden-Württemberg B 219), Stuttgart 2018, S. 103–115.
[3] CLASEN, Wiedertäufer (wie Anm. 2), S. 69–73; KLAASSEN, Walter: Living at the End of the Ages. Apocalyptic Expectation in the Radical Reformation, Lanham 1992.
[4] Zit. nach: CLASEN, Wiedertäufer (wie Anm. 2), S. 70f.
[5] CLASEN, Wiedertäufer (wie Anm. 2), S. 77; BARRETT, Lois C.: Ursula Jost and Barbara Rebstock of Strasbourg. In: C. Arnold SNYDER/Linda A. Huebert HECHT (Hg.): Profiles of Anabaptist Women. Sixteenth-Century Reforming Pioneers (SWR 3), Waterloo (Ontario) 1996, S. 273–287.

Die südwestdeutsche Reichsstadt stand nicht singulär innerhalb der täuferischen Landschaft der späten 1520er Jahre, sondern reiht sich ein in eine Linie mit mehreren Städten, in denen täuferische Gruppen ebenfalls apokalyptisch aufgeladene Botschaften predigten. Teilweise, wie etwa in Thüringen oder natürlich in Münster, handelte es sich um gewaltbereite Gruppen, die unter dem Dach der Täufer in den endzeitlichen Kampf eingreifen wollten.[6] In Erfurt flog im November 1527 die Revolte einiger Täufer um Hans Römer auf, die die Stadt gewaltsam erobern wollten, um sie für die Wiederkunft Christi und das bevorstehende Neue Jerusalem vorzubereiten. All jene, die sich den Täufern nicht hätten anschließen wollen, sollten umgebracht werden.[7] Gleichzeitig wurden auch in Esslingen Aufstandspläne publik, die Täufer verfolgt haben sollen. Sie wollten die Stadt zu Ostern 1528 einnehmen, um eine täuferische Herrschaft zu errichten. Eine verbindende Figur unter allen täuferischen Gruppen, die in einer extremen Naherwartung lebten, war Hans Hut, der auch für die Kontinuität zum Bauernkrieg und zur Schlacht bei Frankenhausen stand. Seine apokalyptischen Interpretationen der zeitgenössischen Ereignisse gaben oft die Handlungsanleitung vor.[8]

Von diesen, aktiv in die endzeitlichen Pläne Gottes eingreifenden Täufern abgesehen, treffen wir im Südwesten des Alten Reichs überwiegend auf wehrlos lebende Täufer, die offenbar auch Vorbildfunktion für Täufer aus gewaltbereiteren Gruppen hatten. In den Quellen tauchen beispielsweise einige Aufständische aus Erfurt auf, die dort im Namen des Herrn zum Schwert hatten greifen wollen, dann jedoch in den Süden geflohen waren und zur Wehrlosigkeit bekehrt wurden. So ist von Volkmar Fischer die Rede, einem der Anführer des Aufstands in Erfurt. Er floh nach Basel, lernte dort – nach eigener Aussage – Täufer kennen, die die Gewalt ablehnten und weder Schwerter noch lange Messer trugen. Unter dem Einfluss der Schweizer Täufer sagte er sich von allen Aufstandsplänen und vom gewaltbereiten Glauben los – *es wehr nicht der rechte weg*, so seine Aussage 1534 vor den Erfurter Obrigkeiten.[9]

---

[6]   SCHLACHTA, Astrid von: Die Täufer in Thüringen. Von wehrhaften Anfängen zur wehrlosen Gelassenheit (Beiträge zur Reformationsgeschichte in Thüringen 10), Jena 2017; KLÖTZER, Ralf: Die Täuferherrschaft von Münster. Stadtreformation und Welterneuerung (RGST 131), Münster 1992.

[7]   SCHLACHTA, Täufer in Thüringen (wie Anm. 6), S. 20–26; zur Sage über den Aufstand in Erfurt vgl. KOBELT-GROCH, Marion: „Wiedertäufer" – Eine Sage aus Thüringen. In: MennGBl 72 (2015), S. 133–139.

[8]   SEEBASS, Gottfried: Müntzers Erbe. Werk, Leben und Theologie des Hans Hut (QFRG 73), Gütersloh 2002, bes. S. 349–384.

[9]   WAPPLER, Paul: Die Täuferbewegung in Thüringen von 1526–1584 (Beiträge zur neueren Geschichte Thüringens 2), Jena 1913, S. 46, 366f., 372.

Der württembergische Raum war zudem eines jener Gebiete, das die von der sogenannten „Märtyrersynode" 1527 in Augsburg entsandten Missionare abdecken sollten. So predigte der nach Franken entsandte Täufer Jörg Nespitzer auch in Esslingen.[10]

Die täuferische Bewegung hatte durch die Einflüsse aus der Schweiz zunächst in Waldshut, dann in Horb und Rottenburg Fuß gefasst. Rottenburg steht für die Hinrichtung des täuferischen Predigers Michael Sattler, der als Verfasser der ‚Schleitheimer Artikel' gilt, die der äußerst inhomogenen Bewegung 1527 normativ die Richtung hätten vorgeben sollen.[11] Sie fassten die wesentlichen Glaubenspunkte der Täufer zusammen. Die Hinrichtung von Sattler blieb in der Stadt nicht unumstritten. Es zeigte sich in Rottenburg Ende der 1520er Jahre bereits eine Tendenz, die sich in den südwestdeutschen Territorien bis in die zweite Hälfte des 16. Jahrhunderts fortsetzte – die territorialen oder reichsweiten Mandate wurden von den lokalen Obrigkeiten nicht sehr streng befolgt. Vielmehr gab es städtische Emanzipationsbestrebungen, die den Umgang mit den Täufern zum Anlass nahmen, Selbstbewusstsein an den Tag zu legen. So stellte sich der Rat der Stadt Rottenburg gegen die harten Verfolgungsmaßnahmen und verwies die Täufer lediglich der Stadt, ohne sie hinzurichten. Insbesondere nach der Einführung der Reformation, nach der Rückkehr Herzog Ulrichs im Jahr 1534, fand der Wandel im Vorgehen gegen die Täufer auch seine theologische Legitimation und seine breitere politische Umsetzung. So übernahm beispielsweise in Esslingen der städtische Reformator Ambrosius Blarer die moderate Linie eines Johannes Brenz. Blarer verfolgte das Ziel, die Täufer im „rechten" Glauben zu unterweisen und sie ohne Anwendung von Gewalt zur reformatorischen Kirche zu bekehren. Der Glaube sollte aus den Schriften widerlegt werden. Noch in der württembergischen Wiedertäuferordnung von 1572 schlug sich diese moderate Linie nieder. Viele obrigkeitliche Vertreter zeigten sich im Vorfeld, als die Parameter und Formulierungen der Ordnung debattiert wurden, davon überzeugt, dass die Todesstrafe nichts bringe.

---

[10] Vgl. zur „Märtyrersynode" GUDERIAN, Hans: Die Täufer in Augsburg. Ihre Geschichte und ihr Erbe, Pfaffenhofen 1984; zu Nespitzer vgl. die verschiedenen Verweise in SCHORNBAUM, Karl: Bayern, 2. Abteilung (QGT 5), Gütersloh 1951.

[11] LEU, Urs B./SCHEIDEGGER, Christian (Hg.): Das Schleitheimer Bekenntnis 1527. Einleitung, Faksimile, Übersetzung und Kommentar, Zug 2004.

So wurden die Angeklagten nur selten gefoltert und mussten lediglich kurze Gefängnisstrafen absitzen. Beispielhaft für diesen Umgang mit den Täufern steht die fast 20 Jahre andauernde Strafe des hutterischen Sendboten Paul Glock. Überliefert ist die Beschwerde des Superintendenten und Hofpredigers von Herzog Ludwig in Stuttgart, Lukas Osiander, der anmerkte, Paul Glock habe in Wittlingen *nicht ein gefenknus, sondern ein herrenpfründ*[12].

Die Täufer als Teil der Reformation?

Die Frage, inwieweit die Täufer Teil der Reformation sind, ist oft gestellt worden, und sie stellte sich im Rahmen des Reformationsjubiläums 2017 wieder neu. Die Antworten können ganz unterschiedlich ausfallen, wobei stets die Perspektive entscheidend ist. Denn einerseits ist entscheidend, wie die Reformation an sich interpretiert wird. Andererseits ist zu berücksichtigen, von welcher Warte aus die Beurteilung vorgenommen wird – aus der zeitgenössischen Innen- beziehungsweise Außenperspektive oder aus der nachträglichen historiographischen Sicht.

Sieht man die Reformation als ein buntes Spektrum an verschiedenen geistlichen Strömungen und Bewegungen, die für eine Reform von Kirche und Glauben aus ganz unterschiedlichen Blickwinkeln und von vielfältigen Ansatzpunkten her kämpften, so scheint es ganz pragmatisch gesehen auf der Hand zu liegen, die Täufer als Teil dieser Reformation zu sehen. Die Täufer brachten ihre Vorstellungen von der Notwendigkeit, geistlich und sozial neu zu denken, in die zeitgenössische Debatte ein. Schwierig wird es jedoch, wenn die Reformation normativ verengt und eine Richtung zur „wahren Reformation" erklärt wird, während alle anderen Auffassungen durch Ausschlusskriterien „aussortiert" werden.

Die Entscheidung über Zugehörigkeit oder Ausschluss wird dabei oft an wenigen theologischen Streitpunkten, idealtypisch etwa am Rechtfertigungsverständnis, festgemacht. Beispielhaft für einen solchen Blick auf die Reformation steht das 1999 erschienene Buch von Hans-Georg Tanneberger über ‚Die Vorstellung der Täufer von der Rechtfertigung des Menschen'. Die ‚Mennonitischen Geschichtsblätter' griffen die Thesen von Tanneberger 2014 auf, wobei in allen Beiträgen sehr schnell die ganz grundsätzliche Kritik am Werk von Tannenberg deutlich wurde, dass dieses einen normativ sehr verengten Blick auf die Reformation werfe, was zwangsläufig zur Exklusion der Täufer führen müsse.

---

[12] Zit. nach Clasen, Wiedertäufer (wie Anm. 2), S. 43; zu Paul Glock vgl. Gross, Leonard: The Golden Years of the Hutterites. The Witness and Thought of the Communal Moravian Anabaptists During the Walpot Era, 1565–1578 (SAMH 23), Scottdale/Waterloo 1998, S. 100–128.

Für Tanneberger gelte nur der lutherische Weg als Maßstab und deshalb erkläre er die lutherische Rechtfertigungslehre zur Norm. Seine generelle These lautete, „Täufer" und „Reformatoren" hätten in der Hermeneutik nicht zu einem Konsens gefunden, vor allem nicht im Hinblick auf das Sündenverständnis. Tanneberger schreibt der täuferischen Theologie die Auffassung zu, Sünde nicht als „Zustand der Gottesferne und des Unglaubens" zu sehen, sondern als eine „Anzahl von innerlich unverbundenen Einzelakten"[13]. Es soll in diesem Zusammenhang nicht diskutiert werden, ob diese verkürzte Interpretation überhaupt die Breite der täuferischen Bewegung widerspiegelt. Auf jeden Fall steht sie für den auch in der Debatte in den ‚Mennonitischen Geschichtsblättern' kritisierten Ansatz, sehr enge Normen an das theologische Verständnis des 16. Jahrhunderts anzulegen.

Entsprechend setzte die Beschäftigung mit Tannebergers Buch bei der grundlegenden Frage nach dem Verständnis und der Definition von „Reformation" ein. Berndt Hamm beispielsweise hob in seinem Kommentar hervor, dass der Begriff „reformatorisch" erst nachträglich auf die Ereignisse des 16. Jahrhunderts gelegt wurde und somit nicht als normativ zu verstehende zeitgenössische Kategorie angesehen werden kann. Die „Reformation" zu definieren bedeute im „deskriptiven historiographischen Sinne", den „Geschehens-, Kommunikations-, Konflikt- und Sinnzusammenhang" zu analysieren, der „in der ersten Hälfte des 16. Jahrhunderts zu einer antirömischen Umgestaltung des abendländischen Kichenwesens führte"[14]. Der „Systembruch", den Berndt Hamm mit der Reformation verbindet, umfasst „viele innere Spannungen und Gegenläufigkeiten", womit sich ein vielfältiges Spektrum auftut. Auch Hans-Jürgen Goertz betonte in seiner Auseinandersetzung mit Tannebergers Thesen die Breite der „reformatorischen Öffentlichkeit", in der sich letztendlich die Meinung darüber herausbildete, was „Reformation" war. Es ist Zeichen einer solchen „reformatorischen Öffentlichkeit", dass verschiedene Ideen im Umlauf sind, verschiedene Definitionen gefunden werden und diese in der Diskussion oft noch an Eindeutigkeit verlieren.[15]

---

[13] TANNEBERGER, Hans-Georg: Die Vorstellung der Täufer von der Rechtfertigung des Menschen (CThM 17), Stuttgart 1999, S. 244.

[14] HAMM, Berndt: Das reformatorische Profil des täuferischen Rechtfertigungsverständnisses. In: MennGBl 71 (2016), S. 148–160, hier: S. 149.

[15] GOERTZ, Hans-Jürgen: Polemisch zugespitzte Sätze sind problematisch. In: MennGBl 71 (2016), S. 140–147, hier: S. 141.

Die Konzentration auf die Rechtfertigungslehre, wie sie in der Analyse von Hans-Georg Tanneberger vorgenommen wird, wirft jedoch auch die generelle Frage auf, ob es zielführend ist, überhaupt so enge theologische Maßstäbe anzusetzen, um eine breite Reformbewegung zu beschreiben. Über die Rechtfertigungslehre hinaus gäbe es viel mehr Parameter, um die Täufer in die Vielstimmigkeit der Reformation einzuordnen. Es ist nicht immer nur die größtmögliche Konformität in wenigen theologischen Aspekten, die für die Zugehörigkeit zu einer größeren Bewegung qualifiziert. Vielmehr sollte es das Anliegen der historiographischen Aufarbeitung sein, die punktuellen Schnittmengen und Grauzonen zu entdecken, die das Bild wesentlich differenzierter erscheinen lassen. Somit stellt sich die Frage, welche Maßstäbe eigentlich angelegt werden sollen, um zu entscheiden, ob die Täufer zur Reformation zählen oder nicht? Man könnte zunächst fragen, wie die Akteure selbst sich verstanden und zugeordnet haben. Und darüberhinaus gibt es ja nicht nur die theologische Perspektive, sondern auch die gesellschaftlich-politische. Wie sah also die Eigenperspektive aus, die Selbstdarstellung, und wie die Außenperspektive? Und welche Zuordnungen werden getroffen?

Die Täufer und ihre Sicht auf die Reformatoren

Gott wird nicht lange mit *euch Martinischen* sein. Von den *Lutherischen* sei bisher nichts Gutes gekommen, sondern lediglich *ergernus, freiheit, buberei,* was *boser und erger* sei als *underm bapstum*[16]. So in knappen Worten der thüringische Täufer Adam Angersbach, Schmied von Niedernhausen, in seinem Verhör 1532 in Vacha. Auch aus Württemberg sind entsprechende Polemiken über den lutherischen Glauben überliefert, die im Verhör meist dann geäußert wurden, wenn die Frage gestellt wurde, warum ein Täufer nicht in den Gottesdienst ging. So antworteten die Brüder Rapp aus Pforzheim in ihrem Verhör in Vaihingen/Enz, dass sich niemand von den lauterischen bessere oder Frucht bringe.[17] Und Lienhard Sommer sagte in einem Verhör in Esslingen aus, es sei ein Missstand, dass die Kirchenbesucher nach der Predigt sofort rausgingen, *hochfertig sin, tanzen, springen, spiln, saufen, fressen etc.*[18]

---

[16] Wappler, Täuferbewegung in Thüringen (wie Anm. 9), S. 328.
[17] Bossert, Gustav/Bossert, Gustav (Hg.): Quellen zur Geschichte der Wiedertäufer, Bd. 1: Herzogtum Württemberg (QFRG 13), Leipzig 1930, S. 144.
[18] Ebd., S. 207.

Die Aussagen zeigen, wie das Glaubensleben anderer reformatorischer Gruppen von den Täufern wahrgenommen wurde. Kurz zusammengefasst war es vor allem eine Inkonsequenz im praktischen Glaubensleben, die mit „den Lutherischen" in Verbindung gebracht wurde. Die entsprechende, polemisch aufgeladene Verurteilung folgte oft im gleichen Atemzug. Sie spiegelt die Distanzierung der Täufer vom übrigen Kirchenvolk, vom Besuch der Kirche und von den ethischen Überzeugungen, dem Lebensstil der „Anderen", wider. Eine Distanz, die das täuferische Selbstverständnis nicht nur rhetorisch bestimmte, sondern auch institutionell, wenn daraus das Selbstverständnis der eigenen Gemeinde wurde. Der eigene, täuferische Weg wurde als der konsequente Weg in Bekenntnissen und Ordnungen festgeschrieben und in der Absonderung der Gemeinden mehr oder weniger deutlich umgesetzt.

Die übrigen Reformatoren seien auf halbem Wege stehen geblieben – sowohl theologisch als auch in der Umsetzung ethischer Überzeugungen, die der Glauben nach täuferischer Ansicht vorgab. Das Bekenntnis von Schleitheim, vom badischen Täufer Michael Sattler 1527 formuliert, hatte für die Täufer eine wichtige normative Funktion, auch wenn es der sehr vielfältigen Bewegung nicht, wie intendiert, eine gemeinsame Richtung vorgeben konnte. Das Gesellschaftsbild, das Sattler entwarf, war klar umrissen. Seiner Anlayse lag 2 Kor 6,17 zugrunde: *Darum ,geht aus von ihnen und sondert euch ab', spricht der Herr, ,und rührt nichts Unreines an.'* Und Michael Sattler fügt an, dass die Absonderung geschehen solle *von den Bösen und vom Argen*, das der *Teufel in der Welt gepflanzt* habe. Alle, die nicht in den *Gehorsam des Glaubens getreten* seien, wären ein *großer Greuel vor Gott* und aus ihnen würde nichts erwachsen als *greuliche Dinge*. Die ,Artikel von Schleitheim' zeichnen ein klares Schwarz-Weiß-Bild und konstruieren eine Devianz, die die Welt der täuferischen Gemeinden von der Außenwelt schied. Denn *in der Welt und in der ganzen Schöpfung gäbe es nie etwas anderes als Gutes und Böses, gläubig und ungläubig, Finsternis und Licht, Welt und solche, die die Welt verlassen haben, Tempel Gottes und die Götzen, Christus und Belial, und keins kann mit dem andern Gemeinschaft haben*[19].

So klar die Grenzen definiert sind und so abgrenzend die Täufer in ihrem Selbstverständnis waren, umso interessanter ist es, einen Blick hinter diese Abgrenzungen zu werfen. Denn dann offenbaren sich graduelle Unterschiede im Denken und Veränderungen in der Begründung und Legitimation täuferischen Lebens, wie unter anderem die Forschungen zur Frage, ob die Täufer sich als Reformation der mittelalterlichen Kirche verstanden oder ob sie ihre Gemeinden als „restitutio" der Urkirche sahen, gezeigt haben. Seit den 1950er Jahren wurde über diesen Aspekt

---

[19] Leu/Scheidegger, Schleitheimer Bekenntnis (wie Anm. 11), S. 67f.

der täuferischen Selbstdarstellung, der auch die Vorstellung vom Gemeindeleben betrifft, immer wieder diskutiert.[20] Zuletzt hat Geoffrey Dipple in seiner Studie über das Geschichtsverständnis der Täufer festgestellt, dass die Begründung für die Absonderung, mindestens in der ersten Generation, noch nicht der Wunsch war, sich als „restitutio" der apostolischen Gemeinde zu sehen und somit ein Gegenmodell zu allem Bestehenden aufzubauen beziehungsweise sich von allen Kirchenmodellen zu distanzieren, die zwischen dem 1. Jahrhundert nach Christus und 1525 existierten. Denn, so Geoffrey Dipple, eine ausgefeilte Ekklesiologie und die Idee der „restitutio" seien erst in der zweiten und dritten täuferischen Generationen argumentativ vorgebracht worden.[21]

Tatsächlich fällt auf, dass sich das Gemeindeverständnis der frühen Täufer, unter anderem in der Schweiz, zunächst vor allem aus der Ablehnung und Abgrenzung speiste beziehungsweise von der Forderung nach einem konsequenten christlichen Leben und dem Ausschluss jener, die den Normen nicht folgen wollten, bestimmt war und weniger von Überlegungen, wie eine Gemeinde strukturiert sein soll. Man traf sich zu Versammlungen, entwickelte jedoch noch nicht die ausgefeilte Ekklesiologie, die etwa in späteren Gemeindeordnungen zu finden ist. Vielmehr sah man sich als ethisch normierte Gemeinschaft, in der sich jene versammelten, die ihr Leben „bessern" wollten. Auffallend ist, dass selbst in einem so grundlegenden Dokument wie den ‚Artikeln von Schleitheim' von 1527 die Gemeinde durch die Aufforderung definiert ist, sich von der „Welt" abzusondern. Das Gebot, sich vom „Bösen" der Welt fernzuhalten, wurde allerdings nicht mit dem Verweis auf die urchristlich-apostolische Gemeinde verbunden. Auch Georg Blaurock sagte in seinem Verhör im Januar 1527, man solle sich von jenen, *so für und für in ofnen lasteren und sünden leptind, als namlich sufer, hurer, ebrecher, spiler, rassler, wucherer und derglichenn*, absondern; sie sollten *gar nit under die cristen wandlen*[22]. War das Gemeindeverständnis also sehr eng, so ging es doch insofern über die Grenzen hinaus, als die frühen Täufer sich als Gemeinde der Schwestern und Brüder verstanden, die nicht nur auf die eigene Versammlung beschränkt war, sondern vernetzt mit Geschwistern in einer größeren, überregionalen Bewegung.[23]

---

[20] LITTELL, Franklin H.: The Anabaptist Doctrine of the Restitution of the True Church. In: MennQR 24 (1950), S. 33–52; HILLERBRAND, Hans J.: Anabaptism and History. In: MennQR 45 (1971), S. 107–122.

[21] DIPPLE, Geoffrey: „Just as in the Time of the Apostles". Uses of History in the Radical Reformation, Kitchener (Ontario) 2005, bes. S. 121–125; SCHLACHTA, Astrid von: „… dass die Christlich gemainschafft kein Neuwe erdichtung oder gutdünken". Das Vorbild der urchristlichen Gemeinde für die Hutterer im 16. Jahrhundert. In: Freikirchenforschung 2018 [im Druck].

[22] MURALT, Leonhard von (Hg.): Zürich (QGTS 1), Zürich 1952 (ND Zürich 1974), S. 217; vgl. auch STRÜBIND, Andrea: Eifriger als Zwingli. Die frühe Täuferbewegung in der Schweiz, Berlin 2003, bes. S. 448–450, DIPPLE, „Just as in the Time of the Apostles" (wie Anm. 21), S. 121 und S. 125.

[23] STRÜBIND, Eifriger als Zwingli (wie Anm. 22), S. 464.

Diese Geschichte von Absonderung, Abgrenzung und Konsequenz sowie die Entstehung des „neuen" täuferischen Weges lässt sich für die späteren Jahre am Beispiel der Hutterer illustrieren, die von allen täuferischen Gruppen die ausführlichste und ausgefeilteste historiographische Erzählung hervorbrachten. Sie findet sich im ‚Geschichtbuch', das die Hutterer Mitte des 16. Jahrhunderts anfingen niederzuschreiben.[24] Es überliefert nicht nur die Chronologie der Ereignisse innerhalb der Gemeinde, sondern es enthält zudem resümierende Bemerkungen und pädagogische Reflexionen über die Geschichte, um den nachwachsenden Generationen ein Normenfundament mitzugeben. Zunächst ist der Blick der hutterischen Geschichtsschreibung auf die Reformatoren noch sehr positiv, denn diese hätten die Dunkelheit der vorangehenden Jahrhunderte beendet. *Diese beide, Luther und Zwingel, haben alle Tück und Büberei der päpstlichen Heiligkeit eröffnet und an Tag herfür gebracht, gleich als wenn sies mit Donnerschlägen alles zu Boden wollten schlagen.*[25]

Dieser Ablehnung des Alten sei dann jedoch, so resümiert der hutterische Schreiber, nichts Positives entgegengesetzt worden; weder Luther noch Zwingli hätten etwas *besseres aufgericht*, sondern sich an die *weltliche Gewalt gehängt*, und es sei *mit ihnen nicht anderst gewesen, als ob einer einen alten Kessel flicket, das Loch nur ärger wird, und haben ein ganz frech Volk zu sündigen erzogen und hinter ihnen gelassen.* Oder, so ein weiterer Vergleich der hutterischen Schreiber, es sei, als wenn man dem Papst den Krug aus der Hand geschlagen, die Scherben jedoch selbst behalten hätte.[26] Dennoch heben die Hutterer die gemeinsamen Anfänge hervor. So hätte Zwingli mit den späteren Schweizer Täufern Konrad Grebel und Felix Mantz zunächst darin übereingestimmt, dass die Kindertaufe nicht biblisch sei. Weil diese Entdeckung sie jedoch schnell verdächtig machte und die Obrigkeiten aufmerken ließ, Zwingli sich jedoch nicht dem Vorwurf des Aufruhrs habe aussetzen wollen, habe er sich der Obrigkeit gebeugt – und übrig geblieben seien die Täufer. So die hutterische Erzählung, mit der die Absonderung der Täufer von den Reformatoren erklärt und die täuferische Lehre letztendlich auf eine höhere Erkenntnisstufe gehoben wird.

---

[24] Ediert wurde das ‚Geschichtbuch' von WOLKAN, Rudolf (Hg.): Geschicht-Buch der Hutterischen Brüder, Falher (Alberta) 1990; vgl. zum Hintergrund der Entstehung des ‚Geschichtbuches' auch SZÖVÉRFFY, Josef: Die hutterischen Brüder und die Vergangenheit. Vorbemerkungen zur sog. „ältesten" hutterischen Chronik. In: ZDP 82 (1963), S. 338–362; KUGLER, Hartmut: Das „Dicke Buch" der Gemeinde Gottes. Zur literarischen Selbstdarstellung der Huterischen Täufergemeinschaft. In: Ludger GRENZMANN/Karl STACKMANN (Hg.): Literatur und Laienbildung im Spätmittelalter und in der Reformationszeit (Germanistische Symposien. Berichtsbände 5), Stuttgart 1984, S. 152–172.

[25] WOLKAN, Geschicht-Buch (wie Anm. 24), S. 32.

[26] Ebd.

Eine Konsequenz aus dieser hutterisch-täuferischen Geschichtserzählung war die Erkenntnis, dass stets nur die Anderen deviant waren, während die Täufer für die Fortsetzung eines Weges stehen, von dem die Kirche im Mittelalter abgewichen ist. Im hutterischen Fall wird die Nähe zur Gemeinde der Apostel noch dadurch unterstrichen, dass beide Gemeinden in Gütergemeinschaft lebten. Nach täuferischer Auffassung ging man selbst also zur Urform der christlichen Gemeinde zurück, während andere reformatorische Gemeinden auf halbem Wege stehen blieben. Die mittelalterliche Kirche stand im Geschichtsbild der Hutterer für Abweichung, falsche Wege und „Sektiererei". Die Päpste des Mittelalters, heißt es dort, hätten *wider alle helle göttliche Zeugnis sich neue Zeremonien erdacht*, etwa die Priesterweihen, den Zölibat, die Kindertaufe sowie die Segnung von Glocken und Büchern. Desgleichen hätten sie *viel Rotterei, Sekten und Orden unter ihnen allenthalben gestiftet*[27]. „Rotterei" und „Sektiererei" – diffamierende Begriffe, die im 16. Jahrhundert eigentlich auf die Täufer übertragen wurden und hier rückwärtsgewandt die Entwicklung der mittelalterlichen Kirche kennzeichnen.

Eine ganz ähnliche Begriffsbestimmung prägte die Schriften von Menno Simons, der sich 1535 dem täuferischen Glauben zuwandte und vor allem versprengte und von den Ereignissen in Münster enttäuschte Täufer in Gemeinden sammelte. Wo die „wahre Kirche" zu verortet sei, war auch für ihn ganz klar. Sie konnte dort nicht sein, wo geistliche Intoleranz mit Gewalt einherging. 1540 schreibt er im ‚Fundamentbuch' unter Bezug auf das Buch Daniel: *Die Gottlosen werden gottlos Wesen führen.* Alle Sekten, laut Menno Simons all jene Gemeinden, die außerhalb Jesus Christus und seines Wortes standen, verteidigten ihren *Grund, Glauben und Handel* mit dem Schwert, die *Römischen, Arianischen, Circumcellioniten, Lutherischen, Zwinglischen, Münsterischen.* Das *Volk Christi* dagegen dulde und leide. Ausrotten, rauben, fangen, brennen, würgen, morden – dies würden jene, *die von Christi Geist getrieben werden*, nicht tun.[28]

---

[27] Ebd., S. 28.
[28] Simons, Menno: Fundament. In: Die Schriften des Menno Simons. Gesamtausgabe, Weierhof/Steinhagen 2013, S. 245–386, hier: S. 329f.

Die Außenperspektive

Waren täuferische Gemeinden aus der Innenperspektive heraus „wahre Christen" und „wahre christliche Gemeinde", so kehrten sich die Zuschreibungen und Klassifizierungen um, wenn man sich der Außenperspektive zuwendet. Sie offenbart eine von der Intention her ebenso exklusiv gedachte Abgrenzung und Trennung, doch eben unter anderen Vorzeichen und mit anderen Folgen. In den Augen der säkularen und geistlichen Mehrheitsgesellschaft des 16. Jahrhunderts waren die Täufer die Devianten, wobei ihre Devianz sehr schnell vor allem über politische Delikte kriminalisiert wurde. Dies gilt bereits für die frühen Jahre, denn schon die ersten Mandate nach 1525 brachten die „Wiedertaufe" mit Aufruhr und Rebellion und der Infragestellung der gesellschaftlichen Ordnung in Verbindung.[29] Täuferisches Predigen wurde als Aufwiegelung der Untertanen zu Aufruhr und Aufstand interpretiert. Und täuferische Präsenz stellte, wenn sie öffentlich wurde oder erst recht, wenn sie im Geheimen „blühte", ein als nicht kalkulierbar wahrgenommenes Risiko dar.

Wer ein Täufer sei …

Doch vor der Stigmatisierung und Diffamierung standen spannende Debatten, in denen man zu klären versuchte, wer als „Wiedertäufer" anzusehen sei. Diese Bestimmung lief zunächst über die Taufe, wie in den frühen Mandaten ersichtlich, etwa jenem von Speyer aus dem Jahr 1529. Es stellte alle, die wiedertauften oder die wiedergetauft wurden, unter Verdacht. Im Mandat von Speyer heißt es, es sei *in gemeinen rechten geordnet und versehen, dass keiner, so einmal nach christlicher ordnung getauft worden ist, sich wiederum oder zum zweiten mal taufen lassen noch derselben einigen taufen soll, und fürnemlich in kaiserlichen gesetzen solchs zu beschehen bei straf des tods verboten*[30].

---

[29] SCHLACHTA, Astrid von: Gefahr oder Segen. Die Täufer in der politischen Kommunikation (Schriften zur politischen Kommunikation 5), Göttingen 2009, bes. S. 83–86; DIES.: Erzählungen von Devianz. Die *wiedertauffer* zwischen interner Absonderung und äußerer Exklusion. In: Eric PILTZ/Gerd SCHWERHOFF (Hg.): Gottlosigkeit und Eigensinn. Religiöse Devianz im konfessionellen Zeitalter (ZHF.B 51), Berlin 2015, S. 311–332.

[30] BOSSERT/BOSSERT, Quellen (wie Anm. 17), S. 3; vgl. auch SCHLACHTA, Astrid von: Der Reichsabschied von Speyer (1529). In: Ulrich A. WIEN/Volker LEPPIN (Hg.): Kirche und Politik am Oberrhein im 16. Jahrhundert. Reformation und Macht im Südwesten des Reiches (SMHR 89), Tübingen 2015, S. 415–432; WOLGAST, Eike: Stellung der Obrigkeit zum Täufertum und Obrigkeitsverständnis der Täufer in der ersten Hälfte des 16. Jahrhunderts: In: Hans-Jürgen GOERTZ/James M. STAYER (Hg.): Radikalität und Dissent im 16. Jahrhundert (ZHF.B 27), Berlin 2002, S. 89–120; SCHRAEPLER, Horst W.: Die rechtliche Behandlung der Täufer in der deutschen Schweiz, Südwestdeutschland und Hessen 1525–1618 (SKRG 4), Tübingen 1957.

Doch sehr bald wurde die Taufe zu einem Zeichen, dass die gesellschaftliche Ordnung in Gefahr sei. Philipp Melanchthon etwa bezeichnete die Täufer in seinem 1531 verfassten Gutachten für den sächsischen Kurfürsten – ‚Bedenken der Theologen zu Wittenberg: Ob man die Wiedertaeufer mit dem Schwert strafen moege‘ – als eine Bedrohung für die geistliche und soziale Ordnung.[31] Die Täufer, so Melanchthon, seien auf die *Zerstörung der Kirchen* aus und stellten einen *Aufruhr contra ecclesiasticum ordinem* dar. *Aufrührisch Artikel*, die er den Täufern zuschrieb und für die er die Todesstafe forderte, waren unter anderem, dass die Obrigkeit als unchristlich bezeichnet, die Gütergemeinschaft praktiziert, kein Eid geschworen und die Meinung vertreten würde, alle Gottlosen müssten umgebracht werden. Eine Einschätzung, die von der Rezeption täuferischer Aktivitäten im mitteldeutschen Raum geprägt war.[32] Darüberhinaus teilte Melanchthon die Täufer in verschiedene „Klassen" ein – von Predigern und Verführern bis hin zu den Verführten. Diese Einteilung diente auch zur Festlegung der Bestrafung: Die „Anfänger" sollten durch das Schwert sterben, ebenso wie die Anhänger, die öffentlich predigten und auf ihrem Glauben beharrten. Die „Einfältigen" dagegen, bei denen noch Hoffnung auf „Besserung" bestehe, sollten unterwiesen und zum Widerruf gebracht werden.[33]

Für Württemberg lässt sich im Vorfeld der Verabschiedung der neuen Wiedertäuferordnung Anfang der 1570er Jahre eine intensivere Reflexion darüber beobachten, wie ein „Wiedertäufer" zu definieren ist. 1571 verfassten die Deputierten Räte in Stuttgart ein ‚Bedenken und ordnung die widertaufer betreffend‘. Unter dem Punkt *der gemeinen widerteufer lehr* beschäftigten sie sich mit der Schwierigkeit, jene Gruppe von Untertanen, gegen die die Ordnung sein sollte, genau zu fassen: *Es haben gleichwol die widerteufer mancherlei dogmata und seien in etlichen stucken als von der ehe, von gemeinschaft der gueter und anderen mehr under inen selbs nit ainig, sondern in vil secten und bruderschaften zerteilt.*[34] Wer war nun also für einen „Wiedertäufer" zu halten? Der ebenfalls an den Beratungen teilnehmende Abt zu Adelberg, Christoph Binder, brachte eine eigene Klassifizierung in die Debatte ein. Zunächst stellte er fest, Täufer seien *grewlich*; ihre nächtlichen Versammlungen seien ein *abscheulich ding*. Diese Kriterien

---

[31] Melanchthon, Philipp: Bedenken der Theologen zu Wittenberg. Ob man die Wiedertaeufer mit dem Schwert strafen moege. In: CR 4, Sp. 737–740, hier: Sp. 738f; zum Hintergrund vgl. Oyer, John S.: Lutheran Reformers against Anabaptism. Luther, Melanchthon and Menius and the Anabaptists of Central Germany, The Hague 1964, bes. S. 140–178.

[32] Melanchthon, Bedenken der Theologen zu Wittenberg (wie Anm. 31), Sp. 738.

[33] Ebd., Sp. 738f.

[34] Zit. nach Bossert/Bossert, Quellen (wie Anm. 17), S. 296; generell zu dieser Debatte vgl. Räisänen, Päivi: Ketzer im Dorf. Visitationsverfahren, Täuferbekämpfung und lokale Handlungsmuster im frühneuzeitlichen Württemberg (Konflikte und Kultur – Historische Perspektive 21), Konstanz 2011, S. 111–116.

reichten ihm jedoch für eine stichhaltige Klassifizierung nicht aus, so dass Binder weitere Definitionen fand und hinzusetzte, dass – unabhängig von der Vielzahl unterschiedlicher Täufergruppen – die Ablehnung der Kindertaufe zentral für alle sei. Somit seien also jene Personen als Täufer anzusehen, die *ire kinder nit teufen lassen vnd also widerteufen.* Eine Formulierung, die eine recht interessante inhaltlich-praktische Spannung zwischen „Kinder nicht taufen lassen" und folglich „Wiedertäufer sein" in sich trägt.[35] War eine „Wiedertaufe", also die Wiederholung der Taufe, ja eigentlich nur in der ersten Generation möglich. Zudem konnte eine „Wiedertaufe", inhaltlich bestimmt, nur dann stattfinden, wenn man die erste Taufe als gültig ansah, was die Täufer jedoch nicht taten.[36] Auf diese grundsätzliche Definition folgten weitere Zuschreibungen, mit denen dann die Kriminalisierung der Täufer einherging. Ein wesentlicher Faktor in der Klassifizierung der Täufer war in diesem Fall die Zuschreibung, dass diese sich vom Christentum entfernt hätten, fast noch weiter als dies beim Heidentum der Fall war. So bezeichnete der Hofprediger Wilhelm Bidembach einen Täufer als einen *hereticus ex Christiano factus, qui est Erger denn ain haid*[37].

Es ist bereits erwähnt worden, dass die Kriminalisierung der Täufer über ihre politischen Überzeugungen lief. So auch bei den Beratungen zur Württembergischen Täuferordnung von 1571. Die teilnehmenden Kirchenräte waren nämlich überzeugt, dass jene, die in der Tauffrage abweichen, *gewißlich in anndern mehr Puncten vnnd Articuln auch nit syncerus vnnd richtig sein.* Denn die Täufer würden mehreren Bereichen der Gesellschaft schaden – *ecclesiam, politicam et oeconomicam*[38]. Die nächste württembergische Täuferordnung, die 1584 erschien, bringt die politische Unsicherheit, die man in der täuferischen Präsenz und in den täuferischen Aktionen sah, ebenfalls sehr klar zum Ausdruck, allerdings variiert die Begründung etwas. Denn als zentraler Anklagepunkt, um Täufer zu verurteilen, wird das Abhalten von heimlichen Versammlungen aufgeführt, was gegen die Reichsordnungen und Gesetze sei und *allerley vnrechts*, da es dem *Amptt der Oberkheitt zuwider sei* und *zu Zerstörung der Policey vnd gutten Regiments*[39] führe.

---

[35] Bossert/Bossert, Quellen (wie Anm. 17), S. 278. Unterstreichung durch die Autorin.

[36] Generell dazu Armour, Rollin Stely: Anabaptist Baptism. A Representative Study, Scottdale (Pennsylvania) 1998.

[37] Zit. nach Räisänen, Ketzer im Dorf (wie Anm. 34), S. 113.

[38] Bossert/Bossert, Quellen (wie Anm. 17), S. 279; auch Räisänen, Ketzer im Dorf (wie Anm. 34), S. 113f.

[39] Zit. nach Räisänen, Ketzer im Dorf (wie Anm. 34), S. 130f.; auch Schlachta, Gefahr oder Segen (wie Anm. 29), S. 83–100.

Resumée

Nimmt man die Taufe als kleinsten gemeinsamen Nenner und fasst die Täufer entsprechend zusammen, so ergibt sich ein sehr breites Spektrum an einzubeziehenden Personen und Gruppen. Dieses sich so bildende, sehr weite Dach, das die „Wiedertäufer" überspannte, sorgte dafür, dass allen Täufern Attribute und Eigenschaften zugeschrieben werden konnten, die eigentlich nur einige wenige Gruppen aufwiesen. Eine Gefahr für die Gesellschaft zu sein und in sich das Potential zu Aufruhr und Rebellion zu tragen, wurde zu einem Stigma für alle Täufer, obwohl lediglich einige frühe Täufer in Thüringen und Sachsen beziehungsweise die Täufer in Münster entsprechende Pläne verfolgt hatten. Doch spätestens nach 1535 wurden alle Täufer entsprechend diffamiert. Die Aufstands- und Revoltepläne in Münster hatten alle Befürchtungen der Obrigkeiten vor der Gefahr der im Untergrund sich vermehrenden Täufer wahr gemacht. Selbst alle wehrlos lebenden Täufer wurden in den folgenden Mandaten als politisch verdächtig angesehen, auch wenn sie sich, wie etwa im Fall von Menno Simons, von der Gewaltanwendung und der Repräsentation der Münsteraner Täufer explizit distanzierten. Im Gegensatz zu anderen Territorien des Alten Reichs war der Umgang mit den Täufern in Württemberg jedoch spätestens seit der zweiten Hälfte der 1530er Jahre von einem vergleichsweise moderaten Vorgehen geprägt. Wichtig waren die Überzeugungen des Reformators Johannes Brenz, der auf eine Unterweisung der Täufer im „rechten" Glauben setzte und Gewalt ablehnte.

Allen Kommunikationsprozessen zum Trotz, die eigene täuferische Absonderung von innen heraus beziehungsweise die Ausgrenzung der Täufer von außen zu legitimieren, müssen die Täufer als Teil einer Bewegung gesehen werden, die sich den neuen Entwicklungen der Zeit stellte. Der Wunsch nach einer Reform des geistlichen Lebens war Motor täuferischen Predigens, wobei der Schwerpunkt der Täufer vor allem auf der „Besserung" des Lebens lag. Die strengen ethischen Richtlinien, die der täuferische Glauben vorgab, zogen die Absonderung von der „Welt" nach sich, die zu einem wesentlichen Element des täuferischen Gemeindeverständnisses wurde. Dies trennte die Täufer sehr deutlich von den übrigen reformatorischen Bewegungen des 16. Jahrhunderts. Dennoch ging es den Täufern am Anfang vor allem um eine Reform der Kirche, die noch umfassender sein sollte als es die Reformatoren im Sinn hatten. Es ging ihnen um das Predigen der Wahrheit, wie die Täufer sie meinten erkannt zu haben. Gerade damit und in dieser polemischen Distanzierung waren sie jedoch Teil einer reformatorischen Bewegung, in der Positionen und Personen manchmal gar nicht so klar zuzuordnen waren. Jeder kämpfte für die Wahrheit, wie er sie verstanden hatte, und um die Rettung der verlorenen Seelen. Jede Gruppe machte mit im kommunikativen Kampf um Selbstbehauptung und um die Deutungshoheit über das richtige Leben nach Gottes Vorstellungen.

Alejandro Zorzin

Dissens mit Langzeitwirkung
Ludwig Hätzers letzte Veröffentlichungen (1528/1529)

Die Stimme des am 4. Februar 1529 in Konstanz mit dem Schwert hingerichteten Ludwig Hätzer wurde von seinem Zeitgenossen Thomas Blarer (1499–1567) festgehalten. In dessen Flugschrift ‚Wie Ludwig Hätzer – in Konstanz mit dem Schwert hingerichtet – aus dieser Zeit geschieden (ist)‘ gibt er folgende Ermahnung Hätzers an die bei seiner Hinrichtung anwesende Menge wieder: Als Christen, bei denen das Evangelium verkündet werde, sollten sie es nicht allein eitlen Schein und vergebliches Wort bleiben lassen, sondern ihr Leben dem Evangelium gleichförmig machen. Wolle man ihm – Hätzer – vorhalten: *Arzt, verarzte dich selbst,* antworte er, dass kein von Gott Ausserwählter je zu spät gekommen ist; etliche berufe Gott zur ersten Stunde, etliche zur elften,[1] und wie Gott ihn so tief in die Hölle geführt habe, habe er ihn nicht destoweniger gehoben und herausgeführt.[2] Blarer bescheinigt Hätzer eine vorbildhafte Haltung sowohl bei der Urteilsverkündigung wie auf dem Hinrichtungsplatz; aus einem Hebräischen Psalter habe er dort den 25. Psalm direkt in die Volkssprache übertragen und vorgebetet. Über manche Passagen gerät Blarers Text in die Nähe einer Stilisierung Hätzers zum christlichen Märtyrer. Somit könnte diese Flugschrift in den von Thomas‘ Bruder Ambrosius Blarer (1492–1564) mitverfassten Memminger Beschlüssen (August 1531) im Absatz, der für einen milden Umgang mit Täufern plädiert, nachgewirkt haben.[3]

---

[1] Vgl. Mt 20,1–16.

[2] Text-Edition in Krebs, Manfred (Hg.): Baden und Pfalz (QGT 4), Gütersloh 1951, S. 460–465. Vgl. den Nachdruck von Balthasar Beck, Straßburg 1529, B2v (VD16 B 5713); Erstdruck von Jörg Spitzenberg in Konstanz 1529 (VD16 B 5712).

[3] *Der Wiedertäufer halben wollen wir sonderlich und von Herzen gern, daß man mit ihnen soviel möglich und leidlich* [erträglich] *dermaßen handelt, daß unser Evangelium ihrenthalber keineswegs getadelt oder verlästert wird. Wir haben ja bisher augenscheinlich gespürt, daß die viel zu strenge und tyrannische Handlung, die an etlichen Orten gegen sie geübt worden, viel mehr zur Förderung als Dämmung ihres Irrtums geraten ist; nämlich dieweil ihrer viele, etliche aus verstocktem halsstarrigem Geist, etliche aus frommer einfältiger Standmütigkeit alle Gefahren, auch den Tod selbst, tapfer und männlich über ihr Fürnehmen bestanden, und geduldig mit jedermanns Verwunderung erlitten, und also hiermit nicht allein die ihnen Anhängigen gestärkt, sondern auch viele der Unseren ihre Sachen als gut und gerecht zu achten bewegt haben.* Ludwig, Tobias/Jäger, Ulrich (Hg.): Juristisches Magazin für die deutschen Reichstädte, Zweytes Bändchen, Ulm 1791: [Nr.] XVIII. Etliche Artikel christliche Ordnung betreffen, gegeben auf dem (Städte-)Tag zu Memmingen im Februar 1531, S. 436ff. Digitalisat unter: http://reader.digitale-sammlungen.de/de/fs1/object/display/bsb10559671_ 00450.html (Zugriff: 20. Februar 2018). Ambrosius Blarer hielt sich vom 9. November 1528 bis Februar 1529 in der Stadt Memmingen auf und unterstützte dort die Durchsetzung der Zuchtordnung und eines rechten Abendmahlsverständnisses; vgl. Litz, Gudrun: Die reformatorische Bilderfrage in den schwäbischen Reichsstädten (SuRNR 35), Tübingen 2007, S. 137.

Wahrscheinlich kam Hätzer auf seinen Wegen öfters durch Ulm; nach dem Augsburger Täufertreffen (im August 1527) zog er missionierend im schwäbischen Oberland herum.[4] Dennoch gehörte er zu seinen Lebzeiten allenfalls tangential zu Ulms reformatorischen Aufbruch. Für eine Präsenz seiner Gedanken und „Stimme" in der Stadt trägt ein anderer Dissident seiner Generation Verantwortung: Sebastian Franck (1499–1542).[5] Er nahm Hätzer in seine Chronik der von Rom zu Ketzern erklärten Personen auf, die Teil seines großen Werks ‚Chronica / Zeitbuch und Geschichtbibel' ist.[6] 1536 ließ Franck seine ‚Chronica' in Ulm bei Hans Varnier d. Ä. erneut drucken.[7] Wie schon in der Erstausgabe hebt er darin hervor, dass Hätzer [I.] [...] *ein fürbündig [vortrefflich] gelert mann gewesen in drey sprachen/ und hat mit Johann Dencken die propheten in Teütsche zungen gedolmetscht/ davon er vil an seinem letzten end geredt hat/ und für seine beste arbeit gehalten/ die er gethon habe/ und noch thun möcht/ wo seins lebens mer sein solt. [...]*
[II.] *[...] Er ist auch hefftig wider die schrifftgelerten gewesen/ so zu unsern zeitten Gottes gnad und wort an den buchstaben der schrift binden. Iren glauben hat er ein buchstabischen glauben genent/ und wenig gehalten von irer predig. [...]*
[III.] *Er hat vil wider die bilder geschriben/ die er für eyn arge abgötterei hielt/ und eyn schendtliche hurerei heyßt.*[8]

Thomas Blarer und Sebastian Franck haben somit in ihren Publikationen zur Vergegenwärtigung der Stimme des in Konstanz hingerichteten Ludwig Hätzer beigetragen. Besonders die drei von Franck hervorgehobenen Aspekte hatten in den 30er Jahren des 16. Jahrhunderts eine Nachwirkung auch in Ulm.

---

[4] Schon auf dem Weg nach Augsburg ist Hans Denck in Ulm mit Ludwig Hätzer und Hans Beckenknecht zusammengetroffen. Am 16. September 1527 gab Augsburg an Ulm die Information weiter, dass sich die drei in der schwäbischen Reichsstadt aufgehalten hätten. Vgl. KEIM, Theodor: Ludwig Hetzer. Ein Beitrag zur Characteristik der Sektenbewegung in der Reformationszeit. In: Jahrbücher für deutsche Theologie 1 (1856), S. 215–288, hier: S. 277, Anm. 1; GOETERS, J. F. Gerhard: Ludwig Hätzer (ca. 1500 bis 1529). Spiritualist und Antitrinitarier. Eine Randfigur der frühen Täuferbewegung, Gütersloh, 1957, S. 111.

[5] Francks Wirken in Ulm behandelt ausführlich HAYDEN-ROY, Patrick M.: Sebastian Franck and the Reformation in Ulm. Heterodoxy, Tolerance and the Struggle for Reform. In: Siegfried WOLLGAST (Hg.): Beiträge zum 500 Geburtstag von Sebastian Franck (1499–1542) (Memoria 2), Berlin 1999, S. 127–158.

[6] Erstausgabe bei Balthasar Beck in Straßburg 1531 (VD16 F 2064 und F 2065); vgl. auch ZORZIN, Alejandro: Die Täufer in Sebastian Francks ›Ketzerchronik‹ (1531). Eine zeitgenössische Darstellung aus der Sicht eines Dissidenten. In: Anselm SCHUBERT/Astrid von SCHLACHTA/Michael DRIEDGER (Hg.): Grenzen des Täufertums / Boundaries of Anabaptism. Neue Forschungen (SVRG 209), Gütersloh 2009, S. 81–104, hier: S. 89–95.

[7] Chronica Zeit=‖bůch vnnd Geschichtbibell von ‖ anbegyn bis in dis gegenwertig M.D.xxxvi.iar ver=‖ lengt ... ‖ in drey Chronick ‖ oder hauptbücher/ verfast. Durch Sebastianum ‖ Francken von Wőrd ... ‖ [Ulm: Hans Varnier d. Ä.] 1536 (VD16 F 2068), (ND Darmstadt 1969).

[8] Ebd., Bl. clxiiijr- clxvr. Digitalisat unter: http://digitale.bibliothek.uni-halle.de/vd16/content/pageview/ 2282387, Bilder: 923–925 (Zugriff: 20. Februar 2018).

Abb. 1 Titelblatt der Schrift ‚Alle Propheten nach Hebraischer sprach verteutscht' aus dem Besitz von Konrad Sam. StadtB Ulm, 1099.

Aus dem Besitz des Ulmer Predigers Konrad Sam (um 1483–1533) ist ein Exemplar der von Ludwig Hätzer und Hans Denck angefertigten Prophetenübersetzung (1527) erhalten (Abb. 1). Die darin befindlichen handschriftlichen Hervorhebungen und Notizen von Sam belegen, dass er intensiv damit gearbeitet hat.[9] (Abb. 2–4) Huldrych Zwingli (1484–1531), zu dem Sam engen Kontakt pflegte, schmälerte in seiner Vorrede zu der zwei Jahre später (am 1. März 1529) erschienenen Zürcher Prophetenübertsetzung[10] von Leo Jud (um 1482–1542) die sprachlichen Vorzüge der in mehreren Nachdrucken verbreiteten Wormser Prophetenausgabe nicht, machte aber christologische Vorbehalte gegen sie laut:

Dann ob gleich vormals ein vertolmetschung der Propheten außgangen/ wird die selbig von vilen einfaltigen und guthertzigen (als von den Widertôufferen außgangen) nit wenig gscheücht: wiewol die selbig/ so vil wir darinn gelåsen/ an vil orten fleyssig und getreülich nach dem Ebreischen buchstaben verteütschet ist. Under welcher [Widertäufer-] seckt etlich Christum Jesum/ waren Gott sein/ gethôren [= wagen] verneinen: Etlich den Teüfel und die gottlosen sålig sprechenn[11]: [...] Wer wolt ja sôlichen getreuwen/ dz sy die ort in den Propheten die von Christo dem behalter der welt warem menschen und Gott lautend und geweissaget sind/ getreuwlich handletend/ so Christus von inen gott sein und für aller | menschen sünd gnug gethon und bezalt haben/ verneynt wirdt?[12]

---

[9] Alle Prophe=||ten/ nach Hebrai=||scher sprach ver=||teutscht.||O Gott erlôß die gfangnen. || M.D.XXVII. 336 Bl., TE, 8° (VD16 B 3721); Exemplar von Konrad Sam in: StadtB Ulm, 1099. In der Liste mit Buchtiteln aus Sams Besitz sind weiterhin aufgeführt: Die Propheten/ alle Teutsch./ D. Mar[tin]. Luth[er]./ M.D.XXXII; StadtB Ulm, 1100 (VD16 B 3735; Straßburger Druck von Peter Schöffer d. J. und Matthias Apiarius). Sam hatte sich also kurz vor seinem Tod († 20. Juni 1533) auch die Wittenberger Übersetzung der alttestamentlichen Propheten zugelegt. Für die Übersendung von Abbildungen aus Sams Exemplar danke ich Dr. Gudrun Litz (Ulm).

[10] Oktavdruck von Christoph Froschauer in Zürich (VD16 B 3729).

[11] Wohl auf Hans Denck bezogen.

[12] Z 6/2, S. 289f., Nr. 130.

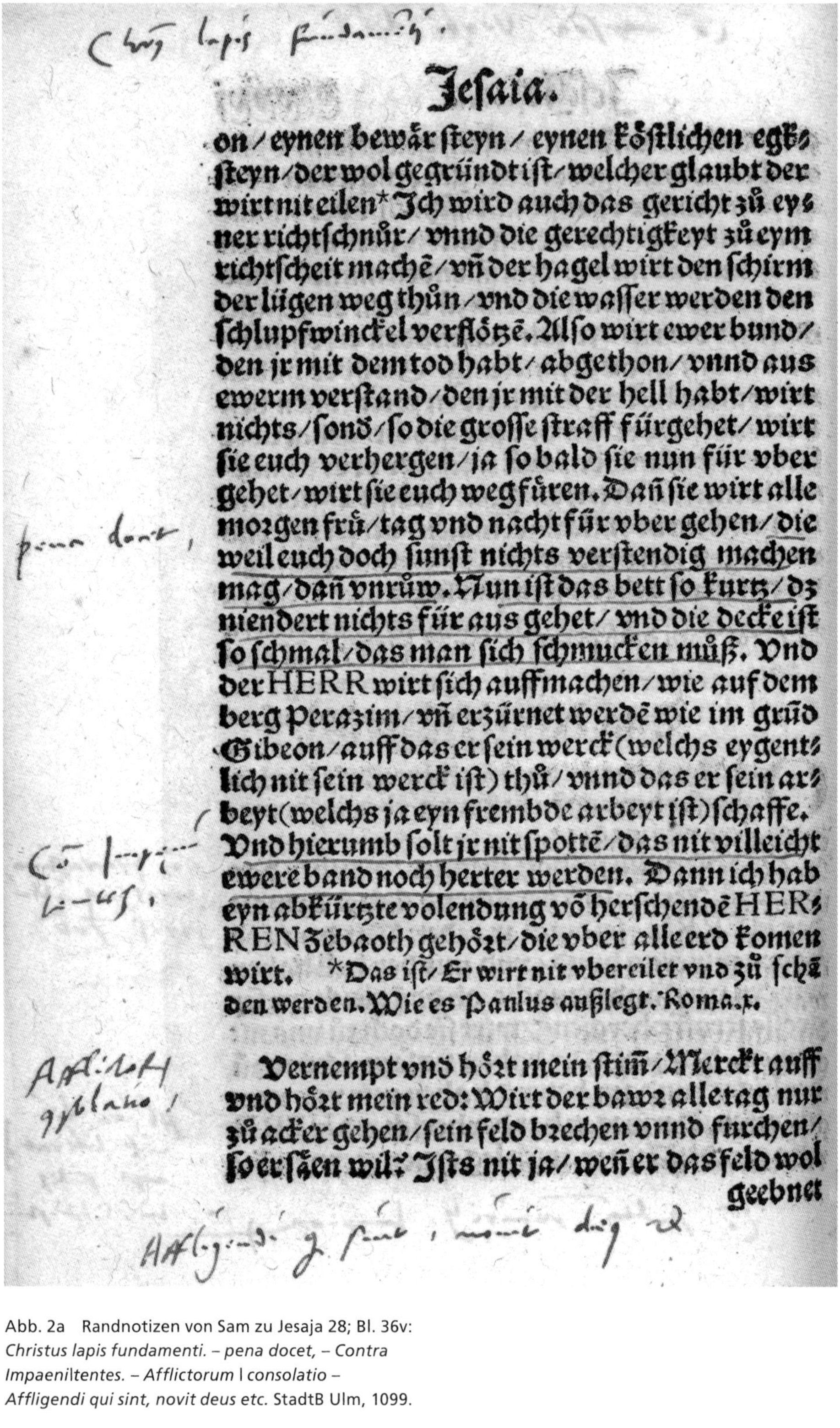

Jesaia.

on / eynen bewår steyn / eynen kőstlichen egk=
steyn / der wol gegründt ist / welcher glaubt der
wirt nit eilen* Ich wird auch das gericht zů ey=
ner richtschnůr / vnnd die gerechtigkeyt zů eym
richtscheit machē / vñ der hagel wirt den schirm
der lügen weg thůn / vnd die wasser werden den
schlupfwinckel verstőtzē. Also wirt ewer bund /
den jr mit dem tod habt / abgethon / vnnd aus
ewerm verstand / den jr mit der hell habt / wirt
nichts / sonð / so die grosse straff fürgehet / wirt
sie euch verhergen / ja so bald sie nun für vber
gehet / wirt sie euch wegfüren. Dañ sie wirt alle
morgen frü / tag vnd nacht für vber gehen / die
weil euch doch sunst nichts verstendig machen
mag / dañ vnrůw. Nun ist das bett so kurtz / dz
niendert nichts für aus gehet / vnd die decke ist
so schmal / das man sich schmucken můß. Vnd
der HERR wirt sich auffmachen / wie auf dem
berg Perazim / vñ erzürnet werdē wie im grůd
Gibeon / auff das er sein werck (welchs eygent=
lich nit sein werck ist) thů / vnnd das er sein ar=
beyt (welchs ja eyn frembde arbeyt ist) schaffe.
Vnd hierumb solt jr nit spottē / das nit villeicht
ewere band noch herter werden. Dann ich hab
eyn abkürtzte volendung vō herschendē HER=
REN Zebaoth gehőzt / die vber alle erd komen
wirt.   *Das ist / Er wirt nit vbereilet vnd zů schā
den werden. Wie es Paulus außlegt. Roma.x.

Vernempt vnd hőzt mein stim̄ / Merckt auff
vnd hőzt mein red: Wirt der bawz alletag nur
zů acker gehen / sein feld brechen vnnd furchen /
so er sāen wil? Ists nit ja / weñ er das feld wol
geebnet

Abb. 2a   Randnotizen von Sam zu Jesaja 28; Bl. 36v:
*Christus lapis fundamenti. – pena docet, – Contra
Impaeniltentes. – Afflictorum | consolatio –
Affligendi qui sint, novit deus etc.* StadtB Ulm, 1099.

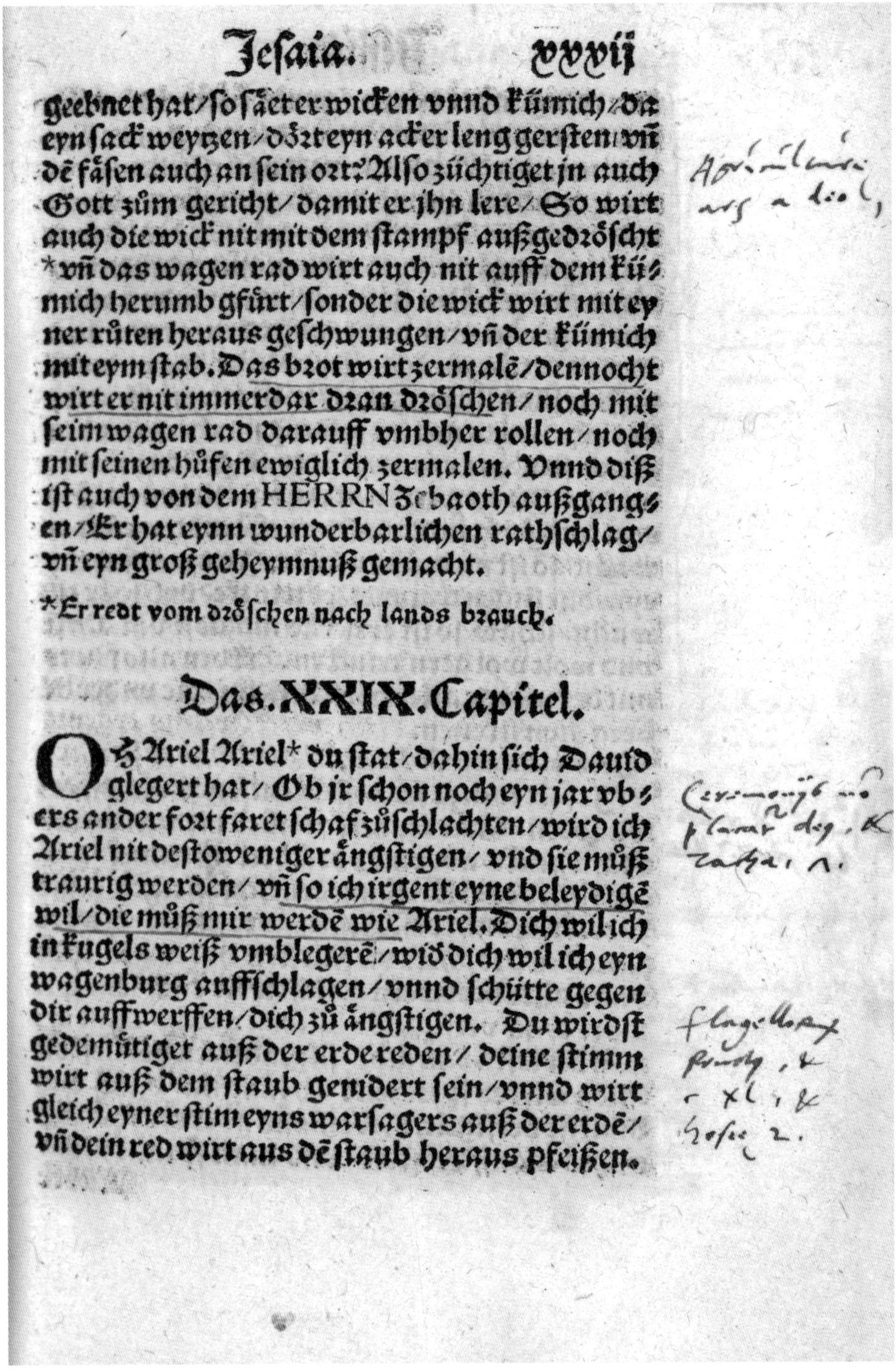

Jesaia.   xxvij

geebnet hat/so säet er wicken vnnd kümich/da
eyn sack weytzen/dörteyn acker leng gersten/vñ
dē fäsen auch an sein ort? Also züchtiget jn auch
Gott zum gericht/damit er jhn lere/So wirt
auch die wick nit mit dem stampf außgedröscht
*vñ das wagen rad wirt auch nit auff dem kü-
mich herumb gfürt/sonder die wick wirt mit eyner rüten heraus geschwungen/vñ der kümich
mit eym stab. Das brot wirt zermalē/dennocht
wirt er nit immerdar dran dröschen/noch mit
seim wagen rad darauff vmbher rollen/noch
mit seinen hüfen ewiglich zermalen. Vnnd diß
ist auch von dem HERRN Zebaoth außgang-
en/Er hat eynn wunderbarlichen rathschlag/
vñ eyn groß geheymnuß gemacht.

*Er redt vom dröschen nach lands brauch.

Das. XXIX. Capitel.

O H Ariel Ariel* du stat/dahin sich Dauid
glegert hat/Ob jr schon noch eyn jar vb-
ers ander fort faret schaf züschlachten/wird ich
Ariel nit destoweniger ängstigen/vnd sie müß
traurig werden/vñ so ich irgent eyne beleydige
wil/die müß mir werdē wie Ariel. Dich wil ich
in kugels weiß vmblegerē/vñ dich wil ich eyn
wagenburg auffschlagen/vnnd schütte gegen
dir auffwerffen/dich zu ängstigen. Du wirdst
gedemütiget auß der erde reden/deine stimm
wirt auß dem staub gemidert sein/vnnd wirt
gleich eyner stim eyns warsagers auß der erdē/
vñ dein red wirt aus dē staub heraus pfeißen.

Abb. 2b Randnotizen von Sam zu Jesaja 28 und 29;
Bl. 37r: *Agriculturae | ars a deo, – Ceremoniis non |
placatur deus. et | zacha. 7 – flagellorum | fructus,
et c xl, et Hoseae 2.* StadtB Ulm, 1099.

In Hätzers Vorrede zu seiner volkssprachlichen Übertragung einiger biblischer Apokryphen[13] (Sommer 1528) argumentierte er gegen den Vorwurf *alle(r) geler-te(r)*, die biblischen Apokryphen seien *nit recht noch war Byblisch/ die Kirch hab sie nit angenommen/ sie seien nit Hebraisch/ derhalb mög man auch mit inen nichts außrichten/ beweren/ noch erhalten*[14]. In Hätzers Perspektive haben die apokryphen Bücher [...] *keynen fel/ und geben rechtgeschaffene zeugnuß/ wie man wider in das Eynig kommen mag und sol/ so wol alß andere bücher und [...] darumb lieben Schrifftgelerten/ gilt es nit den heyligen Geyst darumb in eyn zwingart [Zwinger] also zu verbannen und zu schliessen. [...] Gott der allmechtig HERR Israels gebe noch heuts tages zeugnuß der warheyt/ durch seine knecht/ alß vor ie geschehen/ Wolt irs nit annemen? so laßts faren/ ir könt den heyligen Geyst ie nit gemeystern/ [...] Eyn ieder schüler Christi/ der nit betrogen werden will/ sol uberal keyn schrifft noch annemen noch verwerffen/ die im nit zuvor/ durch die offenbarung Jesu Christi entschlossen [entriegelt] ist/ unangesehen den Canon/ oder dise oder jhene sprach.*[15]

Hätzer warnt also davor, die Wichtigkeit kanonischer Schrifften für die Gläubigen zu übertreiben, und besteht darauf, dass Gott von nichts erkannt oder erlernt werden mag, als allein von Gott selbst her: [...] *das ist, durch Gottes krafft, die man den heyligen geyst nennt*[16]. Der Heilige Geist – so Hätzer – würde vorrangig in der Leidenserfahrung christlicher Kreuzesnachfolge wirksam. Sollten es seine Gegner schaffen, *alle schlupffwinckel zu verschliessen,* so dass weder Hätzer noch

---

[13] Vgl. QUACK, Jürgen: Evangelische Bibelvorreden von der Reformation bis zur Aufklärung (QFRG 43), Gütersloh 1975, S. 46: „Hätzers Vorrede ist unter den evangelischen Bibelvorreden einzigartig. Es ist die einzige Vorrede, in der die heilige Schrift nicht als einziger Weg zur Erkenntnis des Willens Gottes gepriesen wird. Es ist sogar eines ihrer Anliegen, vor einer Überschätzung der biblischen Bücher gegenüber dem freien Wirken des Geistes zu warnen."

[14] ‚Baruch der Prophet. Die Histori Susannah. Die histori Bel zu Babel. Alles newlich auß der Bybli verteutscht' (VD16 B 3727). Digitalisat unter: http://daten.digitale-sammlungen.de/~db/0002/bsb00020194/images/ (Zugriff: 21. Februar 2018).

[15] Ebd., Bl. A3r–[A3v]. Ein Vergleich dieses Textabschnitts mit der Überschrift der von Hätzer am Ende seiner sprachlich überarbeiteten Fassung der ‚Theologia Deutsch' (Worms 1528) beigegebenen ‚Hauptreden' (Etliche hauptreden/ inn denen | sich eyn ieder fleissiger schuler Christi | pruefen und erkündigen mag / was von rechter und gegründter vereynig=|gung deß eynigen und ober|sten Guts/ zu studie=|ren were) legt nahe, dass Hätzer diese 29 thesenhaft formulierten Hauptsätze verfasst hat. Hätzers Autorschaft bezeugt Sebastian Francks Aussage in seiner ‚Chronick': *Liß sein* [= Hätzers] *schlußred an die Teütsche Theologia gehenckt* [...]; FRANCK, Chronick (wie Anm. 8), Bl. clxvr. Bisher wurde die Verfasserschaft ohne wirklich stichhaltige Argumente Hätzers Freund und Mitstreiter Hans Denck zugeschrieben, der Mitte November 1527 in Basel an der Pest verstorben war; vgl. BARING, Georg: Hans Denck. Schriften, 1. Teil: Bibliographie (QFRG 24[a]; QGT 6,2), Gütersloh 1955, S. 41ff. bzw. GOETERS, Hätzer (wie Anm. 4), S. 127ff.

[16] ‚Baruch der Prophet' (wie Anm. 14) Bl. A4r.

Andere ihre Ansichten zu verbreiten in der Lage wären, [...] *so wirt sich eyn ieder schuler Christi der predig deß Lambs Gottes/ götlichen samens/ in aller menschen hertzen gelegt/ vonn mutterleib an/* [...] *erlernen und be[g]nuegen lassen/ ob schon keyn buchstab inn ewigkyt nimmer/ weder getruckt noch geschrieben würd*[17]. Aussagen wie diese wirkten 1535 in Ulm nach. Die ,Erklärung der Ulmer Schulpfleger'[18] über Sebastian Francks Irrtümer,[19] die sich gegen dessen weiteren Verbleib in der Reichsstadt aussprachen, begründeten dies auch mit dessen theologischer Affinität zu den Lehren von Hans Denck und Ludwig Hätzer:

Zum andern ist auch wol zu erwegen, ob nit oftgemeltem artickel auch zu wider sey, das vil [...] *winckelprediger* [...] *gelert haben, die gschrift sey nit gottes wort; die gschrift sey nit zur leer, sonder allein zür zeugnusz zu lesen;* [...] *Solichs hat Denck und Hätzer furnemlich getrieben, wie Franck das selbert schreibt in seiner cronicken am blat 411 und 416, da er von Hätzer schreibt,* [...] *Wölches Franck,* [...]*, imitiert und dem nachgefolget hat, wie er darvon schreibt im 125. paradox fol. 80*[20] [...] *Also haben Denck und Hätzer auch gschriben und geleeret,*[21] *gotts wort und samen sey in aller menschen hertz gelegt, derhalben musz ein yeder von der predig des lambs geleert werden, von mutterleib an. Uf disz weysz hat Franck in seiner cronick des Hätzers leer beschriben, fol. 416.*[22]

Hier wird greifbar, wie im Zusammenhang der Neuauflage von Francks ,Chronik' (1535) indirekt auch Denck und Hätzer wieder in der Stimmenvielfalt des Ulmer reformatorischen Konflikts zu Wort kamen.[23]

---

[17] Ebd. A2r.

[18] Mit dieser Bezeichnung werden im Oktober 1535 Hans Heinrich Neithardt, Martin Frecht, Andreas Kölli und Dr. Wolfgang Stamler erwähnt; vgl. StadtA Ulm, A 1208/2_45 (Verzeichnung unter: https://www.stadtarchiv-ulm.findbuch.net/php/main.php?ar_id=3766#41205265702e2031x4708x45). Vgl. den Text der ,Erklärung' in: HEGLER, Alfred: Beiträge zur Geschichte der Mystik in der Reformationszeit, Berlin 1906, S. 113–216: Zu Francks Aufenthalt in Ulm (darin Nr. 11: Erklärung der Schulpfleger über Francks Irrtümer, S. 129–140).

[19] KEIM, Theodor: Die Reformation der Reichsstadt Ulm. Ein Beitrag zur schwäbischen und deutschen Reformationsgeschichte, Stuttgart 1851, S. 275: „... erst am 20. Juli [1535] wurde Frank mit den Kalgpunkten bekannt gemacht und er selbst gab seine Antwort oder Deklaration an die vier Verordneten erst am 3. September [1535]".

[20] *Verbum externum interni umbra et simulachrum / Das eüsser Wort ist des innern schatt und bild.* FRANCK, Sebastian: Paradoxa ducenta octoginta, Ulm: Hans Varnier Ende 1534/Anfang 1535 (VD16 F 2115), S. 75r/v.

[21] Vgl. WOLLGAST, Siegfried: Sebastian Francks theologisch-philosophische Auffassungen. In: DERS., Beiträge (wie Anm. 5), S. 15–88, hier: S. 18–22.

[22] Vgl. HEGLER, Beiträge zur Geschichte der Mystik (wie Anm. 18) S. 131. In der grundlegende Studie von HAYDEN-ROY, Franck and the Reformation in Ulm (wie Anm. 5), S. 152, heißt es dazu: „Franck's publications, particularly the Paradoxa, had confused Frecht and the pastorate in Ulm and had led them to associate his name with such notorious figures as Ludwig Hätzer and Hans Denck".

[23] Vgl. auch Martin Frechts ,Kurzer und gründlicher Auszug etlicher ergerlicher Punkte, so in Sebastian Francks Büchern gelesen werden': [...] 5. *In aller menschen hertzen lieget das innerlich wort gottes, und hie ist zubedencken, das Franck vom innerlichen und eüsserlichen wort gottes,* [...] *anderst schreibt, denn die gschrift und alle alt und newen theologi; dann er in disem und andern stücken mehr dem Thomen Müntzer, Hätzer und Denck nachschreibet etc.* HEGLER, Beiträge zur Geschichte der Mystik (wie Anm. 18), S. 209.

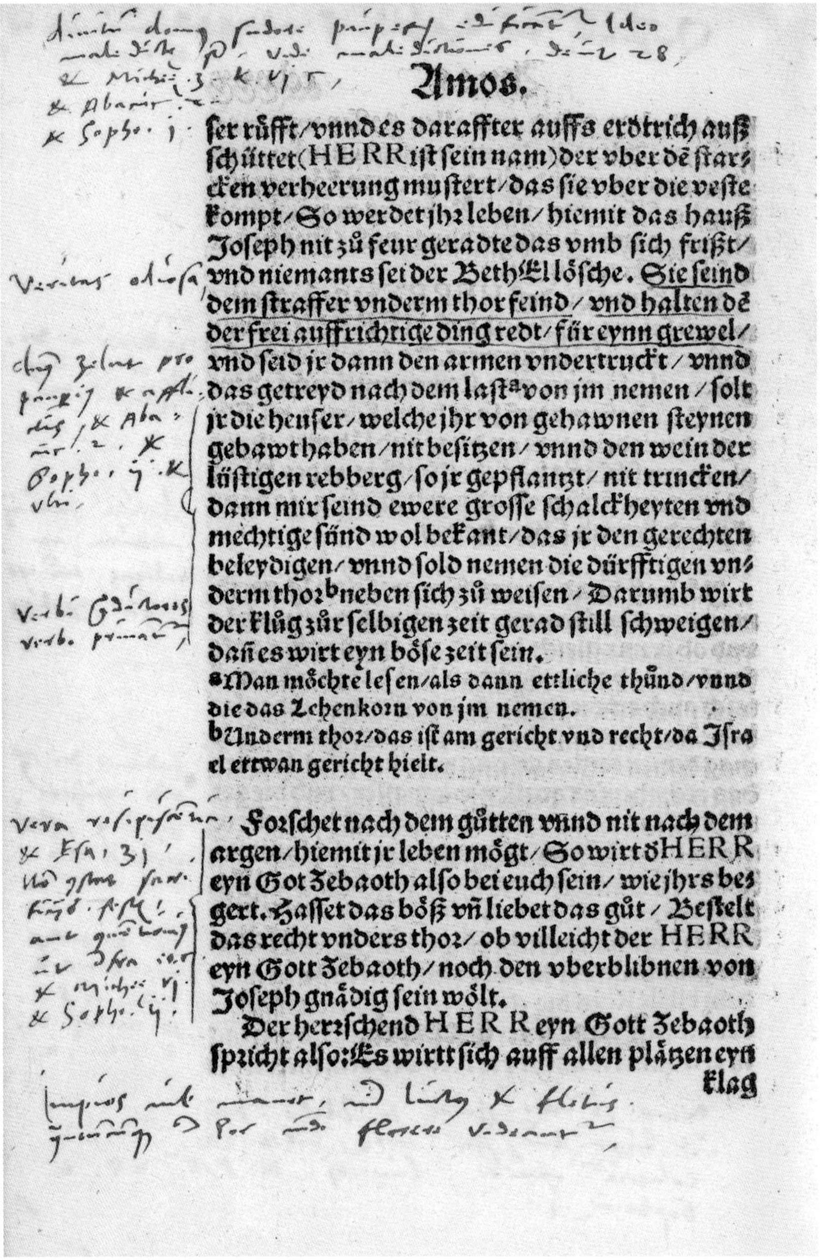

Amos.

ser rüfft/vnnd es darafſter auffs erdtrich auß
schüttet (HERR iſt ſein nam) der vber de ſtar=
cken verheerung muſtert/das ſie vber die veſte
kompt/So werdet ihr leben/hiemit das hauß
Joſeph nit zů feur geradte das vmb ſich frißt/
vnd niemants ſei der Beth El löſche. Sie ſeind
dem ſtraffer vnderm thor feind/vnd halten de
der frei auffrichtige ding redt/für eynn grewel/
vnd ſeid ir dann den armen vndertruckt/vnnd
das getreyd nach dem laſt ᵃ von jm nemen/ſolt
jr die heuſer/welche ihr von gehawnen ſteynen
gebawt haben/nit beſitzen/vnnd den wein der
lüſtigen rebberg/ſo jr gepflantzt/nit trincken/
dann mir ſeind ewere groſſe ſchalckheyten vnd
mechtige ſünd wol bekant/das jr den gerechten
beleydigen/vnnd ſold nemen die dürfftigen vn=
derm thor ᵇ neben ſich zů weiſen/Darumb wirt
der klůg zůr ſelbigen zeit gerad ſtill ſchweigen/
daſſ es wirt eyn böſe zeit ſein.
ᵃ Man möchte leſen/als dann ettliche thůnd/vnnd
die das Zehenkorn von jm nemen.
ᵇ Vnderm thor/das iſt am gericht vnd recht/da Iſra
el ettwan gericht hielt.

Forſchet nach dem gütten vnnd nit nach dem
argen/hiemit ir leben mögt/So wirt d HERR
eyn Gott Zebaoth alſo bei euch ſein/wie jhrs be=
gert. Haſſet das böſſ vñ liebet das gůt/Beſtelt
das recht vnders thor/ob villeicht der HERR
eyn Gott Zebaoth/noch den vberblibnen von
Joſeph gnädig ſein wölt.
Der herrſchend HERR eyn Gott Zebaoth
ſpricht alſo: Es wirtt ſich auff allen plätzen eyn
Klag

Abb. 3a   Randnotizen von Sam zu Amos 5; Bl. 279v: *divitum domus
sudore pauperum edificantur, ideo | maledicti sunt. vide maledictiones.
Deut 28. | et Micheae .3. et vj c. | et Abacuc. 2. | et Sopho. i. – Veritas
odiosa, – dominus zelat pro | pauperis et affli-|ctis, et Aba-|cuc. 2.
et | Sopho. ij. et | ulti. – verbi contradictores | verbo privantur, – vera
resipiscentia, | et Esa. 31. | Non constat sacri-|ficiis. festis: | aut
conventionibus | ut infra eo. c. | et Micheae vj. | et. Sopho. ij. – Impios
[<...> <...> <...>] luctus e fletus. | quantumcumque [<...> <...> <...>]
florere videantur.* StadtB Ulm, 1099.

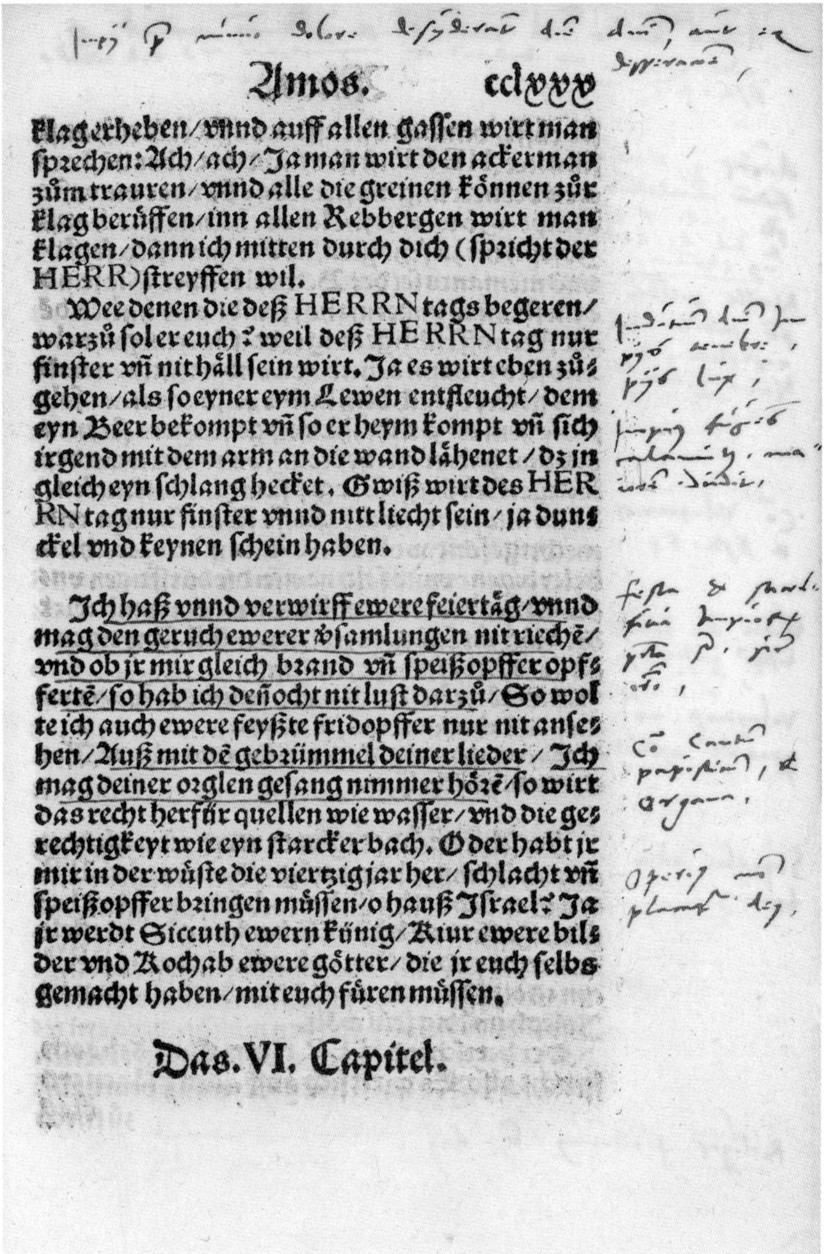

Amos.   cclxx

Klag erheben/ vnnd auff allen gassen wirt man
sprechen: Ach/ ach/ Ja man wirt den ackerman
zům trauren/ vnnd alle die greinen können zůr
Klag berůffen/ inn allen Rebbergen wirt man
klagen/ dann ich mitten durch dich (spricht der
HERR) streyffen wil.

Wee denen die deß HERRN tags begeren/
warzů sol er euch? weil deß HERRN tag nur
finster vñ nit håll sein wirt. Ja es wirt eben zůs
gehen/ als so eyner eym Lewen entfleucht/ dem
eyn Beer bekompt vñ so er heym kompt vñ sich
irgend mit dem arm an die wand låhenet/ dz jn
gleich eyn schlang hecket. Gwiß wirt des HER
RN tag nur finster vnnd nitt liecht sein/ ja duns
ckel vnd keynen schein haben.

Ich haß vnnd verwirff ewere feiertåg/ vnnd
mag den geruch ewerer vsamlungen nit riechē/
vnd ob jr mir gleich brand vñ speißopffer opfs
fertē/ so hab ich deñocht nit lust darzů/ So wol
te ich auch ewere feyßte fridopffer nur nit anse=
hen/ Auß mit dē gebzümmel deiner lieder/ Ich
mag deiner orglen gesang nimmer hõrē/ so wirt
das recht herfür quellen wie wasser/ vnd die ge=
rechtigkeyt wie eyn starcker bach. Oder habt jr
mir in der wüste die viertzig jar her/ schlacht vñ
speißopffer bzingen müssen/ o hauß Israel? Ja
jr werdt Siccuth ewern künig/ Kiur ewere bils
der vnd Kochab ewere götter/ die jr euch selbs
gemacht haben/ mit euch füren müssen.

Das. VI. Capitel.

Abb. 3b   Randnotizen von Sam zu Amos 5; Bl. 280r: *Impii pro nimio dolore desyderant diem domini, aut ex | desperacione, – Iudicium domini impiis tenebre, piis lux – Impius fugiens calamitatem maiorem incidit. – festa & sacri-|ficia Impiorum peccata sunt | sicut [oratio] – Contra Cantum | papisticum, et organa. – Operis non | placatur deus.* StadtB Ulm, 1099.

Mit seiner Polemik gegen Bilder und Plastiken in Gotteshäusern war Hätzer zur Jahreswende 1523/1524 erstmals publizistisch aktiv gewesen;[24] darauf erneut 1528, kurz vor seiner Verhaftung in Konstanz. Eine bei Peter Schöffer d. J. (um 1480–1547) in Worms gedruckte Flugschrift[25] zeigt, dass Hätzer im Zusammenhang mit der in Konstanz zu jenem Zeitpunkt aktuell gewordenen Bilderfrage[26] erneut eine Publikation beisteuerte. Es handelt sich um einen von ihm übersetzten apokryphen Bibeltext,[27] dem er ein von endzeitlicher Naherwartung durchdrungenes Vorwort an die Leser beigab.[28]

O wie ferr ist man abtretten O HERR von deinem gsatz? Jederman beut dir den hindern und nit das angsicht/ keyner ist der doch inn sich schlůge/ und gedechte der scharpffen gerechtigkeiyt/ die der HERR unser Gott bald auff erden uben wirt/ und sich von den grewlen und abgǒttischen diensten/ der stummenden unnützen gǒtzen und bildern enthielte/ [...] Hilfft keyn warnen/ hilfft keyn milte weyche straf oder rutten deß vatters? Hei/ so helffe das blutdurstig Schwert Gottes/ welchs der HERR schon in der hand hat/ sauber außpoliert und geschliffen (wie der prophet Jeh[se]kiel sagt[29]) alles gottloß wesen heymzusuchen/ und die teuffelische pflantzung außzujetten [...] Ist Christus ewer Herr und heyland? so wandelt seinen weg/ wie er befohlen hat/ Wolt ir christen sein? so beweißt es mitt der that/ [...] Dann wer es nit mit der that und werck anzeigt/ der hat eyn faulen/ falschen/ erdichten glauben/ der im eyn gewiß gleyt und paßbort geben wir inn ewige verdamnuß/ Amen.[30]

---

[24] Vgl. Hätzers Flugschrift ‚Ein Urteil Gottes, unsers Ehegemahls, wie man sich mit allen Götzen und Bildnissen halten soll‘ (VD16 H 138 bis H 143) und seine lateinische Übertragung des deutschen Textes (VD16 H 145), die Anfang 1524 in Augsburg bei Silvan Otmar gedruckt wurde.

[25] HAETZER, Ludwig: Ein Sendbrief Jerelmia des Propheten/ zu(o) den gefangnen Juden inn Babel gschriben/ die übergroß abgo(e)tterlei der bilder/ betreffende. Psalmo .cxv. Sie haben meuler und reden nit/ Sie haben augen und sehen nit/ Sie haben oren und ho(e)ren nit/ Die solche machen seind auch also/ Und alle die auff sie hoffen. M. D. XXVIII [Worms: Peter Schöffer] 1528. TE [Ps 115 (V. 4–6 und 8)] (VD16 B 4172). Benutztes Exemplar: HAB Wolfenbüttel, A: 102 Theol. (7) Sammelband. Die Druckerzuweisung (Basel) in VD16 B 4172 ist m.E. korrekturbedürftig, da die Titelblatt-Einfassung des Druckes in die Offizin Peter Schöffers d. J. gehört – genauso wie das im Text verwendete Typenmaterial.

[26] Im März 1528 waren sich die Konstanzer Prädikanten Ambrosius Blarer und Johannes Zwick nicht sicher, ob die städtische Obrigkeit Maßnahmen zur Bilderentfernung verfügen sollte. Im August 1528 fand dann erst die Entfernung der Altäre aus dem Münster, im November die aus der Stephanskirche statt, vgl. LITZ, Bilderfrage (wie Anm. 3), S. 43f.

[27] HAETZER, Ludwig: Brief Jeremias an die Gefangenen in Babel (auch Teil seiner Aprokryphen-Ausgabe: VD16 B 3727, wie oben Anm. 14).

[28] Zu Hätzers Kontakten mit Hans Hut vgl. ZORZIN, Alejandro: Ludwig Hätzer als täuferischer Publizist (1527–1528). In: MennGBl 67 (2010), S. 25–49, hier: S. 37f.

[29] Vgl. Hes 21,14–18.

[30] HAETZER, Sendbrief (wie Anm. 25), Bl. [A2r]. Am Ende: [...] *Dann der HERR kompt/ er kommet/ er ist schon für der thür/ und bringt eynes ieden tagwerck und lohn mit im. Schickt euch/ ir můst lernen hindersich gehen ir goetzen bschirmer. O[h]G[ott]E[rlös]D[ie]G[efangenen].* Ebd., Bl. [B2r].

Abb. 4   Vorderschnittbeschriftung von Konrad Sam
auf seinem Prophetenexemplar: *Prophetae omnes a |
denckio et Hetzero versi.* StadtB Ulm, 1099.

Interessant ist, dass in die Zeit der Verbreitung dieser späten Bilderschrift[31] Hätzers, der Abbruch des sich mitten im Ulmer Münster befindlichen Marienaltars fällt (18. Januar 1529 auf Beschluss der Ulmer Ratsherren) und ein Bilderfrevel am Ulmer Ölberg (in der Fastenzeit 1529).[32] Beide Aktionen überschneiden sich mit der Zeit von Hätzers Gefangenschaft und Hinrichtung in Konstanz. Ohne einen ursächlichen Zusammenhang herstellen zu wollen – lässt sich eine Wirkung von Hätzers Publizistik beim Zustandekommen solcher Aktionen m.E. nicht auschließen. Für alle drei Aspekte, die Franck in seiner ,Chronik' in direkten Zusammenhang mit Hätzers Lehre stellt, lassen sich somit nach Hätzers Hinrichtung Auswirkungen in Ulm feststellen.

---

[31] Scheinbar wurde 1529 in Worms eine Neuausgabe von Hätzers „erster" Flugschrift gegen die Bilder gedruckt; vgl. BENZING, Josef: Peter Schöffer d.J. zu Worms und seine Drucke (1518–1529). In: Der Wormsgau 5 (1961/ 1962), S. 108–118, hier: S. 117, Nr. 50.

[32] Vgl. dazu LITZ, Bilderfrage (wie Anm. 3), S. 101–107.

Im Jahr 1531 erschien in Straßburg ein Druck, der vier anonyme Liedertexte enthielt.[33] Zwei davon stammen aus Hätzers Feder[34] und zeigen eine weitere, wichtige posthume Präsenz und Nachwirken seines reformatorischen Diskurses.[35] Hätzers vielleicht schon 1524 entstandene Verreimung von Psalm 36 (37) ‚Ertzörn dich nit du frommer Christ' fand 1538 Aufnahme in ‚Der New gesangpsalter' [Augsburg[36]] unter der Überschrift *Der XXXVII. Psalm | Noli emulari in malignantibus. | In seiner aignen weyß. L.H.*[37] Ein 1531 im Straßburger Druck an zweiter Stelle wiedergegebener Liedtext *(Soltu bei Got dein Wohnung ha'n[38])* – ist mit dem Hinweis versehen: *Von nachfolgung Christi / und im glauben [...] beharrung bisß ans ende yn schöner Psalm.* In seinen letzten beiden Strophen skizziert Hätzer folgenden soteriologischen Dissenspunkt,[39] den Zwingli 1529 in seiner Vorrede zur Züricher Prophetenübersetzung hervorgehoben und kritisiert hatte:

[33] Vier schöner || Psalmen {Soltu bei Got dein | O Herr und Gott. | Hab lebens acht. | Ertzörn dich nit o. || Jetzunt new außgangen. || M. D. XXXI. [Straßburg :Jakob Camerlander] 1531 (VD16 V 1051). Digitalisat unter: https://digital.staatsbibliothek-berlin.de/werkansicht?PPN=PPN736223533&PHYSID=PHYS_0005&DMDID (Zugriff: 22. Februar 2018).

[34] Goeters, J. F. Gerhard: Ludwig Hätzers Lieder. Ein hymnologischer Versuch. In: MennGBl 16 (1959), S. 3–14.

[35] Goeters hebt hervor: „[...] in der von den Täufern selbst hervorgebrachten Literatur [...] nehmen die Lieder einen ausgezeichneten Platz ein. Sie vereinen zumeist tiefe Empfindung mit gehobener Aussageform. Und indem sie Eigentum der Gemeinden wurden, wirkten sie immer aufs neue und anhaltend auf den Geist dieser Gemeinden prägend ein." Goeters, Lieder (wie Anm. 34), S. 4.

[36] VD16 A 33: Verfasser: Joachim Aberlin, Beiträger: Sebastian Franck; Sigmund Salminger. Titel: DEr New ge=||sang psalter. || darinn alle psalmen Dauids || an der Zal 150.in gsangweiß gestelt/ mit || verzaychnüs in was Melodeye ein yeder gehe/|| sampt der Letaney/ vnnd allen Geystlichenn || Liedern/ so yetzl|weil an vil orten gell-sungen/ merteils itz hin zl| thon || werden/ darbey anzaigt die || Authores welchs Lied || od[er] Psalm/ ein ye=||der gemacht|| hab. || ... ||Erst Ietz uolendt, mit eim Register || M D XXXVIII || [Augsburg: Philipp Ulhart d. Ä.] [8], CLXXVI, [11] Bl.; 80. Die erste, unbezeichnete Lage wurde von Sebastian Franck in Ulm gedruckt. Verfasser nicht auf der Haupttitelseite genannt. Beiträger: Sebastian Franck, Sigmund Salminger. Vgl. Breitenbruch, Bernd (Hg.): Predigt, Traktat und Flugschrift im Dienste der Ulmer Reformation. Ausstellung zur 450. Wiederkehr ihrer Durchführung im Jahre 1531. Ulm, Schwörhaus 21. Mai bis 31. Juli 1981, Weißenhorn 1981, S. 93, Nr. 102.

[37] ‚Der New gesang psalter' (wie Anm. 36), Bl. E1r-[E3v]. Mit Auflösungsverweis der mittels ihrer Anfangsbuchstaben abgekürzten Autorennamen.

[38] Wackernagel, Philipp: Das deutsche Kirchenlied: von der ältesten Zeit bis zum Anfang des XVII. Jahrhunderts; mit Berücksichtigung der deutschen kirchlichen Liederdichtung im weiteren Sinne und der lateinischen von Hilarius bis Georg Fabricius und Wolfgang Ammonius, Bd. 3, Leipzig 1870, Nr. 536, S. 480f.

[39] So z.B. schon Thomas Müntzer im Brief an Hans Zeiß (2. Dezember 1523): *Auff das aber Christo das Leyden alleyne wyhrdt tzugelegedt, gleychwye wyhr nichts dorffdten leyden, nach deme ehr waerhaftygk fur unserere sunde hadt gelyddenn. Ist daruber aufftzumerckenn, aus welcher tzardtheydt uns solche untzymblyche ruhe wyrdt inn unbyllycher vertragunge verdeckedt. [...]Wyhr alle muessen den fueßstapffen Christi nachfolgenn, [...] da hylffdt keyne glos[s]e tzw [...].*Thomas Müntzer. Briefwechsel. Bearbeitet und kommentiert von Siegfried Bräuer und Manfred Kobuch (Thomas-Müntzer-Ausgabe. Kritische Gesamtausgabe 2), Leipzig 2011, Nr. 65/ A2, S. 212–214. Ähnlich auch der 6. Artikel, der insgesamt sieben im Juli 1527 vom Wormser Predikanten Jakob Kautz *mit seinen brüdern* [u. a. Hans Denck, Ludwig Hätzer, Oswald Leber und Wilhelm Reublin] veröffentlichten Artikel: *Jesus Christus von Nazareth/ hat inn keynen andern weg/ für uns gelitten oder genug gethan/ wir stehn dann inn sein fußstapffen und wandeln den weg/ welchen er zuvor gebanet hat/ und folgen dem befelch des Vatter/ wie der Sun eyn ieder inn seiner maß/ wer anders von Christo/ redt/ helt/ oder glaubt/ der macht aus Christo eynen Abtgott/ welches alle Schrifftgelerten und falsch Evangelisten/ sampt der gantzen welt/ thun.* Laube, Adolf (Hg.) in Zusammenarbeit mit Schneider, Annerose/Weiss, Ulman /Claus, Helmut: Flugschriften vom Bauernkrieg zum Täuferreich (1526–1535), Bd. 1, Berlin 1992, S. 703.

Hastu Gott lieb und kennst sein sinn/ als du dich rümbst mit worten/
So mußt auch seinen willen thun/ auff erde an allen orten.
Hie hilfft keyn gloß / die gschrifft ist bloß/ ich kanß nit anderst lesen/
wiltu fromm sein/ so magst kurtzumb vors Teuffels gwalt nit gnesen.
Ja spricht die welt: Es ist nit not/ das ich mit Christo leide:
Er leidt doch selbst vor mich den todt/ nun zech ich auff sein kreiden.
Er zalt vor mich/ dasselb glaub ich/ hiemit ist ausgerichtet /
O bruder mein/ es ist schein/ der Teuffel hats ertichtet.[40]

Die Akzentverschiebung vom Sühnetod Christi am Kreuz hin zur Nachfolge Christi auf dem persönlich individuellen Leidensweg hat Hätzer auch in einem als ‚Kreuzgang' bekannt gewordenen Bildflugblatt „mit ikonographisch einzigartiger Prägnanz ins Bild gesetzt"[41]. Sebastian Franck wusste von Hätzers Autorschaft dieses Bildflugblatts; er verweist in seiner ‚Chronik der römischen Ketzer' auf diese Bildkomposition als *Hätzers Kreuzgang*[42] und gibt zwei darauf befindliche Spruchreime wieder. Im ersten der zwei unter der Bildkomposition gedruckten Reime, formulierte Hätzer seine Kritik am altkirchlich-trinitarischen Dogma in kompakter Form, und als Aussage Gottes selbst:

Ich bynn allein der einig Gott
Der alle ding on ghilff bschaffen hat
Fragst wie vil dann meyner sey?
Allein binn ichs/ myner sint nit drey
Wiss auch dar bey on allen wohn
Das ich gar nichts weys von person
Ich binn / und doch nit dis noch das
Dem ichs nit sag/ der weyst nit was.[43]

Es waren solche devianten Texte und Versuche, von denen Joachim von Watt, gen. Vadianus (1484–1551), seinen Landsmann Hätzer abgeraten hatte. Die Erwähnung des Sachverhalts erfolgte jedoch über eine Dekade nach Hätzers Hinrichtung in einer gegen Kaspar von Schwenckfeld (1489–1561) gerichteten Veröffentlichung

---

[40] ‚Vier schöner Psalmen' (wie Anm. 33) Bl. A2v.
[41] KAUFMANN, Thomas: Der Anfang der Reformation, Tübingen 2012, S. 498.
[42] Vgl. ZORZIN, Alejandro: Ludwig Hätzers „Kreuzgang" (1528/1529). Ein Zeugnis täuferischer Bildpropaganda. In: ARG 97 (2006), S. 137–164; ZORZIN, Publizist (wie Anm. 28); SCHUBERT, Anselm: „Heiligung des Namens". Zu den jüdischen Anfängen täuferischer Martyriumstheologie. In: MennGBl 67 (2010), S. 9–23.
[43] Vgl. ZORZIN, Ludwig Hätzers „Kreuzgang" (wie Anm. 42), S. 142, Abb. 1 (mit den unter dem Holzschnitt abgedruckten Reimen).

Vadians. Seiner Widerlegung von Schwenckfelds ‚Summarium'[44] stellte er einen am 19. August 1540 datierten offenen Brief an Johannes Zwick (um 1496–1542) voran.[45] Nach Hinweisen auf Konrad Grebel (um 1498–1526) und Hans Denck (um 1500–1527), schreibt Vadian: *Hetzerum commodissimi ingenii hominem (de nostris enim tantum loquor) meministi, quo cum et ipse tot modis claro viro linguis etiam et admirabili ingenii dexteritate praedito, non semel egi, ne supra quam deceret sapere pergeret.*[46] Dabei kann es sich – wie es der Kontext von Vadians Publikation nahelegt – um Aspekte gehandelt haben, in denen Hätzer vom kirchlichen Dogma abweichende soteriologisch-christologische Meinungen vertrat. Hätzer war es nicht mehr gelungen, ein Büchlein ‚Von Christo' in den Druck zu geben. Eine handschriftliche Fassung (bzw. Kopie) davon ist verschollen[47] – einzig die ‚Hauptreden' am Ende von Hätzers Ausgabe der ‚Theologia Deutsch' 1528[48] blieb als Quelle zu Themenbereichen erhalten, in den er – wie Vadian meint – *über das, was angemessen sei* am *vorrücken* war.[49] Sebastian Castellio (1515–1563) hat diese ‚Hauptreden' (im Anschluss an seine Übersetzung der ‚Theologia Deutsch') ins Lateinische übertragen und 1557 anonym in Basel drucken lassen.[50] So erreichten diese ‚Hauptreden' nicht allein überregionale Verbreitung,[51] sondern Hätzers Stimme fand, wenngleich anonym, bis weit über die Mitte des 16. Jahrhunderts Verbreitung in Europa.

---

[44] WATT, Joachim von: Antilogia ad clarissimi viri Dom. Gasparis Schuenckfeldii argumenta, in Libellum qui ab eo Summarium inscriptus est [...], Zürich: Christoph Froschauer d. Ä. 1540 (VD16 V 4). Digitalisat unter: https://www.e-rara.ch/doi/10.3931/e-rara-1578 (Zugriff: 23. Februar 2018). MOELLER, Bernd: Johannes Zwick und die Reformation in Konstanz (QFRG 28), Gütersloh 1961, S. 215, Anm. 84, weist darauf hin, dass die Schrift im Herbst 1539 entstanden ist.

[45] WATT, Antilogia (wie Anm. 44), Titelblatt: *Ad D. Ioan. Zuiccium [...] Epistola, in qua post explicatas in Christo naturas diversas, et personam ex diversis naturis unam, Iesum servatorem nostrum, vel in gloria veram esse creaturam, tum oraculis scripturarum sacrosanctis, tum interpretum orthodoxorum authoritate docetur et demonstratur.*

[46] Ebd., C3v. Digitalisat vom lat. Original unter: https://www.e-rara.ch/zuz/content/pageview/481215 (Zugriff: 23. Februar 2018): „An Hätzer und seine sehr angenehme Art (ich rede ja nur von unseren [Lands-] Leuten) erinnerst du dich. Mit ihm, dem in so mancher Hinsicht, auch hinsichtlich der Sprachen, berühmten Mann, der ebenfalls mit einer Bewunderung würdigen Geistesgewandtheit ausgestattet war, habe ich mehr als einmal gehandelt, er solle nicht über was angemessen sei, hinausrücken wollen"; Übersetzung aus: BAUMGARTNER, Mira: Die Täufer und Zwingli. Eine Dokumentation, Zürich 1993, S. 235.

[47] Vgl. dazu GOETERS, Hätzer (wie Anm. 4), S. 141f.

[48] Nachdrucke z. B. in Nürnberg 1546 (VD16 T 911) und Augsburg 1552 (VD16 T 912).

[49] Vgl. Anm. 46.

[50] THEOLOlgia Germa-lnica.l LIBELLVS AVREVS:l hoc est, breuis & pregnans: Quolmodo sit exuendus Vetus l homo, induendus[que] l nouus.l Ex Germanico translatus, IOAN-lNE Theophilo inter=lprete.l [Am Ende:] (BASILEAE, EX OFFICINA l Ioannis Oporini, Anno Salutis humanae l M.D.LVII. Men=lse Ianuario.l); Impressum: Basel: Johann Oporinus, 1557; 125, [1] Seiten; 80 (VD16 ZV 14924).

[51] Zu den Überlegungen Sebastian Castellios bezüglich einer lateinischen Übersetzung – und Sebastian Francks lateinischer Paraphrasierung der ‚Theologia Deutsch' vgl. HEGLER, Alfred: Sebastian Francks lateinische Paraphrase der deutschen Theologie und seine holländisch erhaltenen Traktate, Tübingen 1901, bes. S. 14–18. Castellio hat 1558 in Antwerpen auch noch eine französische Übersetzung der ‚Theologia Deutsch' herausgegeben.

Das bis hier Ausfgeführte macht deutlich, dass Hätzers theologische Aussagen über seinen Tod hinaus impulsgebend blieben und bei einigen seiner Zeitgenossen weiterhin Akzeptanz fanden. Zugleich haftete ihnen ein häretisches Inkriminierungspotential an, auf das z.B. in der **Ulmer** (und **Augsburger**[52]) Vielstimmigkeit der 30er und 40er Jahre des 16. Jahrhunderts polemisierend zurückgegriffen wurde. In der Langzeitperspektive wurde Hätzer zur Negativfolie eines Häretikers. Obwohl sein reformatorisch kritischer und zugleich kreativer theologischer Ansatz (mit dem tragischen Inflexionspunkt seiner Hinrichtung Anfang 1529 in Konstanz) entschärft wurde, blieb im Spannungsfeld um seine Figur zwischen Glaubens-Märtyrer und Häretiker ein Rinnsal subvertierender Erinnerung bestehen, dessen publizistische Wirkung u. a. von Thomas Blarer, Sebastian Franck und Sebastian Castellio gespeist wurde.

---

[52] Vgl. z.B. aus Bucers ‚Zehen hauptarticul Christlicher leere wider yetztschwebende Irrthumb' [Ende Februar bis Ende April 1535] – besonders der 1. Artikel: *Zum ersten glauben wir, halten und leeren, das ein ainiger Got ist im wesen und dryfältig in den personen, Gott vater, Sune, Hailiger gaist, wie das die recht Christlich kirch ye und ye gehalten und im Symbolo Athanasy außgetruckt ist. Dieser Artickel ist gestelt wider die, son von der ainigkait des wesens Oder von der dryfältigkeit der personen in Got nit recht glauben unnd leeren, deren sich etlich zu diesen zeiten wider ereügen.* BDS 6,1, S. 77f.

Martin Keßler

Viele Stimmen in der Summe
Die anonyme Flugschrift ‚Warhafftig ursach das der leib Christi nitt inn der creatur des brots aber [...] im [...] hertzen der glaubigen sei' (Worms 1529 und Augsburg 1536)

Der verbreitetste Zugriff auf reformationsgeschichtliche Schriften dürfte ein personenbezogener sein. Die meisten Editionen und Forschungen gelten Texten, deren Autorschaft sich bestimmen oder wahrscheinlich machen lässt. Wie aber geht man mit Schriften um, deren Verfasserfrage offen bleibt und deren eingeschränkte Rezeptions- oder Wirkungsgeschichte weitere Forschungen nicht unmittelbar motivieren? Interessanterweise sind es bisweilen gerade die personenbezogenen Zugriffe, die anonyme Drucke in eine neuerliche Wahrnehmung der Forschung rücken.

Im Falle der vorzustellenden Schrift ‚Warhafftig vrsach/ | das der leib Christi nitt | inn der creatur des brots/ aber | [...] im [...] | hertzen der glaubigenn sey' ist dies der Fall. Alejandro Zorzin untersuchte unlängst seriell die Veröffentlichungen der Wormser Offizin Peter Schöffers des Jüngeren und stieß in seinem Druckverzeichnis auf einen ungewöhnlichen Umstand: 1529 erschien dort eine anonyme Schrift, die das VD16 Oekolampad zuweist.[1] Ungewöhnlich ist daran, dass keine weiteren Texte Oekolampads bei Schöffer verlegt wurden. Aufgrund meiner Interessen an Oekolampad wies mich Alejandro Zorzin auf den Druck hin und motivierte die Auseinandersetzung mit einem Thema, das auch, aber nicht nur mit Oekolampad zusammenhängt und das in einem gewissen Zusammenhang mit Ulm steht.

Der vorzustellende Druck ordnet sich in das Themenfeld anonymer Flugschriften der Reformationszeit ein, an dessen quantitative Bedeutung und methodische Herausforderungen Thomas Kaufmann grundsätzlich erinnerte.[2] Nähert man sich dem Text inhaltlich an, erklingt aus ihm eine Stimmenvielfalt, die man ihrer Veranlassung nach mit dem Begriff der ‚Summe' bezeichnen könnte. Als entscheidend erweist es sich, dass keine dieser Stimmen namentlich benannt wird. In der Schrift begegnet somit eine potenzierte Anonymität, die eine eigene Herausforderung markiert.

---

[1] VD16 O 408.

[2] KAUFMANN, Thomas: Anonyme Flugschriften der frühen Reformation. In: Bernd MOELLER (Hg.): Die frühe Reformation in Deutschland als Umbruch. Wissenschaftliches Symposion des Vereins für Reformationsgeschichte 1996 (SVRG 199), Gütersloh 1998, S. 191–267.

Mein Beitrag gliedert sich in drei Teile: Zunächst gehe ich auf die Druck- und Forschungsgeschichte der Flugschrift ein. Sodann schildere ich die Veranlassung des Textes und inhaltliche sowie formale Besonderheiten. Ein dritter und letzter Punkt widmet sich zeitnahen Rezeptionsvorgängen, die man bereits im 16. Jahrhundert mit einem besonderen Interesse von Ulm aus verfolgte.

1 Druck- und Forschungsgeschichte

Der 50 Blätter umfassende und ohne Druckersignet oder Kolophon erschienene Oktavdruck steht unter dem Titel ‚Warhafftig vrsach/ | das der leib Christi nitt | inn der creatur des brots/ aber | durchs wort gots/ im nachtmal vnd | hertzen der glaubigen sei/ on | alle schumpffierung vnd zanck= | reden. Vngeferlich in̄ drei= | hundert argument | kůrtzlich ver= | fasset‘.[3] Eine Unterzeile verweist mit *Anno 1529. Mense Septembri* auf das unmittelbare zeitliche Vorfeld des Marburger Religionsgesprächs. Das Grundwerk des VD16 benennt den Drucker mit dem Straßburger Wolfgang Köpffel und folgt damit der Autopsie Josef Benzings.[4] Die derzeitige Identifikation mit der Wormser Offizin Peter Schöffers des Jüngeren geht auf die Einschätzung Helmut Claus' zurück.[5] Ein zweiter Druck, bei dem Augsburger Heinrich Steiner, erschien laut VD16 1535;[6] nach einem im dritten Teil vorzustellenden zeitgenössischen Bericht möchte ich den Augsburger Nachdruck in das Folgejahr 1536 datieren.[7] Der zweite Druck wurde nach einer Vorlage des Erstdrucks hergestellt, was sich an einer Übernahme der Druckfehler zeigen

---

[3] Warhafftig vrsach/ | das der leib Christi nitt | inn der creatur des brots/ aber | durchs wort gots/ im nachtmal vnd | hertzen der glaubigen sei/ on | alle schumpffierung vnd zanck= | reden. Vngeferlich in̄ drei= | hundert argument | kůrtzlich ver= | fasset, [Worms: Peter Schöffer d. J.] [1529]; benutztes Exemplar: BSB München, Res/Polem. 2289#Beibd. 6 (VD16 O 408). Vgl. auch KÖHLER, Hans-Joachim: Flugschriften des frühen 16. Jahrhunderts. Microfiche Serie 1978. Register, Zug 1979, S. 39: „Fiche 33–34, Nr. 99", „o. O., o. Dr. [...] 1529".

[4] Zusammenfassend hierzu KOCH, Ernst: „Zwinglianer" zwischen Ostsee und Harz in den Anfangsjahren der Reformation (1525–1532). In: Zwingliana 16/6 (1985), S. 517–545, hier: S. 535, Anm. 133.

[5] Ebd. CLAUS, Helmut: Untersuchungen zur Geschichte des Leipziger Buchdrucks von Luthers Thesenanschlag bis zur Einführung der Reformation im Herzogtum Sachsen (1517–1539), [Typoskript Diss. Dr. phil. Berlin] 1973, S. 162: „diese[...] Schrift [...], die nach Typen und Initialen bei Peter Schöffer d. J. in Worms erschienen ist".

[6] VD16 W 580.

[7] WArhafftig vrsach/ | das der leib Christi nit in | der creatur des brodts/ aber durch das wort | Gottes/ ihm nachtmal vnnd hertzen der glaubigenn sey | ohn alle schumpffierung vnd zanck= | redē. Vngeferlich in drey= | hundert argument | kůrtzlich verfasset, [Augsburg: Heinrich Steiner] [1536], Exemplar: BSB München, Res/Dogm. 1068 [Beibd. 5] (VD16 W 580).

lässt.[8] Den einzigen nennenswerten Unterschied bietet das Titelblatt, das auf die Unterzeile mit der Datierung und dem früheren Aktualitätsbezug auf den September 1529 verzichtet.[9] Die unveränderte Überschrift hält den Anspruch des Textes aufrecht, „kürtzlich verfasset"[10] worden zu sein.

Der Text gliedert sich in drei Teile. Eine einseitige Vorrede *Zům Christlichen Leser*[11] erklärt kurz Anlass und Anliegen der Schrift. Der Autor oder Kompilator wird lediglich als *brůder*[12] vorgestellt. Der Hauptteil besteht aus einer nummerierten Sequenz von 322 Einzelargumenten.[13] Diese verteilen sich auf 48 Blätter bzw. 95 Seiten. Das Druckbild wird durch 22 Zwischenüberschriften strukturiert, die in einem abschließenden Index mit Paginierungsverweisen[14] herausgestellt werden. Der dritte formal eigenständige Teil der Schrift ist eine abschließende *Beschlußrede* auf gut einer Seite.[15]

Die Forschungsgeschichte des 20. Jahrhunderts lässt sich kurz umreißen. 1918 verzeichnete der Basler Kirchenhistoriker Ernst Staehelin den Titel in seiner ‚Oekolampad-Bibliographie'.[16] Grundlegend war für ihn das Exemplar der Basler Universitätsbibliothek, das den „von alter Hand stammenden Vermerk [trägt]: Libellus hic propter instans Marpurgi colloquium videtur in lucem emissus, autore, ut videtur, Io. Oecolampadio."[17] 1934, in seinen ‚Briefe[n] und Akten zum Leben Oekolampads' vermerkt Staehelin beiläufig, dass „[a]uch Oek.[olampad] als Verfasser in Anspruch genommen" wurde, was aber „kaum wahrscheinlich sei":

---

[8] Vgl. die Zählung zweier aufeinander folgender Argumente mit „131" in: ‚Warhafftig vrsach' [1529] (wie Anm. 3), fol. C3r–v sowie in: ‚WArhafftig vrsach' [1536] (wie Anm. 7), fol. C5r–v. Die Gesamtzählung bleibt jedoch stimmig, da Arg. 124 in beiden Drucken zu Arg. 126 übergeht, vgl. dazu ‚Warhafftig vrsach' [1529] (wie Anm. 3), fol. C2r–v mit ‚WArhafftig vrsach' [1536] (wie Anm. 7), fol. C4r–v. Bezeichnend sind auch markante Druckfehler, z. B. Arg. 139 *zu eym schein seines irthumbs* (statt, wie in es in dem später [vgl. unten Anm. 88] zu identifizierenden Bezugstext bei Zwingli heißt, *zu eym schirm seines irrthumbs*); vgl. dazu in gleicher Weise ‚Warhafftig vrsach' [1529] (wie Anm. 3), fol. C4r und ‚WArhafftig vrsach' [1536] (wie Anm. 7), fol. C6v.

[9] Vgl. dazu ‚Warhafftig vrsach' [1529] (wie Anm. 3), fol. A1r [Titelblatt] mit ‚WArhafftig vrsach' [1536] (wie Anm. 7), fol. A1r [Titelblatt].

[10] Vgl. ‚WArhafftig vrsach' [1536] (wie Anm. 7), fol. A1r [Titelblatt].

[11] ‚Warhafftig vrsach' [1529] (wie Anm. 3), fol. A1v.

[12] Ebd.

[13] Zu zwei sich im Ergebnis aufhebenden Nummerierungsfehlern vgl. oben Anm. 8.

[14] ‚Warhafftig vrsach' [1529] (wie Anm. 3), fol. A1v.

[15] Ebd., fol. [H1r–v].

[16] STAEHELIN, Ernst: Oekolampad-Bibliographie, Nieuwkoop ²1963 [ND mit eigener Seitenzählung], S. 77, Nr. 161.

[17] Ebd.

„Verfasser ist vielleicht Schwenkfeld"[18]. In seinem ‚theologische[n] Lebenswerk Johannes Oekolampads' geht 1939 Staehelin auf die Schrift nicht mehr ein und erwähnt sie auch unter keinen Korrigenda.[19] Zwischen 1918 und 1934 war Staehelin somit darauf aufmerksam geworden, dass der Text bereits 1913 im ‚Corpus Schwenckfeldianorum' ediert worden war.[20] Der Abdruck erfolgt nach einer Ravensburger Handschrift von 1555,[21] die eine Anmerkung aufweist: *Caspar Schwenckfeld putat*[ur] *esse author seu collector horu*[m] *Argumentoru*[m].[22] Daraus schließen die Editoren: „The author without a reasonable doubt is Schwenckfeld."[23] Entgangen war den Herausgebern und Bearbeitern indes die zwei bzw. drei Jahrzehnte frühere Drucklegung, von deren Wortlaut die Abschrift abhängig ist.[24]

Die beiden angenommenen Autorschaften Schwenckfelds und Oekolampads lassen sich bis in die Gegenwart verfolgen. Walther Köhler schloss sich 1934 der Annahme des ‚Corpus Schwenckfeldianorum' an und ordnet eine zweiseitige Zusammenfassung der Schrift als Schwenckfelds Beitrag den „Vorspiele[n]" des Marburger Religionsgesprächs zu.[25] Der substantiellste Beitrag zu der Flugschrift stammt von Ernst Koch. Er votierte 1985 in seinen ‚Zwinglianer zwischen Ostsee und Harz' sehr differenziert: „Eine Überprüfung ergibt, daß es Gründe für wie gegen eine Verfasserschaft Schwenckfelds wie auch Ökolampads gibt. Was Schwenckfeld betrifft, spricht für seine Verfasserschaft die spiritualistische Hermeneutik (Argument 44 und 136) [...]. Der Gesamtbefund spricht eher dafür, den Verfasser

---

[18] STAEHELIN, Ernst (Hg.): Briefe und Akten zum Leben Oekolampads. Zum vierhundertjährigen Jubiläum der Basler Reformation hg. von der theologischen Fakultät der Universität Basel, Bd. 2: 1527–1593 (QFRG 19), Leipzig 1934, S. 341.

[19] STAEHELIN, Ernst: Das theologische Lebenswerk Johannes Oekolampads (QFRG 21), Leipzig 1939.

[20] Warhafftig vrsach/ das der leyb Christi/ nit jn der | Creatur deß brotts/ aber durchs wort gotts jm Nacht= | mal vnd hertzen der glaubigen sey/ ohn alle schimpfie= | rung vnd Zanckreden/ vngeferlich in 300 argument | kurtzlich vorfasset. Anno 1529. Mense Septembry. In: Corpus Schwenckfeldianorum, Bd. 3: Letters and Treatises of Caspar Schwenckfeld von Ossig. 1528–December 1530, Leipzig 1913, S. [512]–557 (zitiert als ‚Warhafftig vrsach' [1913]).

[21] Ebd., S. 512. Das Manuskript befindet sich im StadtA Ravensburg, Büschel 484c, fol. 1r [Titel: Warhafftig vrsach/ das der leyb Christi/ nit jn der | Creatur deß brotts/ aber durchs wort gotts jm Nacht= | mal vnd hertzen der glaubigen sey/ ohn alle schimpfie= | rung vnd Zanckreden/ vngeferlich in 300 argument | kurtzlich vorfasset. Anno 1529. Mense Septembry, und Vorrede: Zům Christlichen Leser] und fol. 2r-44v [Text]. Vgl. unten Anm. 101.

[22] ‚Warhafftig vrsach' [1913] (wie Anm. 20), S. 512. Vgl. StadtA Ravensburg, Büschel 484c, fol. 1r.

[23] ‚Warhafftig vrsach' [1913] (wie Anm. 20), S. 513.

[24] Vgl. ebd., S. 531, Z. 28–30 für Arg. 139 mit ‚Warhafftig vrsach' [1529] (wie Anm. 3). Die Zählung weist eigene Fehler auf: Die Zahl 125 wird übersprungen, S. 529f.; dafür begegnet 126 zweimal in Folge, S. 530. Die im Titel der Abschrift gebotene Datierung *Anno 1529. Mense Septembry* korrespondiert dem Erstdruck ‚Warhafftig vrsach' [1529] (wie Anm. 3), fol. A1r und dürfte diesen voraussetzen; vgl. dazu oben Anm. 9.

[25] KÖHLER, Walther: Zwingli und Luther. Ihr Streit über das Abendmahl nach seinen politischen und religiösen Beziehungen, Bd. 2: Vom Beginn der Marburger Verhandlungen 1529 bis zum Abschluß der Wittenberger Konkordie von 1536, hg. von Ernst Kohlmeyer und Heinrich Bornkamm (QFRG 7), Gütersloh 1953, S. 67 und S. 70–72.

in oberdeutschen Spiritualistenkreisen zu suchen, die wohl Freunde Schwenckfelds waren, aber ihre Argumente auch aus dem Bereich der Zürcher Theologie holten, wie es z. B. bei Hans Lantsperger der Fall ist.“[26] Koch hatte zwei wichtige Dinge bemerkt: Einzelne Thesen verfolgen in der Tat einen ,spiritualistischen‘ oder, wie ich bevorzugen würde, pneumatologischen Ansatz; weitere Passagen bewegen sich argumentativ in großer Nähe zu Zwingli. Bis heute ist jedoch die Zuschreibung an Oekolampad am verbreitetsten,[27] wozu das VD16 ebenso beitragen dürfte wie die stillschweigende Selbstkorrektur Staehelins in den 1930er Jahren.

2   Veranlassung und Inhalte

Fragt man, zweitens, nach der Veranlassung und den inhaltlichen Spezifika der Schrift, so wurde schon das ,Corpus Schwenckfeldianorum‘[28] darauf aufmerksam, dass die Vorrede eine Bezugsschrift benennt: *Es haben etlich eyn suͦ der Luͤterischen Bucher jüngst außgehn lassen/ so dise iar her vom heyligenn Sacrament geschriben sein/ mitt vil rauhen und schweren scheltworten. Des tittel ist/ Von dem rechten vnnd warhafftigen verstandt der wort deß abentmals: Das ist mein leib etc.*[29] Als Autoren wurden Johann Rurer oder Andreas Althamer in Betracht gezogen.[30] Die zeitgenössisch auch als *buͤchlin der Fraͤnkischen predicanten*[31] bezeichnete Bezugsschrift, ein von Jobst Gutknecht in Nürnberg verlegter Druck, erweist sich als Gemeinschaftswerk.

---

[26] Koch, Zwinglianer (wie Anm. 4), S. 536f.

[27] Vgl. dazu erst im Frühjahr 2017: Peters, Christian: Vom Humanismus zum Täuferreich. Der Weg des Bernhard Rothmann (Refo500. Academic Studies 38), Göttingen 2017, S. 95, Anm. 65.

[28] ,Warhafftig vrsach‘ [1913] (wie Anm. 20), S. 513. Diesen Angaben folgen Köhler, Abendmahl (wie Anm. 25), S. 66, und Staehelin, Briefe und Akten (wie Anm. 18), S. 341.

[29] ,Warhafftig vrsach‘ [1529] (wie Anm. 3), fol. A1r.

[30] ,Warhafftig vrsach‘ [1913] (wie Anm. 20), S. 513. Als Autor der Schrift gilt Althamer auch für Ehmer, Hermann: Art. ,Althamer, Andreas (Palaeosphyra)‘. In: Hans-Gert Roloff (Hg.): Die Deutsche Literatur. Biographisches und bibliographisches Lexikon. Reihe II: Die Deutsche Literatur zwischen 1450 und 1620, Bd. 2, Bern u. a. 1991, S. 319–328, hier: S. 326, Nr. 1.12.01; für die benannte Schrift werden fünf Exemplare ausgewiesen, unter denen das unten (in Anm. 32) zu benennende Münchner Exemplar nicht begegnet.

[31] Vgl. dazu die editorische Einleitung mit einem präzisem Quellenbeleg für Schwenckfeld in: ,Warhafftig vrsach‘ [1913] (wie Anm. 20), S. 513.

Ausgehend von sehr präzisen zeitgenössischen Handschrifteneinträgen auf dem Titelblatt und auf der Rückseite des Münchner Exemplars[32] legt sich die Annahme nahe, dass der Text am 20. Februar 1529 in Ansbach handschriftlich abgeschlossen wurde oder im Druck vorlag und von sieben fränkischen Pfarrern verfasst wurde. *Andreas Althamer* steht am Ende der Liste,[33] die mit *Martinus Meglin* aus *Kitzingen*[34] beginnt und weiter liest: *Hiob Gast* aus Cadolzburg,[35] *Johannes Geyling* aus Feuchtwangen,[36] *Johannes Rurerius,*[37] *Augustinus Obermair*[38] und *Symon Schneeweis*[39]. Amtliche und geographische Bezüge könnten sich zu den auf dem Titelblatt vermerkten Personen eines Schenkungs- bzw. Widmungsvorganges

---

[32] Von dem rech | ten wahrhafftig | en verstandt der | wort des abentmals. | Das ist mein leyb. etc. [Nürnberg: Jobst Gutknecht] 1529 [benutztes Exemplar: BSB München, 4 Polem. 3047 (VD16 V 2521)]. Für den Austausch über dieses Exemplar und seine spontane Zuarbeit zu süddeutschen Reformatoren danke ich Ulrich Bubenheimer, Reutlingen, herzlich.

[33] Zu ihm vgl. EHMER, Althamer (wie Anm. 30) und SIMON, Matthias: Ansbachisches Pfarrerbuch. Die Evangelisch-Lutherische Geistlichkeit des Fürstentums Brandenburg-Ansbach 1528–1806, Nürnberg 1957, S. 5. BRECHT, Martin/EHMER, Hermann: Südwestdeutsche Reformationsgeschichte. Zur Einführung der Reformation im Herzogtum Württemberg 1534, Stuttgart 1984, S. 320, schildern Althamers Situation für diesen Zeitraum: „Im Mai 1528 wurde A.[lthamer] von Markgraf Georg von Brandenburg als [Stadt-]Pfarrer nach Ansbach berufen. Zusammen mit dem Ansbacher Stiftsprediger Johann Rurer und anderen Theologen wurde A. mit der Vorbereitung und Durchführung der reformatorischen Visitationen in den Markgrafschaften Ansbach und Kulmbach betraut." Für weitere Referenzen vgl. SCHNEIDER, Bernhard: Gutachten evangelischer Theologen des Fürstentums Brandenburg-Ansbach/Kulmbach zur Vorbereitung des Augsburger Reichstags von 1530. Zugleich ein Beitrag zur fränkischen Reformationsgeschichte (EKGB 62), Neustadt/Aisch 1987, S. 9 mit Anm. 73.

[34] Kurz zu ihm vgl. SCHNEIDER, Gutachten (wie Anm. 33), S. 11. Nach SIMON, Pfarrerbuch (wie Anm. 33), S. 325, kehrte Meglin Cantate 1527 nach Kitzingen zurück.

[35] Zu ihm vgl. ausführlich SCHNEIDER, Gutachten (wie Anm. 33), S. 60–65. Seit November 1528 befand er sich als „Pfarrverweser in Cadolzburg", wo er später die Funktion eines Superintendeten versah, vgl. ebd. S. 60f. In der Bibliographie von EHMER, Althamer (wie Anm. 30), S. 323, Nr. 1.06.01, wird folgender Text aufgeführt: ,EPISTOLA HIOB GAST AD IOANNEM Stiglerium [...], Nürnberg: Fryd. Peypus 1527'. Der Druck (VD16 G 517) gehört in das zeitliche Vorfeld der oben benannten Schrift und dokumentiert eine frühere Zusammenarbeit mit Althamer in der Abendmahlskontroverse.

[36] Zu ihm vgl. SCHNEIDER, Gutachten (wie Anm. 33), S. 40–43. Seit Januar 1529 war er visitatorisch in Feuchtwangen tätig; ebd., S. 41. Ebd., Anm. 299, verweist auf eine amtliche Zusammenarbeit mit dem Gros der oben begegnenden Autoren, indem Geyling am 9. Januar 1529 aufgefordert worden war, „mit Althamer, Rurer, Weiß, Meglin und Gast [...] ein Gutachten zur Wiedertäuferfrage abzugeben". Eingehend zu ihm vgl. BOSSERT, Gustav: Johann Geyling ein Lutherschüler und Brenzfreund (ca. 1495–1559). Untersuchungen und Beiträge zu seiner Lebensbeschreibung. In: Julius RAUSCHER (Hg.): Aus dem Lande von Brenz und Bengel. 50 Jahre württembergischer Kirchengeschichtsforschung, Stuttgart 1946, S. 13–121.

[37] Zu Rurer vgl. SIMON, Pfarrerbuch (wie Anm. 33), S. 417; BRECHT/EHMER, Südwestdeutsche Reformationsgeschichte (wie Anm. 33), S. 84, und STUPPERICH, Robert: Reformatorenlexikon, Gütersloh 1984 S. 182. Laut Simon kehrte Rurer nach Amtsantritt Markgraf Georgs (1527) Anfang 1528 als Stiftsprediger nach Ansbach zurück. 1530 begleitete er mit zusammen mit Martin Meglin Markgraf Georg auf dem Augsburger Reichstag, vgl. BRECHT/EHMER, Südwestdeutsche Reformationsgeschichte (wie Anm. 33), S. 140.

[38] Zu dem 1528 nach Schwabach berufenen Obermai[e]r, der Anfang 1529 seine Stelle antrat, vgl. SCHNEIDER, Gutachten (wie Anm. 33), S. 52–54; hier: S. 52.

[39] Zu Simon bzw. Sigmund Schneeweiß vgl. ebd., S. 9f. Nach SIMON, Pfarrerbuch (wie Anm. 33), S. 441, wirkte er spätestens ab Ende 1529 als Hofprediger in Ansbach.

andeuten, der *Jo*[h]*an*[nes] *Seuboldt* und *Jo*[h]*an*[nes] *Lazarus* erwähnt;[40] beide Namen begegnen in einer 1581 gedruckten Liste konkordientreuer Pfarrer aus dem Umfeld von Feuchtwangen,[41] in dem sich Johannes Geyling, einer der rückseitig benannten Akteure, bewegt hatte.[42]

Wichtiger als eine namentliche Identifizierung der den meisten Zeitgenossen unbekannten Beteiligten ist auch für die Bezugsschrift deren Veröffentlichung im Frühjahr 1529. Der Text stellt keine direkte Verbindung zu dem kirchenpolitischen Kontext eines Religionsgesprächs her,[43] der sich erst im weiteren Verlauf des Jahres 1529 konkretisierte. Im Ganzen wird die Abendmahlsfrage vergleichsweise milde behandelt: Im Vordergrund der Schrift stehen historische, philologische und argumentative Zusammenfassungen, die nur sehr selten auf zeitgenössische Autoren Bezug nehmen. Gepriesen wird allein die *geschrifft unsers freundlichen lieben preceptors uñbruders/ Martin Luther/ in welches Christenlichen bůchern von dem Sacrament* [...] *gnugsam anzeygt*[44] worden sei; Anerkennung finden auch Johannes Bugenhagen und Johannes Brenz.[45] Die zeitgenössischen Gegner werden nicht namentlich genannt. Sie stehen unter der Sammelbezeichnung der *Sacramentischen*[46] oder gelten schlicht als *widersacher*[47]. Sie treten ganz hinter ihren Urheber, den *Sathan*[48], zurück, der die *verstörung und verwüstung*[49] seines Reiches durch das Evangelium u. a. dadurch aufhalten wolle, dass er sich der *gegenwertige*[n] *Frage/ von der substantz des heyligen Sacraments*[50] angenommen habe.

---

[40] Auf dem Titelblatt ist vermerkt: *Domino Joan: Seuboldt | Franz Lazarus* D.[onum] D.[edit]; Lazarus war demnach der Geber und Seuboldt der Beschenkte.

[41] Concordia Christliche Widerholete/ einmůtige Bekennůs nachbenanter Churfůrsten/ Fůrsten und Stende Augspurgischer Confesion/ vnd derselben zu ende Lere und glaubens Frankfurt/Oder 1581, o. P. Ein Nachdruck der Übersicht findet sich in: Fasciculus opusculorum historicorum selectus in quo exhibentur. I. Viri Celeberrimi Henrici Meibomii Chronicon Bergense etc., Halberstadt [1721], S. 97.

[42] Aufgrund der geographischen Überschneidung liegt die Frage nahe, ob es sich bei dem Münchner Exemplar um Geylings Handexemplar handeln könnte. Eine zeitnahe Handschriftenprobe Geylings (ich beziehe mich auf Geylings eigenhändigen Zusatz zu einem Schreiben an Herzog Ulrich von 1534, HStA Stuttgart, A 63 Bü 4/12, fol. 11v–12r) lässt deutliche Unterschiede in den Schriftzügen erkennen; Geyling kann als handschriftlicher Autor der Namensliste ausgeschlossen werden. Für seine Bestätigung dieser Einschätzung danke ich Ulrich Bubenheimer, der aufgrund weiterer Vergleiche ergänzt, dass die Aufzeichnungen auch nicht von Althamer stammen.

[43] Zu den Kenntnissen der Überlegungen vor 1529 auf Schweizer, Oberdeutscher und Kursächsischer Seite vgl. KÖHLER, Abendmahl (wie Anm. 25), S. 4–19.

[44] ,Von dem rechten [...] verstandt der wort' (wie Anm. 32), fol. E2r.

[45] Ebd., fol. F3r.

[46] Vgl. nur exemplarisch ebd., fol. E4v oder F1r.

[47] Ebd., fol. D4r.

[48] Ebd., fol. A2r.

[49] Ebd.

[50] Ebd.

Die Flugschrift bietet ein klassisches häresiologisches Deutungsmuster. Die Einheit der wahren Lehre sei im biblischen Text und dessen angemessener Interpretation angelegt; die Vielfalt der Devianz leite sich aus deren spalterischem Wesen ab: *Es ist aber nie grösser mißhellung gewesen/vnder eyniger Seckt verwanten/ dañ in diser gegenwertigen. Dann wiewol sie in der haubtsach/ welche ist/ das Christus im Sacrament/ nit gegenwertig sey/ vbereinkoñen/ so sind sie doch in der bewey-sung/ handel/ vnnd fůrbringung der sachen auch außlegung der wort des Nacht-mals/ gantz vneynig.*[51] Personen und Positionen, wie diejenigen Karlstadts, Zwinglis oder Oekolampads, werden nur anonymisiert angedeutet: *der růmbt sein Tuto/ yener nymbt/ Est/ fůr bedeut, der drytt/ Leyb/ fůr leybs zeychẽ etc.*[52] Der Text demonstriert im Ganzen auf bemerkenswert zurückhaltende Weise den Anspruch einer Einheit der göttlichen Wahrheit, von der sich die Vielfalt der wider-göttlichen Gegner abhebt. Abschließend fordert die Schrift zu einer Geschlossen-heit der eigenen Reihen auf: *Wir/ so vnsers bedunckens noch stehen/ sollen vnns (zorn/haß/hoffart/verachtung/schmehewort/zancke/vnnd was der gleichen vnchristliche bewegnuß vnnd that sind/ fern hyndan gesatzt) billich durch frembden schaden/ gewitziget/ fŏrchten.*[53]

Falls die Vorrede der ‚Warhafftig vrsach‘ die Veranlassung zur literarischen Reaktion zutreffend schildert, wurde die Bezugsschrift als *eyn suñ der Lute-rischen bůcher* gedeutet, und, blickt man in den Text selbst, positionell gleicher-maßen invertiert. Auch Luther begegnet vereinzelt namentlich,[54] insgesamt enthält sich die Schrift aber jeder weiteren Hervorhebung von Zeitgenossen. Vorsichtig wird allenfalls auf Brenz alludiert.[55] Im Unterschied zur lutherischen Bezugsschrift ist die ‚Warhafftig vrsach‘ scheinbar besser gegliedert, indem sie 22 Unterkapitel bildet. Nur teilweise erschließt sich deren Abfolge jedoch einer erkennbaren Ratio-nalität. So gibt es in der Mitte etwa zwei Kapitel, die hermeneutischen Fragen gelten.[56] Auch hier liegt jedoch keine geschlossene Konzeption vor: Ein thematisch verwandter Komplex folgt erst weitere acht Kapitel später.[57] Im Ganzen könnte man den Aufbau als eine elementare Lokalmethode deuten, die unter bestimmten Stichworten thematisch zusammengehörige Materialien sammelt, diese in der obersten Gliederungsebene aber in keine geschlossene Konzeption überführt.

---

[51] Ebd., fol. B1r.
[52] Ebd.
[53] Ebd., fol. [G1r].
[54] ‚Warhafftig vrsach‘ [1529] (wie Anm. 3), Arg. 138 und 195, fol. G5v.
[55] Ebd., Arg. 105: *Die andern/ nemlich/ die Schwebischẽ Syngrammatistẽ.*
[56] Ebd., [Kap. 10] *Důrr hell wort* und [Kap. 11] *Heyssend vnd geschicht wort.*
[57] Ebd., [Kap. 20] *Eusserlich wort.*

Dieses Vorgehen bestimmt auch die Binnenstruktur der Einzelkapitel. Eine inhaltliche Kohärenz oder stringente Abfolge der jeweiligen Einzelpunkte erschließt sich nur sehr begrenzt.

Entscheidend sind die formale Gleichrangigkeit aller 322 Punkte, der vollständige Verzicht auf namentliche Autoritäten und das irenische Grundprogramm, auf das bereits der Titel abhebt: *on alle schumpffierung vnd zanckreden. Vngeferlich.*[58] Auffällig ist der Begriff der *schumpffierung*, der Beschimpfung, der im Mittel- und Frühneuhochdeutschen begegnet[59] und dialektal[60] besonders dem Elsässischen[61] sowie Schweizerdeutschen[62] verbunden ist. In den Druckwerken des 16. Jahrhunderts begegnet der Begriff selten. 1523 findet er sich in der ‚Entschuldigung', die Wolfgang Capito ‚An den hochwirdigen Fürsten uñ herren Wilhelmen Bischoffen zů Straßburg' richtet.[63] 1524 begegnet der Begriff mehrfach in Capitos ‚Antwort' auf Konrad Treger.[64]

Der Titel der ‚Warhafftig vrsach' bietet eine weitere begriffliche Entsprechung zu Capito. Die Formulierung *das der leib Christi nitt inn der creatur des brots/ aber durchs wort gots/ im nachtmal vnd hertzen der glaubigen sei* korrespondiert dem Wortlaut von Capitos zwei Monate zuvor aufgesetzter Vorrede zu Schwenckfelds

---

[58] Ebd., fol. 1Ar.

[59] Art. ‚schumphiere'. In: Mittelhochdeutsches Wörterbuch. Mit Benutzung des Nachlasses von Georg Benecke. Ausgearbeitet von Wilhelm Müller und Friedrich Zarncke, Bd. II/2, Hildesheim 1963, Sp. 223a; Art. ‚schumpfieren'. In: LEXER, Matthias: Mittelhochdeutsches Handwörterbuch, Bd. 2, Leipzig 1876 (ND Stuttgart 1970), Sp. 817.

[60] Vgl. Art. ‚schumpfieren'. In: SCHMELLER, J. Andreas: Bayerisches Wörterbuch. Sammlung von Wörtern und Ausdrücken, bearbeitet von G. Karl Frommann, Bd. 2, Stuttgart/Tübingen ²1877, S. 423. Für vergleichsweise späte Belege vgl. Art. ‚schimpfiere'. In: FISCHER, Hermann: Schwäbisches Wörterbuch, Bd. 5, Tübingen 1920, Sp. 842.

[61] Art. ‚Schumpfieren'. In: SCHMIDT, Charles: Historisches Wörterbuch der elsässischen Mundart. Mit besonderer Berücksichtigung der früh-neuhochdeutschen Periode, Strassburg 1901, S. 814f.; Art. ‚Schumpfierung'. In: ebd., S. 315.

[62] Art. ‚schimpfiere'. In: Schweizerisches Idiotikon. Wörterbuch der schweizerdeutschen Sprache, Bd. 8, Frauenfeld 1920, Sp. 790.

[63] CAPITO, Wolfgang: An den hochwürdigen fürsten und herren Wilhelmen Bischoffen zu Straßburg/ vnnd Lantgrauen zů Elsas. Entschuldigung C. Wolfgang Fa. Capito. Zeigt an ursach Warumb er Burger worden. Geprediget. Vnd ein offenliche Disputation begeret habe, 1524 (VD16 C 813), fol. AA2r; CAPITO, Wolfgang: An den hochwirdigen Fürsten uñ herren Wilhelmen Bischoffen zů Straßburg und Landtgraven zů Elsas. Entschuldigung D. Wolfgang Fa. Capito. Zaigt ursach an/ warum er Burger worden/ geprediget/ vnd ain offenliche Disputation begeret hab, 1524 (VD16 C 814), fol. A2r.

[64] Lexikalisch sind zwei der folgenden drei Stellen angezeigt in SCHMIDT, Schumpfieren (wie Anm. 61). Ich zitiere und ergänze nach CAPITO, Wolfgang: Antwurt C. Wolffgang Fab. Capitons auff Brüder Conradts Augustiner ordens etc., Strassburg: Wolfgang Köpfel 1524 (VD16 C 816), fol. P1r: *Das nachgeend sein nur schumpffier wort/* [...] *So begeren wir kein richter zůsetzẽ/ du hast es nie von uns gehört/ noch schumpffierst vns so höfflich;* fol. Q2r: *Das nachgeend pauren geschrey vnd schumpffieren laß ich mich nit irren.*

‚Apologia'. Dort ist zunächst von der *creatur des brots*[65] die Rede, bevor ein längerer Passus mehrere Überschneidungen mit der Überschrift der späteren Flugschrift bietet: *Das der leib Christi nitt leiblichen in der creatur des irdischen brots/ [...] sunder warhafftig sey er im nachtmal der glaeubigen durchs wort im heyligen geist. [...] Dz seind aber alle dise/ in welcher hertzen der herr Christus wonet durch den waren glauben/ und die selbigen werden warhafftig durch in geistlich gespeiset in seinem nachtmal.*[66] Die wörtlichen Übereinstimmungen zwischen den beiden Texten lassen sich in Teilen,[67] nicht aber in der dichten Zusammenstellung auf Schwenckfelds ‚Apologia' zurückführen. Die Vorrede der ‚Warhafftig vrsach' alludiert mit ihrem vorletzten Satz: *Dann es soll zwar ieder alle ding bewerenn/ vnnd das gůt alleyn annemmen*[68] auf 1 Thess 5,21. Eben diese Bibelstelle setzt auch die von Capito herausgegebene ‚Apologia' Schwenckfelds in einem etwas anderen Wortlaut auf das Titelblatt.[69] Capitos im Juni 1529 aufgesetzte Vorrede schließt mit dem Appell, der eine weitere begriffliche und programmatische Verbindung zum Titel der ‚Warhafftig vrsach' bietet, die *on alle schumpffierung vnd zanckreden* auskommen möchte: *das wir all ein ander die handt reichen die in Gots forcht steen/ zuo erbuwung des leibs Christi/ on zanck und fleischlichen eifer/ Amen.*[70] Für den Titel und die Vorrede der ‚Warhafftig vrsach' dürfte damit naheliegen, dass sie von Capito stammen. Für eine Drucklegung bei Schöffer in Worms könnte sprechen, dass dieser zeitgleich zur Veröffentlichung der Schwenckfeld-Apologie, am 12. Juni 1529, bei Capito um druckbare Texte für ihn oder seinen Kompagnon Johann Schwintzer anfragte.[71]

Betrachtet man Capitos diplomatischen Kurs im Abendmahlsstreit nach der Veröffentlichung von Luthers ‚Abendmahl Christi. Bekenntnis', so war er seit April 1528 darum bemüht, die Schweizer und Straßburger Akteure mit nur einer Stimme

---

[65] SCHWENCKFELD, Caspar: Caspar Schwenckfeldes Entschuldigung das er den Leyb vnnd Blůt Christi ym̅ Nachtmall des Herren/ und im̅ geheymnus des H. Sacraments nicht verleůcket [...]. [1528]. In: Corpus Schwenckfeldianorum, Bd. 3: Letters and Treatises of Caspar Schwenckfeld von Ossig. 1528–December 1530, Leipzig 1913, S. [391]–431, hier: S. 395, Z. 10.

[66] Ebd., S. 396, Z. 19–21 und Z. 26–29.

[67] Für den Begriff des Nachtmals vgl. ebd., S. 404, Z. 31, für die *creatur des brotes vnnd weins* vgl. ebd., S. 405, Z. 21.

[68] ‚Warhafftig vrsach' [1529] (wie Anm. 3), fol. A1v.

[69] Vgl. hierzu SCHWENCKFELD, Entschuldigung (wie Anm. 65), S. [399]–401.

[70] Ebd., S. 397, Z. 21–23.

[71] Quellen zur Geschichte der Täufer, Bd. 7: Elsaß, I. Teil. Stadt Straßburg 1522–1532, bearbeitet von Manfred Krebs und Hans Georg Rott (QFRG 26), Gütersloh 1959, Nr. 185, S. 238f., hier: S. 239, Z. 2–10: *Ich hab ewer jüngste schrifft des Jo. Schwintzerß halb an mich gethan, verlesen, darin vernomen, wie ir euch eyner zukünfftigen gemeynschafft des truckens zwischen vns beyden bericht hab. Wirt vff solchs er euch der vrsach halb, warum es biß hieher verzogen, gnugsam berichten, dann wir vns jtz vff eyn newes vereyniget, das wir auch, ab gott will, den künfftigen winter vollstrecken wöllen, der zuuersicht, das ir vns mit exemplaren, vnd was sunder ewer nachtheyl gschehen mag, werdent behülfflich sein.* Vgl. auch RUMMEL, Erika/KOOISTRA, Milton (Hg.): The Correspondence of Wolfgang Capito, Bd. 2: 1524–1531, Toronto/Buffalo/London 2009, Nr. 392, S. 387.

sprechen zu lassen.[72] Vermieden werden sollen mehrere Reaktionen, deren Unterschiede von den Lutheraner herausgestellt werden könnten. Wie ein Dirigent versuchte Capito, die literarischen Projekte zu koordinieren. Am 9. April 1528 forderte er Oekolampad dazu auf, zu schweigen. Zwingli wiederum ermunterte er am 15. April 1528 zur Abfassung einer Replik. Bucer verfolgte zunächst keine eigenen Projekte, veröffentlichte aber seine dialogische ‚Vergleichung D. Luthers und seins gegentheyls‘, nachdem Zwingli und Oekolampad gemeinsam geantwortet hatten. Schon 1528 war es Capitos klares Ziel, eine Einheit der Straßburger, Basler und Zürcher Positionierungen publizistisch zu dokumentieren. Im Mai 1529 traf Schwenckfeld in Straßburg ein, und wiederum war es Capito, der sich um eine Vermittlung gegenüber Zwingi bemühte.[73] Mit der im Folgemonat erfolgten Veröffentlichung von Schwenckfelds ‚Apologia‘ trat Capito persönlich für diesen ein. Die Stimmenvielfalt hatte sich im Frühjahr 1529 somit noch erhöht, und die ‚Warhafftig vrsach‘ reagiert genau auf diese Situation.

Ohne jeden erklärenden Hinweis oder formale Kenntlichmachung öffnet sich die Schrift in ein grandioses Panorama, in dem sich in schneller Folge Äußerungen der bisher benannten Straßburger, Basler und Zürcher Akteure abwechseln und ergänzen. Eine literarische Identifizierung aller 322 Argumente würde ein hohes Maß an intertextueller Recherche erfordern. Für knapp 70 der Einzelpunkte[74] und damit ein Fünftel des Gesamttextes gelang mir bisher eine Bestimmung der zitierten bzw. redigierten Vorlagen. Ein Blick auf das erste Kapitel illustriert die Tendenz des bisherigen Befundes. Am Anfang steht Schwenckfeld, dessen erster Abendmahlsschrift, der ‚anwysunge‘ mit dem Hauptteil der ‚confutatio impanationis‘ von 1528, die ersten sechs Argumente entnommen sind.[75] Auch die Überschrift des ersten Kapitels leitet sich aus einer Übersetzung von Schwenckfelds lateinischer Zwischenüberschrift ab.[76] Von Schwenckfeld wechselt das erste Kapitel zu Zwingli, dessen ‚Daß diese Worte: Das ist mein Leib usw. ewiglich den alten Sinn haben werden usw.‘ vom Juni 1527 für die fünf folgenden Argumenten grundlegend ist.[77] Interessant ist ein weiteres Argument des ersten Kapitels, dessen

---

[72] Vgl. zum Folgenden Wilhelm H. Neuser in: BUCER, Martin: Vergleichung D. Luthers und seins gegentheyls vom Abentmal Christi. Dialogus Das ist eyn früntlich gesprech [1528]. In: BDS 2, S. [295]–383, hier: S. 297.

[73] Quellen zur Geschichte der Täufer 7 (wie Anm. 71), Nr. 183, S. 237; RUMMEL/KOOISTRA, Correspondence 2 (wie Anm. 71), Brief 391, S. 387.

[74] Im Weiteren werden die folgenden Argumente ausgewiesen: 1–11, 16, 21, 26f., 29f., 47, 109–112, 214f., 130, 131 [Erstzählung], 131 [Zweitzählung], 132–134, 136, 139–142, 146–152, 157, 168f., 178–181, 188f., 106–209, 211–215, 219, 222f., 238, 235, 260, 302, 312.

[75] Arg. 1–6 = SCHWENCKFELD, Caspar: Ein anwysunge das die opinion der leyplichen gegenwertigheyt unsers Herrens Jesu Christi im Brote oder under der gestalt deß Brots/ gericht ist [1528]. In: Corpus Schwenckfeldianorum 3 (wie Anm. 65), S. 1–23, hier: S. 7–11.

[76] Vgl. SCHWENCKFELD, anwysunge (wie Anm. 75), S. 7, Z. 15.

[77] Arg. 7f. = ZWINGLI, Huldrych: Daß diese Worte: „Das ist mein Leib" etc. ewiglich den alten Sinn haben werden etc. (20. Juni 1527). In: CR 92, S. [795]–977, hier: S. 885; Arg. 9f. = S. 895; Arg. 11 = S. 897.

literarische Vorlage sich in der ‚Antwort' des Konrad Ryss aus Ofen auf Johannes Bugenhagen identifizieren lässt.[78] Für die pseudonym veröffentlichte Schrift von 1525 wurden verschiedene Verfasser in Betracht gezogen, u. a. Michael Keller in Augsburg[79] und Simon Grynaeus in Heidelberg.[80] Auch wurde ein tatsächlich Konrad Ryss heißender Anhänger Karlstadts angenommen.[81] Entscheidend ist, dass Thomas Kaufmann aufgrund der begrifflichen, konzeptionellen und argumentativen Entsprechungen zu einem Brief von Martin Bucer wahrscheinlich machen konnte, dass dieser der Verfasser der Flugschrift gewesen war.[82] Bezeichnend für die redaktionelle Bearbeitung in der ‚Wahrhafftig vrsach' ist, dass auf die bei Konrad Ryss gebotene Polemik gegen Zwingli und Karlstadt verzichtet wird.[83] Von den bisherigen Akteuren, die in Capitos publizistischer Ausgleichsdiplomatie der Jahre 1528 und 1529 eine Rolle spielen, fehlt damit nur noch Oekolampad. Auf ihn lassen sich zwei weitere Argumente des ersten Kapitels zurückführen, die einem der beiden Abendmahlssermone von 1525 entnommen sind, die Ludwig Hätzer 1526 in deutscher Übersetzung veröffentlichte.[84]

Für die übrige Schrift reicht eine überblicksartige Zusammenfassung der bisher identifizierten Vorlagen. Den literarischen Anschluss an Konrad Ryss und damit Bucer bieten mindestens drei weitere Argumente.[85] Im Vordergrund stehen insgesamt Bucer, Zwingli und Oekolampad. Von Bucer wird besonders auf die

---

[78] Arg. 16 = Ryss, Konrad: Antwort dem Hochgelerten Doctor Johann Bugenhagen auß Pomern/ Hyrt zů Wittenberg/ auff die Missiue/ so er an den Hochgelerte Doctor Hesso/ leerer zů Preßlaw geschickt/ das Sacrament betreffend. Durch Conradt Reyssen zu Ofen gemacht, [Augsburg: Ph. Ulhart d. Ä.] [1525] (VD16 K 648), fol. B3r.

[79] Vgl. dazu den betreffenden Eintrag des VD16 K 648 u. a. Vgl. entsprechend auch die nicht überzeugende und von WA.B. 8, S. 275, Z. 23f., nicht übernommene Identifizierung in Enders, Ernst Ludwig: [Dr. Martin Luther's] Briefwechsel, Bd. 11: Briefe vom Juli 1536 bis August 1538 (Dr. Martin Luther's sämmtliche Werke), Calw/ Stuttgart 1907, S. 396f. [Kommentar zu Nr. 2627, Luther an den Rath zu Augsburg, 29. August 1538].

[80] Bernhard, Jan-Andrea: Konsolidierung des reformierten Bekenntnisses im Reich der Stephanskrone. Ein Beitrag zur Kommunikationsgeschichte zwischen Ungarn und der Schweiz in der frühen Neuzeit (1500–1700) (Refo500. Academic Studies 19), Göttingen ²2017, S. 66–69.

[81] Burnett, Amy Nelson: Karlstadt and the origins of the eucharistic controversy. A study in the circulation of ideas, Oxford/New York u. a. 2011, S. 125–129.

[82] Kaufmann, Thomas: Zwei unerkannte Schriften Bucers und Capitos zur Abendmahlsfrage aus dem Herbst 1525. In: ARG 81 (1990), S. 158–188, bes. S. 166–181. Kurz dazu vgl. auch Kaufmann, Thomas: Die Abendmahlstheologie der Straßburger Reformatoren bis 1528 (BHTh 81), Tübingen 1992, S. 333.

[83] Vgl. dazu den Anfang des zitierten Abschnitts bei Ryss, Antwort (wie Anm. 78), fol. B3r.

[84] Arg. 21 = Oekolampad, Johannes: Vom Nachtmal. Beweisung auß euangelischen schrifften/ wer die seyen/ so des Herren Nachtmals wort vnrecht verstande vnd außlege. Item Zwo predigen von hochwirdigkeyt des Sacraments/ beschutz weyß in Latein beschriben/ durch IOAN. Ecolampadium/ Christlicher gemein zů nutz verdeutscht/ durch Ludwig Hätzer, [Basel: Th. Wolff] 1526 (VD16 O 290) [Staehelin, Bibliographie (wie Anm. 16), S. 60, Nr. 126], fol. K4v.

[85] Arg. 146 = Ryss, Antwort (wie Anm. 78), fol. A3r; Arg. 260 = fol. A4r; Arg. 302 = fol. A4r.

,Vergleichung' vom Februar 1528 rekurriert,[86] aber auch die ,Getrewe Warnung der Prediger des Evangelii zů Straßburg uber die Artickel, so Jacob Kautz, Prediger zů Wormbs kürtzlich hat lassen außgohn' von 1527 dient als Vorlage.[87] Von Zwingli werden Voten verarbeitet, die vom Januar 1527 bis in den März 1529 reichen. Dazu zählen – neben der bereits erwähnten Schrift vom Juni 1527, die noch für andere Stellen grundlegend ist[88] – die ,Antwort über Straußens Büchlein, das Nachtmahl Christi betreffend',[89] Zwinglis Voten aus der Berner Disputation,[90] Zwinglis zusammen mit Oekolampad herausgegebene Antwort auf Luthers ,Abendmahl Christi. Bekenntnis'[91] und die ,Freundliche Verglimpfung über die Predigt Luthers wider die Schwärmer' aus dem Frühjahr 1529.[92] Interessant in diesem Zusammenhang ist übrigens, wie konsequent direkte Hinweise auf einen Dialog mit Luther in eine allgemeine Zurückweisung möglicher Einwände überführt werden.[93] Von Oekolampad wird stark auf die gegen Theobald Billican gerichtete Abendmahlsschrift ,Vom nachtmal, Beweysung' in der Übersetzung Ludwig Hätzers rekurriert.[94]

---

[86] Arg. 26 = BUCER, Vergleichung (wie Anm. 72), S. 358, Z. 14–20; Arg. 27 = S. 246, Z. 2–10; Arg. 29 = S. 309, Z. 13–22; Arg. 30 = S. 314, Z. 3–11; Arg. 109 = S. 342, Z. 4–8; Arg. 110 = S. 344, Z. 3–10; Arg. 111 = S. 325, Z. 37 – S. 326, Z. 5; Arg. 114 = S. 342, Z. 11–14; Arg. 149 = S. 343, Z. 9–13; Arg. 150 = teilweises Zitat von S. 343, Z. 23–25; Arg. 151 = Paraphrase mit Zitatanteil von S. 344, Z. 11–16; Arg. 152 = S. 381, Z. 14–17; Arg. 157 = S. 370, Z. 35f. u. S. 371, Z. 2f.

[87] Arg. 112 = BUCER, Martin: Getrewe Warnung der Prediger des Evangelii zů Straßburg uber die Artickel, so Jacob Kautz, Prediger zů Wormbs kürtzlich hat lassen außgohn, die frucht der schrifft und Gottes worts, den kinder=Tauff und erlösung unsers herren Jesu Christi sampt anderm, darin sich Hans Dencken und anderer widertäuffer schwere yrthumb erregen, betreffend [1527]. In: BDS 2, S. [225]–258, hier: S. 247, Z. 2–5; Arg. 115 = S. 245, Z. 9–11.

[88] Zu den oben (Anm. 77) benannten Bezügen zählen nach dem ersten Kapitel: Arg. 139 = ZWINGLI, Worte (wie Anm. 77), S. 854 [zu dem markanten Druckfehler: Schein statt Schirm vgl. oben Anm. 8]; Arg. 140f. = S. 887; Arg. 142 = S. 888; Arg. 238 = S. 877.

[89] Arg. 130 = ZWINGLI, Huldrych: Antwort über Straußens Büchlein, das Nachtmahl Christi betreffend. Zürich, anfangs Januar 1527. In: CR 92, S. [452]–547, hier: S. 494; Arg. 134 = S. 490; Arg. 206 = S. 477; Arg. 207 = S. 478f.; Arg. 208 = 479f.; Arg. 279 = S. 480f.; Arg. 235 = S. 478.

[90] Arg. 178 = ZWINGLI, Huldrych: Voten Zwinglis an der Berner Disputation. Bern, 6. bis 25. Januar 1528. In: CR 93/1, S. [235]–432, hier: S. 336; Arg. 179 = S. 336f.; Arg. 180 = S. 359f.; Arg. 181 = S. 360; Arg. 219 [Druckfehler im Erstdruck: „229"] = S. 352.

[91] Art. 131 [Erstnennung dieser Zahl, vgl. oben Anm. 8] = ZWINGLI, Huldrych: Über D. Martin Luthers Buch, Bekenntnis genannt, zwei Antworten von Johannes Oekolampad und Huldrych Zwingli. Zürich, Ende August 1528. In: CR 93/2, S. [1]–248, hier: S. 47; Arg. 131 [Zweitzählung] = S. 58; Arg. 132 = S. 58; Arg. 133 = S. 107.

[92] Arg. 312 = ZWINGLI, Huldrych: Freundliche Verglimpfung über die Predigt Luthers wider die Schwärmer (28. bis 30. März 1527). In: CR 92, S. [763]–794, hier: S. 778f.

[93] Ebd.

[94] Arg. 47 = OEKOLAMPAD, Johannes: Vom nachtmal. Beweysüg auß Euangelischen schrifften/ wer die seyen/ so des Herren Nachtmals wort unrecht verstanden vnd außlegen/ Durch Joan. Ecolampadium/ Christlicher gemayn zů nutz verdeütscht/ durch Ludwig Hätzer, [Augsburg: Philipp Ulhart d. Ä.] [1526] (VD16 O 289) [STAEHELIN, Bibliographie (wie Anm. 16), S. 61, Nr. 127], fol. F1r; Arg. 147 = im freien Anschluss an fol. C1r; Arg. 148 = fol. C1r, C1v; Arg. 168 = fol. F4r; Arg. 169 = fol. F4r; Arg. 209 = fol. G3v; Arg. 211 = fol. J3r; Arg. 212 = fol. J3v; Arg. 213 = fol. J3v; Arg. 214 = fol. J3v; Arg. 215 = fol. J4v; Arg. 223 = fol. G3r; Arg. 222 = fol. G2v.

Die von Ernst Koch identifizierten ‚spiritualistischen‘ Aussagen könnten auf Hans Dencks ‚Vom Gesetz Gottes‘ von 1526 alludieren,[95] nehmen aber wahrscheinlicher Motive von Schwenckfeld auf. Eine Spitzenaussage der Flugschrift besteht darin, den Satan selbst für die Annahme einer leiblichen Gegenwart im Altarsakrament verantwortlich zu machen: *Der Satanas/ uff das er alle ding um̄keret/ hat er vnderstanden die leiplich gegenwurtigkeyt Christi auffzemutzen/ vnd wiewol nit inn der gestalt eyns menschen/ doch inn der gestalt deß brots.*[96] Das Folgeargument setzt den Gedanken fort: *Darumb hat der teuffel so vil kṏstlicher kirchen/ Sacramentheußlin vnnd ampeln/ darzů das brullen vnd weihen der pfaffen erdacht.*[97] Der Passus kontrastiert dem Ansatz der ‚Frånkischen predicanten‘, die den Satan als Urheber der Uneinigkeit im Abendmahlsverständnis schildern.[98] Dennoch begegnet man auch hier nur bedingt einer *ipsissima vox* des Autors bzw. Kompilators: Der Abschnitt basiert auf der wohl von Bucer[99] stammenden Übersetzung des Hoen-Briefs, die 1525 in Straßburg und 1526 in Augsburg erschienen war.[100] Die ‚Warhafftig vrsach‘ verschärft die antiklerikale Polemik gegen die Messpraxis, bietet aber letztlich nur ein weiteres Zitat, das dem Straßburger und Schweizer Kontext der Jahre 1525 bis 1529 entstammt. Nicht identifizieren ließen sich bisher inhaltliche Bezüge zu Karlstadt.

Weitere Vorlagen werden sich mit Sicherheit erschließen lassen.[101] Für die bislang erhobenen begrifflichen Entsprechungen und literarischen Vorlagen lässt sich festhalten, dass der Text im Ganzen eine Kompilation aus Straßburger und Schweizer Positionierungen im Abendmahlsstreit darstellen dürfte, zu denen in den Jahren

---

[95] Vgl. Arg. 136: *Auff den lebenhafftigenn geyst/ unnd nit auff den todten buchstaben sollen wir sehen* mit DENCK, Hans: Schriften, T. 2: Religiöse Schriften, hg. von Walter Fellmann (QFRG 24/2), Gütersloh 1956, S. 59, Z. 7–9: *Welcher maint, er wöll es auß dem buch zuwegen bringen, das er das gsatz halte, der schreyt dem todten buchstaben zu, das dem lebendigen gayst zugehört.*

[96] Arg. 188.

[97] Arg. 189.

[98] Vgl. oben Anm. 48f.

[99] Vgl. hierzu KAUFMANN, Abendmahlstheologie (wie Anm. 82), S. 392f.

[100] [HOEN, Cornelisz Hendricx]: Von dem brot vnd weyn des HERREN/ Christlicher bericht, [Straßburg: Köpfel] 1525 (VD16 H 4056), fol. B2v bzw. [HOEN, Cornelisz Hendricx]: Ein Christlicher bericht vō dem Brot vnd weyn deß Herren, [Augsburg: Philipp Ulhart d. Ä.] 1526 (VD16 H 4057), fol. C1r.

[101] Als nicht weiterführend erweist sich in dieser Hinsicht eine Auswertung der im Stadtarchiv Ravensburg verwahrten Abschrift: StadtA Regensburg, Sig. Büschel 484c, fol. 1r und fol. 2r–44v; vgl. dazu oben Anm. 21. Die Handschrift bietet einzelne Marginalien, die jedoch keine Identifizierung weiterer einschlägiger Quellen aus zeitgenössischer Perspektive erlauben. Die Abschrift ist schwach annotiert; die Marginalien konzentrieren sich auf den Anfang des Textes und beschränken sich auf die Argumente 1f. (fol. 1r), Arg. 3–5 (fol. 2v), Arg. 44 (fol. 8r), Arg. 51 (fol. 8v), Arg. 150f., Arg. 158 (fol. 20v), Arg. 162 (fol. 21r). Überwiegend dokumentieren die Anmerkungen eine inhaltlich ablehnende Auseinandersetzung mit einzelnen Argumenten. Nur drei Marginalien gehen auf Personen ein. Zu Beginn von Arg. 3 wird unter Rückgriff auf einen verbreiteten Topos angezeigt, fol. 2v: *hae stenckfeld*. Weder bei diesem noch den angrenzenden Argumenten (vgl. dazu oben Anm. 75) wurden die wörtlichen Entsprechungen zu Schwenckfeld bemerkt. Anders verhält es sich bei der ersten Zwischenüberschrift, zu der eine Marginalie zutreffend (vgl. dazu oben Anm. 76) feststellt, ebd., fol. 2r: *phrasis est Schwenckfeldii.* Bei Arg. 151 (fol. 20r) wird eine inhaltliche Nähe zu den *Zwingliani* notiert.

1528 und 1529 auch Schwenckfeld gehört. Das literarische Anliegen, die Vielfalt zahlreicher Stimmen auf eine einzige zu reduzieren, begegnet bei Capito schon im Frühjahr 1528. Nachdem seine Bemühungen, in Straßburg, Zürich und Basel die literarischen Reaktionen auf Luthers ‚Abendmahl Christi. Bekenntnis‘ auf das Votum einer Person zu beschränken, gescheitert waren, fasst die ‚Warhafftig vrsach‘ die abermalige Stimmenvielfalt in einer Summe zusammen. Die im Vorwort benannte Bezugsschrift des wahrscheinlich zu machenden Autorenkollektivs um Andreas Althamer stellt eine demgegenüber nachgeordnete Veranlassung für die Abfassung des Textes dar. Allenfalls in dem formalen Impuls einer Anonymisierung gegenwärtiger Personen und Positionen sowie dem literarischen Ansatz einer einstimmigen Summe lassen sich konzeptionelle Entsprechungen benennen.

3 Wirkungs- und Rezeptionsgeschichte

Gegenüber dieser kritischen Rekonstruktion der Veranlassung und Inhalte ist zu betonen, dass Zeitgenossen vor allem eines als entscheidend empfunden haben mochten: die schiere Vielzahl der gegen Luthers Abendmahlsauffassung angeführten Argumente. Aus einer Kenntnis der Bezugstexte mochte sich für aufmerksame Leser und betroffene Autoren eine ansatzweise Wahrnehmung der Intertextualität eröffnet haben. Schwenckfeld dürfte sich vor allen anderen angesprochen gefühlt haben, indem sowohl der Titel auf Capitos Veröffentlichung seiner ‚Apologia‘ alludierte als auch die Argumente im Ganzen mit Bezugnahmen auf seine jüngste Publikation einsetzten. Auf Ablehnung konnte der Text jedoch nicht nur auf lutherischer, sondern auch auf altgläubiger Seite stoßen. Die früheste Reaktion, die sich identifizieren lässt, ist ein Mandat Herzog Georgs vom 29. Oktober 1529, mit dem die Schrift im albertinischen Sachsen verboten wurde.[102] Im Folgenden möchte ich drei Fallbeispiele für Deutungsmuster vorstellen, die auf je eigene Weise zwischen der vorauszusetzenden Einheit und Vielfalt der Stimmen vermitteln. Die Anordnung der drei Fälle erfolgt chronologisch und schreitet vom ersten Drittel in die Mitte des 16. Jahrhunderts fort. Rezeptionsvorgänge, die an die geschilderten Fallbeispiele anschließen, werden in den betreffenden Kapiteln geschildert, womit sich deren Zeitrahmen z.T. bis ins 19. Jahrhundert öffnen.

---

[102] Knapp vgl. dazu erstmals GRETSCHEL, K[arl] Chr[istian] C[anis]: Kirchliche Zustände Leipzigs vor und während der Reformation im Jahre 1539. Ein Beitrag zur Reformationsgeschichte der sächs. Lande, so wie eine Gedenkschrift zur 300jährigen Jubelfeier der leipziger Reformation, Leipzig 1839, S. 223. Sodann vgl. CLAUS, Untersuchungen (wie Anm. 5), T. 1, S. 161f., mit Anm. auf S. 254f. Auf dieser Grundlage vgl. KOCH, Zwinglianer (wie Anm. 4), S. 535 mit Anm. 132. Zuletzt vgl. WARTENBERG, Günther: Landesherrschaft und Reformation. Moritz von Sachsen und die albertinische Kirchenpolitik bis 1546 (QFRG 55), Gütersloh 1988, S. 62, Anm. 220.

3.1 Eine Stimme in der Summe – der Teufel und sein Diener. Nikolaus von Amsdorfs Deutungsmuster (1530f.)

Eine frühe Kenntnis der ‚Warhafftig vrsach' läßt sich für Nikolaus von Amsdorf nachweisen, der sich seit 1524 in Magdeburg befand, das „[a]us Wittenberger Sicht [...] frühzeitig als Strategiezentrum für die Ausbreitung der Reformation in Norddeutschland"[103] in Betracht gezogen wurde. Die zu schildernden Zusammenhänge verdeutlichen Amsdorfs Präsenz in Goslar, aber auch das Wirken weiterer Wittenberger Akteure. Zunächst war es Bugenhagen, der in seinem ersten Braunschweiger Jahr, 1529, die Ausweisung einzelner, u. a. in der Abendmahlsfrage devianter Pfarrer vorangetrieben hatte, zu denen Heinrich Knigge (Knyge) zählte.[104] Knigge fand schnell eine Folgeanstellung, indem er Pfarrer in Goslar wurde. Die Rekonstruktion der weiteren Entwicklungen verdanken wir Ernst Koch.[105] Demnach wandte sich der Goslar Rat im November 1530 an Amsdorf,[106] der die Reformation der Stadt zwei Jahre zuvor maßgeblich vorangetrieben hatte. Im zeitlichen Anschluss kam es zu einer Disputation im Goslarer Rathaus, u. a. zwischen Amsdorf und Knigge, die mit zu der Entlassung Knigges im Februar 1531 führte.[107] Ausweislich seiner eigenen Darstellung der Vorgänge, die Amsdorf 1531 veröffentlichte, rückte er Knigge in der Abendmahlslehre in die Nähe der ‚Wahrhafftig vrsach'. So hob er auf eine Kongruenz zu *den ccc.argumenten/die ein Zwingelischer (doch on seinen namen) hat drucken lassen*[108] ab. Doch nicht nur die Nähe zu Zwingli hatte Amsdorf wahrgenommen. In einem zweiten Passus seiner den Goslarer Ereignissen geltenden Flugschrift ermahnte Amsdorf Knigge, nicht Altbekanntes zu wiederholen: *er mus aber nicht den alten tantz aus den ccc. sprůchen* [der „Warhafftig vrsach"] *odder aus Caspar Schwenckenfeld pfeiffen/ des sind wir vberdrůssig.*[109]

---

[103] KAUFMANN, Thomas: Das Ende der Reformation. Magdeburgs „Herrgotts Kanzlei" (1548–1551/2) (BHTh 123), Tübingen 2003, S. 20.

[104] Kurz erwähnt wird der Vorgang von KOLB, Robert: Nikolaus von Amsdorf (1483–1565). Popular polemics in the preservation of Luther's legacy (Bibliotheca humanistica & reformatorica 24), Nieuwkoop 1978, S. 42.

[105] KOCH, Zwinglianer (wie Anm. 4), S. 530–534 und S. 537f.

[106] Ebd., S. 532.

[107] Ebd., S. 532f.

[108] Ebd., S. 534 (zitiert nach Koch).

[109] Ebd., S. 534 (zitiert nach Koch). In der Literatur wurden die Bezüge zwischen Knigge und der ‚Warhafftig vrsach' ausgehend von Amsdorf bisweilen verzeichnet; vgl. für die Annahme einer von Knigge zugegebenen Autorschaft, aber ohne Kenntnis der Amsdorfschen Bezugsschriften PRESSEL, Theodor: Nicolaus von Amsdorf. Nach gleichzeitigen Quellen (Leben und ausgewählte Schriften der Väter und Begründer der lutherischen Lehre VIII), Elberfeld 1862, S. 36: „Von Letzterem [Knigge] war die von Amsdorf in seiner Predigt getadelte Schrift der dreihundert Argumente für die Zwingli'sche Abendmahlslehre verfaßt und unter seine Zuhörer ausgetheilt worden. Die Stadt war dadurch in höchste Aufregung gerathen, und der Rath hatte abermals zu Amsdorf seine Zuflucht genommen." Dass Pressel von Amsdorfs erklärender Flugschrift wusste, diese aber nicht eingesehen hatte, dokumentiert S. 161, Anm. 15.

Noch vor Knigges Entlassung hielt Amsdorf in Goslar zudem eine Predigt, die laut Vorrede *am Tage Sanct Anthonii*, also am 17. Januar 1531, *nach geschrieben/ vnd mit seiner gunst vnd verwilligung inn druck gegeben* wurde.[110] Der ‚schône Sermon/ von dem wort/ zeichen/ vnd Sacrament‘ bietet die vielleicht schärfste Zurückweisung der ‚Warhafftig vrsach‘ im 16. Jahrhundert und die fundamentalste Identifizierung ihres Autors: *Darûmb hat der Teuffel selbst im abgrund der hellen das Bûchlin/ da die dreihundert argument inne verfasset sind/ durch seinen diener geschrieben/ eitel giffte inn alle welt ausgegossen/ die leute von dem wort uñ Sacrament zu reissen/ vnter einem schein der vernünfftigen wort/ vnd vieler sprûche/ die da reden von geistlichem leben/ so vnverschempt/ das sie dürffen sagen/Auswendige zeichen vnd wort/ trôsten das hertze nicht. Aus ihr bôsewichte und verrether.*[111] Im einzelnen widmet sich Amsdorf einem Argument (Arg. 140), dessen Vorlage Zwingli darstellt,[112] für den Prediger aber nur *offentlich erlogen ist*[113]. Amsdorf schließt superlativisch: *Derhalben ist kein erger bôsewicht vnd heuchler auff erden kommen/ eben der/ der das selbige bûchlin mit drei hundert Argumenten hat drûcken lassen.*[114]

Tatsächlich wurde Amsdorf selbst zu dem wohl einflussreichsten Multiplikator der ‚Warhafftig vrsach‘ im 16. Jahrhundert. Sein ‚Sermon‘ erschien ebenfalls 1531 in Leipzig[115] und in Wittenberg nochmals 1532,[116] 1533[117] sowie 1535;[118] dem letzten Einzeldruck folgte ein Nachdruck in Lauingen 1597.[119] Zudem wurde der Text 1542 in das in Wittenberg gedruckte ‚TrostBüchlin fur die Sterbenden‘[120] aufgenommen, das 1552[121] sowie 1560[122] in Leipzig erschien, bevor es 1570 in

---

[110] Amsdorf, Nikolaus von: Ein schôner Sermon/ von dem wort/ zeichen/ vnd Sacrament, Wittenberg: Georg Rhau 1531, fol. A1v. (VD16 A 2385; für die weitere Druckgeschichte vgl. Anm. 115–123 mit Hinweisen auf VD16 A 2391, VD16 A 2386, VD16 A 2432, VD16 A 2387, VD16 V 2433, VD16 A 2388, VD16 V 2434, VD16 A 2390, VD16 O 251, VD16 B 9406, VD16 O 255, VD16 A 2389, VD16 B 9408, VD16 G 636, VD16 L 5349, VD16 S 7410, VD16 S 7439, VD16 V 2436, VD16 ZV 11923 und VD16 ZV 11924).

[111] Ebd., fol. B1r.

[112] Vgl. dazu oben Anm. 88.

[113] Amsdorf, Sermon (wie Anm. 110), fol. B1v.

[114] Ebd.

[115] Leipzig: Nickel Schmidt (VD16 A 2391).

[116] Vgl. dazu satzidentisch VD16 A 2386 und VD16 A 2432.

[117] In neuem Satz, ebenfalls bei Georg Rhau (VD16 A 2387 und VD 16 V 2433).

[118] Abermals in neuem Satz, wiederum bei Georg Rhau (VD16 A 2388 und VD16 V 2434).

[119] Lauingen: Leonhard Reinmichel (VD16 A 2390).

[120] Wittenberg: Georg Rhau 1542 (VD16 O 251, VD16 B 9406).

[121] Leipzig: Jakob Bärwald 1552 (VD16 O 255; VD16 A 2389; VD16 B 9408; VD16 G 636; VD16 L 5349; VD16 S 7410; VD16 S 7439; VD16 V 2436).

[122] Leipzig: Jakob Bärwald 1560 (VD16 VZ 11923).

Nürnberg verlegt wurde.[123] Die publizistische Verbreitung des 16. Jahrhunderts setzte sich im 19. Jahrhundert fort, indem der Text zunächst 1856 in die populäre Predigtsammlung von Wilhelm Beste[124] und dann in eine Gesamtdarstellung Amsdorfs[125] aufgenommen wurde.

Inhaltlich liegt Amsdorf auf einer Linie mit den ‚Fränkischen predicanten' vom Frühjahr 1529 und natürlich Luther, indem die Vielfalt der abweichenden Abendmahlsverständnisse auf die eine Stimme des Teufels reduziert wird.[126]

3.2 Viele Stimmen in der Summe – Johann Forsters Entdeckung und die Augsburger Untersuchung (1536)

Das zweite Fallbeispiel führt nach Augsburg und Ulm und erhellt den Nachdruck des Jahres 1536 sowie dessen frühe Rezeption. Er ist dem ersten Fall darin vergleichbar, dass der Protagonist ebenfalls ein von Wittenberg aus empfohlener Theologe ist. Es handelt sich um Melanchthons Altersgenossen Johann Forster,[127] der in Augsburg geboren wurde und unter Eck sowie Reuchlin in Ingolstadt studiert hatte, bevor er nach Sachsen wechselte. In Wittenberg trat er bei einem zweiten Aufenthalt spätestens seit 1530 in das engere Umfeld von Luther, der ihn als Tischgenossen und führenden Hebraisten sehr schätzte. Aurifabers Tischreden verdankt sich der undatierte Ausruf Luthers: *Were ich so beredt vnd reich von Worten/ als Erasmus/ Vnd were im Griechischen so gelert als Joachimus Camerarius/ Vnd im Ebreischen also erfahren/ wie Forschemius/ Vnd were auch noch jünger/ ey/ wie wolte ich arbeiten.*[128] In Wittenberg wirkte Forster in einer

---

[123] Nürnberg: Valentin Geißler (VD16 ZV 11924).

[124] BESTE, Wilhelm: Die bedeutendsten Kanzelredner der älteren lutherschen Kirche von Luther bis Spener, in Biographien und einer Auswahl ihrer Predigten, Bd. 1: Die lutherschen Kanzelredner des Reformationszeitalters, Leipzig 1856, S. 266–274.

[125] PRESSEL, Amsdorf (wie Anm. 109), S. 29–35.

[126] Zu dem Argument als solchem vgl. im weiteren kontroverstheologischen Kontext bei Amsdorf ILGNER, Friedrich Christoph: Nikolaus von Amsdorf „wider den rotten vnnd secten gaist". In: Irene DINGEL (Hg.): Nikolaus von Amsdorf (1483–1565) zwischen Reformation und Politik (Leucorea-Studien zur Geschichte der Reformation und der Lutherischen Orthodoxie 9), Leipzig 2008, S. [251]–279, hier: S. 274–276.

[127] Grundlegend ist nach wie vor GERMANN, W.[ilhelm]: D. Johann Forster der Hennebergische Reformator ein Mitarbeiter und Mitstreiter D. Martin Luthers. In urkundlichen Nachrichten nebst Urkunden zur Hennebergischen Kirchengeschichte. Mit Forsters Bild, Handschrift und Siegel. Festschrift zum 230jähr. Hennebergischen Reformationsjubiläum (Neue Beiträge zur Geschichte deutschen Altertums, Lieferung 12), [Wasungen] [1894].

[128] LUTHER, Martin: Colloquia Oder Tischreden D. Mart: Luthers/ So er in vielen Jaren/ gegen gelarten Leuten/ auch fremden Geesten/ vnd seinen Tischgesellen geführet/ Nach den Heubtstücken vnserer Christlichen Lere/ zusammen getragen/ Und jtzt Auffs newe Corrigiret, Eisleben [1567] (VD16 L 6749), S. 2. Für eine lateinische Version dieses Diktums vgl. WA 48, S. 448, Z. 2. Auf die Stelle aufmerksam machte GERMANN, Forster (wie Anm. 127), S. 44.

Predigtanstellung,[129] bevor Luther 1535 die vom Augsburger Rat vorgetragene Anregung einer Rückberufung in die Heimatstadt unterstützte.[130] Forster blieb drei turbulente Jahre in Augsburg. Schon seine ersten Predigten zum Abendmahl, in denen er nach *Wittembergischer art und weisse davon redte,* führten zu *gemurmel und getummel des volks und viel aufstehen und davon laufen* sowie diskreten Nachfragen seiner Kollegen.[131] In einer dramatischen Abfolge persönlicher Annäherung und fortschreitender Entfremdung im Pfarrkonvent verließ Forster 1538 die Stadt, um Theologieprofessor in Tübingen[132] zu werden. Die drei Augsburger Jahre wurden von juristischen Auseinandersetzungen begleitet, die Forster dazu nötigten, seine Vorgehensweisen und die Reaktionen von Kollegen und der städtischen Obrigkeit minutiös zu dokumentierten. Die in Gotha erhaltene[133] und 1894 edierte Handschrift ist mit Blick auf die ‚Warhafftig vrsach‘ ein Glücksfall. Sie bietet einen Augenzeugenbericht für den Augsburger Nachdruck und dessen zeitgenössische Wahrnehmung.

Forsters Aufzeichnungen erlauben zunächst eine exakte Datierung des Nachdrucks: *Etliche tag, one gefar drei oder vier vor dem augustmonat, ist zu Augspurg durch Henrich Stynen ein buchlin gedruckt worden, welches titel ist, Wahaftige ursach.*[134] Nicht nur die präzise Datierung des Drucks auf Ende Juli 1536 findet sich; eingehend schildert Forster auch, wer ihn zuerst auf den Druck aufmerksam gemacht hatte: *Bald hernach wie das dis buchlein gedruckt ist worden, hat es am offentlichen laden Westermeyers Herr Wolfganng Haug, den man sonst den langen Wolffen nennt, gefunden und zu besichtigen mit sich hinweggenommen, bald nach der predigt zu S. Mauritzen mit [Caspar] Hubern, Bernhard Glantzen und mir hinaus fur das thor gangen und uns solches lassen sehen, gesagt, wie im der Westermeyer gesagt, das Jorg von Stedten hab lassen drucken und ausgehen, der da, wie man sagt, unser kunftiger kirchenprobst, und bald auch einstallirt werden solte. Wie wir die vorrede und etliche artikel draus verlesen hatten, befunden wir, das es ein lesterisch, wust buchlein, auch wieder die concordia, und groß ergernis und schaden bringen* wurde.[135] Die Neuausgabe des Jahres 1536

---

[129] Vgl. GERMANN, Forster (wie Anm. 127), S. 32f.
[130] Vgl. dazu WA.B 7, S. 196, 210f., 220.
[131] GERMANN, Forster (wie Anm. 127), S. 96.
[132] Ebd., S. 306.
[133] Forschungsbibliothek Gotha, Chart. A 91.
[134] GERMANN, Forster (wie Anm. 127), S. 162.
[135] Ebd., S. 164.

fällt somit in die zeitliche Folge der Wittenberger Konkordie, auf die sich im Mai nicht nur die kursächsischen und oberdeutschen Theologen, sondern auch Martin Frecht aus Ulm oder Wolfgang Musculus und Bonifatius Wolfhart aus Augsburg sowie zahlreiche weitere süddeutsche Theologen verständigt hatten. Die Neuerscheinung wird von Forster aufgrund von Zensurauflagen in einen reichsrechtlichen Rahmen eingerückt, aus dem sich dramatische Folgen ergeben könnten: *Und warlich ein solches gotteslesterlichs buchlin, will geschweigen, das auch darzu* libellus famosus *(das doch niemand solte drucken oder drucken lassen oder gestatten gedruckt zu werden) das deswegen eine ganze stat solte untergehen.*[136] Im Anschluss an die außerhalb der Stadtmauern erfolgte Prüfung der Schrift durch die vier Kollegen verständigten sich Huber und Forster darauf, weitere Erkundigungen einzuholen.[137] Hierfür empfahl sich Huber, der mit dem Drucker *Steiner wohl bekant* war, diesen vertrauensvoll zur Seite nahm, befragte und *auch [...] den nachteil* [anzeigte]*, der im derhalben draus erstehen mochte, dieweils der concordia zuwider*[138]. Steiner schilderte die Drucklegung wie folgt: In Auftrag gegeben und finanziert habe den Druck mehrerer hundert Exemplare *Jorg von Stedten*[139]. Georg von Stetten der Ältere (1489–1562) hatte 1516 Ulrich Fuggers Tochter Susanna geheiratet und war zu einem der reichsten, sozial privilegiertesten und politisch einflussreichsten Männer der Stadt geworden.[140] Sein Bruder *Laux von Stedten* – Lukas von Stetten – habe *das gelt erleget und bezalet*[141]. Für Forster gewann der Vorgang besondere kirchenpolitische Brisanz, weil Georg von Stetten – wie sein Kollege Huber vom Buchdrucker erfuhr[142] – Kirchenprobst werden wollte. Forster sah Stetten als Gesinnungsgenossen seiner theologischen Gegner an, besonders *Michael* [Kellers] *und Bonifati*[us... Wolfharts],[143] und schmiedete zunächst selbst weitere Allianzen. Er *gab [...] das buchlein [...] auch dem Wolffgang Meuslin* [Musculus ...] *zu lesen, dem hatte es auch nicht gefallen [...], denn er* [ist] *dem Schwenckfeld feind*[144]. Sodann wurde Forster politisch initiativ: Am 31. Juli 1536 zeigte er den Vorgang zunächst Bürgermeister Mang

---

[136] Ebd., S. 163.
[137] Ebd., S. 164.
[138] Ebd.
[139] Ebd.
[140] Vgl. dazu Häberlein, Mark: Sozialer Wandel in den Augsburger Führungsschichten des 16. und frühen 17. Jahrhunderts. In: Günther Schulz (Hg.): Sozialer Aufstieg. Funktionseliten im Spätmittelalter und der frühen Neuzeit (Deutsche Führungsschichten in der Neuzeit 25; Büdinger Forschungen zur Sozialgeschichte 2000 und 2001), München 2002, S. [73]–96, hier: S. 91.
[141] Germann, Forster (wie Anm. 127), S. 164.
[142] Ebd.
[143] Ebd., S. 166.
[144] Ebd., S. 164.

Seitz[145] an, der in der Stadtpolitik *zu den mächtigsten und einflußreichsten Persönlichkeiten gerechnet*[146] wird, und am Folgetag dem zudem amtierenden Bürgermeister Wolfgang Rehlinger.[147] Die erste Anzeige beschränkte sich auf eine knappe Schilderung des Vorganges und die Forderung, den weiteren Vertrieb der Schrift zu unterbinden.[148] Die zweite Anzeige holte weiter aus: Sie hob auf die Verpflichtung der geistlichen und weltlichen Verantwortungsträger ab, die Lehre der ‚Confessio Augustana' in eine *rechte aufrichte, warhafte concordia* zu überführen und keine *schein[-...]concordia* aufzurichten, die durch *allerlei bucher* und *allerlei lar auf den predigtstuel* unterlaufen würde.[149] Rehlinger versprach, den Vorgang mit Georg von Stetten zu besprechen, wobei Forster zeitlichen Druck ausübte: Bis zum nächsten Pfarrkonvent, der schon zwei Tage später stattfand, müsse er Rückmeldung haben. Tatsächlich wurde an dem betreffenden Tag, am 3. August, Georg von Stetten als neuer Kirchenprobst präsentiert, woraufhin Forster erklärte, er könne ihn weder *anemen* noch *bei im sitzen*, da er *die vergangene wochen [...] alhie [...] ein buchlein* [habe] *lassen drucken, drinnen in die dreihundert artikel [...], welche christenlicher leer, der concordia, dazu auch deren evangelischen fursten und stenden gethonen bekantnis und ler heftig zuwider, und viel schedlicher irtumb mehr befunden werden*[150]. *Jorg von Stedten (lieber herr gott) saß da erschrocken und wuste nicht, was er drauf antworten solt, konte auch nicht wol reden, sagte kurz, er hette das buchlein drucken lassen, nicht das verkauft werden solte, sondern sonst einem guten freund, der in darumb gebeten hette.*[151] Weiter führte Stetten an, dass die Drucklegung in die Zeit vor seiner Anfrage zum Kirchenprobst datiere und die Gefährlichkeit der Schrift unerwiesen sei: Forster solle sie *mit gottlicher schrift widerlegen, er wolte auch wol einen finden, der wider meine verlegung auch schreiben wurde*[152].

---

145 Ebd.: *zu burgermeister Mangen Seytzen.* Zu ihm vgl. Gössner, Andreas: Weltliche Kirchenhoheit und reichsstädtische Reformation. Die Augsburger Ratspolitik des „milten und mitleren weges" 1520–1535 (Colloquia Augustana 11), Berlin 1999, S. 68f.

146 Gössner, Ratspolitik (wie Anm. 145), S. 69.

147 Germann, Forster (wie Anm. 127), S. 165: *zu Wolffen Rhellinger dem burgermeister.* Zu ihm vgl. Gössner, Ratspolitik (wie Anm. 145), S. 66 und S. 67, Anm. 20 [zur Doppelbesetzung des Jahres 1536].

148 Vgl. Germann, Forster (wie Anm. 127), S. 164f.

149 Ebd., S. 165. Tendenzkritisch ist einzuwenden, dass der Bericht rückblickend geschrieben ist und die Klage gegenüber Rehlinger der späteren Gesamtzusammenfassung der Vorgänge sehr ähnelt; vgl. dazu ebd., S. 175. Kritische Einwände gegenüber der positionell gefärbten Quelle formulierte bereits Seebass, Gottfried: Die Augsburger Kirchenordnung von 1537 in ihrem historischen und theologischen Zusammenhang. In: Reinhard Schwarz (Hg.): Die Augsburger Kirchenordnung von 1537 und ihr Umfeld. Wissenschaftliches Kolloquium (SVRG 196), Gütersloh 1988, S. 33–58, hier: S. 38 und S. 37, Anm. 20.

150 Germann, Forster (wie Anm. 127), S. 165.

151 Ebd., S. 165f. Der Hinweis auf den *guten freund* wird später wiederholt: ebd., S. 172 und S. 176.

152 Ebd., S. 166.

Es kam anders. Forsters Bündnispartner Wolfgang Musculus sprach ebenfalls bei beiden Bürgermeistern vor, *dan es war Meuslin Jorgen von Stedten auch nicht geneigt,* und kündigte an, den Vorgang nach Wittenberg als eine Behinderung der Konkordie zu vermelden.[153] Im Gespräch mit den Bürgermeistern wurde der Plan gefasst, die ‚Warhafftig vrsach‘ vor der Pfarrerschaft zu verlesen und von dieser beurteilen zu lassen, ob sie mit der ‚Confessio Augustana‘ konsentiere oder nicht.[154] Für die Augsburger Bürgermeister war von Bedeutung, dass die Augsburger Vorgänge bereits von Ulm aus verfolgt wurden. Musculus wies einen Brief seines Ulmer Amtskollegen Martin Frecht vor, der eine aufschlussreiche Informationskette schildert: So habe Frecht von der Drucklegung durch den amtierenden Ulmer Bürgermeister Bernhard Besserer erfahren, den wiederum Schwenckfeld darauf hingewiesen hatte.[155] Kombiniert man diesen Hinweis mit der Aussage Georg von Stettens, er habe die Schrift auf Bitten eines Freundes drucken lassen, so dürfte als gesichert anzunehmen sein, dass sich der Augsburger Nachdruck des Jahres 1536 einer Anregung Schwenckfelds verdankt. In Ulm lebte Schwenckfeld seit 1535 „vor allem [...] bei der Familie Besserer"[156]. Die Brüder Georg und Lukas von Stetten[157] gehörten seit 1534 zu den Unterstützern Schwenckfelds; möglicherweise waren sie es auch, die den Kontakt zur Familie Fugger herstellten.[158] 1536 ist eindeutig, dass sich Schwenckfeld von Ulm aus des Augsburger Netzwerkes bediente, womit er nicht nur möglichen Zensurauflagen und Konflikten vor Ort entgehen, sondern auch die Finanzierung des Nachdrucks durch wohlhabende Gönner absichern konnte. Die Augsburger Dissidien konnte er nicht intendiert haben; die Drucklegung des Jahres 1536 dürfte eine andere Bedeutung gehabt haben. Trifft die Annahme zu, dass Capito der Kompilator der Schrift ist, die Schwenckfelds Stimme zusammen mit denjenigen der Oberdeutschen und Schweizer Positionierungen im Abendmahlsstreit erklingen lässt, so erinnert der Nachdruck 1536 nach der Wittenberger Konkordie die Oberdeutschen, denen Schwenckfeld große Vorwürfe wegen ihrer neuerlichen Annäherung an Luther machte, an die vormalige Allianz des Jahres 1529.

---

153 Ebd.

154 Ebd.

155 Ebd. Die Korrespondenz scheint sich fortgesetzt zu haben. Forster erwähnt später einen zweiten Brief Frechts in der Sache, vgl. ebd., S. 176.

156 GRITSCHKE, Caroline: ‚Via Media‘: Spiritualistische Lebenswelten und Konfessionalisierung. Das süddeutsche Schwenckfeldertum im 16. und 17. Jahrhundert (Colloquia Augustana 22), Berlin 2006, S. 39.

157 ROTH, Friedrich: Augsburgs Reformationsgeschichte, Bd. 2: 1531–1537 bzw. 1540, München 1904, S. 61.

158 CLASEN, C[laus]-P[eter]: Schwenckfeld's friends. In: MennQR 46 (1972), S. 58–69, hier: S. 64. Zu Schwenckfelds Verbindungen nach Augsburg vgl. auch WEIGELT, Horst: Die Beziehungen Schwenckfelds zu Augsburg im Umfeld der Kirchenordnung von 1537. In: SCHWARZ, Augsburger Kirchenordnung (wie Anm. 149), S. 111–122, bes. S. 116–121, allerdings ohne Hinweise auf die Familie von Stetten.

Wie wenig der Text jedoch selbst in einer städtisch angeordneten pfarramtlichen Untersuchung gelesen wurde, verdeutlicht der Augsburger Pfarrkonvent von 1536. Wolfgang Musculus übernahm die Verantwortung für die Einladung der Pfarrer.[159] Nach der Eröffnung hinterfragte Bonifatius Wolfhart die politische Legitimierung des Vorganges, akzeptierte sie aber sodann.[160] Bevor eine Verlesung des Textes beginnen konnte, brachte Michael Keller eine Verfahrensfrage ein, indem er auf den Umfang der Schrift hinwies: *das buchlein wer groß und der schrift viel.*[161] Der formal berechtigte Einwand wurde von Forsters und Musculus' Seite als weitere Verzögerung angesehen, die sie dafür verantwortlich machten, dass schließlich nur *zwei argumenta* verlesen wurden.[162] Interessant sind die Reaktionen auf den Text innerhalb des Konvents. Michael Keller, der bibliographisch bisweilen als Autor in Betracht bezogen wird,[163] lehnte den Text[164] und beide Drucklegungen ab, bot aber eine sehr gute Charakterisierung der ‚Warhafftig vrsach': *er [...] sagt, es wer ein zusammengetragen pluderment und were nicht itzt ein neu gemacht, sondern ein alt gedrucktes buchlein und were besser itzt, auch nie, gedruckt, so were dieser hessige handel auch verblieben und der gut man und erbar burger Jorg von Stedten, warlich wie er in erkant ein guter Christ, nicht also geschmehet worden.*[165] Nachdem sich alle weiteren Teilnehmer des Konvents von dem Werk distanziert hatten, stand noch die Reaktion Bonifatius Wolfharts aus. Er erklärte, das Buch in seiner Gänze nicht zu kennen und nur am Vorabend einen Blick in den Druck geworfen zu haben. Dabei sei er auf Ausführungen gestoßen, die er nicht verwerfen könne, und las einen Auszug vor, den er als zutreffend ansah. Forsters Schilderung bietet keinen Hinweis auf das angeführten Argument, doch wandte Musculus ein, dass der betreffende Auszug *diesen artikel nicht* assertive *gesetzt, sondern* recitative *das ist, nicht der meinung, das ers also hielte, sondern allein die wort des herrn anzogen als des widerteils, damit ers hernach widerlege und improbire*[166].

---

[159] Vgl. GERMANN, Forster (wie Anm. 127), S. 166.
[160] Ebd., S. 167.
[161] Ebd., S. 168.
[162] Ebd.
[163] Vgl. oben Anm. 79.
[164] GERMANN, Forster (wie Anm. 127), S. 168: Er erklärte, *es hette im nie gefallen und gefiele im auch noch nicht.*
[165] Ebd.
[166] Ebd.

Eine eingehende Textkenntnis deutet sich damit nur für Wolfgang Musculus an, aber Michael Keller hatte das Wesen der Schrift als Kompilation sehr gut erfasst. Möglicherweise im Anschluss an Kellers Votum fand auch Forster zu seiner Gesamteinschätzung des Werkes, die auf eine Stimmenvielfalt des Werkes abhebt: *Darinnen alle lesterliche greuliche argumenta des Hetzers, Denkens, Frankens, Karlstadts, Zwinglis, Oecolampads, Schwenckfeldes, der widertaufer und aller deren, so da zu unsern zeiten wider das gepredigt eusserliche wort, die heiligen taufe der christlichen kirchen, die ware und wesentliche gegenwertikeit des leibs und bluts Christi im nachtmal gelaret, geschrieben und geschrien haben.*[167] Indem Forster tatsächlich auf *alle lesterliche*[n ...] *argumenta* abhebt, könnte man überlegen, dieses Deutungsmuster als eine Stimmenvielfalt in der Summe zu bezeichnen, womit auch Folgeentwicklungen der nächsten Jahrzehnte berührt werden.

3.3 Die Summe in der Summe – Rezeptionsmuster in Prozessen der Bekenntnisbildung (1557–1583) und deren unionistische Hinterfragung (1858)

Für die zweite Hälfte des 16. Jahrhunderts zeichnet sich ab, dass die ‚Warhafftig vrsach' zu einer Matrix sowohl der lutherischen Bekenntnisbildung als auch einer doktrinalen Selbstorganisation mährischer Hutterer wird. Für die erste Tendenz steht Martin Chemnitz, der die abendmahlstheologischen Passagen seiner 1561 gedruckte ‚Repetitio sanae doctrinae' an den reformierten Argumenten orientiert, die er widerlegen möchte.[168] Als Grundschrift hierfür dient die ‚Warhaffig vrsach', die sowohl für das einende ‚Prinzip' der Gegenposition als auch die in die Hundertschaften gehende Vielfalt der ‚zwinglianischen' Argumente steht.[169]

Ein Beispiel für den positiven Anschluss an die Materialkompilation der ‚Warhaffig vrsach' liefert das sogenannte ‚große Artikelbuch' aus dem letzten Drittel des 16. Jahrhunderts. Der Text dokumentiert die Sammlung und Selbstorganisation hutterischer Lehren. Die fünf grundlegenden Artikel werden Peter Walpot

---

[167] Ebd., S. 162f.

[168] Die Beobachtung und Einschätzung verdanken sich KLINGE, Hendrik: Verheißene Gegenwart. Die Christologie des Martin Chemnitz (Forschungen zur systematischen und ökumenischen Theologie 152), Göttingen 2015, S. 81f.

[169] Vgl. ebd., S. 81, Anm. 15. CHEMNITZ, Martin: Repetitio sanae doctrinae de vera praesentia corporis et sangvinis in coena, Leipzig 1561 (VD16 C 2207; VD16 C 2221), S. 214 [Kap. XXII]: *Et quidem in principio huius controversiae, integris centuriis argumentorum pugnabant Cingliani, Extat enim editus libellus, qui 300. argumenta promittit.*

zugeschrieben,[170] die umfangreichere Kompilation zu dem ‚Schön lustig Büchlein etlicher Hauptartikel unseres christlichen Glaubens'[171] Hans Zuckenhamer.[172] Der Titel deutet eine Lokalmethode an, deren Ausgestaltung sich auf der obersten Gliederungsebene auf fünf Artikel beschränkt: Taufe, Abendmahl, Gemeinschaftsleben, Obrigkeit und Ehescheidung.[173] Der ausführlichste Artikel ist der zweite: *Vom Abentmall Christy, und wie das sacrement der pfaffen darwider ist, puncten- und argumentweiß verfasset.*[174] Der Artikel umfasst 156 Einzelpunkte, die über weite Strecken[175] aus einer direkter Verarbeitung[176] der ‚Warhaffig vrsach' zu erklären sind.[177] Die grundlegenden ‚Artikel' und das ‚Schön lustig Büchlein'

---

[170] Für die Edition einer Fassung vgl. ZIEGLSCHMID, A. J. F. (Hg.): Die älteste Chronik der Hutterischen Brüder. Ein Sprachdenkmal aus frühneuhochdeutscher Zeit, Ithaca/New York 1943, S. 269–316. Für die Zuschreibung der grundlegenden Artikel an Walpot vgl. kurz ROTHKEGEL, Martin: Anabaptism in Moravia and Silesia. In: John D. ROTH/James M. STAYER (Hg.): A companion to anabaptism and spiritualism, 1521-1700 (Brill's companions to the christian tradition 6), Leiden 2007, S. [163]-215, hier: S. 205. Umfassend archivalisch und bibliographisch vgl. SEEBASS, Gottfried (Hg.): Katalog der hutterischen Handschriften und der Drucke aus dem hutterischen Besitz in Europa, bearbeitet von Matthias H. Rauert und Martin Rothkegel, Teilband 1 (QFRG 85/1; Quellen zur Geschichte der Täufer 18/1), Gütersloh 2011; Teilband 2 (QFRG 85/2; QGT 18/2), Gütersloh 2011, hier: Teilband 1, S. 481. Zur Text-, Überlieferungs- und Wirkungsgeschichte vgl. SCHLACHTA, Astrid von: Hutterische Konfession und Tradition (1578–1619). Etabliertes Leben zwischen Ordnung und Ambivalenz (VIEG 198), Mainz 2003, S. 162–165.

[171] Quellen zur Geschichte der Täufer, Bd. 12: Glaubenszeugnisse oberdeutscher Taufgesinnter II. Mit Benutzung der von Lydia Müller gesammelten Texte hg. von Robert Friedmann (QFRG 34), Gütersloh 1967, S. 49–318.

[172] Vgl. kurz ROTHKEGEL, Anabaptism (wie Anm. 170), S. 205, Anm. 154 und detaillierter ROTHKEGEL, Martin: Zur Buchkultur der Hutterischen Brüder in Mähren und Ungarn im 16. und 17. Jahrhundert. In: Tünde KATONA/ Detlef HABERLAND (Hg.): Kultur und Literatur der Frühen Neuzeit im Donau-Karpatenraum (Acta Germanica, Universität Szeged 14), Szeged 2014, S. 261–300, hier: S. 295 mit Anm. 73. Bibliographisch am ausführlichsten vgl. SEEBASS, Katalog (wie Anm. 170), hier: Teilband 2, S. 1088. Zu Zuckenhamer vgl. SCHLACHTA, Hutterische Konfession und Tradition (wie Anm. 170), S. 266–269, die sich gegenüber einer Zuschreibung an Zuckenhamer zurückhält, vgl. dazu kurz und ohne personale Auflösung ebd., S. 202: „Der Verfasser des ‚Schön lustig Büchleins'".

[173] Für eine kurze Übersicht vgl. Quellen zur Geschichte der Täufer 12 (wie Anm. 171), Gütersloh 1967, S. 59.

[174] Ebd., S. 125–174, hier: S. 125.

[175] Im Folgenden beziehen sich Nr., S., Z. auf die hutterische Kompilation, ebd., und Arg. auf ‚Warhafftig vrsach' (1529) (wie Anm. 3). Darin entsprechen u. a. Nr. 8, S. 130, Z. 2–4 = Arg. 201; Nr. 27, S. 137, Z. 26–35 = Arg. 1, 4–6; Nr. 44, S. 141, Z. 18–21 = Arg. 61; Nr. 73, S. 148, Z. 5–12 = Arg. 140f.; Nr. 74, S. 148, Z. 15–19 = Arg. 142; Nr. 75, S. 148, Z. 21–23 = Arg. 144; Nr. 77, S. 148, Z. 35 – S. 149, Z. 2 = Arg. 146; Nr. 76, S. 148, Z. 26–29 = Arg. 145; Nr. 78, S. 149, Z. 6–9 = Arg. 148; Nr. 79, S. 149, Z. 13–15 = Arg. 151; Nr. 80, S. 149, Z. 17–21 = Arg. 152; Nr. 87, S. 151, Z. 3–5 = Arg. 162; Nr. 88, S. 151, Z. 10–13 = Arg. 159; Nr. 106, S. 156, Z. 7f. = Arg. 285; Nr. 107, S. 156, Z. 15–17 = Arg. 288; Nr. 109, S. 156, Z. 29–31 = Arg. 297; Nr. 110, S. 157, Z. 12f. = Arg. 299; Nr. 112, S. 158, Z. 6f., 8–14 = Arg. 300; Nr. 122, S. 161, Z. 2–9 = Arg. 309; Nr. 123, S. 161, Z. 11–19 = Arg. 310; Nr. 124, S. 161, Z. 21–26 = Arg. 319; Nr. 125, S. 161, Z. 28–31 = Arg. 320; Nr. 126, S. 161, Z. 34 – S. 162, Z. 10 = Arg. 313.

[176] Aufschlussreich sind in dieser Hinsicht Textvergleiche mit identifizierten Vorlagen. Demnach schließt das Artikelbuch klar an die ‚Warhafftig vrsach' [1529 bzw. 1536] (wie Anm. 3 und 7) und nicht die betreffenden Bezugstexte an; vgl. dazu etwa Nr. 73, S. 148, Z. 5–12 mit Arg. 140f. und der Vorlage bei ZWINGLI, Worte (vgl. oben Anm. 88), Nr. 74, S. 148, Z. 15–19 (mit charakteristischen Fehlern in der Textübernahme: vgl. *deutliche wort* statt *thädtlich wort*) mit Arg. 142 und der Vorlage bei ZWINGLI, Worte (vgl. oben Anm. 88) oder Nr. 78, S. 149, Z. 6–9 mit Arg. 148 und der Vorlage bei OEKOLAMPAD, Vom nachtmal (vgl. Anm. 94).

[177] Dies korrespondiert der Beobachtung von SCHLACHTA, Hutterische Konfession und Tradition (wie Anm. 170), S. 203, die am Abschnitt zur Gütergemeinschaft „[d]ie Angewohnheit der Hutterer" identifiziert, „anonym aus früheren Quellen zu zitieren".

besitzen eine hohe Bedeutung für die Binnen- und Außenperspektive der Hutterer, die beide Texte teils „Sendboten" anvertrauten, teils für „Missionspredigten verwendet haben".[178] Die ‚Repetitio sanae doctrinae' und die täuferischen ‚Haupt-artikel unseres christlichen Glaubens' illustrieren, wie die auf einen Ausweis von Einheit zielende Stimmenvielfalt der ‚Warhafftig vrsach' in doktrinale Selbst-verständigungsprozesse abgrenzend oder affirmativ integriert wurde. In beiden Fällen ist die Deutung des Texts als eine Summe entscheidend für die Rezeption.

Im 19. Jahrhundert lässt sich etwas strukturell Vergleichbares im Zusammenhang der Auseinandersetzung um das konfessionelle Profil Hessens beobachten. Der lutherische Konsistorialrat August Vilmar hatte darauf gedrungen, die für das Territorium bezeichnende Bekenntnistradition gegenüber neuerlichen reformierten und unionistischen Impulsen historisch zu bestimmen. Das im Auftrag der Marburger theologischen Fakultät erstellte Gutachten des Orientalisten Johannes Gildemeister war zu einem unionistisch anschlussfähigen Ergebnis gekommen, was Vilmar zu anonym veröffentlichten Schmähungen der Fakultät veranlasste. Gildemeister dokumentierte die Vorgänge und Positionierung der Fakultät,[179] die sich juristisch gegen Vilmar durchsetzte. Philologisch und argumentativ über-prüfte Gildemeister Vilmars literarische Berufung auf Luther genau.[180] Dazu zählt Luthers Brief an den Frankfurter Rat von 1533,[181] den Vilmar angeführt hatte. Gildemeister bemühte sich demgegenüber, Luthers Schreiben als Reaktion auf ältere in Frankfurt verbreitete reformatorische Positionen zu deuten. Er schließt aus Luthers abgrenzendem Votum auf einen in Frankfurt anzutreffenden *Lehr-typus*[182], den er anhand argumentativer Kongruenzen zur ‚Warhafftig vrsach' profiliert.[183] Selbst ohne Kenntnis der literarischen Spezifik des Textes erfasste Gildemeister den integrativen Ansatz der Schrift gut und aktualisierte die Flug-schrift auch im 19. Jahrhundert als doktrinale Summe in den unionistischen Auseinandersetzungen seiner Zeit.

---

[178] Ebd., S. 163.
[179] GILDEMEISTER, J[ohannes]: Die Injurienklage der theologischen Facultät zu Marburg gegen den Consistorialrath Vilmar. Bericht, Frankfurt/Main 1859.
[180] Ebd., S. 28.
[181] LUTHER, Martin: Sendschreiben an die zu Frankfurt am Main 1533. In: WA 30/3, S. [554]–571.
[182] GILDEMEISTER, Injurienklage (wie Anm. 179) S. 28.
[183] Ebd.

Schluss

Abschließend fassen drei Thesen die wesentlichen Ergebnisse zusammen:

1. Die Drucklegung der ‚Warhafftig vrsach' verband sich 1529 und 1536 mit einem vergleichbaren Grundanliegen und zeitspezifisch unterschiedlichen Interessen. In beiden Fällen ging es darum, die Einheit einer Stimmenvielfalt zu dokumentieren. Im Jahr 1529 war es wohl Capito, der die Oberdeutschen und Schweizer Stimmen zusammenführte und mit derjenigen Schwenckfelds gegen Luther aktualisierte. 1536 dürfte es Schwenckfeld gewesen sein, der mit der Drucklegung des Textes an seine vormalige Einheit mit den Straßburgern erinnerte, die im Zuge der Wittenberger Konkordie zerbrochen war.

2. Für Schwenckfelds Agieren von Ulm aus erweist es sich als bezeichnend, wie nahtlos sich seine gewachsenen Beziehungen nach Augsburg fortsetzten. Publizistisch und persönlich bot Augsburg während der dreißiger Jahre für mehrere Ulmer Autoren, darunter auch Sebastian Franck,[184] einen geschätzten Ort für Drucklegungen. In gleicher Weise lassen sich auch die Verbindungen kirchlicher Amtsvertreter zwischen den Städten verfolgen, die z. T. maßgeblich zu den politischen Abstimmungsprozessen beitrugen.

3. Die ‚Wafhafftig vrsach' liefert ein markantes Beispiel dafür, wie unangemessen es sein kann, die Autorschaft einer anonymen Flugschrift in einem personalen Sinn auflösen zu wollen. So wahrscheinlich die unterschiedlichen Verantwortlichkeiten Capitos und Schwenckfelds sind, zeigen doch die Entstehungs- und Rezeptionsgeschichte vom 16. bis ins 19. Jahrhundert, dass positionell definierte Gruppenidentitäten entscheidender als persönliche Identifizierungen waren. Nur so lässt sich auch die erstaunliche Wirkungsgeschichte des Textes erklären, die von einer Gelegenheitsschrift des Jahres 1529 bis in die Ausbildung der literarischen Gattung einer kompilatorischen Summe reicht, die eine reformatorische Stimmenvielfalt als Einheit darzustellen und zu deuten versucht.

---

[184] Vgl. dazu kurz Forsters Schilderung der Drucklegung von Francks ‚Guldin Arch' (VD16 F 2100; VD16 F 2099; VD16 F 2101) bei GERMANN, Forster (wie Anm. 127), S. 255f.

Gudrun Litz

Altgläubiges Leben in Ulm 1531–1548

1   Einleitung

Im vielstimmigen Konzert des religiösen Lebens in Ulm sollte neben den lutherischen, oberdeutsch-zwinglianischen, täuferischen und spiritualistischen Stimmen auch diejenige der bis zur Reformation alleinbestimmenden Lehre und Kirche in der Reichsstadt erklingen. Die Jahre 1531 bzw. 1548 markieren dabei für die „Altgläubigen", d. h. die am traditionellen Kirchen- und Frömmigkeitsleben festhaltenden Gläubigen, wichtige Eckdaten:

Das Jahr 1531 brachte mit der Umsetzung der ein Jahr zuvor getroffenen Entscheidung der Bürgerschaft für die Änderung des Kirchenwesens im reformatorischen Sinne einschneidende Konsequenzen für die Anhänger der „alten" Lehre. Denn bis dahin waren trotz des Eindringens reformatorischer Gedanken in der Reichsstadt seit den frühen 1520er Jahren und trotz des Erstarkens der evangelischen Bewegung aufgrund der vorsichtigen und diplomatisch abwägenden Handlungsweise des Rates nur wenige grundlegende Änderungen des spätmittelalterlichen Kirchenwesens und seiner Frömmigkeitsformen vorgenommen worden.[1] 1524 hatte der Rat auf ein Begehren von vier Ulmer Bürgern eingelenkt und mit Konrad Sam den ersten evangelischen Prediger eingesetzt. Nach dem Speyerer Reichsabschied von 1526, der den evangelischen Reichsständen die Ausführung des Wormser Ediktes bis zu einem bald einzuberufenden Konzil freigestellt hatte, erlaubte die Obrigkeit lediglich die Taufe in deutscher Sprache und die Priesterehe, griff in das Leben der beiden Bettelorden ein, schränkte die Fronleichnamsprozession erst ein und hob sie 1527 zusammen mit den Umzügen am Palmsonntag und am Himmelfahrtsfest ganz auf. Die für die Ulmer Gesandten Bernhard Besserer und Daniel Schleicher dramatische Situation auf dem Augsburger Reichstag 1530, wo Ulm keinem der vorgelegten Bekenntnisse zustimmen konnte oder wollte, machte jedoch den Verantwortlichen klar, dass es nun Handlungsbedarf gab: Anfang November setzte man daher eine nach der Verfassung des Großen Schwörbriefs mögliche Abstimmung in den 17 Zünften, bei den Patriziern, Pfahlbürgern, Beiwohnern

---

[1] Zu den reformatorischen Vorgängen in Ulm vgl. SPECKER, Hans Eugen/WEIG, Gebhard (Hg.): Die Einführung der Reformation in Ulm (Forschungen zur Geschichte der Stadt Ulm, Reihe Dokumentation 2), Ulm 1981, bes. S. 91–230; LITZ, Gudrun: Bekenntnis zur Reformation. In: StadtMenschen. 1150 Jahre Ulm. Die Stadt und ihre Menschen, Ausstellungskatalog des Stadtarchivs Ulm, hg. von Michael Wettengel und Gebhard Weig, Ulm 2004, S. 81–102.

und einzelnen Bruderschaften an, die mit großer Mehrheit – 87 % der abstimmungsberechtigten Bürger – gegen die Annahme des Augsburger Abschieds und damit für das Festhalten an der reformatorischen Glaubensüberzeugung votierte. Im folgenden Jahr 1531 sollte sich zeigen, was Letzteres in der Praxis bedeutete: Zunächst folgte mit dem Beitritt zum Schmalkaldischen Bund die außenpolitische Absicherung. Im April 1531 berief der Rat zur Durchführung der Reformation Martin Bucer aus Straßburg, Johannes Oekolampad aus Basel und Ambrosius Blarer aus Konstanz, die im Mai eintrafen. Im Juni 1531 wurden die Geistlichen zu einem Examen einbestellt und auf die neuen reformatorischen Glaubensgrundsätze verpflichtet, die Messe abgeschafft und die religiösen Bilder aus den Kirchen entfernt. Am 16. Juli feierte Blarer die erste evangelische Abendmahlsfeier im Münster, im Herbst vertrieb man die Dominikaner und Franziskaner aus der Stadt, die Wengenherren kamen der Vertreibung durch ihre Flucht zuvor. Anschließend stand die Umsetzung der maßgeblich von Martin Bucer verfassten Kirchenordnung im Vordergrund. Sie regelte, was fortan als „christliche Lehre" zu gelten habe, die Berufung und Überprüfung der Prediger und Pfarrer, das Synodal- und Visitationswesen, die Neuordnung des Schulwesens, der Kirchengebräuche und Zeremonien und die Fragen der Kirchenzucht. Diese Maßnahmen stellten die Anhänger des alten Glaubens vor eine völlig veränderte Situation.

Das Jahr 1548, der Endpunkt unseres Betrachtungszeitraums, markiert wiederum eine einschneidende Veränderung des Ulmer Kirchenwesens, einhergehend mit einer positiven Wende für die altgläubige Partei. Denn nach seinem Sieg über den Schmalkaldischen Bund stand Karl V. auf dem Höhepunkt seiner Macht und versuchte, die Religionsfrage auf Reichsebene in seinem Sinne zu lösen. Auf dem „Geharnischten" Reichstag in Augsburg 1548 erzwang er das sog. ‚Interim', eine kaiserliche Religionsordnung,[2] die in 26 Kapiteln in den entscheidenden Fragen wie Kirche, Sakramente, Liturgie und Messe die katholische Lehrmeinung bestätigte. Lediglich in der Frage des Laienkelches und der Priesterehe kam der Kaiser den Protestanten bis zu einem Konzilsabschluss entgegen. Im August 1548 zog Karl V. mit Truppen in Ulm ein. Am Festtag Mariä Himmelfahrt feierte der Kaiser ein feierliches Hochamt im Münster. Dass er zur Durchsetzung des Interims entschlossen war, demonstrierte er einen Tag später mit der Verhaftung des obersten Münstergeistlichen Martin Frecht, den er zusammen mit dessen Amtsbrüdern Jakob Spieß, Martin Rauber und Georg Fieß festnehmen, in Ketten durch die Straßen der Stadt führen und ins Gefängnis nach Kirchheim/Teck bringen ließ, da sie den Eid auf das Interim verweigert hatten. Leonhard Hackner, einer der

---

[2] Vgl. dazu KAUFMANN, Thomas: Geschichte der Reformation, Frankfurt/Leipzig 2009, S. 683–688; WHALEY, Joachim: Das Heilige Römische Reich Deutscher Nation und seine Territorien, Bd. 1: Von Maximilian I. bis zum Westfälischen Frieden 1493–1648, Darmstadt 2014, S. 404–407.

Münsterprediger, der das Interim angenommen hatte, war zunächst für die Interimsgottesdienste im Münster zuständig, bis man 1549 mit Adam Bartholome aus Heidelberg einen geeigneten Interimspriester fand, der die Geschicke im Münster bis 1553 übernahm. Gleichzeitig feierten auch wieder Priester katholische Messen im Münster. Letztlich konnte die Lösung aber weder die katholische noch die protestantische Seite befriedigen. Das Interim blieb auch in Ulm nur ein kurzes Zwischenspiel zugunsten der Altgläubigen, bis sich das Blatt 1554 wieder zugunsten der Protestanten wendete. Darauf kann hier aber nicht weiter eingegangen werden.[3]

In den aus protestantischer Sicht geprägten Darstellungen zur Ulmer Reformation war man an der religiösen Situation der Altgläubigen zwischen den Jahren 1531 und 1548 nur wenig interessiert, und so spielte diese nur eine untergeordnete Rolle.[4] Auch die älteren Untersuchungen zu den Katholiken,[5] die Dissertation von Peter Lang von 1977[6] und der Aufsatzband ‚Kirchen und Klöster in Ulm‘ von 1979 zu den einzelnen katholischen Institutionen,[7] streifen die Jahre 1531–1548 lediglich. Über die genaue Zahl der Altgläubigen (Katholiken) im Laufe des 16. Jahrhunderts bleibt man letztlich im Bereich der Spekulation. In einer undatierten Eingabe [nach 1524], die die Anstellung des altgläubigen Franziskaners Johann Winzeler[8] als Prediger an die Barfüßerkirche forderte, weil man mit den Predigten Konrad Sams nicht einverstanden war und Aufruhr befürchtete, nennen sich die Antragsteller *undterthenig mitbürgen [...], von denen 407 eelich seind, mitsampt iren ehelichen gemaheln, auch aller frawen der sammlung und ainer vast grossen summa eelicher man und frawen*[9]. Eine Angabe der Altgläubigen Ulms in absoluten Zahlen ist dadurch ebensowenig zu eruieren wie durch die Angabe der Personen

---

[3] Vgl. dazu Armer, Stephanie: Friedenswahrung, Krisenmanagement und Konfessionalisierung. Religion und Politik im Spannungsfeld von Rat, Geistlichen und Gemeinde in der Reichsstadt Ulm 1554–1629 (Forschungen zur Geschichte der Stadt Ulm 35), Ulm 2015.

[4] Die bislang einzige Gesamtdarstellung zur Ulmer Reformationsgeschichte hat Keim vorgelegt; vgl. Keim, Theodor: Die Reformation der Reichsstadt Ulm. Ein Beitrag zur schwäbischen und deutschen Reformationsgeschichte, Stuttgart 1851. Fritz beginnt mit seiner Studie erst im Jahr 1548; vgl. Fritz, Friedrich: Ulmische Kirchengeschichte vom Interim bis zum Dreißigjährigen Krieg (1548–1612), Stuttgart 1935.

[5] Vgl. Beck, Paul A.: Der Rechtszustand der Katholiken in der Reichsstadt Ulm. In: Diözesanarchiv von Schwaben 25 (1907), S. 1–8; Maier, Klemens: Die religiösen Kämpfe der Deutscherren in Ulm mit der Reichsstadt Ulm seit der Reformation. In: Diözesanarchiv von Schwaben 28 (1910), S. 8–15, 102–109 und 120–126; Greiner, Hans: Das Deutschordenshaus Ulm im Wandel der Jahrhunderte, Ulm 1922; Ders.: Aus der 600jährigen Vergangenheit der Sammlung in Ulm. In: UO 24 (1925), S. 76–112; Ernst, Max: Wengenkloster und Wengenkirche in Ulm. In: UO 30 (1937), S. 85–119.

[6] Vgl. Lang, Peter: Die Ulmer Katholiken im Zeitalter der Glaubenskämpfe. Lebensbedingungen einer konfessionellen Minderheit (EHS.T 89), Frankfurt/Bern 1977.

[7] Kirchen und Klöster in Ulm. Ein Beitrag zum katholischen Leben in Ulm und Neu-Ulm von den Anfängen bis zur Gegenwart, hg. von Hans Eugen Specker und Hermann Tüchle, Ulm 1979.

[8] Zu Johannes Winzeler, der später vom Rat ausgewiesen wurde und den Keim als einen „katholischen Eiferer" betitelte, vgl. Keim, Reformationsgeschichte (wie Anm. 4), S. 103f.; Specker, Hans Eugen: Ulm. Stadtgeschichte, Ulm 1977, S. 110; jetzt Wegner, Tjark: Handlungswissen, Kommunikation und Netzwerke im Spätmittelalter. Der Ulmer Stadtrat im Konflikt mit geistlichen Einrichtungen 1376–1531, Diss. masch. Tübingen 2017, S. 397f.

[9] StA Ludwigsburg, B 207 Bü 331, fol. 8v. Online unter: https://www2.landesarchiv-bw.de/ofs21/bild_zoom/zoom.php (Zugriff: 20. Februar 2018).

(immerhin 13 %), die bei der Abstimmung vom November 1530 weiterhin *der alten bäpstischen maynung anhangen*[10] wollten: Das wären 253 der 1.946 Abstimmungsberechtigten gewesen. Wenn man sie auf eine Einwohnerzahl zwischen 18.000 und 19.000 hochrechnet, kommt man auf einen Anteil der Altgläubigen zwischen 2.340 und 2.470 Personen. Die Zahlen, die Peter Lang für die Jahre 1554 und 1570 nennt, liegen bei 573[11] bzw. 380–475[12] Katholiken, d. h. nur noch 2 % der Einwohnerschaft, die bis ins Jahr 1624[13] nochmals auf 1 % gesunken sei. Solche Zahlen sind mit großen Unsicherheitfaktoren behaftet, belegen aber sicher die Tendenz, dass die katholische Gemeinde immer kleiner wurde und im 18. Jahrhundert stabil bei ca. 200 Mitgliedern stagnierte.

2 Einschränkung des institutionellen geistlichen Lebens

Geistlicher Mittelpunkt für alle Ulmer blieb bis zur Reformation die einzige **Pfarrkirche** der Stadt, das 1377 vom Alten Friedhof in die Mitte der Reichsstadt verlegte Münster „Unsere Liebe Frau". Für diese Pfarrkirche hatte der Rat die Rechte der Besetzung der Pfarrstelle und der dem Pfarrer assistierenden Helfer bereits im 15. Jahrhundert völlig vom Abt der Reichenau und dem Konstanzer Bischof lösen und in seinen Zuständigkeitsbereich bringen können. Nach dem Tode des letzten altgläubigen Pfarrers Sebastian Löschenbrand 1525 besetzte der Rat die Stelle erst einmal nicht mehr und ließ die Amtsgeschäfte durch einen der Helfer wahrnehmen.[14] Konrad Sam, den man 1524 als reformatorischen Frühprediger angestellt hatte, zog erst 1526 von der Barfüßerkirche um ins Münster.

Dort müssen wir uns in dieser Phase noch ein Nebeneinander von traditionellen Mess- und reformatorischen Predigtgottesdiensten vorstellen, was sich allerdings 1531 radikal ändern sollte. Nachdem Martin Bucer, Johannes Oekolampad und Ambrosius Blarer am 21. Mai 1531 in Ulm eingetroffen waren, forderten sie den Rat auf, alle Geistlichen der Stadt – sowohl die Weltpriester wie die Ordensleute, danach auch die Geistlichen des Landgebietes – vorzuladen. Als Grundlage dafür,

---

[10] StadtA Ulm, A [8993/I], fol. 73v (Abstimmungsliste der Zimmerleute).

[11] Vgl. Lang, Ulmer Katholiken (wie Anm. 6), S. 48: Für das Jahr 1554 führt er allerdings als Quelle einen chronikalischen Bericht aus dem Jahr 1740 an, nach dem 573 Personen eine feierliche Messe in der Barfüßerkirche besucht haben sollen; StadtA Ulm, G1 1749/3 Bd. 4, S. 94. Wenn Lang diese Zahl dennoch „reichlich hoch gegriffen scheint" ohne weitere Argumente anzuführen, kann man m. E. auch aus dieser Quelle keine Rückschlüsse auf die Gesamtzahl der Katholiken erhalten, zumal auch nicht alle Katholiken an diesem Tag diese Messe besucht haben dürften.

[12] Vgl. Lang, Ulmer Katholiken (wie Anm. 6), S. 48 f.: Als Beleg führt Lang hier einen Brief des Ulmer Rats an den Kaiser an, in dem berichtet wird, dass ein Zehntel der Ratsherren (vier von 41) und ein Vierzigstel oder Fünfzigstel der Gemeinde (380–475 Personen) katholisch seien, d. h. 2–2,5% der 19.000 Einwohner.

[13] Ebd. Eine Namensliste katholischer Bürger nennt 200–250 Personen, d. h. 1% der 21.000 Einwohner.

[14] Vgl. Tüchle, Hermann: Die mittelalterliche Pfarrei. In: Kirchen und Klöster (wie Anm. 7), S. 12–38.

was bei der Neuordnung des kirchlichen Lebens von nun an zu gelten habe, legten sie eine Zusammenstellung nunmehr bindender reformatorischer Grundsätze in der Schrift ‚Christenlich leern, Ceremonien und Leben' Anfang Juni 1531 vor, die dann auch die Grundlage der kurz danach erlassenen Kirchenordnung wurde. Der vor allem von Martin Bucer formulierte Text befasste sich in dem Hauptabschnitt ‚Christenliche leer' in 18 Artikeln mit den Themen Abendmahl, Taufe, Obrigkeit, Ehe, Bilder etc. Auf diese 18 Artikel wurden die Geistlichen der Stadt im Juni in zwei Examen geprüft, danach die für tauglich Befundenen – was allerdings die wenigsten waren – weiterbeschäftigt. Die für untauglich Erachteten erhielten vom Rat entweder noch eine Bedenkzeit oder die Aufforderung, sich nach einem anderen Auskommen umzusehen; in der Zwischenzeit sollten sie die Evangelientexte verkünden und ein Teil ihres Einkommens ins Armenhaus abgeben, was natürlich Widerstand erregte. Mit dem Ratsbeschluss vom 16. Juni 1531, *die Meß und alle bebstlichen Ceremonien abzuthon,* war aber eine endgültige Entscheidung gefallen. Wer sich nicht auf die 18 Artikel verpflichten ließ, musste entlassen werden.[15] Was den Altgläubigen von nun an bis 1548 im Münster unter der Ägide von Konrad Sam und Martin Frecht nicht mehr möglich war, waren das Feiern der Messe, der Empfang der Sakramente über Taufe und Abendmahl hinaus, Prozessionen, Rosenkranzgebete, kultische Handlungen mit Kerzen, Weihrauch etc. Die aufgrund der Neuerungen protestantisch gewordene Pfarrkirche konnte also den Anhängern der römischen Kirche nicht mehr als geistliches Zentrum dienen.

Auch den Franziskanern, Dominikanern und Augustinerchorherren untersagte der Rat am 15. Juni 1531 die Abhaltung ihrer Gottesdienste. Im **Franziskanerkonvent**, direkt vor dem Münster gelegen, hatte die reformatorische Bewegung in der Stadt mit den Predigten der beiden Franziskaner Eberlin von Günzburg und Heinrich von Kettenbach 1520/21 begonnen. Das Verhältnis zwischen dem Rat und den seit 1229 ansässigen Bettelordensmitgliedern blieb bis 1531 angespannt, insbesondere durch die Übergriffe des Rats in das klösterliche Leben. Beim Examen von 1531 erwiderten der Guardian und die zehn Fratres und Brüder, bei der christlichen Kirche bleiben zu wollen, die der römische Kirche am nächsten sei, wie dies Johannes Helcher formulierte; denn sie stimme *in den Hauptsachen christlichs Glaubens vil ainhelliger und gleicher zusammen [...], dann die jetzigen leerer alls Zwinglin und Luther*[16]. Daher verwundert es nicht, dass der Rat die Ordensangehörigen anschließend drängte, Ulm zu verlassen. Die Franziskaner leisteten kaum Widerstand, regelten mit dem Rat friedlich ihre Angelegenheiten und verließen am 3. Oktober 1531 mit sämtlichem fahrenden Gut, Lebensmitteln, Hausrat und

---

15 Vgl. SPECKER/WEIG, Einführung der Reformation (wie Anm. 1), S. 169–184 (dort auch Nachweis der Quellen).
16 StadtA Ulm, A [8985], fol. 13r.

Kleidern und 200 fl. „Almosen" endgültig die Stadt und zogen nach Dillingen.[17] Die Kirche des Franziskanerkonvents stand zunächst leer, 1554 wurde sie den Altgläubigen zur Abhaltung ihres Gottesdienstes eingeräumt. Diese Regelung galt bis 1569, bis auf Betreiben des 1556 aus Straßburg gekommenen Predigers Ludwig Rabus die Katholiken massiv in ihrer Religionsausübung eingeschränkt wurden und sie die Kirche wieder räumen und an die Münstergemeinde abtreten mussten. In andere Teile des Gebäudekomplexes zog die städtische Lateinschule ein.

Wesentlich schärfer war das Vorgehen des Ulmer Rats gegen den anderen, seit 1281 in der Stadt wirkenden Bettelorden, die **Dominikaner.** Diese hatten sich, vor allem ihr Lesemeister Peter Hutz, bereits im sogenannten Kanzelstreit mit dem Ratsprediger Konrad Sam 1524/25 als eifrige Verfechter der römischen Kirche und ihrer Lehren hervorgetan. 1531 argumentierte ihr Prior Ulrich Köllin kenntnisreich gegen die 18 Artikel bei den Examina. Bereits 1528 hatte der Rat zwei Pfleger zu den Dominikanern geschickt, um ihre Güter inventarisieren und ihre Aus- und Einnahmen kontrollieren zu lassen. War den Ordensangehörigen der Ausgang in die Stadt nur noch eingeschränkt möglich und das Messelesen außerhalb ihres Klosters verboten, verschärfte man die Restriktionen im Sommer 1531 weiter, und der Druck wurde so groß, dass sich der Konvent entschloss, die Stadt zu verlassen. Am 12. September 1531 zogen die Dominkaner *allain mit notwendiger Beklaidung und Buöchern*[18] nach Steinheim an der Murr, später nach Rottweil. Ihr Provinzial Paul Hugo klagte gegen die Reichsstadt auf dem Regensburger Reichstag 1532 und später am Reichskammergericht, letztlich mit einem gewissen Erfolg, mussten die Ulmer doch 3.000 Gulden an die Dominikaner für ihre Güter im Landgebiet und zusätzlich für jeden Klosterangehörigen jährlich 120 Gulden zahlen.[19] Kirche und Konventsgebäude blieben zunächst verwaist. Erst beim Besuch Kaiser Karls V. in Ulm vom 25. Januar bis zum 4. März 1547 wurde in der Dominikanerkirche wieder ein katholischer Messgottesdienst gefeiert. Zelebrant war der im Gefolge des Kaisers mitgereiste Augustiner Johannes Hoffmeister, der außerdem drei- bis viermal in der Woche die Predigt hielt. Sebastian Fischer

---

[17] Vgl. WEGNER, Handlungswissen, Kommunikation und Netzwerke (wie Anm. 8), S. 453–455; SPECKER/WEIG, Einführung der Reformation (wie Anm. 1), S. 189; KEIM, Reformationsgeschichte (wie Anm. 4), S. 261; DIETRICH, Stefan D.: Franziskanerkloster Ulm. In: Klöster in Baden-Württemberg, S. 480–482, online unter: https://www.kloester-bw.de/klostertexte.php?kreis=&bistum=&alle=&ungeteilt=&art=&orden=&orte=1&buchstabe=U&nr=601&thema=Geschichte (Zugriff: 17. März 2018).

[18] StadtA Ulm, A [8991], fol. 185.

[19] Vgl. WEGNER, Handlungswissen, Kommunikation und Netzwerke (wie Anm. 8), S. 419–424 und S. 448–453; LANG, Ulmer Katholiken (wie Anm. 6), S. 41; FRANK, Isnard W: Franziskaner und Dominikaner im vorreformatorischen Ulm. In: Klöster und Kirchen in Ulm (wie Anm. 7), S. 103–147, hier: S. 146f.; KEIM, Reformationsgeschichte (wie Anm. 4), S. 263. Die Streitigkeiten zwischen Dominikanern und Rat zogen sich noch länger hin. Die jährliche Geldzahlung war erst nach dem Tod des letzten Ulmer Domikaners 1576 verhandelbar, und 1580 konnte der Rat die Zahlungen einstellen.

berichtet sichtlich beeindruckt in seiner Chronik von der Totenfeier zum Gedächtnis der Gemahlin König Ferdinands am 24. Februar 1547: Zu diesem Anlass wurde die Kirche mit schwarzen Tüchern, Wappen, Engeln und vor allem mit *aylffhundert und sechzehen liechter* ausgestattet, *die all uff ain mal*[20] brannten. Nach der Abreise Karls V. ließ er eine Besatzung von neun Fähnlein Landsknechte in Ulm zurück. Der katholische Gottesdienst in der Dominikanerkirche blieb bestehen, Hoffmeister predigte wohl noch eine Zeitlang weiter. Seit Jakobi 1547 übernahm dort der Marchtaler Mönch Ulrich Motzhart die gottesdienstlichen Aufgaben.[21] Beim nächsten kaiserlichen Besuch im Jahr 1548 begab man sich allerdings nicht wieder in die Dominikanerkirche, sondern ins Münster.

Anders als bei den beiden Bettelorden, die Ulm im Herbst 1531 verlassen mussten, entwickelte sich die Situation bei den **Augustinerchorherren von St. Michael bei den Wengen,** das seit 1183 bestand.[22] Die Stadt hatte ihren Einfluss im Wengenstift nach und nach erweitern können, 1446 schließlich erkaufte man sich vom Kloster Reichenau das Recht, die Pröpste in ihr Amt einzuführen und zu bestätigen, was nun durch den vom Rat ernannten geistlichen Spitalmeister (Hospitalarius) erfolgte. Am 4. Februar 1521 wählten die Chorherren den Ulmer Bürgersohn Ambrosius Kaut zu ihrem Propst, der als letzter Vorsteher des Stifts vom Hospitalarius investiert wurde.[23] Er musste sich mit der reformatorischen Bewegung in der Reichsstadt auseinandersetzen, blieb aber reserviert gegenüber dem reformatorischen Gedankengut und seinen Glaubensidealen treu. Mit großer Wachsamkeit beobachtete er die Berufung Sams 1524 sowie die Eingriffe des Rates in der Pfarrkirche, dem Franziskaner- sowie dem Dominikanerkloster. Die Abstimmung 1530 versetzte Kaut in höchste Alarmbereitschaft. Bevor der Rat alle Geistlichen der Stadt im Juni 1531 zum Examen vor die von ihm berufenen Theologen lud, verließ Kaut heimlich die Stadt. Die zurückgebliebenen acht Augustiner versuchten zunächst, abwartend zu taktieren, beim Examen über ihre Einstellung zur evangelischen Lehre auszuweichen und auf die Rückkehr ihres Propstes zu verweisen. Kaut kehrte zwar kurze Zeit später nach Ulm zurück, weigerte sich aber, die vom

[20] Sebastian Fischers Chronik besonders von ulmischen Sachen, hg. von Carl Gustav Veesenmeyer. In: UO 5–8 (1896), S. 130 f., online unter: http://digi.ub.uni-heidelberg.de/diglit/veesenmeyer1896 (Zugriff: 18. März 2018)

[21] Vgl. Fritz, Ulmische Kirchengeschichte (wie Anm. 4), S. 11. Motzhart las beim nächsten Besuch Karls V. in Ulm 1548 auch drei Messen und hielt eine Predigt, diesmal im Münster, und spekulierte auf die Stelle, die der Rat für den täglichen katholischen Gottesdienst einrichten musste. Die Stelle erhielt er allerdings nicht, da sich der Rat für Ludwig Geßler entschied, den früheren Pfarrer von Bernstadt.

[22] Zum Wengenstift vgl. Wegner, Handlungswissen, Kommunikation und Netzwerke (wie Anm. 8), S. 455–468; Specker, Hans Eugen: Augustiner-Chorherrenstift St. Michael zu den Wengen. In: Klöster in Baden-Württemberg (wie Anm. 17), S. 477–479, online unter https://www.kloester-bw.de/klostertexte.php?kreis=&bistum= &alle=&ungeteilt=&art=&orden=&orte=1&buchstabe=U&nr=595&thema=Geschichte (Zugriff: 18. März 2018); Ernst, Max: Wengenkloster und Wengenkirche in Ulm. In: UO 30 (1937), S. 85–119.

[23] Ab 1553 nahm der Papst die Konfirmation der Wengenpröpste vor und ließ diese durch den Konstanzer Bischof vollziehen.

Rat geforderte Abschaffung der katholischen Riten zu akzeptieren, und verließ erneut mit dem zuverlässigsten seiner Konventualen, dem aus einer Ulmer Patrizierfamilie stammenden Wolfgang Besserer, unter dem Vorwand einer Spazierfahrt die Stadt: Alle wichtigen Urkunden und Akten nahmen die beiden mit, um von außen besser gegen die Ulmer agieren zu können, ebenso das Barvermögen des Stifts und das wertvolle Silbergerät – sehr zum Ärger des Ulmer Magistrats. Kaut und Besserer flüchteten zunächst zu den Benediktinern nach Blaubeuren, später zu den Augustinerchorherren nach Waldsee. Eine Rückkehr nach Ulm war zu gefährlich; daher wandte Kaut sich am 28. Juni 1531 schriftlich an sein Kapitel, versuchte sein Verhalten zu erklären, die Konventualen zu trösten und in ihren Glaubensüberzeugungen zu bestärken. Er sandte außerdem Briefe an Bürgermeister Bernhard Besserer (29. Juni) und den Rat (14. Juli), in denen er sich auf sein Gewissen berief und so das Verlassen der Stadt begründete. Die Vorwürfe, gegen die Obrigkeit zu intrigieren, wies er heftig zurück. Der Tonfall in der Korrespondenz der folgenden Wochen wurde immer vergifteter, der Rat erhöhte den Druck, und so wurde die Situation für Kaut und die zurückgebliebenen Augustinerchorherren immer bedrohlicher. Schließlich bezichtigten Stiftsdekan Franziscus Karrenmann und die sieben weiteren Konventualen im Stift ihren Propst des böswilligen Verlassens und kündigten ihm den Gehorsam auf. Am 17. Oktober 1531 übergaben sie das Stift der Stadt, die sich hocherfreut mit den Verbliebenen arrangierte. Den sieben Augustinerchorherren, die den Orden verließen, wies der Rat eine jährliche Pension von 100 Gulden an.[24] Einzig Franz Karrenmann blieb bei seiner religiösen Überzeugung. Die Stadt verpflichtete sich, in der Wengenkirche künftig evangelische Predigtgottesdienste abhalten zu lassen, aus dem Einkommen des Stifts den Prädikanten Lienhard Kegel zu besolden und das Schul- und Armenwesen besser zu finanzieren. Kaut klagte sofort anhand der mitgeführten Unterlagen beim Reichskammergericht und erkämpfte ein Rückgabemandat, das am 15. November 1531 in Speyer ausgestellt wurde. Dieses sah die vollkommene Restituierung des Stiftes vor; die Gottesdienste sollten wieder gefeiert werden dürfen. Die Frist von 14 Tagen wurde aber ebenso wenig eingehalten, wie die angedrohte Strafe eine Wirkung entfalten konnte. Noch hatte Propst Kaut keine Möglichkeit, sich gegen die Stadt durchzusetzen; er führte den Kampf aus dem Exil schriftlich weiter. Am 11. Juni 1533 kam es zu einem vorläufigen Vergleich: Die Ulmer mussten sich zu einer Rentenzahlung an den Propst aus den Einkünften des Stifts verpflichten und die Aufstellung eines Besitzverzeichnisses zusagen. Nach Abschluss eines erhofften Konzils sollte das Stift auf der Grundlage dieses Verzeichnisses seine Güter wieder zurückerhalten. Bis dahin

---

[24] Chorherr Hieronymus Rehm erreichte, dass er im Wengenstift bleiben und die Ordenskleidung weiter tragen durfte. Er verzichtete auf die 100 Gulden, wurde dafür aber vom Rat angemessen versorgt.

bestellte der Rat zusätzlich zu den beiden Wengenpflegern einen Verweser (Caspar Berchtold) und nutzte die Stiftsgebäude als Magazine. Der Einmarsch Karls V. 1548 in Ulm hatte für die Wengenherren günstigere Tage zur Folge: Kaut pochte auf die Durchsetzung des Mandats von 1531: Am 18. Juli 1549 schließlich musste die Stadt einen Vertrag abschließen. Ambrosius Kaut und zwei weitere Chorherren, Wolfgang Besserer und Sebastian Salzmann,[25] zogen wieder in das Stift. Stift und Kirche machten einen bedauernswerten Eindruck. Kaut hatte bis zu seinem Tode am 5. Dezember 1552 alle Hände voll zu tun mit dem Wiederaufbau der Kirche und der Stiftsgebäude, was er als seine größte Herausforderung annahm. Dank seines Einsatzes sowie des Wirkens weiterer Augustinerchorherren konnte sich das Stift danach in der evangelischen Reichsstadt behaupten, das katholische Erbe weiterführen und – wenn auch in ständiger Auseinandersetzung mit der Obrigkeit und von dieser überwacht – die Seelsorge für die wenigen verbliebenen Katholiken übernehmen.[26] 1595 wurde die Stiftsschule wiederbegründet. Die Pflege der Bibliothek, der Musik und des Theaters führte das Wengenstift zu einer neuen kulturellen Blüte im 17. und 18. Jahrhundert.

Konnte die seelsorgerliche Betreuung der altgläubigen Gemeinde somit in den Jahren 1531–1548 durch das Wengenstift ebenfalls nicht gewährleistet werden, blieb nur der reichsunmittelbare **Deutsche Orden** mit seiner zwischen 1216 und 1221 gegründeten Kommende übrig.[27] Reformatorischen Bestrebungen des Komturs Martin Beiser von Ingelheim (1524–1529) begegnete der Orden mit dessen Abberufung und konnte so das Fortbestehen der Ulmer Kommende in der evangelischen Reichsstadt sichern. Zwar war die Deutschordenskommende die einzige altgläubige Institution, die während der reformatorischen Neuausrichtung kontinuierlich bestehen bleiben konnte, doch versuchte der Rat auch da, in das Leben der Deutschherren einzugreifen: Bürgermeister Georg Besserer erschien Pfingsten 1531 und verkündete, dass die Deutschherren nun zur täglichen Predigt in der Barfüßerkirche kommen sollten.[28] Den Besuch der Gottesdienste von Nichtordensangehörigen in der Deutschordenskirche St. Elisabeth, die von dem dazu angestellten Kaplan des Ordens gehalten wurden, versuchte der Rat zu verhindern.

[25] Salzmann stand in den Jahren 1560–1585 dem Wengenstift als Propst vor, war allerdings kein geweihter Priester. Dies erschwerte die Seelsorge für die wenigen in Ulm verbliebenen Katholiken, nachdem auch der Interimsprediger im Münster 1554 vertrieben wurde, keine Franziskaner und Dominikaner in der Stadt mehr waren und als einziger der Kaplan im Deutschen Haus Messe lesen konnte, was der Rat ihm allerdings verboten hatte. Vgl. auch LANG, Ulmer Katholiken (wie Anm. 6), S. 247, der vermutet, dass es sich 1549 nicht um Sebastian Salzmann, sondern Franz Karrenmann gehandelt habe.

[26] Die Pfarrrechte blieben dem Stift verwehrt und dem Münster vorbehalten. Taufen durch die Chorherren bedurften einer Genehmigung des Rats, katholische Trauungen mussten außerhalb Ulms stattfinden und beerdigt wurde in der Regel durch den Pfarrer auf dem evangelischen Friedhof.

[27] Vgl. GREINER, Hans: Das Deutschordenshaus Ulm im Wandel der Jahrhunderte. In: UO (1922), S. 1–147; SPECKER, Hans Eugen: Die Kommende des Deutschen Ordens bis zur Reformation. In: Kirchen und Klöster (wie Anm. 7), S. 89–102.

[28] Vgl. KEIM, Reformationsgeschichte (wie Anm. 4), S. 255.

Nur während der Tagungen des Schwäbischen Reichskreises in Ulm füllte sich die Kirche. Die Gottesdienste in der Ordenskirche wurden laufend überwacht, indem der Rat Beobachter entsandte, die vor allem über die Predigten zu berichten hatten. Sie wurden nach Kontroversen mit dem Münsterprediger zeitweise auch verboten. In den Dörfern Bermaringen und Temmenhausen, in deren Kirchen die Deutschherren die Patronatsrechte besaßen, begann der Rat seit 1536, die katholischen Geistlichen zu vertreiben und einen protestantischen Vertreter einzusetzen. Der Komtur beklagte sich daraufhin bei seinen Vorgesetzten (Landkomtur und Deutschmeister), die anschließenden Verhandlungen zogen sich allerdings einige Jahrzehnte hin. Immer wieder sind auch Eingriffe in die wirtschaftlichen Befugnisse des Deutschen Ordens innerhalb seiner weitreichenden Besitzungen des Deutschen Ordens belegt, etwa beim Viehtrieb in Ballendorf 1533.[29] Im Schmalkaldischen Krieg 1546 ließ der Rat das Deutschhaus besetzen, musste es aber nach Änderung der politischen Konstellation 1548 wieder herausgeben.

Die geistliche Betreuung der **Sammlungsschwestern,** die sich um 1230 in der Nähe des Franziskanerklosters angesiedelt hatten, 1377 wegen des Münsterbaus in die Frauenstraße umgezogen waren und nach der franziskanischen Drittordensregel lebten, war bereits seit Ende des 15. Jahrhunderts vom Ulmer Münsterpfarrer übernommen worden. Der Hauptgrund, warum die klosterähnliche Gemeinschaft während der Reformationszeit nicht abgeschafft wurde, war sicher, dass sie als Versorgungsstätte für Bürger- und Patriziertöchter diente. Die Ratsbeschlüsse von Anfang Juli 1536 sicherten den Fortbestand der Sammlung als weltliches Stift.[30] Die Schwestern sollten fortan im Geiste der Reformation ihr religiöses Leben nach der göttlichen Regel Christi – dem Evangelium – ehelos leben, da die Regel des Franziskus Menschenwerk sei. Sie sollten um einen guten Ruf besorgt sein, am gemeinsamen Gebet in deutscher Sprache festhalten, aber auch auf lateinische Texte zurückgreifen dürfen. Die Zahl der gemeinsamen Gebetszeiten wurde allerdings auf Prim, Terz, Sext, Non und Komplet reduziert. Die Schwesterntracht sollte abgelegt, das Stift nur zum evangelischen Gottesdienst im Münster verlassen werden. Vor allem Martin Frecht war maßgeblich am Zustandekommen des Kompromisses zwischen Rat und Sammlungsschwestern beteiligt. Auch Ambrosius Blarer stand offensichtlich in Kontakt mit einem Teil der Schwestern und beeinflusste beispielsweise die damalige Meisterin Juliane Stammlerin.[31]

[29] LANG: Ulmer Katholiken (wie Anm. 6), S. 29f.

[30] Zum Sammlungsstift vgl. GREINER, Hans: Aus der 600jährigen Vergangenheit der Sammlung in Ulm. In: UO 24 (1925), S. 76–112, hier: S. 98f.; SCHULZ, Ilse: Die Ulmer Sammlung (ca. 1230–1808). Eine religiöse Lebensgemeinschaft von Frauen und ein erfolgreiches Wirtschaftsunternehmen. In: Ulmer Bürgerinnen, Söflinger Klosterfrauen. Katalog zur Ausstellung im Ulmer Museum, hg. von Brigitte Reinhardt und Ilse Schulz, Ulm 2003, S. 15–21 und Kat.-Nr. 1,3–10 (mit Abb.); WEGNER, Handlungswissen, Kommunikation und Netzwerke (wie Anm. 8), S. 56–58.

[31] Vgl. FRANK, Karl Suso: Die Franziskanerterziarinnen in der Ulmer Sammlung. In: Kirchen und Klöster (wie Anm. 7), S. 148–162, hier: S. 161.

Allerdings nahmen nicht alle Insassinnen gleich die neue Lehre an: Am 14. Mai 1537 schärften die Religionsherren den Sammlungsfrauen ein, sich an die ihnen vorgegebene Ordnung zu halten, ansonsten müssten sie es dem Rat berichten.[32] 1540 wurden mehrere der Sammlungsfrauen vom Rat bestraft, weil sie in Dischingen, einem Dorf der Ulmer Umgebung, *zur bepstischen meß und ceremonien gegangen*[33] waren. Bis zum Tod der letzten „altgläubigen" Schwestern 1564 oder 1570 war die Sammlung noch eine gemischtkonfessionelle Gemeinschaft. Altgläubiges Leben war fortan im Sammlungsstift nicht mehr möglich, da nur noch evangelische Frauen aufgenommen wurden.

An der Kirche des unter städtischer Verwaltung stehenden **Heilig-Geist-Spitals** wurden im Zuge der reformatorischen Neuordnung die Seelmessen abgeschafft; die geistliche Versorgung übernahmen zwei Prediger.[34] Mit der religiösen und kirchlichen Neuordnung wurden auch die zahlreichen **Kapellen** als Stätten der Andacht in- und außerhalb der Stadt – Felix Fabri berichtet in seinen ‚Sionpilgrin' von insgesamt 35 Kirchen und Kapellen in Ulm[35] – überflüssig. Einige ließ der Rat abbrechen, andere wurden profaniert und als Lagerräume genutzt oder zu Wohnhäusern umgebaut. Auch in den Kapellen der Niederlassungen von auswärtigen Klöstern in der Stadt, der sogenannten Pfleghöfe, war der altgläubige Gottesdienst nur sehr eingeschränkt oder überhaupt nicht mehr möglich. 1533 wurde etwa die Nikolauskapelle von der Stadt an den Abt von Ochsenhausen verkauft, allerdings mit der Auflage, keine gottesdienstlichen Handlungen darin vorzunehmen. Daher wurde sie als Lagerhaus verwendet.[36]

3   Spuren altgläubigen Lebens

War also ein institutionalisiertes altgläubiges Leben nach 1531 bis zum Interim fast nicht mehr oder nur noch sehr eingeschränkt möglich, stellt sich die Frage, wie sich dieses überhaupt noch sichtbar machen lässt. Dazu habe ich einige wenige Aspekte der Religionsausübung (Auslaufen zur Messe, Kranken- und Armenversorgung, Klostereintritte von Kindern) und der Repräsentation von Katholiken innerhalb der städtischen Obrigkeit ausgesucht, die sich aus der Lektüre der Quellen ergeben haben.

[32] StadtA Ulm A [6872/I], fol. 5r.

[33] StadtA Ulm, A 3530, Bd. 15, fol. 100r (Ratsprotokoll vom 4. Juni) und fol. 103r (16. Juni); vgl. auch LANG: Ulmer Katholiken (wie Anm. 6), S.40.

[34] Zum Spital vgl. GREINER, Johannes: Geschichte des Ulmer Spitals im Mittelalter. In: WVhLG 16 (1907), S.78–156; LANG, Stefan: Vom Ulmer Heilig-Geist-Spital zur Hospitalstiftung. 770 Jahre Hospitalstiftung Ulm 1240–2010, Ulm 2010.

[35] Vgl. VEESENMEYER, Karl Gustav: Ein Gang durch die Kirche und Kapellen Ulms um das Jahr 1490. Nach Felix Fabris Sionpilgerin. In: UO.Verhandlungen N. R. 1 (1869), S.29–44.

[36] LANG, Ulmer Katholiken (wie Anm. 6), S.38.

Die Existenz der Altgläubigen in Ulm und seinem Herrschaftsgebiet und ihre aktive Religionsausübung werden in den Quellen ab 1531 vor allem dort greifbar, wo vom sogenannten **„Auslaufen zur Messe"** die Rede ist, d. h. wo Personen im Visier der Prediger und des Ratsregiments sind, die durch die Tore die ummauerte Stadt verlassen, um irgendwo an einer altgläubigen Messfeier teilnehmen zu können, entweder im Bereich des Ulmer Landgebiets oder außerhalb des reichsstädtischen Territoriums.[37] Beliebt war vor allem das Klarissenkloster Söflingen, aber auch Wiblingen mit seinem Benediktinerkloster und die Kirchen in Lautern und Grimmelfingen, wo altgläubige Priester wirkten, werden wiederholt in den Quellen erwähnt, seltener hingegen das Benediktinerkloster in Elchingen. Die Ratsmehrheit tat sich zunächst schwer, gegenüber diesem Phänomen des Auslaufens und den Anhängern des Messgottesdienstes und anderer altgläubigen Zeremonien eine klare Linie zu finden, wozu sie von den reformatorischen Prädikanten Konrad Sam und Martin Frecht gedrängt wurden. Wiederholt taucht das Argument des Rats auf, er wolle niemanden zum Glauben zwingen. Andererseits legte er Wert darauf, dass in seinem Herrschaftsgebiet eine einheitliche Religionsausübung gemäß der evangelischen Kirchenordnung von 1531 durchgesetzt wurde. Er stellte daher bereits 1531 Wächter an die Tore, die die Namen der Auslaufenden notieren sollten, damit sie dann von der städtischen Gerichtsbarkeit zur Rechenschaft gezogen werden konnten.[38] Das Aufschreiben in Namenslisten sollte sich auch in den folgenden Jahren wiederholen (Abb. 1).[39]

Manche Personen aber, heißt es in den Ratsakten, verantworteten sich sehr energisch, namentlich die Weiber: Der Glaube solle doch frei sein, erklärte die eine; eine andere sagte aus, sie sei Gott und der Jungfrau zu lieb nach Söflingen gegangen und werde bei ihrem Glauben bleiben, es gefalle, wem es wolle. Sie sei Gott mehr schuldig als einem Rat. Eine dritte versicherte, die rechte christliche Ordnung – womit sie offensichtlich die katholische Ordnung meinte – halten zu wollen, solange sie Vernunft habe.[40] Eine Frau Bayer führt aus, dass *ir schwester, Barbara Bayrin*, gesagt habe, dass sie *ir gewissen und das sy irer seelen seligkeit gern*

---

[37] Vgl. dazu unter dem Stichwort „Auslaufen" StadtA Ulm, A [6821]; ebd., A [6872/1]; ebd., A [8984/I]; ebd., A [8985]; ebd., H Schmid 24/2, S. 11; ebd., H Schmid 25/2, S. 10–15; Endriss, Julius: Das Ulmer Reformationsjahr 1531 in seinen entscheidenden Vorgängen, Ulm ²1931; Ders. (Hg.): Die Ulmer Synoden und Visitationen der Jahre 1531–47. Ein Stück Kirchen- und Kulturgeschichte, Ulm 1935. Zum Phänomen des „Auslaufens" speziell am Ulmer Beispiel jetzt auch Mudrak, Marc: Reformation und Alter Glaube. Zugehörigkeiten der Altgläubigen im Alten Reich und Frankreich (1517–1540) (Ancien Regime. Aufklärung und Revolution 43), Berlin/Boston 2017, S. 510–534.

[38] Vgl. StadtA Ulm, A [8985]_39, fol. 84r–v: Anweisung des Ulmer Rats an die Zunftmeister das „Auslaufen" der Bürger nach Söflingen, Wiblingen und anderen katholischen Orten betreffend (23. August 1531).

[39] Vgl. beispielsweise StadtA Ulm, A [8984/I], fol. 65r–v; ebd., A [8984/I], fol. 77r–78v: Namensliste der an Pfingsten 1535 zum Gottesdienst nach Söflingen durch das Glöckler- und Neutor ausgelaufenen Bürger. Vgl. zu 1535 auch Mudrak, Reformation und Alter Glaube (wie Anm. 37), S. 524–528.

[40] Vgl. Keim, Reformationsgeschichte (wie Anm. 4), S. 254f.

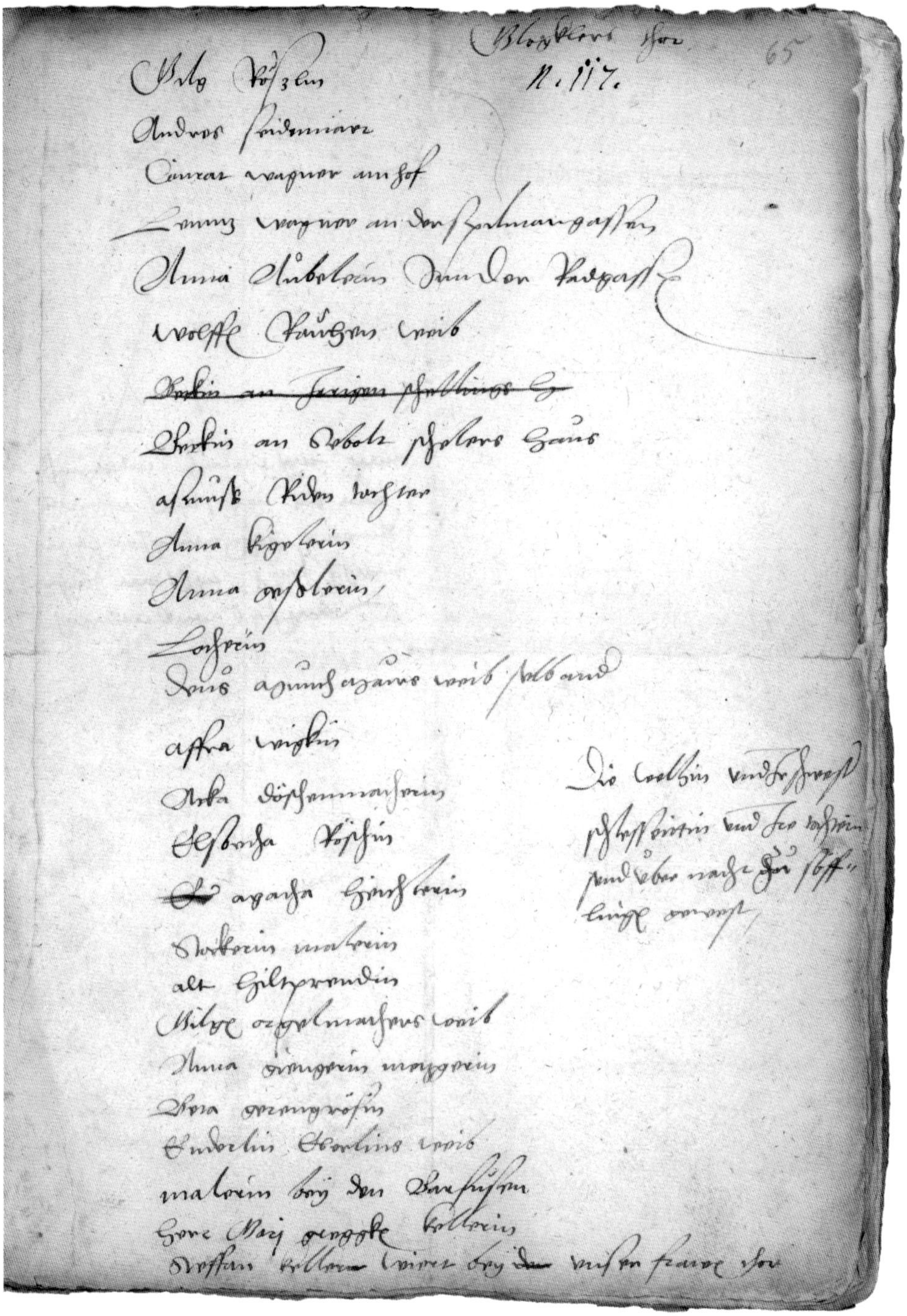

Abb. 1   Liste der Personen, die am Fest Mariä Himmelfahrt
(15. August) 1532 durch das Glöcklertor zur Messe nach
Söflingen gelaufen sind. StadtA Ulm, A [8984/I], fol. 65r.

suchen wöllt, und das *hab sy gen Söfflingen triben*[41]. Die Männer verhielten sich dagegen meist nicht so standhaft, sondern suchten Ausflüchte wie: Man sei gerade geschäftlich in Söflingen gewesen und dabei zufällig in die Klosterkirche geraten; man sei Anderen nachgelaufen und unversehens im altgläubigen Gottesdienst gelandet, der Meinung, das sei erlaubt.

Interessant ist, was Frecht im Dezember 1533 in einem Brief an Blarer berichtet:[42] Der Rat habe beschlossen, wenn jemand außerhalb seines Herrschaftsgebiets Messe höre, ihn nicht bestrafen zu wollen; und Bernhard Besserer, der Bürgermeister habe geäußert, man sei bei der Bestrafung der Auslaufenden zu streng gewesen; niemand solle zum Glauben gezwungen werden; auch Satan müsse seine Leute haben. Innerhalb der Stadtmauern und des Stadtgebiets mit Einschluss Söflingens aber müsse das Verbot der Feier und des Besuches der Messe aufrecht erhalten werden. Aus dieser Briefpassage geht zweierlei hervor, was wir auch aus anderen Dokumenten wissen: 1. Der Rat differenzierte in den ersten Jahren nach 1531 zwischen einem Auslaufen zum Messgottesdienst in Orte innerhalb seines Territoriums, was er verbot, und in Orte außerhalb des Ulmer Gebiets, was er duldete. 2. Dabei rechnete er Söflingen wie selbstverständlich zu seinem Gebiet und bezeichnete die Kirche der Söflinger Klarissen als Filialkirche des Münsters. Das war allerdings Wunschdenken des Rats, das in krassem Gegensatz zu den realen Rechtsverhältnissen stand. Interessant ist auch, wie der Münsterprediger Frecht auf die Worte des Bürgermeisters Besserer und auf dessen Argument für einen eher milden Kurs – man solle niemanden zum Glauben zwingen – nach Auskunft seines Briefes reagiert hat: Er habe dem Rat gegenüber den Vorwurf zurückgewiesen, die Evangelischen würden sich vom Kaiser nicht zum katholischen Glauben zwingen lassen, würden aber ihrerseits auf andere durch das Verbot der Messe Glaubenszwang ausüben. Nein, habe Frecht dem Rat geantwortet: Die Messe ist Götzendienst. Und von offenem Götzendienst abzuhalten, ist kein Glaubenszwang. Diese Briefpassage zeigt sehr schön eine typische Konstellation in den reformatorischen Reichsstädten: Die Ratsherren ebenso wie die Juristen sind oft nachgiebiger und duldsamer einer religiösen Vielstimmigkeit gegenüber, die Theologen dagegen drängen auf konfessionelle Homogenität. In Ulm hatten sie damit, was das Auslaufen von Stadtbewohnern zur altgläubigen Messe betrifft, mehr und mehr Erfolg. Jedenfalls ist das scharfe Ratsmandat von 1537 auffallend, das generell das Auslaufen verbietet, auch zu Orten außerhalb des Ulmer Herrschaftsgebiets. Es wird allen *burgerinnen und burgern, unterthonen*

---

41 StadtA Ulm, A [8984/I], fol. 73r. Zum Folgenden vgl. auch Keim, Reformationsgeschichte (wie Anm. 4), S. 254. Zu den verschiedenen Motiven des Auslaufens vgl. Mudrak, Reformation und Alter Glaube (wie Anm. 37), S. 517–524.

42 Schiess, Traugott (Hg.): Briefwechsel der Brüder Ambrosius und Thomas Blaurer 1509–1567, 3 Bde., Freiburg i. Br. 1908–1912, hier: Bd. 1, S. 447f.

und unterthonin, niemants hierinnen außgenommen, ernstlich geboten und verboten, das niemant furtan an kein ort, wie der immer genannt werden mag, zu irgendwelchen bepstlichen ceremonien wie predigen, messen, vesper oder dergleichen[43] laufen soll. Wer weiterhin gegen dieses Verbot verstößt, muss mit einer Strafe von einem Gulden rechnen. Ein Drittel dieses Geldes soll demjenigen gegeben werden, der das Auslaufen der betreffenden altgläubigen Person der Obrigkeit angezeigt hat. Offenkundig hielt der Rat in der Zeit nach 1537 auch die Denunziation für ein probates Mittel.

Im Ulmer Spital, das zur **Pflege und Betreuung der Alten und Kranken** diente, hatte der Rat bereits 1527/28 ein Predigtverbot für den letzten geistlichen Spitalmeister Gregor Bauler verhängt. Immerhin hatte ihm der Rat aber erlaubt, die altgläubigen Kranken im Spital weiterhin zu trösten, *weil jedem geholfen werden soll,* er solle dies aber bitte leise tun. Bauler erklärte 1531, die Spitalpfarrei aufgegeben zu haben, weil er beim „alten" Glauben bleiben wolle.[44] Ulrich Wieland, der als einer der evangelischen Prediger nach Bauler in der Spitalkirche wirkte, zeigte im Juni 1537 an, *das vil päpstler im Spital das almusen nehmen, die* [aber] *zu dem gmainen gepet und der gemain Gottes nit gangen. Und* [ist] *seins erachtens, so weren dieselben auch zu dem Gotesswort zu pringen, dieweil si doch von dem gemainen gut underhalten werden.*[45] Die Begründung Wielands, dass die aus dem städtischen Almosenkasten zu versorgenden Altgläubigen dann auch bitte am evangelischen Gemeindeleben teilnehmen sollten, stieß beim Spitalpfleger auf wenig Sympathie. Das Religionsamtsprotokoll vermerkt zu Wielands Eingabe daher nur: *Lasst man es uff meiner Herrn der Spitalpfleger straflich widersag beruhen.*[46] Spitalpfleger war 1537 Ulrich Löw, Ratsherr und überzeugter Altgläubiger.[47] Neben dem Einsatz des altgläubigen Ratsherrn kann man auch hier vielleicht schon die moderate Haltung des Ulmer Rates gegenüber katholischen Kranken, Armen und Waisen vermuten, die Peter Lang in seiner Untersuchung über die Ulmer Katholiken nach 1548 betont.[48] Im gleichen Monat und Jahr (11. Juni 1537) erlaubte der Rat dem Patrizier Konrad Roth auf seine Bitte hin, den altgläubigen Geistlichen in Reutti, wo die Roths ihr Landschloß und auch das Patronatsrecht in der danebenliegenden Kirche innehatten, weiter seinen Dienst versehen zu lassen, *dieweill sein muter ain alte schwache fraw* sei, die nicht mehr

---

[43] Arend, Sabine (Bearb.): Die evangelischen Kirchenordnungen des XVI. Jahrhunderts Bd. 17, 2. Teilband: Baden-Württemberg IV. Südwestdeutsche Reichsstädte: Reutlingen, Ulm, Esslingen, Giengen, Biberach, Ravensburg, Wimpfen, Leutkirch, Bopfingen, Aalen (EKO 17,2/IV), Tübingen 2009, S. 191.

[44] Greiner, Geschichte des Ulmer Spitals (wie Anm. 34), S. 134; Lang, Ulmer Heilig-Geist-Spital (wie Anm. 34), S. 22f.

[45] StadtA Ulm, [6872/1], fol. 11v–12r (6. Juni 1537).

[46] Ebd.

[47] Lang: Ulmer Katholiken (wie Anm. 6), S. 53: Ulrich I. Löw hatte drei Kinder, die alle alle katholisch blieben.

[48] Lang: Ulmer Katholiken (wie Anm. 6), S. 104f.: Bei der Betreuung von Kranken wurden zwischen Katholiken und Protestanten keine „konfessionelle Unterschiede gemacht".

lange zu leben habe, *das dann ain Er. Ratt die meß und ceremonien nicht abstellen, sonnder damit verzug haben mocht, biß sein muter heut oder morgen tods verschaid.* Der Rat ließ Konrad Roth ausrichten, dass er bis zum Tod der Mutter warten werde, danach sollen er und seine Brüder aber unverzüglich *ainen predicanten dasselbst hin ordnen und ains E. Ratts ernstenlich ordnung fürnemen. Dann ain E. Rat werd kain meßpfaffen do mer gedulden.*[49]

Auch Martin Frecht schlägt gegenüber den kranken Altgläubigen versöhnlichere Töne an als sonst, ohne dabei seine evangelischen Prinzipien zu vernachlässigen: In einem Gutachten unter anderem zur Kindertaufe und dem Sakrament der Krankensalbung (Versehgänge) für das Ulmer Landgebiet von 1535 betont er zwar, dass päpstliche Zeremonien und Riten zu vermeiden, die Hebammen und Schwestern zunächst aber zu belehren seien. Zur Unterrichtung soll man dabei auf das *geteütschts handtbiechle* des Rats, also das von Konrad Sam unter Mitarbeit von Ambrosius Blarer im Herbst 1531 vorgelegte ‚Handbüchlein‘, zurückgreifen.[50] In diesem ersten liturgischen Formularbuch (Agende), das nach der Einführung der neuen Kirchenordnung in Stadt und Landgebiet einheitliche Formen für die beiden Sakramente und die Kasualien schaffen wollte, finden sich auch die Abschnitte „Ordnung des Kinder tauffs“ und „Der Krancken haymsuchung“.[51] Im Protokoll des Pfarrkirchenbaupflegamts vom 22. April 1546 wird überliefert, dass Frecht die Schwestern im Seelhaus am Wörd *deß Beptstumbs halben* angesprochen habe, und *daß sy sellich ding bey den krancken wie byßher nit mer treiben welle*[n]. [...] *Hat sy* [Schwester Magdalena] *sich gutlich funden lassen.*[52]

In den Jahren 1544 bis 1546 tauchen in den verschiedenen Protokollserien des Rats, Pfarrkirchenbaupflegamts und des Religionsamts auffällig viele Einträge auf, die sich mit **Klostereintritten von Kindern** befassen. Im Juni 1544 wird Bürgermeister Weiprecht Ehinger zu den nicht näher benannten Personen geschickt, *so ire kinder in die clöster stecken wellen,* um sie von diesem Vorhaben abzubringen. Anschließend sollen die Religionsherren darüber beratschlagen.[53] Ehinger und die Religionsherren kamen ihren Aufgaben offenbar nach, denn im August nahm sich der Rat der Angelegenheit an und entschied, *das kain burger oder ainwoner kein*

---

[49] StadtA Ulm, A [6872/1], fol. 14v.
[50] StadtA Ulm, A [1790], fol. 109r–110v.
[51] Vgl. AREND, Die evangelischen Kirchenordnungen 17,2/IV (wie Anm. 43), S. 71f., 168–170, 179–183.
[52] StadtA Ulm, A [6838], fol. 51r.
[53] StadtA Ulm, A [6821], fol. 18r, Ratsentscheid an das Pfarrkirchenbaupflegamt vom 25. Juni 1544: *Die personen, so ire kinder in die clöster stecken wellen, sollen durch mein günst Herrn Bürgermeister Weyprecht Ehinger beschickt und hiermit ernst gesagt werden, mit irem fürnemen bis auff weittern beschaid ains E. Raths in ruch zu sein. Und sollen meine günstige Herrn zu der religion verordnet die sachen [...] ordentlich beratschlagen und ainem E. Rath ir gut bedunckhen wider anzaigen.*

kind mehr in kein closter oder claußen tun sollt.[54] Dieses Verbot sollte auch in allen Zünften verkündet werden. Nur wenige Tage später mussten alle Personen, *so innerhalb einer jahrsfrist ihre kinder in die clöster gethan,* vor dem Rat erscheinen und sich für ihr Handeln verantworten. Mit Verweis auf die gültigen Gesetze und Ordnungen sollten sie daraufhin ernstlich auf das Verbot hingewiesen und ihnen Strafen angedroht werden.[55] Worin die Strafen bestehen sollen, müsse erst noch beratschlagt werden. Im November 1544 sowie im März 1546 musste das Verbot der Klostereintritte von Kindern bei den Zünften und allen anderen Einwohnern erneut wiederholt werden.[56] Leider werden in diesen Einträgen keine Namen und auch nicht die außerhalb Ulms liegenden Klosterorte genannt, und bislang haben sich noch keine weiteren Hinweise in den Quellen finden lassen, auf welche konkreten Fälle der Rat hier reagiert.

Auch im politischen Leben der Reichsstadt können sich in unserem Betrachtungs-zeitraum durchaus noch Spuren der Beteiligung altgläubiger Vertreter finden lassen. Im Zuge der Verfassungsreform,[57] die Karl V. während seines Ulmer Aufenthaltes im August 1548 durchführte, wurde zwar die Anzahl der Ratsherren von 71 auf 31 deutlich reduziert, gleichzeitig aber auch der Anteil der Patrizier, bei denen die Katholiken überdurchschnittlich vertreten waren,[58] im Rat deutlich erhöht. Diese 31 Ratsherren waren zuvor sorgsam vom Kaiser ausgewählt und ernannt worden. Wie Peter Lang in seiner Studie gezeigt hat, erhöhte sich dabei der Anteil der Katholiken (11 von 31 Ratsherren) im neuen Rat auf insgesamt 35,5 %.

---

[54] StadtA Ulm, A 3530, Bd. 17, fol. 453v, RP vom 15. August 1544: *Nach abgehörtem Bedenken meiner günstig Herrn zu der Religion* [ist] *verordnet, wie fürohin fürkommen und abgewendt werden möchte, dass der hieigen burger und einwoner kinder nit in die clöster gestoßen werden. Ist entschaiden, das alt gsatz im roten gesatz-büchlein* [Rotes Buch] *wiederum zur hand zu suchen, des neheren Rats anzuhören und folgends davon zu rathschlagen, wie es in die e. Zünften verkündt und daneben ein verpott gethan wurdt, das kain burger oder ainwoner kein kind mehr in kein closter oder claußen tun sollt.* Vgl. Das rote Buch der Stadt Ulm, hg. von Carl Mollwo (Württembergische Geschichtsquellen 8), Stuttgart 1905.

[55] StadtA Ulm, A 3530, Bd. 17, fol. 455v, RP vom 20. August 1544: *Alle die personen, so innerhalb einer jahrsfrist ihre kinder in die clöster gethan, söllen uff Freitag nächst für Rath beschaiden und ihne ihr Hadlung wie anheut davon geredt höblich verwiesen werden und soll auch alßdann von ainem gsatz und ordnung wie söllichs füro-hin und bei wahr peen verpotten werden soll gratschlagt werden.*

[56] StadtA Ulm, A 3530, Bd. 18, fol. 62r, RP vom 7. November 1544: *Es soll auch bei allen Zünftigen, auch bürgern und einwohnern allhie mit ernst verkündt werden, dass keiner mehr kein kind in ein closter tue und sonder bewilligen und vorwissen e. e. Raths und bei schwerer Straf desselben;* vgl. auch ebd., fol. 384r, RP vom 3. März 1546.

[57] Vgl. dazu Schlaier, Bernd: Die reichsstädtische Verfassung und ihre Änderung im Zeitalter der Reformation. In: Die Ulmer Bürgerschaft auf dem Weg zur Demokratie. 600 Jahre Großer Schwörbrief, hg. von Hans Eugen Specker (Forschungen zur Geschichte der Stadt Ulm. Reihe Dokumentation 10), Ulm/Stuttgart 1997, S. 151–170, hier: S. 155–158 (mit Literatur).

[58] Lang: Ulmer Katholiken (wie Anm. 6), S. 51. Mitte des 16. Jahrhunderts gab es in neun der 17 Patrizierfamilien (Neithardt, Löw, Besserer, Roth, Ehinger, Rehlinger, Lieber, Schorer, Günzburger) noch Katholiken. Die Mit-glieder der Familie Krafft wurden alle protestantisch, allerdings hatte Altbürgermeister Hans Krafft eine katho-lische Ehefrau, die nach seinem frühen Tod 1577 die Kinder der Ehe katholisch erzog. Einer der Söhne, Hans Christoph, wurde zum Stammvater der katholischen Linie der Krafft, welche sich als einzige katholische Patrizierfamilie bis zum Ende der Reichsstadtzeit in Ulm halten sollte.

Schaut man sich die Namen der katholischen Ratsherren etwas genauer an, sieht man jedoch, dass neun der elf katholischen Ratsherren bereits vor 1548 im Rat vertreten waren und sogar ranghohe Ämter innehatten: Die beiden nach der Verfassungsänderungen Karls V. wichtigsten Ratsherren und mit weitreichenden Vollmachten ausgestatteten waren die beiden katholischen Ratsälteren Ulrich Löw und Ulrich Ehinger, die auch vor 1548 im Kleinen und Großen Rat gesessen waren (vgl. Abb. 2).[59] Drei der fünf Geheimen (Fünfer-Ausschuss), die den beiden Rats- älteren zugeordnet waren und den Geheimen Rat bildeten, waren katholisch: Ulrich Neithardt,[60] Altbürgermeister Hans Krafft und Erasmus Rauchschnabel.[61] Und auch zwei der drei Bürgermeister vertraten die katholische Partei: Wolf Neithardt und Sebastian Besserer, letzterer hatte 1531 dem Wengenpropst zur Flucht verholfen.[62] Ein Blick auf die Inhaber anderer städtischer Ämter zeigt, dass die Altgläubigen vor 1548 dort ebenso vertreten waren, wenn auch nicht so stark und oft wie im Kleinen und Großen Rat.[63]

Resumée

Eine rasche und eindeutige Antwort auf die Frage, welche Rolle die Ulmer Alt- gläubigen in den Jahren 1531 bis 1548 spielten, ist nicht möglich. Institutionell und zahlenmäßig wurden die Altgläubigen durch die reformatorischen Neuerun- gen existentiell getroffen. Nur die Deutschordenskommende bestand kontinuier- lich, erst 1549 verbesserte sich nach der Rückkehr der Augustinerchorherren im Wengenstift die Lage etwas. Trotz aller Repressalien, die der Rat auf die ver- bliebenen Altgläubigen ausübte, konnten diese in der Stadt bleiben, das Auslaufen zur Messe war möglich, die angedrohten Strafen, v.a. gefordert von der evange- lischen Geistlichkeit, wurden von der Obrigkeit selten mit letzter Konsequenz vollzogen. Ausweisungen von Altgläubigen sind nicht belegt. Einige wenige Altgläubige konnten sogar bis 1548 (und darüber hinaus) in ihren politischen Ämtern verbleiben.

---

[59] Für die Hilfe bei der Erstellung dieser Übersicht zu den katholischen Ratsherrren danke ich ganz herzlich Frau Dr. Marie-Kristin Hauke (Ulm). Als Grundlage dazu dienten StadtA Ulm, A 3462: Ratswahl- und Ämterlisten für den entsprechenden Zeitraum; LANG: Ulmer Katholiken (wie Anm. 6), S. 72.

[60] Ulrich Neithardt war Ratsherr seit 1504, später Bundeshauptmann im Schwäbischen Bund und vor 1548 schon Bürgermeister und Mitglied des Großen Rats. Er reaktivierte die Neithardtpfründe im Münster und bemühte sich um die Wiederherstellung der Messe in der Familienkapelle.

[61] Erasmus Rauchschnabel war vom Goldschmiedemeister zum Hotelier, Weinhändler und Geldverleiher aufgestie- gen und spielte in der Politik der Stadt eine große Rolle. Nach seinem Tod 1552 leiteten seine beiden Söhne Levinus und Erasmus d. J. das Unternehmen gemeinsam.

[62] FRITZ, Ulmische Kirchengeschichte (wie Anm. 4), S. 9.

[63] Vgl. Abb. 2 und LANG: Ulmer Katholiken (wie Anm. 6), S. 73–92.

	Jos Besserer	Sebastian Besserer	Ulrich Ehinger	Wilhelm Ehinger	Eustachius Günzburger	Hans Lieber	Ulrich Löw	Ulrich Neithardt	Wolfgang Neithardt	Erasmus Rauchschnabel
Bürgermeister								1515, 1518, 1521, 1524, 1527, 1530, 1533, 1536, 1539, 1542, 1545		
Fünfer								1516–1517 1519–1520 1528 1534–1535 1537–1538 1540–1541 1543		1547–1548
Kleiner Rat	1542–1543 1546–1547	1543–1544 1547–1548	1540–1541 1544–1545 1548	1543–1544 1547–1548	1544–1545 1548	1530–1531 1534–1535 1538–1539 1542–1543	1531–1532 1535–1536 1539–1540 1543–1544 1547–1548		1530 1537–1538 1541	1533–1534 1537–1538 1542 1546
Großer Rat	1548	1545	1542–1543 1546	1546	1547	1532–1533 1536–1537 1540–1541 1544	1530 1533–1534 1537–1538 1541–1542 1545–1546	1531 1533–1534 1537–1538 1540 1543 1546–1547	1531–1532 1539–1540	1530–1532 1535–1536 1539–1541 1543–1545 1547
Stättrechner		1547								1545–1546
Herrschaftspfleger							1534–1535 1538–1539 1544–1545 1548			
Pfarrkirchenbaupfleger							1533			
Kornpfleger	1546	1544–1545 1547				1530–1543				
Spitalpfleger							1536–1537 1542–1543 1547		1532 1539	
Pfleger zu Söflingen										1531–1544 1548
Sammlungspfleger										1533–1544
Wengenpfleger									1540	
St. Jakob Pfleger						1530–1531				
Hl. Kreuz Pfleger									1530–1531	
Weingartenpfleger					1547–1548					

Altgläubige Ratsherren vor 1548

Abb. 2   Übersicht zu den altgläubigen Ratsherren vor 1548.
Grafik: Gudrun Litz/Marie-Kristin Hauke

Susanne Schenk

Ulmer Vielstimmigkeit

Die Konflikte der 1540er Jahre um Sozialethik, Abendmahl und spiritualistische Frömmigkeit

„Vielstimmigkeit. 500 Jahre Reformation". So lautete das Ulmer Motto des Reformationsjahres 2017 (Abb. 1). Es bringt die Überzeugung zum Ausdruck, dass die theologische und frömmigkeitliche Vielstimmigkeit der Reformation, die gerade im oberdeutschen Kontext zu beobachten ist, in Ulm besonders tiefgehend und langanhaltend lebendig war. Heute ist Ulm stolz darauf, wie das Logo zeigt. Und das ist ein klarer Perspektivwechsel. Noch in den 1980er Jahren wurde genau dieses Charakteristikum als deutliches Defizit der Ulmer Reformationsgeschichte betrachtet.[1]

Die Ulmer Vielstimmigkeit wird vor allem sichtbar in den Konflikten, die der oberste Münsterprediger Martin Frecht in der ersten Hälfte der 1540er Jahre mit diversen reformatorischen Stimmen führte, oder besser: mit deren Vertretern. Hier soll ein weiterer Perspektivwechsel vorgenommen werden: Bisher wurden diese Konflikte primär als Folgeerscheinungen der Auseinandersetzungen Frechts mit Caspar von Schwenckfeld in den 1530er Jahren gesehen.[2] Die Akteure dieser Jahre galten dementsprechend als wesentlich beeinflusst oder gar *in Bann geschlagen*

Vielstimmigkeit
500 Jahre Reformation

Abb. 1   Ulmer Logo für
das Reformationsjahr 2017.
Stadt Ulm.

---

[1] So sieht Martin Brecht in seinem Beitrag zum Ulmer Reformationskatalog von 1981 die Ulmer Reformation von „innere[n] Störungen" und „Rückschläge[n]" in der reformatorischen Entwicklung geprägt, zu deren Faktoren er nicht zuletzt „de[n] unglückliche[n] innerprotestantische[n] Glaubenszwiespalt" zählt; vgl. BRECHT, Martin: Ulm 1530–1547. Entstehung, Ordnung, Leben und Probleme einer Reformationskirche. In: Hans Eugen SPECKER/ Gebhard WEIG (Hg.): Die Einführung der Reformation in Ulm (Forschungen zur Geschichte der Stadt Ulm, Reihe Dokumentation 2), Ulm 1981, S. 12–28, hier: S. 13.

[2] Zuletzt SCHENK, Susanne: Ulm. Sebastian Franck und Caspar von Schwenckfeld. In: Michael WELKER/Michael BEINTKER/Albert de LANGE (Hg.): Europa reformata. Reformationsstädte Europas und ihre Reformatoren, Leipzig 2016, S. 413–422, hier: S. 421.

von Schwenckfeld.[3] Dieses Urteil zeigt sich bei näherem Hinschauen als unkritische Übernahme der Perspektive Frechts, der seine Gegner in einem Brief an Ambrosius Blarer gar summarisch als *monstra ex Schwenckfeldianis speleis* bezeichnet.[4]

Ohne dass eine gewisse Rolle Schwenckfelds in den Konflikten geleugnet wird, soll der Schlesier im Folgenden weitgehend aus dem Bild genommen werden, um die Stimmen, die in den 1540er-Konflikten laut werden, in ihrem Selbstverständnis zu Gehör zu bringen und nach ihrer eigenständigen Verortung in der Ulmer Reformationsgeschichte zu fragen. Thematisch gruppieren sich die 1540er-Konflikte um Sozialkritik (1), Abendmahlsverständnis (2) und die Absonderung spiritualistischer Kreise (3).[5]

1 *Das Saltz soll waidlich beyssen.* Der Ruf zu sozialethischer Konsequenz

Das saltz soll waidlich beyssen. Nit dastu vmher gangest wie ein katz vmb ain haissen brey. Wenn dü lang hoffhart, onkeiescheit, neyd etc. im schwanck sichst furgon vnd beyssest nit, was soll das seyn? Dü soltest ein gantzen metzen saltz in die suppen werffen![6] Solches hörten die Ulmerinnen und Ulmer, die sich am Sonnabend vor Palmsonntag 1542 zur Frühpredigt im Münster versammelt hatten. Der Prediger Konrad Schaffner sprach über das Salzwort Mt 5,13: *Ihr seid das Salz der Erde. Wenn nun das Salz nicht mehr salzt, womit soll man salzen?* Unter den Predigthörern war auch Martin Frecht, der sich von dieser wie auch bereits von früheren Predigten Schaffners in seiner Amtsführung angegriffen sah. Ihm verdanken wir die Kenntnis dieser „gesalzenen" Predigt, er hat sie protokolliert – wie auch rund 15 weitere Frühpredigten seines Kollegen aus der ersten Hälfte des Jahres 1542.[7] Die Predigtmitschriften sollten Frecht dazu dienen, vor Religionsherren und Rat wohlbegründete Anklage gegen Schaffner zu führen.

---

[3] Vgl. DEETJEN, Werner-Ulrich: Licentiat Martin Frecht, Professor und Prädikant (1494–1556). In: SPECKER/WEIG (Hg.): Einführung der Reformation (wie Anm. 1), S. 269–321, hier: S. 302.

[4] Kantonsbibliothek St. Gallen, Vadiansche Sammlung Ms 34:216, Z. 57: „Ungeheuer aus den Schwenckfeldischen Höhlen" (Frecht an Ambrosius Blarer, 23. September 1543; Übersetzung der Vf.in). Vgl. auch SCHIESS, Traugott (Hg.): Briefwechsel der Brüder Ambrosius und Thomas Blaurer 1509–1567, 3 Bde., Freiburg i. Br. 1908–1912, hier: Bd. 2, S. 205, Nr. 1034.

[5] Der vorliegende Beitrag ist Teil eines laufenden Forschungsprojektes der Verfasserin zur Ulmer Vielstimmigkeit im Spiegel der Konflikte in den 1540er Jahren. Für die Bereitstellung ihrer Transkription und Übersetzung der umfangreichen, fast unlesbaren lateinischen Streitschrift Frechts (StadtA Ulm, A [8984/II]_34) sowie die Unterstützung bei der Transkription und Übersetzung der Briefe Frechts aus der Vadianschen Sammlung sei an dieser Stelle Ursula Silberberger (Ulm) und Dr. Gebhard Weig (Neu-Ulm) sehr herzlich gedankt.

[6] StadtA Ulm, A [8984/II]_09, fol. 428v. Der Metzen war ein Hohlmaß für Getreide oder Salz, das je nach Region in der Größe variierte; bis zur Mitte des 16. Jahrhunderts entsprach ein Ulmer Metzen rund sieben Litern! Vgl. Der Stadt- und der Landkreis Ulm. Amtliche Kreisbeschreibung. Hg. von der Staatlichen Archivverwaltung Baden-Württemberg in Verbindung mit der Stadt Ulm und dem Landkreis Ulm, Stuttgart 1972, S. 502–504.

[7] StadtA Ulm, A [8984/II]_07; ebd., A [8984/II]_08; ebd., A [8984/II]_09.

1.1 Der Frühprediger Konrad Schaffner

Konrad Schaffner war seit Ender der 1530er Jahre Prädikant im ulmischen Dorf Mähringen (Abb. 2), rund sieben Kilometer in nordwestlicher Richtung vom Münster entfernt. Seit 1541 hatte er den zusätzlichen Dienstauftrag, im Wechsel mit zwei Ulmer Kollegen jede dritte Woche von Montag bis Samstag die Frühpredigt im Münster zu versehen. Seine Familiengeschichte ist eng mit dem Münster verbunden: Konrad war der Sohn des großen Ulmer Malers Martin Schaffner,[8] dessen von der Kaufmannsfamilie Hutz in Auftrag gegebenes Retabel heute den Altar im Chor des Münsters ziert. Der Sohn Konrad hatte sich 1527 vom Ulmer Bürgerrecht beurlauben lassen und war Mitte der 1530er Jahre wieder ins Ulmische zurückgekehrt. Ohne Universitätsstudium hatte er an verschiedenen Stationen zunächst als Schulmeister und dann als Prädikant gewirkt.[9]

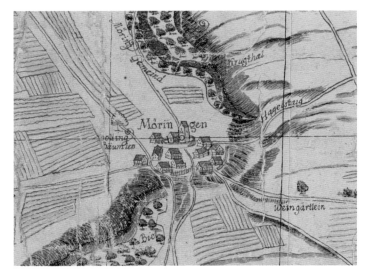

Abb. 2 Ansicht Mähringens aus der Territoriumskarte des Wolfgang Bachmeyer von 1651. StadtA Ulm, A Pl 2079.

---

[8] Vgl. Kantonsbibliothek St. Gallen, Vadiansche Sammlung Ms 34:120, Z. 18–20: *Exercet adhuc nos pistor ille, vel si mavis pictor, nam et ipse paternum artifitium a limine statutavit.* [„Es plagt uns immer noch jener Bäcker, oder wenn Du es vorziehst Maler, denn auch er hat sich das väterliche Handwerk zunächst fest vorgenommen."] (Frecht an Ambrosius Blarer, 30. Mai 1542; Übersetzung Vf.in/Silberberger/Weig). Vgl. auch Schiess, Briefwechsel Blarer 2 (wie Anm. 4), S. 125, Nr. 946. Für den freundlichen Hinweis auf diese Quelle danke ich Dr. Marie-Kristin Hauke (Ulm).

[9] Zu den Stationen von Schaffners Wirken vgl. StadtA Ulm, H Dinkel, Thilo: Ulmer Pfarrerbuch. Alphabetisches Verzeichnis der in der Stadt Ulm und im Ulmer Land tätigen Pfarrer mit biografischen Angaben, zusammengestellt von Thilo Dinkel auf Grundlage der Daten von Dr. Erwin Nestle (Ulm Stadt) und Dr. Georg Schenk (Ulm Land), Nr. 3, Buchstabe P–Z, s. v. Schaffner.

Schaffners Predigten erfuhren außergewöhnlich große Resonanz und Zuspruch. Bereits in der Visitation Mähringens 1539 gab der Vogt zu Albeck zu Protokoll, er habe *bey der gmaind erfaren, daß sy ain sonderen lust vnd liebe zu dem predicanten haben*[10]. 1542 begehrten 200 Ulmer Bürger vom Rat, man möge Schaffner auch am Tag im Münster predigen lassen.[11] Und als der Streit Frechts mit Schaffner eskalierte, drohten laut Hörensagen 2000 Ulmerinnen und Ulmer mit einem Gottesdienstboykott, sollte Schaffner der Stadt verwiesen werden.[12] Zudem lässt sich hier im innerprotestantischen Kontext dasselbe Phänomen beobachten, über das Gudrun Litz in ihrem Beitrag bezüglich der Altgläubigen berichtet (vgl. oben S. 142–145): das „Auslaufen", wie die Ulmer Quellen es nennen. Leute aus der Stadt wanderten sonntags nach Mähringen, um statt in der Ulmer Pfarrkirche dort den Gottesdienst zu besuchen. Frecht beschwert sich darüber in einem Brief an Ambrosius Blarer: *Licenter et papisti excurrunt ad sua sacra et illi pistorij ad audiendum suum pistorem.*[13]

Schaffners Gegner versuchten, ihm alle möglichen Etiketten anzuheften: Wiedertäufer, Schwärmer, Schwenckfelder.[14] Frecht warnte den Rat gar, der Frühprediger wolle „Sönderling" und „Päpstler" vereinigen.[15] Wohl zeigen Schaffners Predigten eine gewisse Nähe zu schweizerischem Abendmahlsverständnis sowie zu täuferischer Lehre, genannt seien hier die Berpredigt als Grundlage der Ethik und die Problematisierung des Eids.[16] Auch lässt sich nachvollziehen, wie Frecht zum Vorwurf der Päpstlernähe kommt, verkündet Schaffner doch, man habe hinsichtlich des Rufs zur Buße „bei der Reformation das Kind mit dem Bade ausgeschüttet".[17] Das einzige Etikett, auf das Schaffner näher eingeht, ist das des Schwenckfelders:

---

[10] StadtA Ulm, A [1745/1], fol. 42r. Vgl. auch Die Ulmer Synoden und Visitationen der Jahre 1531–47. Ein Stück Kirchen- und Kulturgeschichte, hg. von Julius Endriß, Ulm 1935, S. 156.

[11] Vgl. StadtA Ulm, A 3530, Bd. 16, fol. 179v, RP vom 5. Mai 1542.

[12] Vgl. StadtA Ulm, A [8984/II]_07, fol. 420v.

[13] Kantonsbibliothek St. Gallen, Vadianische Sammlung Ms 34:128, Z. 27–29: „Frech laufen sowohl die Papisten hinaus zu ihren Gottesdiensten, als auch die Anhänger des Bäckers [Schaffner; Anm. der Vf.in], um ihren Bäcker zu hören." (Frecht an Ambrosius Blarer, 12. Juli 1542; Übersetzung der Vf.in). Vgl. auch SCHIESS, Briefwechsel Blarer 2 (wie Anm. 4), hier: Bd. 2, S. 133, Nr. 953.

[14] Vgl. StadtA Ulm, A [8984/II]_09, fol. 428v.

[15] Vgl. ebd., A [8984/II]_10, fol. 432r.

[16] Zur Bergpredigt als Grundlage von Schaffners Münsterpredigten vgl. unten 1.2. Über Fragen des Eides spricht Schaffner in seinen Predigten über Mt 5,33–37 vom 10. und 11. Mai 1542; vgl. StadtA Ulm, A [8984/II]_08, fol. 424r.

[17] Vgl. ebd., A [8984/II]_10, fol. 430v; ebd., A [8984/II]_17, fol. 450v.

Ich muß hören, das ich ein schwermer sey, ein schwenckfeldischer. Ist seyn lehr gut, ich verwirffs nit. Ich kenn den guten mann nit, meine gnädigen herrn wissen des. Die sollen in zür stadt als ein ketzer verwisen haben etc. So gedt es mit meiner lehr auch.[18]

1.2 Schaffners sozialkritische Predigt

Schaffner predigte ab Anfang März 1542 fortlaufend über die Bergpredigt; im März über die Seligpreisungen, April bis Mai dann über das Salzwort, die Antithesen und das Vaterunser. Seine Predigten rufen die Stadtgesellschaft zu konsequenter Ethik. Dabei nehmen sie die unterschiedlichsten Personengruppen der Stadt in den Blick: Ehefrauen und -männer, Reiche und Arme, Handwerker und Söldner, Herrin und Magd, Kranke, Sieche und Gefangene, Bürgermeister, Patrizier und Kaufleute. Und sie bespielen gleichsam bezeichnende Orte der Stadt: Stadttor, Marktplatz, Rathaus, Bürgerhaus, Gewölbekeller, Gefängnisturm, Bettelhaus, Spital, Blatterhaus, Seelhaus, Findelhaus, Brechhaus. In ihrer plastischen Rede reflektieren Schaffners Predigten möglicherweise die Schule des Vaters, hatte doch auch Konrad sich anscheinend zunächst in dessen bildender Kunst versucht.[19]

In seiner bereits zitierten Predigt über das Salzwort gibt Schaffner ein Beispiel für die ‚gesalzene Rede‘, die seiner Auslegung nach Aufgabe des Predigers ist. Er wendet sich hier an die Kaufleute; der Kaufmann wird direkt angesprochen:

Lieber, wie kanstu mit güter gwissne [gutem Gewissen] *dem armen also ein betrüglichen käüff ze käüffen geben? Obenher ligt ein gut fäl* [Fell]*, darnach inwendig ein verlogne wahr* [schlechte Ware]*. Vnd kaufft der arm seyn verderben etc. vnd muß von weyb vnd künden* [Kindern]*, ligt aber dier nicht daran etc.* [...]*.*

Aber es will sich iederman mit miessigang vnd feyren neeren, dastü dein suppen desterbaß köndest schmaltzen etc. Wenn nun du am markt kanst ston vnd ein iunckherr seyn, fragst nit vil darnach, wie der arm erneeret, scharrest vil zusamen, saugst das blut dem armen auß den aderen etc.

---

[18] Ebd., A [8984/II]_09, fol. 428v.
[19] Vgl. oben Anm. 8.

Wenn der arm kompt, sagt: „Lieber iunckherr, gebt mier ein guts keüfflin" –
„Ia," sagstu, „ich will diers geben, wie ichs meinem bruder geben wolt." Ia, du
gebest deinem bruder nit also. Gibst ihm ein Heiligen darzu – es were ihm der
Teüffel nützer! Aber ich lass dich ein naturlichen vnd christlichen kauffman seyn,
so du gen Lyon vber meer raisest, gen Lisabon, Venedig etc. vnd pringst dem
gmainen armen man zü seiner hantierung etwas etc., wagst leib vnd leben vnd
nimpst ain kleins gwinlin, das ist dein zerüng, mühe vnd oncosten etc.[20]

Diese Standespredigt an die Kaufleute bringt zwei Hauptlinien sozialer Spannung
der Handelsstadt Ulm in den Blick und setzt sie in Relation zueinander: Zum einen
die Spannung zwischen den reichen Kaufleuten, die sich um einen Aufstieg ins
Patriziat bemühten, und dem Stadtadel, der sich erfolgreich dagegen wehrte.
Schaffner dürfte mit dieser Problematik aus eigener Anschauung vertraut gewesen
sein, war doch just die Familie Hutz, mit der sein Vater freundschaftlichen Umgang
pflegte, eine der reichen Kaufmannsfamilien, die nach sozialem Aufstieg drängten.[21] Die zweite Linie sozialer Spannung deutet Schaffner als Fortsetzung der
ersten. Sie verläuft zwischen den Kaufleuten und den Handwerkern der Stadt, die
von den Kaufleuten die Rohstoffe für ihr Handwerk bezogen und von deren teils
skrupellosem Gewinnstreben in die Armut getrieben wurden.

1.3 Handwerkernot und Weberlied

In Ulm, das seinen Reichtum vor allem dem edlen Gewebe des Barchents verdankte,
trafen die negativen Konsequenzen des frühkapitalistischen Handels gerade die
zahlreichen Weber der Stadt. Bereits vor der Reformation war es hier zu Weberauf-
ständen gekommen.[22] Ein Ulmer Weber, der selbst verschuldet war, sammelte und
dichtete Meisterlieder. Von ihm stammt ein Lied mit dem Incipit ,Gott Vater in
dem Himmelthron', das die sozialen Folgen der Monopolisierung durch Handels-
gesellschaften kritisiert – Handwerk für Handwerk. Als fünftes Beispiel bringt
Bronners Lied die Not der Weber zum Klingen:

---

[20] StadtA Ulm A [8984/II]_09, fol. 428v–429r.
[21] Vgl. TEGET-WELZ, Manuel: Martin Schaffner. Leben und Werk eines Ulmer Malers zwischen Spätmittelalter und
Renaissance (Forschungen zur Geschichte der Stadt Ulm 32), Stuttgart 2008, S. 46f. Zum Bestreben der Ulmer
Kaufleute, sich dem Patriziat gleichzustellen, vgl. GEIGER, Gottfried: Die Reichsstadt Ulm vor der Reformation.
Städtisches und kirchliches Leben am Ausgang des Mittelalters (Forschungen zur Geschichte der Stadt Ulm 11),
Ulm 1971, S. 38f.
[22] Vgl. GEIGER, Ulm vor der Reformation (wie Anm. 21), S. 40f.

Der fünfft[23] *der halt sich an die woll*
Darauff schlecht er gar vnverholl
Daß sich nit mag erneeren
Der weber der sy verarbait
Tag vnde nacht mit grossem lait
Vnd kan sich nit erweeren
Deß hungers mit seim weib vnd kind
Also sind gar überricht
Die håndel als ich tåglich find
Daß sich kann erneeren nicht
Der handtwercksmann auff erden arm
O Gott vatter im himmelreich
Du dich doch yetz unser erbarm.[24]

Eine spätere Strophe hebt an mit folgender Feststellung und Forderung:
Vil lauffend yetz der predig zů
Schindend die leüt spat vnde frů
Ich sagen euch zů der frist
Es ist nit gnůg Gotts wort hören
Du můsts mit der thaat beweren
Wilt du sein ein gůter Christ.[25]

Unter dem Titel ‚Ain hüpsch neüw lied vom fürkauff vnnd vmbillichen wůcher der Gsellschafften vnd Kauffleüten' lag dieses Lied bereits 1540 im Druck vor und war in Ulm wohl in großer Zahl verbreitet; Bronner gab zu Protokoll, seine Frau hätte noch ein ganzes Fass voll davon zum Verkauf.[26] Derartige Klage über soziale Ungerechtigkeit und Forderung sozialethischer Konsequenz hatten also bereits vor Schaffners Frühpredigten einen großen Resonanzraum in der Stadt. Dass eine solche Stimme von vielen gerade auf der Kanzel des Münsters vermisst wurde, darauf lässt der große Zuspruch schließen, den Schaffner erfuhr. Die Münsterprediger ihrerseits, allen voran Frecht, sahen sich angegriffen von Schaffners Vorwurf: *Dü soltest ein gantzen metzen saltz in die suppen werffen, aber dü sagst nit, domit du wider geladen vnd ein gnädigen herrn behaltest vnd ein gnädige frawen etc.*[27]

---

[23] Gemeint ist der fünfte Kaufmann – nach den ersten vier, die mit Wein, respektive Pfeffer, Schmalz und Pelz handeln.
[24] StadtB Ulm, 24899, fol. Aiiir.
[25] Ebd., fol. Aiiiir.
[26] Vgl. StadtA Ulm, A [3205]_16, fol. 54r.
[27] Ebd., A [8984/II]_09, fol. 428v.

Schaffner predigte nicht nur, sondern verband in seiner Gemeinde in Mähringen den Gottesdienst auch mit einer Art Armenspeisung. Frecht kritisiert dies gegenüber Blarer: *Singulis dominicis diebus quidam male feriati homines hinc in pagum suum concedant et non tam animae pabula si diis placet quam corporis saginam isthic percipiant. Nam aliquot diebus dominicis post finitam concionem tres mensas in suis aedibus adornavit quibus vitulum non illum prodigo et resipiscenti filio mactatum sed nescio quibus textoribus et artificibus magna ex parte oberatis sacrificatum adposuit.*[28]

1.4 Das sozialethische Anliegen der Ulmer Reformation

Die wirtschaftliche Not von Teilen der Stadtbevölkerung allein erklärt allerdings noch nicht die außerordentliche Resonanz von Schaffners Ruf zu sozialethischer Konsequenz. Vor dem Hintergrund der Vor- und Frühgeschichte der Ulmer Reformation wird vielmehr deutlich, dass Schaffner hier ein Grundanliegen aus den Anfängen aufgriff, das möglicherweise nach dem Tod von Konrad Sam 1533 vernachlässigt worden war. *Die Ulmer erwarteten von ihrem Münsterprediger Sozialkritik*, betont Berndt Hamm aufgrund seiner Forschungen zu Ulrich Krafft, dem bedeutenden Münsterpfarrer am Vorabend der Reformation.[29] Die ersten reformatorischen Prediger in Ulm betonten in ihrer Mönchtumskritik gerade auch den sozialen Aspekt – und erweckten damit wohl die Hoffnung, die Situation der Armen würde sich durch die Reformation bessern. So fasst der Franziskanerlesemeister Heinrich von Kettenbach in seinem später veröffentlichten ‚Gespräch mit einem Altmütterlein von Ulm‘ Fegfeuer-, Mönchtums- und Sozialkritik in einer Art Triptychon zusammen: *Eya, wie gibt es freud den seelen im feur, so eur münch guten Wein trinken und die armen Christi durst und hunger leiden.*[30]

---

[28] Kantonsbibliothek St. Gallen, Vadiansche Sammlung Ms 34:128, Z. 15–21: „An jedem Sonntag sollen einige Menschen übel feiernd von hier zu seinem Dorf hinausziehen und dort nicht so sehr Futter für die Seele – wenn es den Göttern gefällt –, als vielmehr Mästung des Leibes bekommen. Denn an einigen Sonntagen hat er nach Ende der Predigt in seinen Räumlichkeiten drei Tische hergerichtet, an denen er ein Kalb aufgetischt hat, und zwar nicht jenes, das für den verschwenderischen und dann wieder sich besinnenden Sohn [zum Gleichnis vom „verlorenen Sohn" vgl. Lk 15,11–32] geschlachtet worden war – sondern für irgendwelche, zum großen Teil verschuldete Weber und Handwerker." (Frecht an Ambrosius Blarer, 12. Juli 1542; Übersetzung Vf.in/Silberberger/Weig). Vgl. auch SCHIESS, Briefwechsel Blarer 2 (wie Anm. 4), S. 133, Nr. 953.

[29] Zitat aus einem Gespräch mit Berndt Hamm (Ulm); vgl. dazu seine voraussichtlich 2019 erscheinende Studie zu Ulrich Krafft und dessen Münsterpredigt.

[30] KETTENBACH, Heinrich von: Ein Gespräch mit einem frommen Altmütterlein von Ulm. In: Otto CLEMEN (Hg.): Flugschriften aus den ersten Jahren der Reformation, Bd. 2, Leipzig/New York 1908, S. 52–78, hier: S. 63.

Als 1524 sechs reformatorisch gesinnte Zunftvertreter mit einer mehrseitigen Streitschrift gegen den Dominikanerlesemeister Peter Hutz vor den Rat traten, da kritisierten sie in dessen Predigten neben der Mariologie seine Unterteilung der Bergpredigt in Räte und Gebote.[31] Das lässt sich dahin deuten, dass die Bürger eine Aufhebung des Zweiklassenchristentums auch hinsichtlich der Ethik forderten. Wie kurz zuvor das erste Bürgerbegehren das allgemeine Priestertum hinsichtlich der Lehre beansprucht hatte, so wurde hier die ethische Konsequenz der Bergpredigt für die Bürgerschaft eingefordert. Wenn Schaffner nun die Bergpredigt fortlaufend als Ruf zu konsequenter Sozialethik für die gesamte Stadtgesellschaft auslegte, so nahm er – wissentlich oder nicht – genau diesen Anspruch aus den bürgerlichen Anfängen der Ulmer Reformation auf.

Nicht zuletzt formulieren die Ulmer Kirchenordnung und Agende von 1531 gerade im Abendmahlsteil einen unlösbaren Zusammenhang von Glaube und tätiger Liebe, von Gottesdienst- und Sozialgemeinschaft. Ausdrücklich soll der Liturg vor dem Empfang des Abendmahls auch ausbeuterisches Wirtschaftsverhalten als Ausschlusskriterium benennen: *Diß Nachtmal aber und tisch des Herren soll versagt unnd verbotten sein allen glaublosen, lieblosen und ergerlichen menschen [...] Allen undertruckern der gerechtikait. Item allen, die unfrid und unglick zwischen andern leuten stifften. Item allen dieben, röbern, wůcherern, geytzigen unnd wer vortaylig bôß kåuff oder ainicherlay beschwerlich, unbillich, unredlich Contråct ůbte.*[32]

---

[31] *Zum lesten, so dailt er das ewangelium Mathey am 5. in räth und gebott, so es doch eytel gebott seint, wie es der text clarr anzeigt und es auch die vetter gebott und nitt räth geheissen haben.* StadtA Ulm, A [8991]_008, fol. 36v.

[32] Handtbůchlin, darinn begriffen ist die Ordnung und weiß, wie die Sacrament unnd Ceremonien der kirchen zů Ulm gebraucht und gehalten werden. In: Arend, Sabine (Bearb.): Die evangelischen Kirchenordnungen des XVI. Jahrhunderts Bd. 17, 2. Teilband: Baden-Württemberg IV. Südwestdeutsche Reichsstädte: Reutlingen, Ulm, Esslingen, Giengen, Biberach, Ravensburg, Wimpfen, Leutkirch, Bopfingen, Aalen (EKO 17,2/IV), Tübingen 2009, S. 163–183, hier: S. 170. Vgl. Ordnung, die ain Ersamer Rath der Statt Ulm in abstellung hergeprachter etlicher mißpreuch, in irer Stat und gepieten zůhalten, fürgenommen, wie alle sündtliche, widerchristliche laster (Gott, dem allmechtigen, zů lob, auch zů braiterung der liebe des nechsten) abgewendt, vermitten Und wie die übertreter derselben gestrafft und gepüßt werden sôllen. In: Ebd., S. 124–162, hier: S. 144.

1.5 Lösung des Schaffnerkonflikts

Schaffner, so lässt sich die Geschichte lesen, brachte die sozialethische Stimme der Ulmer Reformation wieder auf die Kanzel. Bezeichnenderweise wurde das Ende seines Predigtauftrags im Münster im Juni 1542 von Seiten des Rates schließlich nicht mit der Stoßrichtung von Schaffners Verkündigung begründet, sondern mit seiner mangelnden Bildung, die einer Stadt wie Ulm nicht würdig sei. Als dann das Auslaufen der Ulmerinnen und Ulmer nach Mähringen nicht aufhörte, einigte man sich einvernehmlich auf eine Lösung, die den Konflikt mit den Ulmer Predigern vollends beenden sollte: Schaffner wurde mit ausreichendem Gehalt nach Urspring versetzt, sichere 20 km über die Schwäbische Alb vom Ulmer Münster entfernt.

2 „Wahrer Leib" oder „geistlicher Leib": Streit ums Abendmahl

Ein weiterer Ulmer Religionskonflikt der 1540er Jahre zeigt die Ulmer Vielstimmigkeit hinsichtlich des Abendmahlsverständnisses. Die große Zahl der Akteure, die Komplexität des Zusammenhangs der einzelnen Konfliktkreise sowie der Umfang der Schriften und Protokolleinträge, die aus dem Konfliktkontext überliefert sind, legen es nahe, hier vom „Großen Ulmer Abendmahlsstreit" zu sprechen. Die Darstellung im Folgenden konzentriert sich auf die beiden Hauptakteure, deren Gefecht sowohl den sichtbaren Höhepunkt des Streits bildet, als auch dessen Grundstruktur erkennen lässt. Es treten gegeneinander an: Martin Frecht, Ulm, und Georg Keller, Öpfingen.

Frecht überliefert folgendes Zitat aus einer Predigt Kellers: *Lieben paurn* [Bauern], *ich will das nachtmal bey euch nit halten vff lutherische weyß oder wie die prediger zu Vlm das furgebend, namlich, das der naturlich, war, leibhafftig vnd flaischlich leyb gessen werde, dann wann der war leib Christi im nachtmal wer vnd geessend werde, miesst er mit haut vnd bayn, mit haar etc. verschlünden werden etc.*[33]

---

[33] StadtA Ulm, A [8984/II]_34, fol. 500v.

2.1 Interesse und Kritik am Abendmahl

Die Frage, was beim Abendmahl geschieht, genauer: was sie mit Brot und Wein empfangen oder zu sich nehmen, das war eine Frage, die viele Ulmerinnen und Ulmer beschäftigte. Aus den Visitationsberichten geht hervor, dass eine beachtliche Zahl von Gemeindegliedern in Stadt und Land die überregionalen innerevangelischen Auseinandersetzungen zumindest im Groben wahrnahmen, sich klar positionierten, Abendmahlslehre und -praxis ihrer Prediger demgemäß bewerteten und, wo nötig, sich zum Abendmahlsempfang an entsprechende andere Orte aufmachten – ein auch innerevangelisches Auslaufen um des Abendmahls willen. Dass dabei hinsichtlich der Abendmahlsfeier der innerevangelische Zwiespalt teils als stärker empfunden wurde, als die Trennung zwischen „lutherischem" und „päpstlichem" Abendmahl, zeigt die Visitation von 1532. Dort heißt es über den Landort Pfuhl: *Gangen wol ettlich den messen nach in ander flegkn* [Flecken] [...] *zum tail ettlich bäpstler* [Papsttreue], *auch luterisch, die uff die meß noch halten.*[34] Dass die Abendmahlsfrage Ortsgespräch war, zeigt die Aussage eines Richters zum großen Landort Langenau in der Visitation von 1543/44: *Es sind etlich, die reden in beder* [Bädern] *vnd wirtsheusern, der pfarrer lere nit recht von dem nachtmal.*[35] Ein solches Urteil konnte je nach Überzeugung über Pfarrer/Prädikanten gesprochen werden, die die leibliche Gegenwart vertraten oder über solche, die dieser widersprachen. Recht großzügig findet sich dabei in den Aussagen der Gemeindevertreter die Zuteilung der Etikette „lutherisch" und „zwinglisch".

2.2 Martin Frecht versus Georg Keller

In die Jahre 1543–1544 fällt auch der Streit zwischen Keller und Frecht. Das oben notierte Predigtzitat stammte ursprünglich aus einer Sammlung von Abendmahlspredigten, die Keller an Frecht gesandt hatte. Wie auch einige weitere Schriften dieses Streits ist die Predigtsammlung wohl nicht erhalten. Keller hat sie nach eigener Aussage durchlöchert zurückerhalten und beschuldigt Frecht der Messerattacke auf sein Werk.[36]

---

[34] Ebd., A [8984/I]_33, fol. 150r. Vgl. auch Ulmer Synoden und Visitationen (wie Anm. 10), S. 81.
[35] StadtA Ulm, A [1745/2], fol. 8r. Vgl. auch Ulmer Synoden und Visitationen (wie Anm. 10), S. 177.
[36] Vgl. StadtA Ulm, A [8984/II]_35, fol. 514r.

Das allein zeigt bereits die Energie und Emotionalität, mit der dieser Streit geführt wurde, der schließlich vom Reichsritter Ludwig von Freyberg über den Stadtammann Pallas Seybolt, die Bürgermeister Weiprecht Ehinger und Georg Besserer bis hin zu den Religionsverordneten und schließlich auch dem Rat die Ulmer Obrigkeit beschäftigte.[37]

Frecht titulierte Keller öffentlich als „Ketzer", Keller bezeichnete den Münsterpfarrer als „Soldaten des Papstes".[38] Hinter Letzterem steht die Wahrnehmung, Frecht habe sich Luthers Abendmahlsverständnis der leiblichen Gegenwart Christi im Abendmahl zu eigen gemacht und das wiederum käme einer Rückkehr zum Papsttum gleich. Frecht widerspricht diesem Vorwurf explizit: *perpetuo falso nos insimulamur et traducimur quasi papissimum veluti postliminio revocare velimus. Quod numquam in mentem nobis venit.*[39] Frecht wiederum sieht Keller als *crassus Zwinglianus* – wie er ausgerechnet gegenüber Zwinglis Nachfolger Heinrich Bullinger formuliert.[40]

Anders als diese gegenseitigen Etiketten vermuten ließen, ist der inhaltliche Streitpunkt in ihren Schriften nicht die Frage, <u>ob</u> Christus im Mahl anwesend ist oder auch ob es sich um eine <u>geistliche</u> oder <u>leibliche</u> Gegenwart handelt. Ihr Streit geht, wie Keller betont, um das Wörtlein *verum* – und zwar nicht in Bezug auf die Gegenwart, sondern auf den Leib Christi.[41] Frecht hatte Keller in einer verschollenen Schrift mehrere Artikel vorgelegt, denen dieser zustimmen sollte, darunter einige von Bucer, in denen vom ‚wahren Leib' Christi im Abendmahl gesprochen wird. Keller bestreitet, dass im Mahl der ‚wahre Leib' Christi anwesend sei und besteht auf dem für ihn alternativen Zusatz ‚geistlich', der ‚geistliche Leib' Christi ist im Mahl anwesend.[42] Die wahre Gegenwart und Nießung dieses geistlichen Leibes Christi deutet Keller in seiner Predigt in einer Weise, die Frecht Keller als ‚krassen Zwinglianer' sehen lässt: *doces, edere corpus Christi aliud nihil esse*

---

[37] Öpfingen, die Wirkungsstätte Kellers, war einer der beiden Hauptorte des Herrschaftsgebiets der Reichsritter von Freyberg, gehörte also nicht zum Ulmer Landgebiet. Dass der Ulmer Rat dennoch als richterliche Instanz im Keller-Frecht-Streit agierte, hat mehrere Gründe. Im Kontext des Konstanzer Bistums hatte Öpfingen zur Ulmer Pfarre gehört. Zudem waren alle Öpfinger Beteiligten, neben Keller und Ludwig von Freyberg auch der Pfarrer Antonius Ornberger, Bürger der Stadt Ulm. Nicht zuletzt wurzelte der Streit im Zentrum Ulms (vgl. unten S. 133–136).

[38] Vgl. StadtA Ulm, A [8984/II]_28, fol. 487r; ebd., A [8984/II]_34, fol. 501r.

[39] Ebd., A [8984/II]_34, fol. 501r. „Wir werden ständig fälschlich verleumdet und wiedergegeben, als ob wir gleichsam mit Heimkehrrecht zum Papsttum zurückkehren wollten, was uns niemals in den Sinn kommt." (Transkription und Übersetzung Silberberger/Weig).

[40] Frecht an Bullinger am 9. Dezember 1542; HBBW 12, S. 268.

[41] Vgl. StadtA Ulm, A [8984/II]_34, fol. 499r.

[42] Vgl. ebd. sowie ebd., A [8984/II]_35, fol. 513r.

quam credere hoc pro nobis in mortem datum esse.[43] Frechts Festhalten am ‚wahren Leib‘ versteht Keller dagegen als Einschwenken auf die Wittenberger Position. Über weite Strecken ist Frechts Text klar an Bucer orientiert. Aber tatsächlich lässt er sich in der Hitze des Gefechts zu Aussagen hinreißen, die durchaus wittenbergisch klingen: *naturale carnale corpus* […] *adesse et manducari,* oder gar: *verbo datur corpus Christi et in vel sub vel cum signis.*[44]

Die unmittelbare Relevanz dieses Streites für die Abendmahlspraxis der Gemeinde wird auf beiden Seiten deutlich; aus Kellers Perspektive in der eingangs zitierten Predigtaussage, aus Frechts Perspektive in der Übernahme eines Zitates, das gerade der Ulmer Kontext lebendig macht: *Et quid si* […] *dicerem, me malle cum papistis in coena habere verum corpus quam cum nonnullis Swermeris nuda dumtaxat signa?*[45]

2.3 Die Abendmahlsfrage in den Anfängen der Ulmer Reformation

Ein Blick in die Vorgeschichte eröffnet ein vertieftes Verständnis hinsichtlich der persönlichen Dimension wie auch der Ulmischen Verwurzelung und Relevanz dieses 1540er-Konflikts. Die erste bemerkenswerte Beobachtung: Keller und Frecht amtierten fünf Jahre lang offenbar konfliktfrei miteinander im Ulmer Münster, von 1531 bis 1536. Im Jahr der Wittenberger Konkordie kam es zwischen den beiden zum Zerwürfnis. Keller musste den Ulmer Dienst quittieren und fand bald darauf Aufnahme im benachbarten Öpfingen.[46] Die Zusammenhänge des Großen Abendmahlsstreits lassen annehmen, dass Keller von dort aus weiterhin als prominente Stimme in Ulmer Abendmahlsfragen agierte.

---

[43] Ebd., A [8984/II]_34, fol. 500v. „Du lehrst, dass den Leib Christi zu essen nichts Anderes sei, als zu glauben, dass dieser für uns in den Tod gegeben ist" (Transkription und Übersetzung Silberberger/Weig).

[44] Ebd., A [8984/II]_34, fol. 500r. „dass der Leib […] natürlich, fleischlich anwesend sei und gegessen werde". – Ebd., A [8984/II]_34, fol. 501v. „Durch das Wort wird der Leib Christi gegeben sowohl in als auch unter als auch mit den Zeichen" (Transkription und Übersetzung Silberberger/Weig).

[45] Ebd., A [8984/II]_34, fol. 501v. „Und was, wenn ich […] sagte, dass ich lieber mit den Papisten im Mahl den wahren Leib haben will als mit einigen Schwärmern lediglich leere Zeichen?" (Transkription und Übersetzung Silberberger/Weig).

[46] Zu Keller vgl. APPENZELLER, Bernhard: Die Münsterprediger bis zum Übergang Ulms an Württemberg 1810. Kurzbiographien und vollständiges Verzeichnis ihrer Schriften (Veröffentlichungen der Stadtbibliothek Ulm 13), Weißenhorn 1990, S. 32; StadtA Ulm, H Dinkel, Thilo, Ulmer Pfarrerbuch (wie Anm. 9), Nr. 2, Buchstabe H–O, s. v. Keller.

Fragt man nach den im engeren Sinne reformationsgeschichtlichen Wurzeln des Konflikts, so erscheint als zweite bemerkenswerte Beobachtung eine Grunddifferenz der beiden in ihrem Bezug zur ersten Phase der Ulmer Reformation, also von deren Anfängen bis zu Bürgerentscheid 1530 und Kirchenordnung 1531. Frecht auf der einen Seite hat keinen unmittelbaren Bezug zu dieser Aufbruchs- und Entscheidungsphase. Er erlebte die Anfänge der Reformation fern der Reichsstadt im universitären Kontext in Heidelberg. Bereits 1514 hatte er seine Vaterstadt zum Studium verlassen und kehrte erst 1531 nach Einführung der Kirchenordnung nach Ulm zurück.[47]

Keller dagegen war ein Urgestein der Ulmer Kirche. Im „Reformationsjahr" 1517 war er bereits seit zwei Jahren als Kaplan im Münster tätig und wurde zum *Meßner zu der pfarr* bestellt. Ein Jahr nach Sams Ankunft in Ulm gab Keller 1525 sein Meßneramt und das Messelesen auf. Inmitten der 52 Messaltäre des Münsters und Jahre vor der ersten evangelischen Abendmahlsfeier dort erlebte Keller Sams Eintreten für ein Verständnis des Abendmahls, nach dem die rein geistliche Nießung des Leibes Christi auch losgelöst von Brot und Wein erfahren werden kann.[48] 1526 wurde Keller zum Prediger am Spital ernannt.

Seit 1528 fand Sams Katechismus in der Stadt Verbreitung und prägte im Folgenden die Frömmigkeit der Ulmerinnen und Ulmer. Dem zeitgenössischen Ulmer Kontext gemäß entwickelt der Katechismus die Frage der Gegenwart Christi in Auseinandersetzung mit den Messpriestern. Zum letzten Satz des zweiten Glaubensartikels – *von dort wird er kommen, zu richten die Lebenden und die Toten* – heißt es:
*Frag: Sagen doch Münch und Pfaffen, wann sy die [...] wort „Das ist meyn leyb"
über das brot sprechen, so sey Christus leiblich da im brot?*
Ant: Sy redens auß inen selber on grund der schrifft [...].
Frag: So glaubstu nitt, das Christus leiblich im brot oder Sacramentheußlin sey?
*Ant.: Ja, ich glaubs nit [...] Wir sollen uns auch Münch und Pfaffen kain anders
einschwätzen lassen etc.*[49]

---

[47] Zu Frecht vgl. DEETJEN, Frecht (wie Anm. 3); APPENZELLER, Münsterprediger (wie Anm. 46), S. 33–35.

[48] Vgl. SAM, Konrad: Ein trostbüchlin für die kleinmütigen vnd einfeltigen, die sich ergern, der spaltung halb, auß dem Nachtmal Christi erwachsen, Ulm 1526, Bl. [Biv]v: *Also ist das essen an dem ort [Joh 6] nichts anders dann glauben/ Christus die speiß/ Christum yßt man/ so man an jn glaubt/ Wer nun ein sichern gewißen weg gon wöl/ der esse vnnd trinck Christum teglich/ nit Sacramentlich.* Digitalisat unter: http://digital.onb.ac.at/OnbViewer/ viewer.faces?doc=ABO_%2BZ200419109 (Zugriff: 26. März 2018).

[49] SAM, Konrad: Christenliche underweysung der Jungen in Fragßweis von dem Glauben, Vatter unser und zehen Geboten. Gepredigt zu(o) Ulm in der Pfarr im M.D.xxviii. Jar. In: Arend, Die evangelischen Kirchenordnungen 17,2/IV (wie Anm. 32), S. 97–120, hier: S. 106 Anm. n (Leittext ist in dieser Edition die Version des Sam'-schen Katechismus von 1536).

Von 1529 stammt ein weiteres Lied aus der Liedersammlung Deus Bronners. In fünf langen Strophen erklärt das Lied katechismusgleich das Abendmahls- verständnis der Ulmer Reformation – unter dem Titel ‚Wider den bäbsteschen irtum'. Der Anfang der vierten Strophe lautet:

Vnser glaub halt, das Cristus ufgefaren sey
in den himel vnd won der rechtys Vatters bey,
von danna er
ach wider kinftig iste

zu richten da baidy, lebendig und ach dot,
und ist nit kinftig, das man in ess in dem brot
wie die bäbstler
firgend mit falscha listen.[50]

2.4 Lösung des Kellerkonflikts

Dieser Hintergrund, die Dynamik der ersten Phase der Ulmer Reformation, lässt es verständlich erscheinen, dass für Keller und viele weitere Ulmer das Abendmahl grundsätzlich nicht zu verhandeln war mit Luther, der die leibliche Gegenwart Christi in Brot und Wein vertrat. Als Frecht mit dem Konkordientext aus Witten- berg zurückkam, wurde in der Stadt gespottet, er habe den Leib Christi im Brot mitgebracht.[51] Der Rat konnte sich nur zu einer bedingten Annahme der Konkordie entschließen und verweigerte die von Frecht geforderte öffentliche Verkündigung des Konkordientextes. Frecht nutzte den Großen Abendmahlsstreit, um dahin- gehend einen erneuten Vorstoß zumachen.[52] Dieses letztlich vergebliche Ringen Frechts mit dem Rat um die Verbindlichmachung der Wittenberger Konkordie ist untrennbar mit dem Großen Abendmahlsstreit verwoben.

Der Streit endete hinsichtlich Keller zunächst mit einem Teilerfolg Frechts: Im Januar 1544 wurde Keller jegliche Predigt untersagt – allerdings nicht wegen seiner Abendmahlsaussagen, sondern aufgrund des hässlichen Tones, den er in seinem Schreiben gegen Antonius Ornberger verwendet hatte.[53]

---

[50] StadtA Ulm, [3205]_05, fol. 22v.
[51] Vgl. KEIM, Theodor: Die Reformation der Reichsstadt Ulm. Ein Beitrag zur schwäbischen und deutschen Reformationsgeschichte, Stuttgart 1851, S. 335.
[52] Vgl. StadtA Ulm, A [8984/II]_21; ebd., A [8984/II]_22.
[53] Vgl. StadtA Ulm, A 3530, Bd. 17, fol. 312r, RP vom 11. Januar 1544.

Doch bereits Anfang Mai wurde ihm wieder erlaubt zu predigen, da er zugesagt hatte, sich an Kirchenordnung und Sams Handbüchlein, die Ulmer Reformationsagende, zu halten.[54] Das wiederum dürfte Keller nicht schwergefallen sein. Lauten hier doch die Spendeworte wie folgt: Zum Brot: *Dein glaub in das sterben des leibs Christi erhalte dich in das ewig leben.* Und zum Kelch: *Dein glaub in das vergiessen des blůts Christi sterck dich in das ewig leben.*[55]

3 anhaims sich uff Christus nach biblischer und evangelischer schrifft ainig verlassen

Wach auff mein Seel
Mit psalmen, beeten, singen,
Hab lieb ob allen dingen
Den waaren, höchsten Gott,
Jhesum sein lieben Sone,
Regierend in dem Throne,
In gleicher macht und Ehr,
Für mich am Creuz gestorben.[56]

Das Lied, das mit diesem Vers beginnt, wird Agathe Streicher zugeschrieben, der berühmten Ulmer Stadtärztin, die schließlich sogar ans Sterbebett Kaiser Maximilians II. gerufen wurde.[57] Ihre Schwester Katharina und später Agathe selbst waren die führenden Persönlichkeiten der Ulmer Spiritualisten, die in den Religionsprotokollen auch als *der Streicherin sect* bezeichnet werden.[58] Sollte im Ulm der Reformationszeit tatsächlich eine „Höhle Schwenckfelds" auszumachen sein, so fände sich diese in der Langen Gasse, heute Hans-und-Sophie-Scholl-Platz. Denn dort stand das Haus der Streicherinnen (Abb. 3), das eine Zentrale des südwestdeutschen Spiritualistennetzwerkes um Schwenckfeld war.[59]

---

[54] Vgl. ebd., fol. 393r, RP vom 5. Mai 1544.

[55] Handtbůchlin (wie Anm. 32), S. 178.

[56] Zit. nach BREITENBRUCH, Bernd: Gesangbuch und geistliches Lied in Ulm bis zum Ende der Reichsstadtzeit. In: UO 59 (2015), S. 110–156, hier: S. 129.

[57] Zu Agathe Streicher vgl. MIELKE, Heinz-Peter: Art. ‚Streicher, Agatha'. In: BBKL 29 (2008), Sp. 1410f.; SPORHAHN-KREMPEL, Lore: Agatha Streicher. In: UO 35 (1958), S. 174–180; WINCKELMANN, Hans-Joachim/ SCHULTESS, Kathrin/KRESSING, Frank/LITZ, Gudrun: Medizinhistorischer Streifzug durch Ulm, Ulm ³2016, S. 17 und S. 52f.

[58] Vgl. StadtA Ulm, A [6875], fol. 145r und fol. 154r.

[59] Zu den Streicherinnen und den Ulmer Spiritualisten vgl. GRITSCHKE, Caroline: ‚Via media': Spiritualistische Lebenswelten und Konfessionalisierung. Das süddeutsche Schwenckfeldertum im 16. und 17. Jahrhundert (Colloquia Augustana 22), Berlin 2006, S. 39–46 u. ö.

Zugleich war das Streicherinnenhaus das Zentrum der <u>Ulmer</u> Spiritualisten, die sich im Stile humanistischer Zirkel in den Bürgerhäusern zusammenfanden. Im Unterschied aber zu den humanistischen Zirkeln waren in den spiritualistischen Hauskreisen Frauen prominent vertreten. Die spiritualistische Stimme der Ulmer Reformation ist wesentlich eine weibliche.

3.1 Frechts Liste

Frecht stellte zu Beginn der 1540er Jahre eine Liste zusammen von Personen, die vom Rat ihres Glaubens wegen verhört werden sollten.[60] Diese Liste ist höchst aufschlussreich, einige Beobachtungen seien hier genannt: Erstens: Es finden sich darauf mehr Frauen als Männer. Zweitens: Viele soziale Schichten der Stadtgesellschaft sind vertreten. Bei den Männern geht dies aus den Standes- und Berufsbezeichnungen hervor; vom Patrizier über den Goldschmied bis hin zum Schneider und Ledergerber, ein Schulmeister und ein Prädikant – nämlich Hans Liebmann, der auch in den Großen Abendmahlsstreit verwickelt war. Bei den Frauen lässt sich aus dem Begriff des „Hauses" ableiten, was weitere Quellen bestätigen, dass Herrinnen und Mägde gemeinsam *mit psalmen, beten, singen* nach der Gottesliebe strebten. In diesem Zusammenhang wird die spiritualistische Bewegung in Ulm auch als Bildungsbewegung deutlich – Bürgersfrauen brachten ihren Mägden das Lesen bei, damit diese auch selbst die Bibel lesen konnten.[61] Dass es bei den Spiritualistinnen auch zur geistlichen Umkehr des sozialen Ranges kommen konnte – aus der Sicht Frechts empörend! –, zeigt der letzte Eintrag seiner Liste: *Ein ferberin am Griess, Grienen Weldin, die ein erbare witfraw, Burg Leypheimerin, so ietzund synnloß zu verfieren vnderstanden.*[62]

Abb. 3   Haus der Familie Streicher in der Langen Gasse (ehemalige Rathaus-Drogerie). StadtA Ulm, G 7/2.1 Nr. 3375.

[60] StadtA Ulm, A [8984/II]_46, fol. 540r.
[61] Vgl. GRITSCHKE, Via media (wie Anm. 59), S. 43f. und S. 112–114.
[62] StadtA Ulm, A [8984/II]_46, fol. 540r.

3.2 Examen der sönderling

Ende 1544 und Anfang 1545 kam es schließlich auf Anordnung des Rats zum Verhör einiger Spiritualisten *(Examen der sönderling)*.[63] Aus dem Protokoll geht hervor, dass zwar auch die christologische Frage angesprochen wurde, über die Frecht und Schwenckfeld in den 1530ern gestritten hatten,[64] im Vordergrund der Befragung stand jedoch das Thema der Absonderung vom Münstergottesdienst und den Prädikanten. Einige Ausschnitte des Protokolls seien hier zitiert.

Lochnerin: *Item das nachtmal will sie erst mit dem Vatter im reich Gottes essen. So hallt sie vom widertauff so vil, das sie geantwurt hat, sie wollte Gott, das sie geschickt zum tauff were, wiewol sie [am Rande ergänzt: dannocht] nit hat wöllen bekennen, das sie sich hievor hab teuffen lassen. Aber es sein doch ir und irer magt halben ettliche anzaigen von den herrn predicanten vorhanden, das sie sich hievor sollen haben teuffen lassen.*[65]

Eine Verbindung oder personale Kontinuität von Ulmer Täufern und Spiritualisten, wie sie bei der Lochnerin aufscheint, ist ganz deutlich bei der Iedelhäuserin. Sie war bereits in den Ulmer Täuferbefragungen Anfang der 1530er Jahre vorgeladen worden.[66] 1544 notiert der Protokollant zur Iedelhäuserin: *hellt [...] die hirig kirchen nit fur christennlich [...], sonnder sagt, es sei darinnen nit nach christennlicher ordnung angericht.*[67]

Wie die Iedelhäuserin war auch die Öttin eine betagte Frau, die den Aufbruch der Ulmer Reformation wohl in ihren besten Jahren erlebt hatte: *Unnd erstlich der fraw Oetin uß ains erbern Raths bevelch furgehallten, welchermassen sie sich [...] von der kirchen allhie absondern unnd anndern widerwertigen opinionen und versamlungen verwanndt sein soll. [...] Daruff sie, die fraw Ötin, sumarie diese antwurt geben, das sie bißher uß dieser ursach nit an die predig ganngen, namlich irer person halben – das sie eben allt, kranckh unnd derhalben nit satt hab, vil ußzugeen. Zum anndern Christi halb – das demselben an den predigen sein gebürennde eer nit gegeben, sonnder wöll er fur ain creathur von den predicannten gehallten werden, welches sie mit nichten glauben noch hallten könnd.*[68]

---

[63] Ebd., A [8984/II]_45, fol. 538v.

[64] Zu den Auseinandersetzungen Frechts mit Schwenckfeld in den 1530ern vgl. ENDRISS, Julius: Kaspar Schwenckfelds Ulmer Kämpfe, Ulm 1936.

[65] StadtA Ulm, A [8984/II]_45, fol. 537v.

[66] Vgl. ebd., A [1753/I], fol. 3r.

[67] Ebd., A [8984/II]_45, fol. 536r.

[68] Ebd., fol. 536v.

Recht logisch antwortet Hans Streicher, Agathes und Katharinas Bruder, auf die Frage nach seiner Absonderung von den Prädikanten: *das er sich nie zu den predicanten in gemainschafft oder sonnst auch inn kain strit begeben. Derhalben so könnt er sich auch von inen nit abgesondert haben.*[69] Selbstbewusst stellt Hans Kifhaber die eigene Glaubensverantwortung gegen die Lehrautorität Frechts: *So wisse er wol, was er glauben sollt. Der Frecht dörfft für in kain antwurt geben.*[70]

Die Aussage Katharina Streichers bringt nicht nur deren leitende Rolle zum Ausdruck, sie zeigt in ihrer Argumentation auch eine deutliche Nähe zum Ulmer Bürgerbegehren von 1524. Einer der vier Unterzeichner der Petition war damals der Goldschmied Hans Müller, der ebenfalls auf Frechts 1540er-Verhörliste steht. Das Begehren von 1524 argumentiert mit der Unvertretbarkeit des Einzelnen in der Heilsfrage und stellt der vorfindlichen (altgläubigen) Ulmer Predigt die Autorität Christi und der Schrift entgegen sowie den Verkündigungsauftrag, der allen gelte: *Günstig lieben herrn, bitten wir eüch umb Gottes willen Ewl. Aller Ers. Wt. wölls in guter meinung verstehen und unß vätterlich, brüderlich, christlich gönnen, einen den andern weisen die wort Jesu Christi, dan allen Christen ist gebotten, einer den andern brüderlich straffen, von der sünd aufs gut weisen.*[71] Der Rat hatte damals noch in derselben Sitzung beschlossen, einen reformatorischen Prediger zu berufen, Konrad Sam.

Daruff sein schwester junckfraw Cathrina ir [am Rande eingefügt: *aller*] *verantwurtung beschaidennlich und in guter lenng dargethon. Unnder anderm daruff ruwend, das ir aller gemuett und mainung nie gewesst, auch noch nit were, sich von der christennlichen gemain abzusonndern. Das sie aber ain zeitther der predicanten leer und predigen gemitten, das were uß guten ursachen beschehen, dann sie inen nit bösserlich, sonnder nutz, an irer seel hail verhinderlich gewesst weren, dann sie heut das, morgen ain annders gepredigt hetten unnd allso gar onbestenndig unnd irm glauben und halltung gar zuwider inn der sachen umbgangen wern. So wollte sie auch irn Herrn und Gott Christum zu ainer creatur machen. Item die selligkait an eusserliche ding und ceremonien binden, welches sie nit glauben noch halten könnten. Derhalben sie anhaims pliben unnd sich uff Christum nach biblischer und evangelischer schrifft ainig verlassen unnd hofften, sie hetten sich damit ganntz onergerlich, sonnder christenlich und wesenlich gehallten.*[72]

---

[69] Ebd., fol. 535r–v.
[70] Ebd., fol. 534v.
[71] Ebd., A [9006], fol. 13r.
[72] Ebd., A [8984/II]_45, fol. 535r.

3.3 Lösung des Konflikts mit *‚der Streicherin sect'*

In Folge der Verhöre wies der Rat die Befragten an, nicht mehr öffentlich über ihre religiösen Ansichten zu sprechen und auch keine Versammlungen mehr abzuhalten.[73] Tatsächlich jedoch konnten die Ulmer Spiritualistenkreise noch mehrere Jahrzehnte weitgehend ungehindert fortwirken. Als Katharina Streicher 1564 starb, übernahm ihre jüngere Schwester Agathe die Leitung. Erst nach dem Tod der bis in die Kreise des Hochadels hinein gefragten Ärztin im Jahr 1581 gelang es Superintendent Ludwig Rabus, den Rat zu einem konsequenten Vorgehen gegen die Ulmer Spiritualistenkreise zu bewegen.[74]

Schluss

Die Zusammenschau der drei 1540er Konflikte um Sozialkritik, Abendmahl und spiritualistische Frömmigkeit lässt folgende Charakteristika der Ulmer Reformation als Faktoren der Ulmer Vielstimmigkeit erkennen:

1. Stadt – Land – Umland: Die besondere Situation der Reichsstadt Ulm mit dem Münster als einziger Pfarrkirche der Stadt inmitten des reichsweit zweitgrößten städtischen Landgebiets bot der Vielstimmigkeit einen weiten Raum. Gemeindeglieder konnten grenzfrei die Vielstimmigkeit in der Gottesdienstpraxis erleben und Konflikte zwischen Predigern konnten entzerrt werden durch räumliche Distanzierung.

2. Zwei Reformatorengenerationen: Dass Ulm kurz nach Einführung der Kirchenordnung durch den Tod Sams einen Wechsel im Münsterpfarramt erlebte, dürfte die Vielstimmigkeit ebenfalls befördert haben. Wurde so doch die weitere theologische und kirchenpolitische Entwicklung nicht personal mit den reformatorischen Anfängen vermittelt. Dies wiederum dürfte das eigenständige Streben nach Bewahrung und Fortschreibung der Ulmer Anfänge befördert haben – bei Bürgerinnen und Bürgern, bei Prädikanten – und nicht zuletzt beim Rat.

---

[73] Vgl. ebd., A [8984/II]_45b, fol. 539r.
[74] Vgl. ARMER, Stephanie: Friedenswahrung, Krisenmanagement und Konfessionalisierung. Religion und Politik im Spannungsfeld von Rat, Geistlichen und Gemeinde in der Reichsstadt Ulm 1554–1629 (Forschungen zur Geschichte der Stadt Ulm 35), Ulm 2015, S. 367–369.

3. Allein die Ulmer Kirchenordnung: Das Festhalten des Rates an der von Bucer, Blarer und Oekolampad verfassten Kirchenordnung als alleiniger maßgeblicher Norm für die Ulmer Kirche ermöglichte es dem Rat, auch solchen Stimmen Spielraum zu gewähren, die die Ulmer Anfänge in Abweichung von Frecht und dessen Konkordienengagement fortschrieben.

4. Das allgemeine Priestertum der Ulmerinnen und Ulmer: In einer entscheidenden Phase des Ulmer Anfangs waren die reformatorisch gesinnten Ulmer Bürger auf sich allein gestellt. Ohne einen Prediger im Rücken traten sie auf dem Grund der Schrift gegen die romtreuen Prediger der Stadt auf, prominentestes Beispiel das Bürgerbegehren vom Mai 1524. Aus diesem Urdatum der Ulmer Reformationsgeschichte bezogen die Ulmerinnen und Ulmer, so scheint es, das Selbstbewusstsein, auch weiterhin das Evangelium selbst in den Mund zu nehmen und zu verantworten – wo als nötig erachtet auch im Dissens mit den Predigern.

Christoph Strohm

Straßburg und die oberdeutsche Theologie in den Jahren 1530–1548

Hat man über Straßburg in den Jahren 1530 bis 1548 zu sprechen, muss man zuerst Straßburg als Oberzentrum des Südwestens des Reichs in den Blick nehmen. Ein Blick auf die Karte des frühneuzeitlichen Europa illustriert einen Sachverhalt, der infolge späterer politischer Entwicklungen und der Entstehung der National-staaten im 19. Jahrhundert aus dem Blick geraten ist (Abb. 1). Anders als heute befand sich der Südwesten in mehrfacher Hinsicht im Zentrum der Geschichte der Frühen Neuzeit. Schon seit der römischen Zeit gab es hier eine vergleichsweise hochentwickelte Infrastruktur. Am Rhein entlang zog sich von Basel über Straßburg nach Norden einer der wichtigsten Handelswege in das mittlere und nördliche Reich.[1] Mit der Erschwerung des Seehandels im östlichen Mittelmeer im Zuge der Ausbreitung des Osmanischen Reichs, der Entdeckung des Seewegs nach Indien um Afrika herum und dem Aufstieg der am Atlantik gelegenen Häfen erhöhte sich die Bedeutung dieses Handelswegs, der nach Norden weiter über Köln nach Antwerpen führte. Nicht zuletzt aufgrund der günstigen Lage an einem zentralen Handelsweg gehörte Straßburg mit seinen ungefähr 25.000 Ein-wohnern zusammen mit Nürnberg, Köln und Augsburg zu den vier größten Städten des Reichs.

Im östlich angrenzenden Bereich des Südwestens mit der Reichsstadt Augsburg befanden sich die Zentralen der beiden größten Handelsorganisationen der Zeit, der Fugger und der Welser. Die Stadt lag wie Straßburg an einer wichtigen Handels-route, der alten via imperii, die von Italien über den Brenner nach Nürnberg und von dort weiter gen Norden führte. Neben Straßburg und Augsburg befanden sich im Südwesten zahlreiche weitere Freie Reichsstädte, die wie zum Beispiel Ulm über erhebliche wirtschaftliche Kraft und Wohlstand verfügten. Schließlich war der Südwesten mit seinem Oberzentrum Straßburg auch die „Kontaktregion" zu Frankreich und in den Südwesten Europas.

---

[1] Vgl. REICHEL, Bernhard: Handelswege im Mittelalter und in der frühen Neuzeit. Ihre Sicherung am Beispiel der Frankfurter Messe. In: Patricia STAHL unter Mitarb. von Roland HOEDE und Dieter SKALA (Hg.): Brücke zwischen den Völkern. Zur Geschichte der Frankfurter Messe, Bd. 2: Beiträge zur Geschichte der Frankfurter Messe, Frankfurt am Main 1991, S. 77–84.

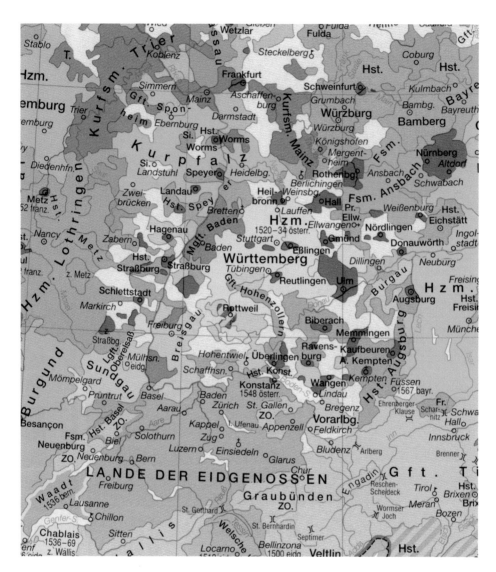

Abb. 1 Der Südwesten des Reichs und die angrenzenden
Gebiete um 1550. Ausschnitt aus: F. W. Putzgers Historischer
Schul-Atlas zur Alten, Mittleren und Neuen Geschichte,
bearb. und hg. von Alfred Baldamus/Ernst Schwabe/Julius
Koch, Bielefeld/Leipzig ⁴¹1918, S. 20f. (http://gei-digital.gei.de/
viewer/image/PPN679423346/80/ [Zugriff: 26. Januar 2018]).

Diese knapp skizzierten Beobachtungen weisen auf zwei Sachverhalte hin. Zum einen liegt es nahe, dass Straßburg als Oberzentrum einer traditionell wichtigen Region des Reichs – und zwar sowohl wirtschaftlich und politisch als auch kulturell – auch im Zusammenhang der Reformation eine bedeutsame, eigenständige Rolle spielen sollte. Zum anderen ist anzunehmen, dass die Reformatoren des Oberzentrums Straßburg die Reformation an anderen Orten des Südwestens in einschlägiger Weise mitgestalten sollten. Beides trifft zu. Im Zuge der Einführung und Etablierung der Reformation in den 1520er Jahren wurde bald der ehemalige Dominikanermönch Martin Bucer zum führenden Reformator Straßburgs und entwickelte hier ein eigenständiges Modell reformatorischer Theologie. Man kann es mit guten Gründen als „oberdeutsch" bezeichnen.[2] *Zum einen* bringt der Begriff zum Ausdruck, dass sich diese oberdeutsche reformatorische Theologie im Kontext des Südwestens herausgebildet hat.[3] Nicht zuletzt die hier zu bewältigenden Herausforderungen gaben wichtige Anstöße zur Ausprägung ihrer Eigenart. *Zum anderen* ruft er in Erinnerung, dass es eine Rückprojektion späterer Entwicklungen ist, in der Reformationsgeschichte der 1530er und 1540er Jahre einfach und selbstverständlich von einer Polarität von lutherisch und zwinglianisch-reformiert auszugehen. Die Situation war faktisch viel offener.[4] Reformatorische Strömungen reichten von täuferischen und spiritualistischen über zwinglianische und eben oberdeutsche bis hin zu wittenbergisch-lutherischen Ausrichtungen.

---

[2] Zu den Ersten, die von einer „theologische[n] Eigenart der oberdeutschen-schweizerischen Reformation" gesprochen haben, gehört Bernd Moeller; vgl. MOELLER, Bernd: Reichsstadt und Reformation (SVRG 180), Göttingen 1962. Neue Ausgabe, mit einer Einleitung hg. von Thomas KAUFMANN, Tübingen 2011, S. 103. Für Heiko Augustinus Oberman hingegen überbrückt „der Terminus ‚oberdeutsche Theologie' […] unnuanciert die Differenzen zwischen Basel und Straßburg, Schwäbisch Hall und Heilbronn, zwischen Ulm […]"; vgl. OBERMAN, Heiko Augustinus: Werden und Wertung der Reformation. Vom Wegestreit zum Glaubenskampf, Tübingen ²1979, S. 371. Anfangs galten die oberdeutschen Reichsstädte „allgemein als ‚Zuinglianae urbes'"; BRECHT, Martin: Was war Zwinglianismus? In: Alfred SCHINDLER/Hans STICKELBERGER (Hg.): Die Zürcher Reformation. Ausstrahlungen und Rückwirkungen. Wissenschaftliche Tagung zum hundertjährigen Bestehen des Zwinglivereins 1997 (ZBRG 18), Bern u. a. 2001, S. 281–300, hier: S. 286 (mit Zitat aus einem Brief Martin Bucers an Ambrosius Blarer vom 5. Februar 1532). Zu den „Besonderheiten der oberdeutschen Theologie" vgl. LEPPIN, Volker: „Nach Gottes Wort reformiert". Die andere Reformation – die neue Theologie in Oberdeutschland. In: Hanna KASPARICK (Hg.): „ ... und alles, was wir erreichet haben, ist immer nur Anfang". Johannes Calvin. Umstrittener Kirchenreformer und Vater der Moderne (Wittenberger Sonntagsvorlesungen), Wittenberg 2009, S. 7–23, hier: S. 17–19; vgl. ferner ABENDSCHEIN, Daniel: Simon Sulzer (1508–1585). Herkunft, Prägung und Profil des Basler Antistes und Reformators in Baden-Durlach, Diss. theol. Heidelberg 2016, S. 247–341.

[3] Vgl. STROHM, Christoph: Theologenbriefwechsel im Südwesten des Reichs in der Frühen Neuzeit (1550–1620). Zur Relevanz eines Forschungsvorhabens (Schriften der philosophisch-historischen Klasse der Heidelberger Akademie der Wissenschaften 57), Heidelberg 2017, S. 37–51.

[4] Zu der zeitweise üblichen Titulierung ‚Bucerianer' neben ‚Zwinglianer' und ‚Lutheraner' vgl. BURNETT, Amy Nelson: The Myth of the Swiss Lutherans. Martin Bucer and the Eucharistic Controversy in Bern. In: Zwingliana 32 (2005), S. 45–70; DIES.: Bucers letzter Jünger. Simon Sulzer und Basels konfessionelle Identität zwischen 1550 und 1570. In: BZGAK 107 (2007), S. 132–172.

Selbst innerhalb der wittenbergisch-lutherischen Ausrichtung zeichneten sich bereits in den 1530er und 1540er Jahren die Differenzen zwischen Luthers und Melanchthons Schwerpunktsetzungen ab, sichtbar insbesondere an den Unterschieden der Confessio Augustana invariata von 1530 und der von Melanchthon im Interesse einer Einbeziehung der Reformierten in den Schmalkaldischen Bund 1540 überarbeiteten Confessio Augustana variata.

1 Martin Bucer als wichtigster Exponent der Straßburger Reformation

Mit Johann Geiler von Kaysersberg wirkte schon lange vor der Reformation ein herausragender Reformer in Straßburg. Seit 1521 vertrat der Münsterprediger Matthäus Zell ausdrücklich reformatorische Lehren. Sein großer Erfolg als Prediger schützte ihn vor den Anklagen des Bischofs und ermutigte ihn zu weitergehenden Forderungen. Als Mitte Mai 1523 Martin Bucer (Abb. 2) als bereits verheirateter Priester nach Straßburg kam, war es diesem anfangs noch nicht möglich, für die Reformation zu wirken. Erst im Jahr 1524 gelang es mit Unterstützung Zells, Bucer als Prediger anzustellen. Zusammen mit Zell, dem Propst von St. Thomas, Wolfgang Capito (seit 1523), und dem Domprediger Kaspar Hedio (seit 1523) wirkte Bucer in den folgenden Jahren für Einführung und Ausgestaltung der Reformation in Straßburg.

Bucer prägte die Reformation in Straßburg bis zu seiner Flucht nach England im Jahr 1549 wie kein Zweiter. Als Gründe dafür kann man eine offensichtlich außerordentliche physische Leistungskraft,[5] kommunikative Stärke, große Gelehrsamkeit und ein ausgeprägtes Organisationstalent anführen. Darüber hinaus scheinen seine reformatorischen Ansätze in besonderer Weise „gepasst" zu haben. Bucer sah – viel stärker als Luther! – eine Kontinuität humanistischer Reformbestrebungen und reformatorischer Ansätze. So urteilte er im Anschluss an Luthers Heidelberger Disputation am 26. April 1518 in charakteristischer Weise, dass dieser das Gleiche wie Erasmus vertrete, nur offener und entschiedener. Bucers begeisterter Bericht über die Begegnung mit Luther findet sich in einem Schreiben an Beatus Rhenanus, den väterlichen Freund aus der Heimatstadt Schlettstadt, der

---

[5] Martin Greschat hat in seiner Biographie Martin Bucers einmal zusammenzurechnen versucht, wie viele Kilometer Bucer allein in den Jahren 1534 bis 1539 quer durch Deutschland und Europa gereist sein muss. Er ist auf ungefähr 12.000, also etwa 2.000 Kilometer pro Jahr gekommen; vgl. GRESCHAT, Martin: Martin Bucer. Ein Reformator und seine Zeit 1491–1551, München 1990, S. 141. Wohlgemerkt handelte es sich dabei nicht um Reisen auf – wie uns heute selbstverständlich – gut ausgebauten Straßen, sondern um eine extrem anstrengende Fortbewegung zu Pferde, im Wagen oder zu Fuß, nur zu oft in Schlamm und Dreck auf unbefestigten Wegen und nicht selten auch unter unmittelbarer Bedrohung durch Räuber und sonstige feindlich gesinnte Zeitgenossen.

exemplarisch den im Elsass und in Straßburg präsenten Humanismus verkörperte.[6] Mit seiner engen Verbindung humanistischer und reformatorischer Motive konnte Bucer in Straßburg in besonders treffender Weise wirken. Zugleich erlangte Bucers reformatorische Theologie im Zuge dieser Wirksamkeit ihr besonderes Profil und wurde zum Ausgangspunkt des spezifischen Modells der oberdeutschen Reformation.

Die Bedeutung Bucers als des „dritten deutschen Reformators" ist heute weithin anerkannt.[7] Auch seine Bedeutung als eigenständiger Theologe neben Luther und Zwingli und insbesondere seine überragende Bedeutung für die Theologie Johannes Calvins ist unbestritten.[8] Man hat mit guten Gründen geurteilt, dass Calvin erst während seines Straßburger Aufenthalts 1538 bis 1541 „zu Calvin wurde"[9].

---

[6] Abgedruckt in: BCor 1, S. 58–71, hier: S. 61,54–56 das Urteil über Luther. Zu Schlettstadt als Ort einer der bedeutendsten humanistischen Schulen des 15. und 16. Jahrhunderts vgl. ADAM, Paul: Der Humanismus zu Schlettstadt. Die Schule, die Humanisten, die Bibliothek, Selestat 1995.

[7] Derjenige, der Bucers Bedeutung für die Reformationsgeschichte zum ersten Mal mit der pointierten Rede von ihm als dem „dritten deutschen Reformator" (nach Luther und Melanchthon) ins Bewusstsein gebracht hat, war der Heidelberger Kirchenhistoriker (und zeitweilige Präsident der Heidelberger Akademie der Wissenschaften) Heinrich Bornkamm. Anlässlich der 400. Wiederkehr des Todesjahres Martin Bucers hatte er 1951 bei einem Festakt der Theologischen Fakultät der Universität Heidelberg einen Vortrag über ‚Martin Bucers Bedeutung für die europäische Reformationsgeschichte' gehalten. Da fehlte die Bezeichnung Bucers als des „dritten deutschen Reformators" noch. Erst in der Neupublikation des Vortrags 1961 erhielt der Vortrag den pointierten Titel ‚Martin Bucer, der dritte deutsche Reformator'; BORNKAMM, Heinrich: Martin Bucers Bedeutung für die europäische Reformationsgeschichte. In: SVRG 169, Gütersloh 1952, S. 4–36 (in leicht veränderter Fassung mit dem neuen Titel ‚Martin Bucer, der dritte deutsche Reformator' in der seit 1961 mehrfach neu aufgelegten Aufsatzsammlung ‚Das Jahrhundert der Reformation. Gestalten und Kräfte', Göttingen 1961 [Neuausgabe Frankfurt am Main 1983], S. 114–145 aufgenommen). Man kann diesen Sachverhalt als eine erste Auswirkung der Arbeit an der Edition der Schriften Martin Bucers deuten.

[8] Zum Einfluss von Bucers ‚Enarrationes perpetuae in sacra quatuor Evangelia' (1530/1536) bereits auf die erste Ausgabe der ‚Institutio' vgl. SPIJKER, Willem van't: The influence of Bucer on Calvin as becomes evident from the Institutes. In: B. J. VAN DER WALT (Hg.): John Calvin's Institutes. His Opus Magnum. Proceedings of the Second South African Congress of Calvin Research July, 31 – August, 3, 1984 (Wetenskaplike Bydraes F3/28), Potchefstroom 1986, S. 106–132, hier: S. 109–113; zu den Einflüssen Bucers auf Calvin vgl. COURVOISIER, Jacques: Bucer et Calvin. In: Calvin à Strasbourg 1538–1541. Quatre études publiées à l'occasion du 400e anniversaire de l'arrivée de Calvin à Strasbourg par les soins de la commission synodale de l'église réf. d'Alsace et de Lorraine, Straßburg 1938, S. 37–66; EELLS, Hasting: Martin Bucer and the Conversion of John Calvin. In: The Princeton Theological Review 22 (1924), S. 402–409; GANOCZY, Alexandre: Le jeune Calvin. Genèse et évolution de sa vocation réformatrice (VIEG 40), Wiesbaden 1966, S. 166–178; KROON, Marijn de: Martin Bucer und Johannes Calvin. Reformatorische Perspektiven, Göttingen 1991, S. 461–470; STROHM, Christoph: Johannes Calvin. Leben und Werk des Reformators (bsr 2469), München 2009, S. 46–59 und S. 106–108; DERS., Theologenbriefwechsel (wie Anm. 3), S. 41–51.

[9] COURVOISIER, Jacques: Les catéchismes de Genève et de Strasbourg. Étude sur le développement de la pensée de Calvin. In: BSHPF 84 (1935), S. 105–121, hier: S. 107; vgl. ARNOLD, Mathieu (Hg.): Jean Calvin. Les années Strasbourgeoises (1538–1541). Actes du colloque de Strasbourg (8–9 octobre 2009) à l'occasion du 500e anniversaire de la naissance du Réformateur, Strasbourg 2010.

Bevor die in Straßburg entwickelte oberdeutsche reformatorische Theologie dargestellt wird, seien Bucers Beziehungen in den südwestdeutschen Raum hinein knapp skizziert. Ein grober Überblick über den Anteil der Briefe Bucers mit Korrespondenzpartnern im Südwesten an der Gesamtkorrespondenz ergibt drei signifikante Befunde. *Erstens* war der Radius der Korrespondenz Bucers bis Anfang der 1520er Jahre im Wesentlichen auf die Rheinebene mit dem angrenzenden Elsass begrenzt, abgesehen vom bald beginnenden und sich dann verstärkenden Austausch mit den führenden Reformatoren in Wittenberg und Zürich.[10] *Zweitens* steigt am Ende des Jahres 1530 der prozentuale Anteil an

Abb. 2   Martin Bucer (1491–1551).
Aus: BÈZE, Théodore de: Les vrais portraits des hommes illustres, Genève 1581, G. ij.

Korrespondenzpartnern aus dem Südwesten deutlich an. In den Jahren 1530 bis 1535/36 ist der geographische Schwerpunkt der Korrespondenz der Südwesten des Reichs mit den angrenzenden Gebieten der Schweiz.[11] Erst durch den Ruf des Landgrafen Philipp von Hessen, der Bucer 1537 in sein Territorium holte, um die gefährlichen Konflikte mit dem sich ausbreitenden Täufertum zu befrieden, änderte sich das. *Drittens* finden sich noch einmal um 1547 herum, prozentual gesehen, verstärkt südwestdeutsche Korrespondenzpartner. Dies ist Folge der Niederlage der Protestanten im Schmalkaldischen Krieg und der sich anschließenden Auseinandersetzungen um die Einführung des Augsburger Interims in Straßburg und anderen Städten bzw. Territorien des Südwestens.

---

[10] Ab 1525 weitete sich der Horizont in andere Gebiete des Südwestens. Briefpartner zum Beispiel in Steinach (Neckarsteinach), Weingarten (Martin Schalling) oder Baden-Baden traten hinzu und der Briefwechsel mit Johannes Brenz in Schwäbisch-Hall begann; vgl. auch die Auflistung der sicher bezeugten, aber verloren gegangenen Briefe in: BCor 2, S. 14f.

[11] Im Zusammenhang des Augsburger Reichstags von 1530 wurde der Züricher Huldrych Zwingli, mit dem Bucer schon seit 1527 einen intensiven Briefwechsel pflegte, für kurze Zeit zum häufigsten Empfänger von Briefen Bucers, gefolgt von Ambrosius Blarer in Konstanz. Blarer, der in seiner Heimatstadt die Reformation im zwinglianischen Sinn einführte, wurde dann für einige Jahre der wichtigste Korrespondenzpartner Bucers, neben den Reformatoren, die in den dem Südwesten des Reichs naheliegenden Städten Basel und Zürich wirkten. Ambrosius Blarer arbeitete mit Bucer bei der Einführung der Reformation in Ulm und anderen Städten des Südwestens eng zusammen (dazu unten mehr). Mitte September 1531 ging er für zehn Monate nach Esslingen, um hier die Reformation einzuführen und zu etablieren. Auch das erfolgte in engem Austausch mit Bucer. Vgl. BCor 7, S. XVI; vgl. auch die instruktive Übersicht und Analyse des Briefwechsels bei MOELLER, Bernd: Bucer und die Geschwister Blarer. In: Christian KRIEGER/Marc LIENHARD (Hg.): Martin Bucer and sixteenth century Europe. Actes du colloque de Strasbourg (28–31 août 1991), 2 Bde. (SMRT 52/53), Leiden/New York 1993, hier: Bd. 1, S. 441–450.

Die Übersicht über die absoluten Zahlen der von Bucer gesandten und empfangenen Briefe bestätigen die erhöhte Intensität des Briefwechsels mit Korrespondenzpartnern im Südwesten des Reichs und in der angrenzenden Schweiz in den Jahren 1531 bis 1535 (Abb. 3).[12] Das beherrschende Thema war der Abendmahlsstreit. Bucer widmete sich seit dem Augsburger Reichstag von 1530 verstärkt der Überwindung der Spaltung zwischen Luther- und Zwingli-Anhängern in der Abendmahlslehre. Gleich nach dem Reichstag besuchte er Ende September 1530 den auf der Veste Coburg ausharrenden Luther, um ihn zu einem Ausgleich, der auf dem Reichstag nicht gelungen war, zu bewegen. In praktisch allen südwestdeutschen Reichsstädten, in denen Bucer an der Einführung der Reformation mitwirkte, stellte der Dissens in der Abendmahlslehre eine schwere Belastung dar. Entsprechend bildete er eines der zentralen Themen des Briefwechsels in der ersten Hälfte der 1530er Jahre.

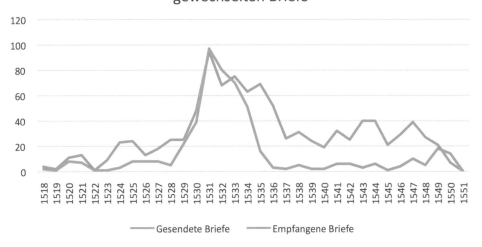

Abb. 3   Anzahl der mit Korrespondenzpartnern im Südwesten (einschließlich der angrenzenden Schweizer Orte) gewechselten Briefe. Grafik: Stefan Aderhold (Heidelberg).

[12] Ich danke Herrn stud. theol. Stefan Aderhold für die Erstellung der Übersicht. Grundlagen sind zum einen die bis 1533 vollständig edierte Korrespondenz (BCor) sowie zum anderen das Verzeichnis, das Dr. Christian Krieger in den 1990er Jahren mit Hilfe von Jean Rotts Aufzeichnungen erstellt hat. Es wurde in den vergangenen Jahren in verschiedener Hinsicht, aber ohne Anspruch auf Vollständigkeit ergänzt.

Da die Korrespondenz zumindest bis Juni 1533 vollständig erfasst und ediert ist, lassen sich die Orte, in denen sich die Korrespondenzpartner mit den meisten Briefkontakten befinden, relativ zuverlässig ermitteln. Nimmt man als Ausgangspunkt den 30. September 1530, unmittelbar nachdem Bucer Augsburg verlassen und Luther auf der Veste Coburg besucht hatte, kommt man bis 1535 für die wichtigsten Reichsstädte des Südwestens und des angrenzenden Raumes (Schweiz mit Basel und Zürich sowie Augsburg) zu folgendem Befund: Am umfangreichsten ist der Briefwechsel mit Korrespondenzpartnern in Basel, dann folgten Augsburg, anfangs auch Zürich, sowie Konstanz, Ulm und Esslingen. Weitere Städte des Südwestens mit umfangreicherer Korrespondenz waren Memmingen, Biberach und Lindau. Im nördlichen Südwesten war ein Schwerpunkt der Korrespondenz Zweibrücken. Auch die benachbarten Städte St. Gallen und in geringerem Umfang Schaffhausen wären zu nennen.

Mit dem Jahr 1534 ergab sich eine signifikante Veränderung. Im Zuge der Einführung der Reformation durch den wieder eingesetzten Herzog Ulrich in Württemberg wurde Ambrosius Blarer als Reformator nach Tübingen berufen. Jetzt wurde Tübingen zu einem bevorzugten Korrespondenzort. Die Neuordnung der Universität Tübingen und insbesondere der Theologischen Fakultät kann man, wie die Briefe zeigen, „beinahe für ein Gemeinschaftswerk Blarers und Bucers halten"[13]. Die umfangreiche reformatorische Tätigkeit Blarers in Tübingen und anderen Städten Württembergs ist kaum ohne den ständigen Austausch mit Bucer, dessen Initiativen, kompetente Lageeinschätzungen und Ratschläge denkbar.[14] Im Zusammenhang der Vorbereitungen der Wittenberger Konkordie von 1536 kam es dann zu einem erheblichen Dissens, so dass ihre bis dahin so intensive briefliche Kommunikation weitgehend abgebrochen ist. Mit der Berufung nach Hessen im Jahr 1537, wo Landgraf Philipp mit Bucers Hilfe eine Lösung der Konflikte mit dem sich ausbreitenden Täufertum zu erreichen suchte, traten – wie gesagt – andere Schwerpunkte seines Wirkens in den Vordergrund.

Neben der Korrespondenz geben auch einige längere mehrwöchige oder mehrmonatige Reisen des Straßburger Reformators Hinweise auf seine Mitwirkung an der Einführung und Konsolidierung der Reformation im Südwesten. Im Oktober 1530 begab sich Bucer auf eine Reise durch Süddeutschland und die angrenzende Schweiz, um für seine Vermittlungsbemühungen in der Abendmahlsfrage nach dem Augsburger Reichstag zu werben. Stationen waren Ulm, Memmingen, Isny, Lindau und Konstanz sowie Basel und Zürich.[15] Im Sommer 1531 weilte er für

[13] MOELLER, Bucer und die Geschwister Blarer (wie Anm. 11), S. 448.
[14] Vgl. ebd.
[15] Vgl. GRESCHAT, Bucer (wie Anm. 5), S. 107.

mehrere Monate in Ulm.[16] Im April und Mai 1533 machte sich Bucer erneut auf die Reise durch Süddeutschland und die angrenzende Schweiz, diesmal um für den Nürnberger Anstand von 1532 zu werben. Dabei besuchte er Basel, Schaffhausen, Diessenhofen, Konstanz, Bischofszell, St. Gallen, Zürich und auch Bern.[17] Nach der Wiedereinsetzung Herzog Ulrichs in sein Herzogtum Württemberg im Jahr 1534 reiste er unter anderem nach Stuttgart und unterstützte den in Tübingen als Reformator tätigen Freund Ambrosius Blarer. Bis zum Jahr 1537 stellte der Südwesten den Wirkungsraum dar, in dem Bucer seine reformatorische Theologie entfaltete und auf dessen Herausforderungen er zu reagieren suchte.

2   Charakteristika der in Straßburg entwickelten oberdeutschen reformatorischen Theologie

Als *erstes* Charakteristikum der von Bucer geprägten, in Straßburg entwickelten oberdeutschen reformatorischen Theologie ist das erasmianisch-humanistische Bemühen um die Relativierung konfessioneller Gegensätze zu nennen. In der Handelsstadt Straßburg (Abb. 4) sammelten sich früh Vertreter reformatorischer Richtungen wie Spiritualisten und Täufer, die andernorts kaum geduldet wurden. Mitte der 1530er Jahre bildete sich angesichts der beginnenden Protestanten-verfolgungen in Frankreich eine Gemeinde französischer Glaubensflüchtlinge, die in das kirchliche Leben zu integrieren waren. In Straßburg wie im gesamten Südwesten – so auch in Ulm oder besonders dramatisch in Augsburg – trafen schon aufgrund der geographischen Lage wittenbergisch-lutherische und – aus den südlich gelegenen Schweizer Städten Zürich und Basel kommende – zwinglia-nisch-reformierte Einflüsse aufeinander.

Bucer bewahrte zeitlebens eine besondere Nähe zu Erasmus und dessen Programm einer Reduktion des zur Einheit der Kirche Notwendigen auf die elementaren Lehren, wie dieser das in der 1533 gedruckten Schrift ‚De sarcienda ecclesiae concordia' entfaltet hatte.[18] Bucer hat darüber hinaus die erasmianischen Einflüsse und sein thomistisches Erbe in origineller Weise mit den Anstößen Luthers zu einem eigenständigen vermittlungstheologischen Ansatz verbunden. Im Zentrum seiner Theologie steht das Wirken des Geistes Gottes, der in der Liebe als der Kraft

---

[16] Vgl. ebd., S. 117–122.
[17] Vgl. ebd., S. 111.
[18] Vgl. ERASMUS von Rotterdam: Liber de sarcienda ecclesiae concordia, deque sedandis opinionum dissidiis, Basel 1537; vgl. STUPPERICH, Robert: Der Humanismus und die Wiedervereinigung der Konfessionen (SVRG 160), Gütersloh 1936; FRIEDRICH, Reinhold: Martin Bucer – „Fanatiker der Einheit"? Seine Stellungnahme zu theolo-gischen Fragen seiner Zeit (Abendmahls- und Kirchenverständnis) insbesondere nach seinem Briefwechsel der Jahre 1524–1541 (Biblia et symbiotica 20), Bonn 2002.

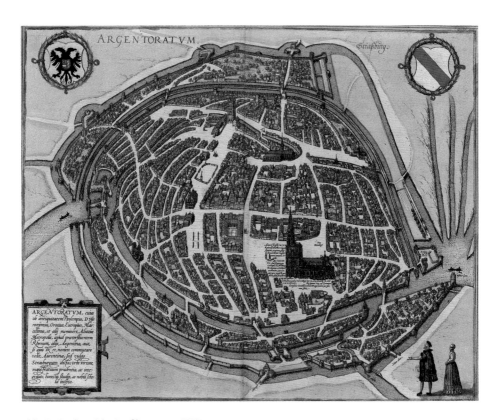

Abb. 4   Stadtansicht Straßburgs von 1572.
Aus: HOGENBERG, Frans/BRAUN, Georg: Civitates
Orbis Terrarum, [Köln] 1572.

der Wiederherstellung der gestörten Schöpfung Gestalt gewinnt. Liebe gehört damit konstitutiv zum Wirken des Geistes Gottes. Verketzerung der Andersglaubenden kann sehr leicht ein Mangel an Liebe sein, ohne die aber der Geist Gottes nicht gegenwärtig ist. Solche theologische Grundlegung bot zumindest einen gewissen Schutz vor zu schneller Verketzerung und leitete Bucer bei seinen unablässigen Ausgleichsbemühungen zwischen den unterschiedlichen innerreformatorischen Richtungen.

Im Südwesten war diese theologische Grundlegung von elementarem Wert für die Sicherung der Reformation. Besonders deutlich und mit weitreichenden Folgen zeigte sich das in Bucers Bemühungen um die Württemberger Konkordie von 1534.[19] Mit ihr konnten die Differenzen zwischen wittenbergisch-lutherischen und zwinglianisch-reformierten Richtungen nach der Einführung der Reformation

---

[19] Vgl. dazu genauer STROHM, Theologenbriefwechsel (wie Anm. 3), S. 37–41.

durch Herzog Ulrich vorläufig befriedet werden. Sie bildete den Ausgangspunkt der Einigung mit Luther in der Wittenberger Konkordie von 1536, die wiederum die Vorlage für die Aufhebung der innerprotestantischen Gegensätze in der Leuenberger Konkordie von 1973 war.

Mit der Betonung des Geisthandelns Gottes wurde bereits ein *zweites* Charakteristikum von Bucers oberdeutscher Theologie genannt, das die Verbundenheit mit dem Humanismus zeigt. Für einen humanistisch gesinnten, und das hieß im 16. Jahrhundert, einen an Platon orientierten Reformator war es unmöglich, Gott als den Inbegriff des wahren Seins anders als geistig-geistlich zu verstehen. Das wurde als unmittelbar mit dem biblischen Zeugnis übereinstimmend angesehen (z. B. Joh 4,24: „Gott ist Geist, und die ihn anbeten, die müssen ihn im Geist und in der Wahrheit anbeten"). Der erste zu überwindende Missstand war deshalb Aberglauben im Sinne einer Veräußerlichung und Materialisierung des Göttlichen oder religiösen Überhöhung irgendwelcher Dinge dieser Welt. Der Unterschied von Schöpfer und Schöpfung stand im Zentrum. Die Göttlichkeit Gottes wurde gewahrt durch die Betonung des Bilderverbots. Die entscheidenden Sachverhalte des göttlichen Heilshandelns waren die verborgene Erwählung und das Geisthandeln Gottes, nicht wie bei Luther das gepredigte Wort. Das ist von Bucers Schüler Johannes Calvin dann systematisch ausgeführt worden. Die von Luther betonte Menschwerdung Gottes und entsprechend die zentrale Rolle des durch Menschen gepredigten Verheißungswortes, das im Glauben zu ergreifen ist, blieb Bucer immer fremd. Luther hingegen hat das gegen die von ihm diagnostizierte spiritualistische und rationalistische Gefahr in wachsendem Maß betont.

Hier liegt der tiefere theologische Grund für die nicht endenden Abendmahlsstreitigkeiten. Trotz aller Vermittlungsbemühungen konnte Bucer die von Luther so betonte, über die geistliche Präsenz hinausgehende leibliche Realpräsenz Christi im Abendmahl nicht wirklich teilen. Als Lösung blieb nur die Suche nach dissimulierenden Formulierungen, die den Gegensatz verdeckten und stattdessen konsensfähige Aspekte betonten – so die Rede von der Gegenwart Christi qua *unio sacramentalis*.[20]

---

[20] Bucers in Form eines fingierten Dialoges gehaltene, 1528 gedruckte Schrift ‚Vergleichung D. Luthers und seins gegentheyls' (abgedruckt in: BDS 2,[295]305–383) nimmt den von Luther zur Erläuterung der Art der Gegenwart Christi im Abendmahl herangezogenen Begriff der *unio sacramentalis* auf, um dadurch die Gemeinsamkeiten hervorzuheben. Auch Luther lehne eine „lokale Einschließung" des Leibes Christi im Brot ab und verstehe die Einheit von Brot und Leib Christi nicht natürlich, nicht personal („persönlich") und auch nicht qua Vollzug der Abendmahlshandlung, sondern „sakramental". Bucer übergeht Luthers Betonung der leiblichen Realpräsenz Christi ohne Ausschluss der menschlichen Natur und kann so die Auffassung erläutern, dass beide Parteien *in der hauptsumm von der gegenwertigkeit Christi im Abentmal* einig seien. Nach Bucers Auffassung war damit das Wesentliche gesagt und durch den Begriff der *unio sacramentalis* bleibe zu Recht das Geheimnis des Wie der Gegenwart gewahrt.

Ein *drittes* Charakteristikum von Bucers oberdeutscher reformatorischer Theologie ist die zentrale Rolle des Bildungsgedankens. Reformation bedeutete für Bucer Überwindung von Aberglauben und Durchsetzung der am biblischen Wort geschulten, wahren geistlichen Gottesverehrung. Ähnlich wie für Calvin, der seine eigene Hinwendung zur Reformation mit der charakteristischen Formulierung *subita conversio ad docilitatem* beschrieben hat, steht die Bildung im Zentrum der Reformation. Mit der Berufung Johannes Sturms kam im Jahre 1537 ein Humanist nach Straßburg, der in gleichsam kongenialer Weise hier mit Bucer zusammenwirkte.[21] Der erfolgreiche Aufbau der Akademie in Straßburg seit 1538/39 war von Anfang an von der Auslegung biblischer Bücher begleitet. Bucer hatte damit gleich nach seiner Ankunft in Straßburg 1523 begonnen, und auch Calvin fand hier während seines Straßburg-Aufenthaltes 1538–1541 ein wichtiges Betätigungsfeld neben der Betreuung der französischsprachigen Flüchtlingsgemeinde.[22] Die über Jahrzehnte überragende Bedeutung der Straßburger Akademie wird daran sichtbar, dass sich spätere Hochschulgründungen wie die in Lausanne und Genf sowie die reformierten Hochschulen Frankreichs an dem Straßburger Programm Sturms (und Bucers) orientierten. Wie Melanchthon war Bucer die Ausbildung der Pfarrer ein zentrales Anliegen.[23]

Wie alle Humanisten ging Bucer von einem engen Zusammenhang von sprachlicher und sittlicher Bildung aus. Die sittlichen, lebensverbessernden Folgen der Evangeliumsverkündigung standen von Anfang an im Zentrum seines Interesses, ein *weiteres, viertes* Charakteristikum. Luthers betonte Unterscheidung von Gesetz und Evangelium interpretierte Bucer in einem humanistischen Sinn. Luthers Kritik am Gesetz richte sich gegen einen veräußerlichten Gesetzesgehorsam, nicht aber gegen das Gesetz im Sinne der Lex spiritus, des ins Herz geschriebenen

---

[21] Zu Sturm vgl. Arnold, Matthieu (Hg.): Johannes Sturm (1507–1589). Rhetor, Pädagoge und Diplomat (SMHR 46), Tübingen 2009; zur Gründung des Straßburger Gymnasiums durch Sturm 1539 vgl. grundlegend Schindling, Anton: Humanistische Hochschule und freie Reichsstadt. Gymnasium und Akademie in Straßburg 1538–1621 (VIEG 77), Wiesbaden 1977.

[22] Zu Calvins Aufenthalt in Straßburg vgl. Anrich, Gustav: Straßburg und die Calvinische Kirchenverfassung. In: Reden bei der Rektoratsübergabe am 3. Mai 1928 im Festsaal der Universität (Universität Tübingen 25), Tübingen o. J. [1928], S. 12–31; Benoît, Jean-Daniel: Calvin à Strasbourg. In: 1538–1938. Calvin à Strasbourg 1538–1541, Straßburg 1938, S. 11–36; Courvoisier, Les catéchismes de Genève (wie Anm. 9); Courvoisier, Bucer et Calvin (wie Anm. 8); Arnold, Jean Calvin (wie Anm. 9).

[23] Vgl. Kohls, Ernst Wilhelm: Die Schule bei Martin Bucer in ihrem Verhältnis zu Kirche und Obrigkeit (Pädagogische Forschungen 22), Heidelberg 1963; Schindling, Humanistische Hochschule (wie Anm. 21), S. 26–33 und S. 341–357.

Gesetzes.[24] Bucers reformatorische Theologie ist von Anfang an nicht nur an der Reformation der Lehre, sondern gerade auch an der Reformation des Lebens interessiert. Die Folgen der Wiederentdeckung des Wortes Gottes für die Gestaltung des Lebens der Einzelnen wie auch Kirchenzucht und -ordnung sind wie dann auch später bei Calvin Schwerpunkte seines reformatorischen Werks.

Das sei an einem Sachverhalt erläutert, der für die Ulmer Reformationsgeschichte von entscheidender Bedeutung geworden ist, der zugleich auch die Rückwirkungen des Engagements für die Reformation im Südwesten auf die Gestaltwerdung der reformatorischen Theologie Bucers zeigt: seine Mitarbeit an der Ulmer Kirchenordnung von 1531.[25]

Eine Abstimmung der Ulmer Zunftherren vom 3. bis 8. November 1530 hatte eine überwältigende Mehrheit für die Einführung der Reformation ergeben.[26] Ein vom Magistrat eingesetztes Gremium veranlasste, dass der Ulmer Rat in Straßburg, Basel und Konstanz darum bat, die dort tätigen Theologen Martin Bucer, Johannes Oekolampad und Ambrosius Blarer eine Zeitlang zur Unterstützung nach Ulm zu senden.[27] Die drei trafen am 21. Mai 1531 in Ulm ein und begannen sogleich mit der Arbeit. Neben der dringend notwendigen Einstellung fähiger reformatorisch

---

[24] In diesem Sinn interpretiert Bucer Luthers Unterscheidung von Gesetz und Evangelium: Bucer an Beatus Rhenanus, 1. Mai 1518; vgl. BCor 1, S. 62. Später hat Bucer die für Luthers Theologie und Hermeneutik grundlegende Dialektik von Gesetz und Evangelium ausdrücklich als unbiblisch abgelehnt; vgl. Bucer, Martin: Enarrationum in Evangelia Matthaei, Marci, et Lucae, libri duo, Straßburg 1527, fol. 1v. In der Vorrede zum Römerbrief-Kommentar wendet er gegen eine zu grundsätzliche Unterscheidung von Gesetz und Evangelium ein, dass auch das Evangelium und nicht nur das Gesetz ohne Christus „tötender Buchstabe" sei. Stattdessen ist für ihn der Gegensatz von *externa* und *spiritualia* maßgebend. Die Glaubenden sind vom Gesetz insofern befreit, als es nicht mehr eine von außen kommende Forderung ist. Das Gesetz bleibt jedoch inwendig und geistlich gültig, da in Gestalt des Geistes der Gesetzgeber selbst gegenwärtig ist. Der Begriff des Evangeliums wird gegenüber dem des Gesetzes nicht profiliert; vgl. dazu genauer Müller, Johannes: Martin Bucers Hermeneutik (QFRG 32), Gütersloh 1965, S. 207.

[25] Zur Einführung der Reformation in Ulm vgl. Endriss, Julius: Das Ulmer Reformationsjahr 1531 in seinen entscheidenden Vorgängen, Ulm ²1931; Ders.: Die Abstimmung der Ulmer Bürgerschaft im November 1530, Ulm o. J. [1931]; Specker, Hans Eugen/Weig, Gebhard (Hg.): Die Einführung der Reformation in Ulm (Forschungen zur Geschichte der Stadt Ulm. Reihe Dokumentation 2), Stuttgart 1981; Greschat, Bucer (wie Anm. 5), S. 117–122; Arend, Sabine (Bearb.): Die evangelischen Kirchenordnungen des XVI. Jahrhunderts, Bd. 17, 2. Teilband: Baden-Württemberg IV. Südwestdeutsche Reichsstädte: Reutlingen, Ulm, Esslingen, Giengen, Biberach, Ravensburg, Wimpfen, Leutkirch, Bopfingen, Aalen (EKO 17,2/IV), Tübingen 2009, S. 61–72 (Einleitung zur Ulmer Kirchenordnung). Schon früh gab es in Ulm reformatorische Bestrebungen und bereits im Jahr 1524 kam es zu einem Kanzelstreit zwischen dem Dominikaner Peter Hutz und dem zwinglianisch gesinnten Frühprediger Konrad Sam. Auf Druck evangelisch gesinnter Bürger bat der Rat der Stadt Ulm die befreundeten Reichsstädte Nürnberg und Straßburg um Ratschlag. Das Gutachten der Straßburger Theologen aus dem Jahr 1528, an dem Bucer eventuell bereits mitgewirkt hat, riet zu einem restriktiven Kurs gegenüber dem Dominikanerkloster; abgedruckt in: BDS 4, S. 519–535. Zur möglichen Beteiligung Bucers vgl. BDS 5, S. 518.

[26] Vgl. genauer Arend, Die evangelischen Kirchenordnungen 17,2/IV (wie Anm. 25), S. 66 (mit Literatur).

[27] Vgl. Kohls, Ernst Wilhelm: Einleitung. In: BDS 4, S. 185–211; vgl. auch Arend, Sabine: Martin Bucer und die Ordnung der Reformation in Ulm 1531. In: Wolfgang Simon (Hg.): Martin Bucer zwischen den Reichstagen von Augsburg (1530) und Regensburg (1532). Beiträge zu einer Geographie, Theologie und Prosopographie der Reformation (SMHR 55), Tübingen 2011, S. 63–79; weitere Literaturtitel vgl. unten Anm. 29.

gesinnter Pfarrer, der Abschaffung der Messe und der Auseinandersetzung mit den zahlreichen in der Stadt befindlichen Täufern brachten die drei Theologen eine umfassende Kirchenordnung auf den Weg. Als Hauptverfasser dieser Ulmer Kirchenordnung von 1531[28] (Abb. 5) gilt mit guten Gründen Martin Bucer.[29]

Diese Kirchenordnung ist die erste von mehreren aus seiner Feder stammenden Kirchenordnungen. 1534 folgte die Straßburger Kirchenordnung,[30] 1537 die Augsburger.[31] Nachdem Landgraf Philipp von Hessen ihn in sein Territorium gerufen hatte, um den Konflikt mit den Täufern zu entschärfen, entstanden 1539 die Ziegenhainer Zuchtordnung und die Kasseler Kirchenordnung.[32] 1543 folgte das zusammen mit Melanchthon erarbeitete „Einfältige Bedenken", eine Kirchen-

---

[28] Abgedruckt in: BDS 4, S. 212–272; ebenso in: AREND, Die evangelischen Kirchenordnungen 17,2/IV (wie Anm. 25), S. 124–162. Vgl. auch Bucers Entwurf zur Ulmer Kirchenordnung und zu den 18 Artikeln in: BDS 4, S. 374–398.

[29] „Beim Werk der Beratungen und Entwürfe zur Ulmer Kirchenordnung während der Zeit vom 21. Mai bis zum 30. Juni 1531 läßt sich unter allen Mitarbeitern die maßgebliche und überragende Rolle Martin Bucers nicht übersehen. Er ist als der eigentliche Schöpfer der Ulmer Kirchenordnung zu bezeichnen [...]"; KOHLS, Einleitung (wie Anm. 27), S. 209. Vgl. auch BDS 4, S. 209; ANRICH, Gustav: Die Ulmer Kirchenordnung von 1531. In: BWKG 34 (1930), S. 95–107; KOHLS, Ernst Wilhelm: Ein Abschnitt aus Martin Bucers Entwurf für die Ulmer Kirchenordnung vom Jahr 1531. In: BWKG 60/61 (1960/61), S. 177–213; BRECHT, Martin: Die Ulmer Kirchenordnung von 1531, die Basler Reformationsordnung von 1529 und die Münsteraner Zuchtordnung von 1533. In: Wilfried EHBRECHT/Heinz SCHILLING (Hg.): Niederlande und Nordwestdeutschland. Studien zur Regional- und Stadtgeschichte Nordwestkontinentaleuropas im Mittelalter und in der Neuzeit. Franz Petri zum 80. Geburtstag (Städteforschung A15), Köln/Weimar/Wien 1983, S. 154–163; AREND, Die evangelischen Kirchenordnungen 17,2/IV (wie Anm. 25; Einleitung zur Ulmer Kirchenordnung); DIES., Martin Bucer (wie Anm. 27), S. 72–78; vgl. ferner den Überblick zu Kirchenordnung und Kirchenzucht in Württemberg bei BRECHT, Martin: Die Ordnung der Württembergischen Kirche im Zeitalter der Reformation. In: DERS.: Kirchenordnung und Kirchenzucht in Württemberg vom 16. bis zum 18. Jahrhundert (QFWKG 1), Stuttgart 1967, S. 9–52.

[30] Abgedruckt in: BDS 5, S. 17–41; DÖRNER, Gerald (Bearb.): Die evangelischen Kirchenordnungen des XVI. Jahrhunderts, Bd. 20, Teilband 1: Straßburg (EKO 20,1), Tübingen 2011, S. 230–245.

[31] Abgedruckt in: SEHLING, Emil: Die evangelischen Kirchenordnungen des XVI. Jahrhunderts, Bd. 12: Bayern, Teilband 2: Reichsstädte Augsburg, Dinkelsbühl, Donauwörth, Kaufbeuren, Kempten, Lindau, Memmingen, Nördlingen, Grafschaft Oettingen-Oettingen (EKO 12,2), Tübingen 1963, S. 50–66; BDS 16, S. 209–268. Zu Bucers Anteil an der ältesten Augsburger Kirchenordnung von 1537 vgl. SEEBASS, Gottfried: Die Augsburger Kirchenordnung von 1537 in ihrem historischen und theologischen Zusammenhang. In: Reinhard SCHWARZ (Hg.): Die Augsburger Kirchenordnung von 1537 und ihr Umfeld. Wissenschaftliches Kolloquium (SVRG 196), Gütersloh 1988, S. 33–58; KROON, Marijn de: Die Augsburger Reformation in der Korrespondenz des Straßburger Reformators Martin Bucer unter besonderer Berücksichtigung des Briefwechsels Gereon Sailers. In: SCHWARZ, Augsburger Kirchenordnung (wie Anm. 31), S. 59–90; AREND, Sabine: Zur Auffindung der ältesten Augsburger Kirchenordnung von 1534. Mit einer Edition der Handschrift. In: ARG 97 (2006), S. 6–27, hier: S. 17–19. Stephen E. Buckwalter hat eine weitere Fassung einer Augsburger Kirchenordnung aufgefunden und durch die Analyse den von Arend angenommenen Zusammenhang der beiden Kirchenordnungen von 1534 und 1537 belegt; vgl. BUCKWALTER, Stephen E.: Eine unbekannte Augsburger Kirchenordnung (1535–1536?). In: Sabine AREND/Gerald DÖRNER (Hg.): Ordnungen für die Kirche – Wirkungen auf die Welt. Evangelische Kirchenordnungen des 16. Jahrhunderts (SMHR 84), Tübingen 2015, S. 125–135.

[32] Abgedruckt in: BDS 7, S. 247–278 und S. 279–318; SEHLING, Emil (Hg.): Die evangelischen Kirchenordnungen des XVI. Jahrhunderts, Bd. 8: Hessen, Hälfte 1: Die gemeinsamen Ordnungen, Die Landgrafschaft Hessen bis zum Tode Philipps des Großmütigen (1567), Die Zeit der gemeinsamen Synoden und Ordnungen der geteilten Landgrafschaften (1567–1582) (EKO 8), Tübingen 1965, S. 101–112 und S. 113–130.

ordnung, die auf Veranlassung Erz-
bischof Hermann von Wieds eine
moderate Reformation des Erzbistums
Köln und damit des ersten geistlichen
Kurfürstentums gestalten sollte.[33]

Was ist das Spezifische der Ulmer
Kirchenordnung Martin Bucers, insbesondere im Vergleich zur Wittenberger Kirchenordnungstätigkeit?
Melanchthon hatte hier kurz vorher
mit seinem ‚Unterricht der Visitatorn‘
von 1528 den grundlegenden Text
vorgelegt.[34] Johannes Bugenhagen hat
davon ausgehend eine umfassende
Kirchenordnungstätigkeit in Norddeutschland und weit darüber hinaus
entfaltet.[35] Der Sachverhalt, dass die
weltliche Obrigkeit – nicht die

Abb. 5   Titelblatt der Ulmer Kirchenordnung
von 1531. Stadtbibliothek Ulm, 27488,1.

Kirchenleitung wie im kanonischen Recht – eine Kirchenordnung erlässt, muss als
erste grundlegende Gemeinsamkeit hervorgehoben werden. Die behandelten
Themen sind grundsätzlich ähnlich. Es wird die Lehre dargelegt, dann folgen die
Behandlung des Predigtamts und der Organisation des Schulwesens sowie alle
möglichen äußeren Riten und Zeremonien, Umgang mit Bildern, Ehefragen und
schließlich sehr ausführlich Fragen der Kirchen- und Sittenzucht.

---

[33] Abgedruckt in: BDS 11,1, S. 147–432; vgl. KÖHN, Mechthild: Martin Bucers Entwurf einer Reformation des
Erzstiftes Köln. Untersuchung der Entstehungsgeschichte und der Theologie des „Einfaltigen Bedenckens" von
1543 (UKG 2), Witten 1966.

[34] MELANCHTHON, Philipp: Unterricht der Visitatorn an die Pfarhern ym Kurfurstenthum zu Sachssen [1528]. In:
Robert STUPPERICH (Hg.): Melanchthons Werke in Auswahl, Bd. 1, Gütersloh 1951, S. 215–271.

[35] Vgl. bes. die Braunschweigische Kirchenordnung von 1528 (abgedruckt in: SEHLING, Emil [Hg.]: Die evangeli-
schen Kirchenordnungen des XVI. Jahrhunderts, Bd. 6: Niedersachsen, Hälfte 1, Teilband 1: Die Welfischen
Lande, Die Fürstentümer Wolfenbüttel und Lüneburg mit den Städten Braunschweig und Lüneburg [EKO 6,1],
Tübingen 1955, S. 348–455); die Kirchenordnung für die Grafschaft Ostfriesland von 1529 (abgedruckt in:
SEHLING, Emil [Hg.]: Die evangelischen Kirchenordnungen des XVI. Jahrhunderts, Bd. 7,1: Niedersachsen,
Hälfte 2: Die außerwelfischen Lande, Halbband 1: Erzstift Bremen, Stadt Stade, Stadt Buxtehude, Stift Verden,
Stift Osnabrück, Stadt Osnabrück, Grafschaft Ostfriesland und Harlingerland [EKO 7/1], Tübingen 1963,
S. 360–372) und die Kirchenordnung für die Stadt Göttingen (abgedruckt in: SEHLING, Emil [Hg.]: Die evange-
lischen Kirchenordnungen des XVI. Jahrhunderts, Bd. 6,2: Niedersachsen, Hälfte 1, Die Welfischen Lande,
Halbband 2, Die Fürstentümer Calenberg-Göttingen und Grubenhagen mit den Städten Göttingen, Northeim,
Hannover, Hameln und Einbeck, die Grafschaften Hoya und Diepholz, Anhang: Das Freie Reichsstift Loccum
[EKO 6,2], Tübingen 1957, S. 906–918). Eine knappe Übersicht über die bedeutendsten Territorial-Kirchen-
ordnungen im Reich und ihre gegenseitigen Abhängigkeiten bietet: SPRENGLER-RUPPENTHAL, Anneliese: Art.
‚Kirchenordnungen, II. Evangelische‘. In: TRE 18 (1989), S. 670–707, Z. 683–686.

Spezifisch im Vergleich zu den Wittenberger Ordnungen ist zum einen die an der ‚Confessio Tetrapolitana‘, nicht der ‚Confessio Augustana‘ orientierte Abendmahlslehre und -praxis,[36] zum anderen die Forderung der konsequenten Abschaffung der Bilder in den Kirchen,[37] ferner die vergleichsweise ausführliche Behandlung von Ehefragen, zu denen sich Bucer ausgesprochen profiliert geäußert hat;[38] und schließlich ist die außerordentlich umfangreiche Behandlung von Fragen der Kirchen- und Sittenzucht ein Spezifikum der Ulmer Kirchenordnung im Vergleich zu den im Umkreis Luthers entstandenen Kirchenordnungen. Diese ausführliche und konzentrierte Behandlung der Kirchen- und Sittenzucht findet sich bereits in Bucers Entwurf der Ordnung sowie in einer Teilfassung, die er dem Straßburger Rat zugesandt hat.[39]

Das Spezifische wird auch schon in dem bezeichnenden Titel der Ordnung sichtbar: ‚Ordnung, die ain Ersamer Rath der Statt Ulm in abstellung hergeprachter etlicher mißpreuch in irer Stat und gepietten zu halten fürgenomen, wie alle sündtliche, widerchristliche laster (Gott dem allmechtigen zu lob, auch zu Braiterung der liebe des nechsten) abgewendt, vermiten und wie die ubertretter derselben gestrafft und gepüßt werden söllen‘.

Die lebensverändernden Folgen der wiederentdeckten rechten Evangeliumsverkündigung sind das ureigene Anliegen des humanistisch geprägten Reformators Bucer.[40] Die Ulmer Kirchenordnung zeigt, wie Bucer dies zusammen mit Blarer und Oekolampad – unter Rückgriff auf vorliegende Texte[41] – umzusetzen sucht.

---

[36] Vgl. BDS 4, S. 221f. und S. 243–245; vgl. auch KOHLS, Einleitung (wie Anm. 27), S. 195.

[37] Vgl. BDS 4, S. 222 und S. 246–248.

[38] Vgl. BDS 10; vgl. auch SELDERHUIS, Herman J.: Marriage and Divorce in the Thought of Martin Bucer (SCES 48), Kirksville (Missouri) 1999. Abgesehen von den eherechtlichen Bestimmungen in der Kirchenordnung und einer Agende (‚Handbüchlein‘) verfasste Bucer später auf Bitten des Ulmer Rates noch zwei Gutachten zu Ehefragen (ediert in: BDS 10, S. 77–94 und S. 98–102; zur Vorgeschichte vgl. ebd., S. 69–76 und S. 95–97). Bucer hat für den Ulmer Rat insgesamt vier Ehegutachten geschrieben, darunter das umfangreichste überhaupt von ihm in dieser Sache verfasste: ‚Von der Ehe und Ehescheidung aus göttlichem und kaiserlichem Recht‘; BDS 10, S. 163–404. Vgl. auch AREND, Bucer und die Ordnung (wie Anm. 27), S. 71f. und S. 78.

[39] Vgl. dazu eingehend KOHLS, Abschnitt (wie Anm. 29).

[40] Kohls hat auf Parallelen zu einem der frühesten Texte Bucers hingewiesen; vgl. ebd., S. 190f.; BUCER, Martin: Grund und ursach, 1524. In: BDS 1, S. 185–278, hier: S. 245f. und S. 254). Vgl. auch BURNETT, Amy Nelson: The Yoke of Christ. Martin Bucer and Christian Discipline (SCES 26), Kirksville (Missouri) 1994.

[41] Zu nennen sind die maßgeblich von Ambrosius Blarer verfassten Memminger Artikel vom 26. Februar 1531; abgedruckt in: JÄGER, Tobias Ludwig Ulrich: Etliche Artikel Christliche Ordnung betreffend, auf dem Tag zu Memmingen beschlossen den 26. Feb. 1531. In: Juristisches Magazin für die deutschen Reichsstädte 2 (1791), S. 436–488, sowie die ebenfalls von ihm entworfene Konstanzer Zuchtordnung von 1531; abgedruckt in: AREND, Sabine (Bearb.): Die evangelischen Kirchenordnungen des XVI. Jahrhunderts, Bd. 17,1: Baden-Württemberg, III.: Südwestdeutsche Reichsstädte, Teilband 1: Schwäbisch Hall, Heilbronn, Konstanz, Isny und Gengenbach (EKO 17,1), Tübingen 2007, S. 384–409.

Insbesondere Oekolampads Basler Kirchenordnung von 1529[42] ist nachweislich aufgenommen und verarbeitet.[43] Bucer hat sich an Oekolampads Intention, die Kirchenzucht als eine Angelegenheit kirchlicher Instanzen (und nicht des Rats) zu behandeln, orientiert.[44] Zugleich hat er auch der gegenteiligen Position Zwinglis, welche die Sittenzucht als eine Angelegenheit der christlichen Obrigkeit betrachtet, ein gewisses Recht zugestanden. Denn Oekolampad gegenüber hat er 1530 die kritische Rückfrage formuliert, dass eine eigenständige Handhabung einer kirchlichen Zucht die Autorität des Staates schwächen könnte.[45] In der Arbeit an der Ulmer Kirchenordnung findet sich der Niederschlag des Ringens mit dem Ulmer Rat, der die von Bucer, Oekolampad und Blarer vorgeschlagene eigenständige kirchliche Zucht nicht akzeptiert und stattdessen die Kompetenz des Rates in

---

[42] Ordnung so ain ersame statt Basel den ersten tag Apprilis in irer Statt vnd Landtschafft fürohin zehalten erkann. Darinnen / wie die verworffene myßbreüch / mit warem Gottesdienst ersetzt. Auch wie die Laster / so Christlicher dapfferkait vnerträglich / Gott zu lob /abgestelt /vnnd gestrafft werden sollen / vergriffen ist, o. O. [Basel] 1529; gekürzt wiederabgedruckt in: Staehelin, Ernst (Hg.): Das Buch der Basler Reformation. Zu ihrem vierhundertjährigen Jubiläum im Namen der evangelischen Kirchen von Stadt und Landschaft Basel, Basel 1929, S. 192–213.

[43] Vgl. Kohls, Abschnitt (wie Anm. 29), S. 194: „Und schon das Ulmer Gutachten, das Bucers nächstfolgende Äußerung zur Frage des Banns darstellt, zeigt nun in der Tat unverkennbar den Einfluß der Anschauungen Oekolampads: Die Auswahl *acht bewerter, frommer, gotsforchtiger, verstendiger, eyfriger menner als diener christlicher zucht* in jeder Gemeinde, der Inhalt und die Reihenfolge des Bannverzeichnisses selbst und der Ablauf der Vermahnung bis hin zur etwaigen Bannung und Lösung haben ihre Parallele in der maßgeblich von Oekolampad verfaßten Baseler Kirchenordnung vom Jahre 1529 und in den Vorschlägen, die Oekolampad noch darnach zur Bannfrage entworfen hat." Eine Gegenüberstellung von Ulmer und Basler Kirchenordnung findet sich in: Endriss, Reformationsjahr (wie Anm. 25), S. 88–92; vgl. auch Kohls, Einleitung (wie Anm. 27), S. 197; Brecht, Ulmer Kirchenordnung (wie Anm. 29), S. 154–163; Gäumann, Andreas: Reich Christi und Obrigkeit. Eine Studie zum reformatorischen Denken und Handeln Martin Bucers (ZBRG 20), Bern u. a. 2001, S. 426–429.

[44] Zu Oekolampads Kirchenzuchtverständnis und der wirkungsreichen ‚Oratio de reducenda excommunicatione' von 1530 (vgl. unten Anm. 45), in der Oekolampad dieses vor dem Rat der Stadt Basel darlegte, vgl. Kuhr, Olaf: „Die Macht des Bannes und der Buße". Kirchenzucht und Erneuerung der Kirche bei Johannes Oekolampad (1482–1531) (Basler und Berner Studien zur historischen und systematischen Theologie 68), Basel u. a. 1999; vgl. auch Strohm, Christoph: Eigenart und Aktualität der Basler Reformation. In: ThZ 60 (2004), S. 214–227.

[45] Bucer hatte sich am 14. und 15. Oktober 1530 im Rahmen seiner Bemühungen um eine Abendmahlskonkordie in Basel aufgehalten und dabei mit Oekolampad über die Bannfrage gesprochen. Kohls hat die entsprechende Passage aus Bucers am 19. Oktober 1530 an Zwingli gesandtem Bericht wiedergegeben: *Basileae cum Oecolampadio de excommunicatione sua contuli, quam probari per omnia cum tibi tum aliis quibusdam, qui secus sentiunt, gloriabatur. Ego autem reputata delingenter mecum, quae tu dicebas, nec invenito, quanam ratione possit eiusmodi iudicium ecclesiasticum institui, ut non impediat alicubi magistratum Christianum, etiam si nihil turbet ob imperitiam ecclesiastarum* [...]; Z 11, Nr. 1118, S. 199. Vgl. Kohls, Abschnitt (wie Anm. 29), S. 193. Wie wichtig die Beschäftigung mit den unterschiedlichen Positionen Zwinglis und Oekolampads in der Kirchenzuchtfrage für Bucer gewesen ist, zeigt der Sachverhalt, dass er im März 1536 ein Geleitwort zur Publikation des Briefwechsels Zwinglis und Oekolampads verfasst hat; abgedruckt in: BDS 6,1, S. 97–100. In dem Briefwechsel ist unter anderem Oekolampads Rede über die Kirchenzucht vor dem Rat abgedruckt: DD Ioannis Oecolampadii et Hvldrichi Zvinglii epistolarvm libri qvatvor, praecipva cvm religonia a Christo nobis traditae capita, tum Ecclesiasticae administrationis officia, nostro maxime seculo, tot hactenus erroribus perturbato, conuenientia, ad amussim exprimentes. [...] per Theodorvm Bibliandrum, Basel 1536; darin: Oratio de reducenda excommunicatione, ebd., fol. 42r–46r [Ausg. o. J.] (1592), S. 193–210]. Die Themen „Kirchenzucht" und „Bann" werden in den in dem Band abgedruckten Briefen Oekolampads mehrfach erörtert. Die Rede ist wiederabgedruckt in: Staehelin, Ernst (Bearb.): Briefe und Akten zum Leben Oekolampads, 2 Bde., Leipzig 1927/1934 (QFRG 10/19), hier: Bd. 2, S. 448–461.

dieser Sache betont hat.[46] In der Ziegenhainer Zuchtordnung und der Kasseler Kirchenordnung von 1539 hat Bucer sein Anliegen dann profilierter entfaltet.[47] Nach jahrelangem, vom Rat kaum unterstütztem Bemühen um eine verstärkte Kirchenzuchtpraxis in Straßburg propagierte Bucer schließlich Ende der 1540er Jahre das Modell besonders engagierter Gemeinschaften innerhalb der Kirche;[48] ein Modell, das gewisse Parallelen zu späteren pietistischen Anliegen zeigt.[49] In jedem Fall ist Bucers Mitarbeit an der Ulmer Kirchenordnung von 1531 als ein besonders anschauliches Beispiel für die Bedeutung, die seine reformatorische Tätigkeit im Südwesten für die Ausgestaltung seines reformatorischen Profils gehabt hat, zu würdigen.[50]

Ein Sachverhalt ist an dieser Stelle nachzutragen. Ein wesentlicher Teil der Tätigkeit im Bereich der Kirchenordnung ist die Frage des Umgangs mit den Kirchengütern. Es war das große, in der theologiegeschichtlich dominierten Reformationsforschung immer unterschätzte Thema der Einführung und Etablierung der Reformation, wie man die umfangreichen Ressourcen des Kirchen- und Klosterbesitzes sinnvoll und bestimmungsgemäß für pastorale, kirchliche, soziale Aufgaben und vor allem auch die Ausgestaltung des Schulwesens zu nutzen hatte. Bucer ist hier mit zahlreichen einschlägigen Gutachten und Stellungnahmen hervorgetreten und zum vielgefragten Ratgeber geworden. Es ist wohl nicht als zu starkes Urteil formuliert, wenn man sagt, dass kein anderer Reformator der ersten Generation auf diesem Gebiet Gleiches geleistet hat.[51]

Ein *weiteres, fünftes* Charakteristikum der oberdeutschen Theologie Bucers wurde ebenfalls im Kontext des Ringens um die Einführung und Ausgestaltung der Reformation im Südwesten ausformuliert: die Betonung der Verantwortung der weltlichen Obrigkeit, für die rechte Gottesverehrung zu sorgen, das heißt die Klärung der Kompetenz der weltlichen Obrigkeit in Religionsangelegenheiten.

---

[46] Die Entwicklung hin zu einer Betonung des eigenständig-kirchlichen Charakters der Zucht bei Bucer dürfte gerade im Zusammenhang der Ulmer Tätigkeit so vorangeschritten sein, dass sie nun – spätestens in der Straßburger Kirchenordnung von 1534 – zu einem vorläufigen Abschluss gekommen ist.

[47] Vgl. bes. BDS 7, S. 261, 265, 272 (Ziegenhainer Zuchtordnung, 1539); BDS 7, S. 93. 105. 125. 201 (‚Von der waren Seelsorge‘, 1538); weitere Belege in: BDS 7, S. 79f. und S. 252–256.

[48] Vgl. BUCER, Martin: Von der Kirchen mengel und fähl und wie dieselben zu verbeßern. In: BDS 17, S. 156–195.

[49] Vgl. BELLARDI, Werner: Die Geschichte der „Christlichen Gemeinschaft" in Straßburg (1546–1550). Der Versuch einer „zweiten Reformation", Leipzig 1934 (ND New York/London 1971); HAMMANN, Gottfried: Martin Bucer 1491–1551. Zwischen Volkskirche und Bekenntnisgemeinschaft (VIEG 139), Stuttgart u. a. 1989, S. 294–313.

[50] „Hier in Ulm hat sich Bucer erstmals als einer der maßgeblichen Theoretiker evangelischer Kirchenordnung unter den Reformatoren des 16. Jahrhunderts – neben Johannes Bugenhagen in Wittenberg – gezeigt"; KOHLS, Einleitung (wie Anm. 27), S. 185.

[51] Vgl. die in BDS 12 edierten Texte; vgl. SEEBASS, Gottfried: Martin Bucers Beitrag zu den Diskussionen über die Verwendung der Kirchengüter. In: Christoph STROHM, unter Mitarb. von Henning P. JÜRGENS (Hg.): Martin Bucer und das Recht. Beiträge zum internationalen Symposium in der Johannes a Lasco Bibliothek Emden vom 1. bis 3. März 2001 (THR 361), Genf 2002, S. 167–183.

Sie wurde ein besonders dringendes Problem, als es in Augsburg Anfang der dreißiger Jahre zu immer heftigeren Auseinandersetzungen der unterschiedlichen reformatorischen Strömungen kam. Bucer hat hier in den Jahren 1534/35 einschlägige Texte verfasst, die dann über Calvin, Petrus Martyr Vermigli, Wolfgang Musculus und Thomas Erastus im Bereich des reformierten Protestantismus umfassend nachgewirkt haben.[52]

Schließlich ist *sechstens* auch die Betonung der Einheit von altem und neuem Bund bzw. von Altem und Neuem Testament als Eigenart von Bucers oberdeutscher Theologie herauszustellen. Ähnlich wie Zwingli und sein Nachfolger Heinrich Bullinger in Zürich, aber unabhängig von ihnen hat Bucer in der Auseinandersetzung mit den in Straßburg ansässigen Täufern eine entsprechende Theorie der Gemeinsamkeiten und Unterschiede von altem und neuem Bund entfaltet,[53] die dann Calvin zum Teil wörtlich übernommen hat.[54] Ziel war es, gegen die Leugnung der Kindertaufe diese als Zeichen des neuen Bundes in Entsprechung zur an Säuglingen vollzogenen Beschneidung als Zeichen des alten Bundes zu erweisen.

Die genannten Eigenarten der reformatorischen Theologie Bucers finden sich mehr oder weniger klar bei weiteren Theologen, die an der Straßburger Akademie gewirkt haben. Neben Bucer ist hier zuerst der 1547/48 und noch einmal 1553 bis 1556 lehrende Petrus Martyr Vermigli zu nennen. Mit seinen Bibelkommentaren hat er im frühen Reformiertentum außerordentlich stark gewirkt. Erst später

---

[52] Vgl. Bucer, Martin: Vom Ampt der Oberkait, 1535. In: BDS 6,2, S. 17–38; Ders.: Dialogi oder Gesprech Von der gemainsame vnnd den Kirchen übungen der Christen Vnd was yeder Oberkait von ampts wegen auß Göttlichem befelch an den selbigen zuuersehen vnd zu besseren gebüre, 1535. In: BDS 6,2, S. 39–188. Während eines Aufenthalts in Augsburg vom 26. Februar bis 22. April 1535 erreichte Bucer die Unterzeichnung von zehn Artikeln, in denen sich die Geistlichen unter anderem zur strikten Unterordnung unter die städtische Obrigkeit verpflichteten; vgl. BDS 6,1, S. 77–82, bes. S. 81,18-S. 82,8. Dazu eingehend Strohm, Christoph: Martin Bucer und die südwestdeutsche Reformationsgeschichte. In: Ders./Thomas Wilhelmi (Hg.): Martin Bucer, der dritte deutsche Reformator. Zum Ertrag der Edition der Deutschen Schriften Martin Bucers (Akademiekonferenzen 26), Heidelberg 2016, S. 29–51, hier: S. 42–47; zur Wirkungsgeschichte vgl. bereits Heckel, Johannes: Cura religionis, ius in sacra, ius circa sacra [1938]. Sonderausgabe (Libelli 69), Darmstadt 1962, S. 62–74; vgl. ferner Kingdon, Robert M.: The political thought of Peter Martyr Vermigli. Selected Texts and Commentary (THR 178), Genf 1980; Maissen, Thomas: Thomas Erastus und der Erastianismus. Der innerreformierte Streit um die Kirchendisziplin in der Kurpfalz. In: Christoph Strohm/Jan Stievermann (Hg.): Profil und Wirkung des Heidelberger Katechismus. Neue Forschungsbeiträge anlässlich des 450jährigen Jubiläums. The Heidelberg Catechism: Origins, Characteristics, and Influences: Essays in Reappraisal on the Occasion of its 450th Anniversary (SVRG 215), Gütersloh 2015, S. 189–206.

[53] Vgl. Bucer, Martin: Dialogi, 1535. In: BDS 6,2, S. 130, Z. 5–11; vgl. auch Ders., Bericht auß der heyligen geschrift, 1534. In: BDS 5, S. 182, Z. 16–26.

[54] Zuerst in der während des Aufenthalts in Straßburg überarbeiteten Fassung der ‚Institutio Christianae Religionis‘ von 1539: vgl. Calvin, Johannes: Institutio Christianae Religionis. Ausgabe 1539, Kap. 7. In: CO 2, Sp. 801–830. Vgl. ferner bes. Ders.; Institutio Christianae Religionis. Ausgabe 1559, Buch II, Kap. 10, § 2. In: OS 3, S. 404, Z. 5–7 und Z. 20–22; ebd., Buch II, Kap. 11, § 1. In: OS 3, S. 423, Z. 12f.; vgl. auch ebd., Buch II, Kap. 11. In: OS 3, S. 423–436 (‚De differentia unius Testamenti ab altero‘). Vgl. auch Strohm, Theologenbriefwechsel (wie Anm. 3), S. 45f.

wurden seine Kommentare von denen Calvins und anderer verdrängt. Eine Zeitlang schien es durchaus möglich, dass die Straßburger Akademie Ursprungsort einer eigenständigen oberdeutschen Bibelauslegung würde. Neben den skizzierten inhaltlichen Aspekten trug dazu eine methodische Grundentscheidung bei, die ihr Vorbild in der Loci-Methode des Erasmus hatte. Bucer kombinierte eine eng am Bibeltext orientierte Textauslegung mit eingestreuten Loci zu den im Bibeltext angesprochenen einschlägigen Themen. Petrus Martyr Vermigli hat diese Methode weiterentwickelt, indem er die Loci zu umfangreichen kontroverstheologischen Abhandlungen ausgebaut hat. Auch Calvin hat Bucers Bibelauslegung in hohen Tönen gelobt, aber sich anders als Vermigli um eine stärkere Begrenzung und Elementarisierung bei der Auslegung bemüht.

Am 18. Oktober 1539 äußerte er in dem an Simon Grynaeus in Basel gerichteten Widmungsbrief zum Römerbriefkommentar folgende Sätze über Bucer: *Dieser Mann, der, wie du weißt, an tiefer Bildung und reicher Kenntnis verschiedener Wissenszweige, an durchdringendem Geist, großer Belesenheit und vielen anderen Tugenden heutzutage kaum von irgendjemand übertroffen wird, mit ganz wenigen zu vergleichen ist, ja, die meisten weit überragt, verdient vor allem als sein eigenstes Lob, daß keiner, so weit man sich besinnen kann, mit sorgfältigerem Fleiß sich mit Schriftauslegung befaßt hat.*[55]

---

[55] *Siquidem vir ille, ut nosti, praeter reconditam eruditionem, copiosamque multarum rerum scientiam, praeter ingenii perspicaciam, multam lectionem, aliasque multas ac varias virtutes, quibus a nemine fere hodie vincitur, cum paucis est conferendus, plurimos antecellit, hanc sibi propriam laudem habet quod nullus, hac memoria, exactiore diligentia in Scripturae interpretatione versatus est;* Calvin an Simon Grynaeus, 18. Oktober 1539, abgedruckt in: HERMINJARD, Aimé-Louis (Hg.): Correspondance des Réformateurs dans les pays de langue française, Bd. 6: 1539–1540, Genf u. a. 1883 (ND 1966), S. 76. Über Bucers Evangelienkommentar schreibt Calvin im Jahre 1555 am Ende der Einleitung zu seiner *Harmonia evangelica*: [...] *Bucerum praesertim sanctae memoriae virum et eximium ecclesiae Dei doctorem sum imitatus, qui prae aliis non poenitendam hac in re operam meo iudicio navavit. Quemadmodum autem ipse veterum labore adiutus fuit, qui in hoc stadio eum praecesserant, ita mihi sua industria et sedulitate non parum levationis attulit. Sicubi autem ab eo dissentio (quod mihi libere, quoties necesse erat, permisi), ne ipse quidem, si superstes ageret in terra, moleste ferret;* CO 45, Sp. 4.

3   Resümee

Die anfängliche Bedeutung der in Straßburg entwickelten oberdeutschen reformatorischen Theologie ging bald verloren. Mehrere Gründe lassen sich dafür nennen. In der zweiten Hälfte des 16. Jahrhunderts konnte sich in Straßburg eine profilierte lutherische Theologie etablieren. Das Erbe Bucers mit seinen starken vermittlungstheologischen Tendenzen war in der Zeit der Konfessionalisierung wenig attraktiv. Auch verloren die Reichsstädte insgesamt an Bedeutung. Noch wichtiger aber war wohl der Sachverhalt, dass die oberdeutsche reformatorische Theologie in Calvin einen Vertreter gefunden hatte, der sie in außerordentlich wirkungsvoller Weise systematisiert und weiterentwickelt hat. Alle wesentlichen Aspekte finden sich in seiner Theologie wieder.[56] Die späteren Entwicklungen dürfen auch nicht verdecken, dass er anfangs in der Schweiz als Vertreter der Vermittlungsbemühungen Bucers wahrgenommen worden ist.[57] Das wäre ein weiteres eigenes zu behandelndes Thema. Es sollte aber deutlich geworden sein, dass der Anfang dieser Geschichte nicht zuletzt im Südwesten des Reichs lag. Ulm kam dabei, wie das Beispiel der Ulmer Kirchenordnung als der ersten einer ganzen Reihe von Kirchen- bzw. Zuchtordnungen zeigt, eine nicht zu vernachlässigende Bedeutung zu.[58]

---

[56] So viele und so elementare Gedanken, dass ein Kirchenhistoriker sogar sagen konnte, dass Bucer in manchem Stücke „für das Verständnis des reformierten Protestantismus selbst noch wichtiger zu sein [scheint] als Calvin"; Lang, August: Der Evangelienkommentar Martin Buzers und die Grundzüge seiner Theologie (SGTK II/2), Leipzig 1900 (ND Aalen 1972), S. 8. Lang bezieht sich hier auf die Verwandtschaft des Calvinismus mit dem Pietismus. Im Blick auf die Prädestination vgl. ebd., S. 158. Vgl. auch Seeberg, Reinhold: Lehrbuch der Dogmengeschichte, Bd. IV/2, Darmstadt ⁴1954, S. 556: „[...] die Anregungen, die Calvin zum Theologen und Kirchenmann machten, entstammen nicht nur Luthers Schriften, sondern auch dem Verständnis der Religion und der Deutung der Kirche und ihrer Aufgaben, wie sie in Straßburg und in anderen Gegenden Südwestdeutschlands üblich waren und in Butzers Schriften ihren wirkungsvollsten Ausdruck gefunden hatten."

[57] Vgl. bes. Calvin, Johannes: Petit traicté de la saincte cene. In: CO 5, Sp. 433–460; OS 1, S. 503–530; dazu Strohm, Theologenbriefwechsel (wie Anm. 3), S. 48–50.

[58] Ulm ist mit 14 Schriften vor Augsburg mit elf Schriften die Stadt, auf die sich die meisten der in der Edition der Deutschen Schriften Martin Bucers abgedruckten Schriften beziehen (natürlich abgesehen von Straßburg!).

Amy Nelson Burnett

Die Domestizierung der Reformation in Basel (1529–1548)

Die Reformation in den Städten im Süden des Deutschen Reichs und in der Schweiz folgte einem bestimmten Muster.[1] Der Druck der Bevölkerung und das Drohen von Gewalt erlaubten es dem Rat, seine Kontrolle über die politischen, wirtschaftlichen, karitativen und disziplinarischen Funktionen der Kirche auszuweiten. In einem Prozess, der als „Domestizierung der Religion"[2] beschrieben wurde, begünstigten die neuen evangelischen Kirchen die soziale Integration und die Stärkung der städtischen Ordnung. Der zentralisierende Charakter der städtischen Reformation kannte allerdings eine Ausnahme. Obwohl evangelische Prediger auf die Durchsetzung religiöser Einheit drängten, waren die Ratsherren in dieser Hinsicht häufig zurückhaltend – aufgrund von inhaltlichen Streitigkeiten über die Botschaft des Evangeliums. Die Annahme eines Glaubensbekenntnisses und die Einführung einer Kirchenordnung und von Liturgien, die die angemessene Form des öffentlichen Gottesdienstes vorschrieben, förderten die religiöse Einheit, doch in den meisten protestantischen Städten hielt sich ein gewisses Maß an Dissens, sei es von Konservativen, die der römischen Kirche treu blieben, von jenen, die im Widerspruch zum offiziellen Abendmahlsverständnis standen – sowohl aus lutherischer als auch aus zwinglianischer Perspektive –, oder von Radikalen, die die Kindertaufe ablehnten.

Dieses Muster beschreibt die Entwicklung sowohl in Ulm als auch in Basel, doch unterschieden sich die konkreten Prozesse in diesen beiden Städten aufgrund lokalspezifischer Umstände. Die Kenntnis der Entwicklung in Basel kann unseren Blick für jene besonderen Umstände schärfen, die die Reformation in Ulm einzigartig machten. Darum werde ich erstens einige Vergleiche zwischen Ulm und Basel anstellen, um jene ortsspezifischen Faktoren zu beleuchten, die die „Domestizierung" der Reformation in Basel prägten. Danach werde ich den Prozess der Domestizierung beschreiben, der schon vor der offiziellen Einführung der Reformation im Jahr 1529 begann und während der 1530er und 1540er Jahre andauerte.

---

[1] Ich danke Herrn Max Graff (Heidelberg) für die Übersetzung meines Manuskripts aus dem Englischen.

[2] BRADY, Thomas A. Jr.: Göttliche Republiken. Die Domestizierung der Religion in der deutschen Stadtreformation. In: Peter BLICKLE/Andreas LINDT /Alfred SCHINDLER (Hg.): Zwingli und Europe. Referate und Protokoll des Internationalen Kongresses aus Anlaß des 500. Geburtstages von Huldrych Zwingli vom 26. bis 30. März 1984, Zürich 1985, S. 109–136.

Aufgrund der besonderen politischen Situation in Basel und der theologischen Ausrichtung der Basler Reformatoren gab es signifikante Bemühungen um religiöse Einheit in den frühen 1530er Jahren, doch im Laufe der Zeit rückte die Basler Kirche von ihrem früheren Rigorismus ab. Der kosmopolitische Charakter der Stadt erschwerte schließlich die Durchsetzung religiöser Einheit, und um die Mitte des Jahrhunderts entwickelte sich ein größeres Maß an religiöser Pluralität. Ich werde mit einigen Bemerkungen über die Tolerierung der Andersgläubigen in Basel schliessen.

1   Gemeinsamkeiten und Unterschiede

Oberflächlich betrachtet, scheint es zwischen Ulm und Basel viele Gemeinsamkeiten zu geben. Bei genauerem Hinsehen aber werden einige gewichtige Unterschiede zwischen beiden Städten sichtbar, und zwar in politischer, wirtschaftlicher und kultureller Hinsicht. In den Regierungen beider Städte spielten ab dem späten Mittelalter die Zünfte eine entscheidende Rolle, doch während Ulm unmittelbar dem Kaiser untertan war, wurde Basel nominell von seinem Bischof regiert, der als Fürstbischof auch zu den Reichsständen zählte. Die letzten symbolischen Überbleibsel der bischöflichen Macht wurden im Jahr 1521 beseitigt. Ein bedeutenderer Unterschied zwischen Ulm und Basel war die jeweilige politische Identität, denn im Jahr 1501 trat Basel der Schweizer Eidgenossenschaft bei. Obwohl die wirtschaftlichen und kulturellen Verbindungen mit dem Süden des Reichs eng blieben, eröffnete die neue politische Verbindung mit der Eidgenossenschaft der Stadt Basel andere Möglichkeiten und stellte sie vor andere Herausforderungen als die Zugehörigkeit zum Reich.[3]

Mit ca. 10.000 Einwohnern war Basel Anfang des 16. Jahrhunderts die größte Stadt der Eidgenossenschaft, konnte es aber nicht mit den größten süddeutschen Städten aufnehmen. Ulm war ungefähr um ein Drittel größer, das benachbarte Straßburg doppelt, Augsburg sogar dreimal so groß wie Basel. Wie Ulm war Basel ein florierendes ökonomisches Zentrum, günstig gelegen an Kreuzungspunkten verschiedener wichtiger Handelsrouten, bezog aber einen größeren Anteil seines Wohlstandes aus dem Fernhandel. Damals wie heute sorgten die geographische Lage Basels am Rhein und seine Nähe zu Frankreich und dem Reich dafür, dass der Handel – sogar auf örtlicher oder regionaler Ebene – bedeutende politische

---

[3] Vgl. hierzu und zum Folgenden BURNETT, Amy Nelson: The Reformation in Basel. In: DIES./Emidio CAMPI (Hg.): A Companion to the Swiss Reformation, Leiden 2016, S. 170–215.

Grenzen überschritt; zudem war die Stadt ein wichtiger Faktor für die Verbreitung von Waren, die über die Alpen aus Italien kamen. Während Ulms Wirtschaft geprägt war von der Tatsache, dass der Stadt ein ausgedehntes ländliches Territorium unterstand, war Basels ländlicher Besitz relativ klein und erst im späten 15. Jahrhundert erworben worden. Auch dieser Sachverhalt animierte die Basler Kaufleute dazu, den Fernhandel zu fördern und trug dazu bei, dass der Handel – und nicht das Handwerk – zur maßgeblichen Stütze des Wohlstands der Stadt wurde. Die wichtigsten Waren, die Basel für diesen internationalen Handel produzierte, waren Papier und gedruckte Bücher. Die bedeutenden Erzeugnisse des Basler Druckerwesens stehen auf einer Stufe mit jenen von viel größeren Städten wie Straßburg und Augsburg.[4] Die Zusammenarbeit des Erasmus von Rotterdam mit dem Drucker Johannes Froben und seine Anwesenheit in Basel während der 1520er Jahre brachte der Stadt Prestige und den Ruf eines humanistischen Zentrums.[5]

Basels Eigenschaft als Bischofssitz hatte einen Einfluss auf das religiöse Leben der Stadt, der den Verlauf der Basler Reformation prägen sollte. Vor der Reformation gab es in der Stadt eine relativ hohe Anzahl an Klerikern mit ungewöhnlich hohem Bildungsgrad. Anders als Ulm, das nur aus einem Pfarrbezirk bestand, hatte Basel sieben Pfarrkirchen; zudem gab es mehrere Klöster. Die Basler Universität zog Studenten aus der gesamten Schweiz und aus Süddeutschland an und brachte einen Vorrat an gebildeten Klerikern hervor, mit denen die Pfründen in der Stadt besetzt werden konnten. Obwohl die Zahl der Kleriker in Basel nach der Einführung der Reformation drastisch zurückging, zog die Universität bis in die 1530er und 1540er Jahre hinein Studenten an, was den kosmopolitischen Charakter der Stadt bewahrte. Ein recht hoher Anteil der intellektuellen und religiösen Elite im Basel der ersten Hälfte des 16. Jahrhunderts kam somit aus dem Ausland.

Das demographische, kirchliche und kulturelle Profil unterschied Basel von den anderen Städten der Eidgenossenschaft, die alle kleiner und weniger kosmopolitisch waren.[6] Die wirtschaftlichen und kulturellen Beziehungen zum Reich blieben eng, auch nachdem Basel der Eidgenossenschaft beigetreten war, und in mancher Hinsicht gab es mehr Gemeinsamkeiten mit den viel größeren oberdeutschen Reichsstädten wie Augsburg, Straßburg und Ulm als mit anderen Grenzstädten wie Schaffhausen und Konstanz, die Basel von der Größe her ähnlich waren.

[4] LEU, Urs B.: Die Bedeutung Basels als Druckort im 16. Jahrhundert. In: Christine CHRIST-VON WEDEL/Sven GROSSE/Berndt HAMM (Hg.): Basel als Zentrum des geistigen Austauschs in der frühen Reformation (SMHR 81), Tübingen 2014, S. 53–78.

[5] GUGGISBERG, Hans R.: Basel in the Sixteenth Century. Aspects of the City Republic before, during, and after the Reformation, St. Louis 1982, S. 3–17.

[6] GORDON, Bruce: The Swiss Reformation, Manchester 2002, S. 20–25.

2 Die Einführung der Reformation in Basel

Wie in Ulm gab es in Basel ab der Mitte der 1520er Jahre eine evangelische Mehrheit, und der Rat nutzte die Unruhen im Zuge des Bauernkrieges, um seine Kontrolle über Personal und Besitz der Kirche auszudehnen. Nach 1525 stockte der Reformprozess jedoch, und der Rat tat sein Bestes, um den katholischen Gottesdienst in der Stadt aufrechtzuerhalten, trotz des wachsenden Drucks der Bürgerschaft. Die Professorenschaft der Universität und die Prediger am Münster und an der Peterskirche blieben standhaft in ihrer Papsttreue und unterstützten die katholische Fraktion im Rat. Da der Rat mit dem Ringen um Kontrolle über die Kirche beschäftigt war, unternahm er nur sporadische Anstrengungen, um die Ausbreitung des Täufertums zu unterbinden. Die Mandate gegen die Täufer bewirkten vor allem, dass Abweichler aus der Stadt heraus aufs Land in die Basler Dörfer gedrängt wurden.[7]

Die Aufteilung der Basler Kirchen zwischen Protestanten und Katholiken in den Jahren 1525 bis 1529 nahm die Situation in den bikonfessionellen Städten des Reichs nach 1555 vorweg, musste aber aufgrund der scharfen Differenzen der beiden Parteien in Bezug auf die Messe scheitern. Die Zurückweisung der Realpräsenz Christi in den Elementen Brot und Wein durch die Reformatoren steigerte die Feindseligkeit noch. Die Reformatoren attackierten die Messe als blasphemisch und götzendienerisch, weil sie die Verehrung von Brot und Wein fördere. Ihre katholischen Gegner betrachteten jene, für die das Abendmahl lediglich Brot und Wein beinhaltete, als die schlimmsten Häretiker. Beide Parteien stachelten ihre Anhänger an, indem sie die Gegner von der Kanzel angriffen. Der Rat war nicht mächtig genug, um die katholische Minderheit in der Stadt zu schützen, und seine Taktik vergrößerte nur jene Abneigung, die später antikatholische Maßnahmen im Zuge der Reformation befeuerte.[8]

---

[7] JECKER, Hanspeter: Die Bedeutung von Basel für die Anfänge des Täufertums. In: CHRIST-VON WEDEL/GROSSE/HAMM, Basel als Zentrum (wie Anm. 4), S. 257–272.

[8] Dies wird ersichtlich aus der überlieferten Anzahl der Anhänger beider Parteien unmittelbar vor dem endgültigen Sieg jener, die die Reformation unterstützten; vgl. BURNETT, Reformation in Basel (wie Anm. 3), S. 191, Anm. 51.

Ein tumultartiger Bildersturm nach der Fasnacht im Jahr 1529 beendete schließlich die Pattsituation zwischen Anhängern und Gegnern der Reformation. In der Folge des Aufruhrs wurden Katholiken, die Reformen ablehnten, aus dem Rat ausgeschlossen und aus allen Kirchen der Stadt wurden die Bilder entfernt. Am 1. April veröffentlichte der Rat eine neue Kirchenordnung, die Vorschriften zur Kontrolle des Klerus und zur Reorganisation des öffentlichen Gottesdienstes mit einer neuen Sittenordnung kombinierte. Diese Reformationsordnung diente als Grundgesetz der Basler Kirche. Im Laufe der folgenden Jahre wurde sie durch eine Bannordnung, eine liturgische Agenda, die die Kirchenzeremonien beschrieb, und ein offizielles Glaubensbekenntnis ergänzt.

3   Entwicklung der Basler Kirche

Die neu reformierte Basler Kirche durchlief in den folgenden beiden Jahrzehnten drei Entwicklungsphasen. Die erste Phase fand unter der Führung Johannes Oekolampads statt, eines Humanisten und Theologen, der vor der Reformation eng mit dem erasmianischen Kreis der Stadt verbunden war. Er führte die evangelische Bewegung in den 1520er Jahren an, und nach der Einführung der Reformation wurde er zum Pfarrer am Münster gewählt, der einflussreichsten Position in der Basler Kirche. Nach seinem frühen Tod im Jahr 1531 wurde Oswald Myconius als seinen Nachfolger gewählt. Zwar sollte Myconius die Position des Münsterpfarrers bis zu seinem Tod im Jahr 1552 innehaben, aber seine Amtszeit teilt sich in zwei klar zu trennende Perioden auf: eine erste in den 1530er Jahren, während derer der Rat den Pfarrern weitreichende Handlungsfreiheit gewährte und ihre Politik unterstützte, und eine zweite in den 1540er Jahren, als der Rat seinen Einfluss sowohl auf die Pfarrer als auch auf die Kirchenangelegenheiten ausdehnte.

3.1 Erste Phase: Die Basler Kirche unter Oekolampad

Basels neu reformierte Kirche stand im Frühjahr 1529 vor drei großen Herausforderungen. Die erste war die innere Spaltung und der als Gefahr wahrgenommene religiöse Dissens. Obwohl die Mehrheit der Stadtbewohner die neue Kirche unterstützte, blieb eine kleine, aber einflussreiche Minderheit Rom treu, einige lehnten das schweizerische Abendmahlsverständnis ab, und viele andere wurden von den Lehren der Täufer angezogen. Diese Abweichler wurden als Bedrohung für die Einheit des Stadtstaats wahrgenommen, und der Rat ergriff Maßnahmen gegen sie alle. Die Reformationsordnung wies nur wenige konkrete Aussagen über die reformatorische Lehre auf, enthielt aber Abschnitte über das richtige Verständnis und die richtige Verwendung sowohl der Taufe als auch des Abendmahls, und sie umriss die Strafen für jene, die die Kindertaufe ablehnten oder das Abendmahl spöttisch „bloß Brot und Wein" nannten – ein Vorwurf, den sowohl Katholiken als auch Lutheraner gegen das schweizerische Abendmahlsverständnis erhoben. Die erste Hinrichtung eines Täufers in Basel fand im Januar 1530 statt.[9]

Mit seinem Vorschlag für eine Kirchenzucht wollte Oekolampad auch dem als Gefahr wahrgenommenen religiösen Dissens begegnen. Wie Zwingli glaubte Oekolampad, dass der Zweck des Abendmahls darin bestand, öffentlich den eigenen Glauben zu bezeugen und die Einheit der Christen zu demonstrieren. Im Gegensatz zum Zürcher Reformator setzte er jedoch die Kirche nicht mit dem bürgerlichen Gemeinwesen gleich, und so war er der Auffassung, dass die Kirche ihre eigenen disziplinarischen Instrumente haben sollte, die von den zivilen Strafmaßnahmen des Rats zu trennen waren.[10] Er schlug deshalb eine Form der Kirchenzucht vor, die unabhängig vom Staat ausgeübt wurde. Bannherren, die Laien waren, sollten mit dem Gemeindepfarrer zusammenarbeiten, um jene zu identifizieren und zu ermahnen, die sich von der Stadtkirche entfernt hatten und das Abendmahl ablehnten. Der Rat modifizierte Oekolampads Plan und beschränkte den Einfluss der Pfarrer, nahm seinen Vorschlag aber an. Er verpflichtete auch die Zünfte, jene Mitglieder zu identifizieren, die das Abendmahl ablehnten und so ihren Widerspruch gegen die neu reformierte Kirche zum Ausdruck brachten, ob sie nun romtreu blieben oder mit täuferischen Lehren sympathisierten. All diese

---

[9] Dürr, Emil/Roth, Paul (Hg.): Aktensammlung zur Geschichte der Basler Reformation in den Jahren 1519 bis Anfang 1534, Bd. 3, Basel 1937, S. 391–395 und S. 401f.; zu Maßnahmen gegen die Täufer vgl. Jecker, Hanspeter: Die Basler Täufer. Studien zur Vor- und Frühgeschichte. In: BZGAK 80 (1980), S. 5–131, bes. S. 109–117; Jecker, Hanspeter: Ketzer–Rebellen–Heilige. Das Basler Täufertum von 1580–1700 (Quellen und Forschungen zur Geschichte und Landeskunde des Kantons Basel-Landschaft 64), Liestal 1998, S. 40–46.

[10] Kuhr, Olaf: Die Macht des Bannes und der Buße. Kirchenzucht und Erneuerung der Kirche bei Johannes Oekolampad (1482–1531) (Basler und Berner Studien zur historischen und systematischen Theologie 68), Bern u. a. 1999.

Maßnahmen sorgten dafür, dass noch mehr Katholiken Basel verließen, dass die lutherischen Kritiker in der Stadt zum Schweigen gebracht und Anhänger der Täufer in den Untergrund gedrängt wurden. Während Oekolampad überzeugt war, dass diese Maßnahmen nötig waren, um die religiöse Einheit zu fördern, handelte der Rat auch aus politischen Motiven, da er religiösen Dissens als politischen Dissens betrachtete.

Die zweite Herausforderung für die Basler Kirche war die Notwendigkeit, den Ruf der Stadt im deutschen Reich zu verbessern, wo das zwinglianische Abendmahlsverständnis mit Aufruhr assoziiert war. In den Augen vieler bestätigte der wüste Bildersturm, der die Reformation in Basel einleitete, diese Assoziation. Durch seinen Briefwechsel mit Philipp Melanchthon und seine Teilnahme am Marburger Religionsgespräch im Herbst 1529 versuchte Oekolampad, dieser Auffassung entgegenzutreten. Auch unterstützte er anfangs Martin Bucers Bemühungen, den Abendmahlsstreit in der Folge des Augsburger Reichstags im Jahr 1530 beizulegen. Oekolampads Rolle bei der Einführung der Reformation in Ulm erscheint als ein weiterer Aspekt dieses umfassenderen Versuchs zu belegen, dass die Schweizer Reformatoren die Ordnung – und nicht die Rebellion – befürworteten.

Die dritte Herausforderung betraf zwei verwandte Probleme: die Kontrolle und Umschulung der amtierenden Pfarrer sowie die Ausbildung der nächsten Pfarrergeneration. Dem Beispiel Zürichs folgend, schrieb die Basler Reformationsordnung das regelmäßige Abhalten von Synoden vor, Versammlungen der Geistlichen, in denen diese im Hinblick auf ihre Lehre und ihr Verhalten geprüft und Probleme der Kirche diskutiert wurden. Die frühesten Synoden dienten vor allem der unmittelbaren Abhilfe bei Missständen und der Information. Sie waren Versuche, den Pfarrern in den Kirchen der Basler Landschaft die minimalen Standards der neu reformierten Kirche zu vermitteln und die Leiter von Kirche und Staat über die religiöse Situation in den ländlichen Gemeinden zu informieren. Problematische Pfarrer konnten nicht aus dem Amt entfernt werden, da es niemanden gab, der sie ersetzen konnte; stattdessen wurden sie gerügt und dazu angehalten, sich weiterzubilden, damit sie bei der nächsten Synode besser dastehen würden.

Die Verbesserung der Lehre und des Verhaltens der Basler Pfarrer war ein langfristiges Ziel, das die Entwicklung eines effektiven Systems erforderte, um künftige Pfarrer auszubilden. In diesem Prozess spielte die Universität der Stadt eine zentrale Rolle. Nach der Einführung der Reformation im Jahr 1529 verließen viele Professoren und Studenten Basel in Richtung Freiburg im Breisgau. Um zu verhindern, dass sie die Universität dort neu eröffneten, erklärte der Rat ihre offizielle Schließung und zog ihre Regalien und ihr Vermögen ein. Allerdings fanden weiterhin inoffizielle Theologievorlesungen statt, die sich nicht nur an Studenten, sondern auch an die Pfarrer der Stadt und an interessierte Laien richteten. Die Schließung der städtischen Klöster und die Säkularisierung des Kirchenbesitzes hatten auch Auswirkungen auf die mit diesen Institutionen verbundenen Lateinschulen. Die sieben Lateinschulen wurden zu drei zusammengelegt, und Oekolampad versuchte, eine angemessene Finanzierung sicherzustellen.[11] Seinen Bemühungen in dieser Hinsicht setzte sein Tod nach kurzer Krankheit Ende November 1531 ein jähes Ende, nur wenige Wochen, nachdem Zwingli in der Schlacht bei Kappel gefallen worden war.

3.2 Zweite Phase: Die 1530er Jahre

Oekolampads Tod stürzte die neu reformierte Basler Kirche in eine Führungskrise. Die erste Wahl für seine Nachfolge als Münsterpfarrer war Simon Grynaeus, Griechischprofessor und herausragender Intellektueller unter den Reformatoren. Doch unter den Pfarrern kam es zu Meinungsverschiedenheiten in Bezug auf den Bann. Während manche Oekolampads strengen Umgang mit Abweichlern fortsetzen wollten, tendierten Grynaeus und seine Verbündeten zu Milde und suchten Unterstützung bei den Straßburger Reformatoren. Martin Bucer legte sein Verständnis des Banns in einem Brief vom Frühjahr 1532 dar und Wolfgang Capito wohnte der im Mai abgehaltenen Synode bei, um dabei zu helfen, den Streit beizulegen.[12] Die Straßburger empfahlen mehr Toleranz, was dem Juraprofessor Bonifatius Amerbach ermöglichte, in Basel zu bleiben, obwohl er das schweizerische Abendmahlsverständnis nicht teilte. Erst im Jahr 1534 willigte Amerbach schließlich ein, das Abendmahl im Rahmen der Basler Kirche zu empfangen. Zu dieser Zeit änderte sich bereits die Rolle der Bannherren, die ihre Aufmerksamkeit von jenen, die den Empfang des Abendmahls ablehnten, hin zu jenen, die andere moralische Verfehlungen begingen, verlagerten.

---

[11] STAEHELIN, Ernst: Das theologische Lebenswerk Johannes Oekolampads (QFRG 21), Leipzig 1939, S. 541–552.

[12] 28. Mai 1532. In: RUMMEL, Erika/KOOISTRA, Milton (Hg.): The Correspondence of Wolfgang Capito, Bd. 3, Toronto 2005, S. 48–50, Nr. 481; vgl. FRIEDRICH, Reinhold: Kirchenzucht und -bann vor dem Hintergrund des Briefwechsels Bucers mit den Basler Predigern im Jahr 1532. In: CHRIST-VON WEDEL/GROSSE/HAMM, Basel als Zentrum (wie Anm. 4), S. 193–202.

Der Konflikt um den Bann hatte jedoch eine weitere wichtige Folge, denn er überzeugte Grynaeus, die Ernennung zum Münsterpfarrer abzulehnen. Stattdessen wurde Oswald Myconius zum neuen Münsterpfarrer und Antistes der Basler Kirche gewählt.[13] Myconius war offenbar ein beliebter Prediger, war aber weder ausgebildeter Theologe noch ordinierter Priester. Vielmehr war er ein Zürcher Schulmeister, der sich nach Zwinglis Tod in Basel niedergelassen hatte. Als Auswärtiger ohne größere Erfahrung als Pfarrer war er nicht in der Lage, die Basler Kirche mit Stärke zu führen.

In den 1530er Jahren baute Myconius auf der von Oekolampad gelegten Grundlage auf. Sein vielleicht bedeutendstes Vermächtnis war die theologische Umorientierung der Basler Kirche, weg von Zürich und hin zu Straßburg. Myconius war ein enger Freund und häufiger Korrespondenzpartner Heinrich Bullingers, Nachfolger Zwinglis in Zürich, und betrachtete Martin Bucers Bemühungen um eine Beilegung des Abendmahlstreits anfangs mit Argwohn. Doch sowohl Myconius als auch Grynaeus konnten im Jahr 1536 für die Wittenberger Konkordie gewonnen werden, und sie wurden zu Bucers engsten Verbündeten innerhalb der Eidgenossenschaft. Dies führte zu einigen Spannungen mit Zürich, aber ihre Position wurde von den regierenden Eliten Basels unterstützt, die eine Verbesserung der Verbindungen mit den Städten und Territorien jenseits der Grenze im Reich befürworteten, vor allem weil viele von diesen auch die Wittenberger Konkordie angenommen hatten.[14]

Zudem führte Myconius Oekolampads Erbe fort, indem er zwei bedeutende Lehrschriften seines Vorgängers überarbeitete. Die erste war der wohl 1529 verfasste Katechismus, der die Reformationsordnung begleiten sollte. Oekolampads Katechismus befasste sich mehr mit dem Verhalten als mit der Lehre: Er erklärte die zehn Gebote und betonte die christliche Ethik. Myconius' Revisionen machten den Katechismus geeigneter für die religiöse Unterweisung. Er fügte Erläuterungen des apostolischen Glaubensbekenntnisses und des Vaterunsers hinzu und weitete die Erörterung der Sakramente der Taufe und des Abendmahls aus. Der neue Katechismus wurde im gesamten 16. Jahrhundert für die religiöse Unterweisung von Kindern verwendet.[15]

---

[13] Über ihn vgl. jetzt HENRICH, Rainer: Oswald Myconius (1488–1552) im Lichte seines Briefwechsels. In: MYCONIUS, Oswald: Briefwechsel 1515–1552. Regesten, bearb. von Rainer Henrich, 2 Teilbde., Zürich 2017, Bd. 1, S. 1–108, hier: S. 9–71.

[14] BURNETT, Amy Nelson: Basel and the Wittenberg Concord. In: ARG 96 (2005), S. 33–56.

[15] BURNETT, Amy Nelson: Teaching the Reformation. Ministers and Their Message in Basel, 1529–1629 (Oxford Studies in Historical Theology), New York 2006, S. 52–55.

Myconius überarbeitete auch das persönliche Glaubensbekenntnis, das Oekolampad auf der im Herbst 1531 abgehaltenen Synode vorgestellt hatte. Etwas mehr als zwei Jahre später nahm der Rat diese Überarbeitung als offizielles Glaubensbekenntnis der Stadt an. Dieses sogenannte Erste Basler Bekenntnis behielt bis weit ins 19. Jahrhundert einen großen Stellenwert in der Basler Kirche.[16]

Weniger Erfolg hatte Myconius beim Versuch, andere Aspekte von Oekolampads Programm weiterzuführen. Auf den Synoden der 1530er Jahre wurden immer wieder Beschwerden darüber laut, dass die Bauern das Predigtamt und die Sakramente missachteten. Myconius und seine Kollegen nahmen dies zum Anlass, den Rat für seine laxe Durchsetzung der Sittenordnung der Stadt zu kritisieren. Die Reformierung der städtischen Schule gestaltete sich ebenfalls schwierig, vor allem aufgrund fehlender finanzieller Mittel. Dies bewog die Geistlichen dazu, den Umgang des Rats mit dem säkularisierten Kirchenbesitz in Frage zu stellen. Ihre Kritik brachte keine wirkliche Veränderung, sondern vergrößerte nur die Spannungen zwischen Rat und Pfarrern.

Das vielleicht wichtigste Merkmal der 1530er Jahre war jedoch die Tatsache, dass die Pfarrer der Stadt in verschiedene Fraktionen gespalten waren.[17] Obwohl die Straßburger Reformatoren geholfen hatten, die Meinungsverschiedenheiten in Bezug auf den Bann beizulegen, sorgten andere Fragen für Spaltungen zwischen den Pfarrern, die Myconius nicht überwinden konnte. Der schwerwiegendste Streitpunkt war das Verhältnis zwischen den städtischen Pfarrern und der theologischen Fakultät. Die Universität wurde im Jahr 1532 wiedereröffnet, und sowohl Myconius als auch Grynaeus hielten theologische Vorlesungen. Keiner von beiden hatte jedoch einen Universitätsabschluss in Theologie, was zu Spannungen mit ihren Kollegen an der Universität führte. Die Situation entspannte sich etwas, als Andreas Bodenstein von Karlstadt 1534 auf einen der beiden theologischen Lehrstühle berufen wurde, da Karlstadt Doktor der Theologie war. Im Laufe der folgenden Jahre entwickelte sich Karlstadt jedoch zu Myconius' Rivalen um das Amt des Antistes.

Spätestens im Jahr 1538 waren die Pfarrer in zwei Fraktionen gespalten, eine um Myconius und Grynaeus, die andere um Karlstadt. Wieder wurden die Straßburger Reformatoren als Mediatoren herangezogen, doch dieses Mal waren sie nicht in der Lage, die beiden Parteien zu versöhnen. Am Ende gewann die Fraktion

[16] STAUFFER, Richard: Das Basler Bekenntnis von 1534. In: Hans Rudolf GUGGISBERG/ Peter ROTACH (Hg.): Ecclesia Semper Reformanda. Vorträge zum Basler Reformationsjubiläum 1529–1979, Basel 1980, S. 28–49.

[17] Für mehr Einzelheiten zum Folgenden vgl. BURNETT, Amy Nelson: ‚Kilchen ist uff dem Radthus'? Conflicting Views of Magistrate and Ministry in Early Reformation Basel. In: Luise SCHORN-SCHÜTTE/Sven TODE (Hg.): Debatten über die Legitimation von Herrschaft. Politische Sprachen in der Frühen Neuzeit, Berlin 2006, S. 49–65.

Karlstadts die Unterstützung des Rats. Im Jahr 1539 erließ der Rat neue Statuten für die Universität, die besagten, dass von nun an jene, die auf einen Lehrstuhl berufen wurden, einen angemessenen Abschluss vorweisen müssen. In einer Verordnung, die vor der versammelten Pfarrerschaft verlesen wurde, verfügte der Rat, dass die Pfarrer sich nicht mehr gegenseitig von der Kanzel angreifen sollten, und er veränderte die Struktur der Basler Kirche. Myconius' Position wurde weiter geschwächt, als der Rat anordnete, dass die Leitung der Kirche unter den Pfarrern der Pfarrkirchen der Stadt aufgeteilt werden solle.

In Briefen an seine Freunde beklagte sich Myconius heftig über die neuen Universitätsstatuten und die Änderungen in der Kirchenleitung. Beides empfand er als Beispiele für die unzulässige Einmischung des Rats in Angelegenheiten, die in den Verantwortungsbereich der Kirche gehörten. Freilich sollte sich die Situation im Jahr 1541 wieder ändern, als sowohl Grynaeus, Myconius' wichtigster Unterstützer, als auch Karlstadt, sein größter Gegner, in einem Ausbruch der Pest starben. Aus einer praktischen Perspektive betrachtet, leiteten die Änderungen aus dem Jahr 1539 jedoch eine dritte Phase in der Entwicklung der Basler Kirche ein.

3.3 Dritte Phase: Die 1540er Jahre

Diese Phase war geprägt von einer stärkeren Unterordnung der Kirche unter den Rat. Myconius zufolge, der zugegebenermaßen ein voreingenommener Beobachter war, engagierten sich die Männer, die in den frühen 1540er Jahren in den Rat gewählt wurden, nicht so sehr für das Wohl der Kirche wie ihre Vorgänger. Sie bemühten sich, die Unabhängigkeit der Geistlichen zu begrenzen. Dieser Wandel ließ sich bereits an der im Jahr 1539 verabschiedeten Synodalordnung ablesen. Laut dieser neuen Ordnung war der Hauptzweck der Synode die Beurteilung und Ermahnung der Geistlichen; Pfarrer und lokale Amtleute berichteten entweder von Problemen mit der Lehre oder dem Verhalten ihrer Kollegen. Es überrascht nicht, dass die Geistlichen die neuen Vorschriften ablehnten, und so wurden in den 1540er Jahren nur drei Synoden abgehalten. Sie wurden allerdings durch eine neue Maßnahme ergänzt: die Visitation der ländlichen Gemeinden durch eine Gruppe von Ratsherren und Stadtpfarrer.[18] Obwohl sie durchgeführt wurden, um den Zustand der Kirchen der Landschaft zu überprüfen, waren die Visitationen für den Rat auch eine willkommene Gelegenheit, seine Autorität in den ländlichen Territorien der Stadt zu demonstrieren.

---

[18] Burnett, Teaching the Reformation (wie Anm. 15), S. 68–77.

Eine positivere Entwicklung im Hinblick auf die langfristige Stabilität der Kirche war die Reformierung des Lehrplans in den Lateinschulen der Stadt und die Reorganisation der finanziellen Unterstützung für begabte Studenten. Der Rat schuf Stipendien für ein Dutzend Universitätsstudenten, die ihrerseits versprachen, der städtischen Kirche zu dienen, wenn sie ihre Ausbildung abgeschlossen hatten. So wurde sichergestellt, dass genügend fähige Geistliche zur Verfügung standen, die sowohl in Basel geboren als auch ausgebildet worden waren. Im Laufe der 1540er Jahre reformierte auch die Universität ihre Lehrpläne und besetzte nach und nach die vakanten Lehrstühle; die Zahl der Immatrikulationen stieg nun langsam an. Unter diesen neuen Studenten waren auch Stipendiaten, die aus Bern und Zürich gesandt wurden und ebenfalls für den zukünftigen Kirchendienst ausgebildet wurden.[19]

Ein letzter Faktor, der die religiöse Zusammensetzung der Basler Bevölkerung während der 1530er und 1540er Jahre beeinflusste, war die Ankunft von Religionsflüchtlingen infolge des wachsenden Verfolgungsdrucks in Frankreich, Italien und den Niederlanden. Viele dieser Flüchtlinge waren hochgebildet und fanden Anstellungen an der Universität oder in den Druckwerkstätten der Stadt. Der berühmteste dieser Flüchtlinge war Johannes Calvin, der im Jahr 1534 nach Basel kam und dort zwei Jahre blieb. Der berüchtigtste war der niederländische Spiritualist David Joris, der sich 1544 unter dem Namen „Johann von Brugg" in Basel niederließ und dessen wahre Identität erst im Jahr 1559, fast drei Jahre nach seinem Tod, aufgedeckt wurde.[20] Im Allgemeinen betrachtete der Rat die Religionsflüchtlinge mit Misstrauen; im Jahr 1546 verfügte er, dass französische und italienische Flüchtlinge nur dann eine Aufenthaltserlaubnis erhalten sollten, wenn sie entweder reich oder besonders qualifiziert waren.[21] Nichtsdestoweniger trug die Anwesenheit dieser Personen zu einer kosmopolitischen Einstellung unter den intellektuellen Eliten der Stadt bei und machte die Durchsetzung strikter religiöser Einheit schwierig.

---

[19] BURNETT, Amy Nelson: Ausbildung im Dienst der Kirche und Stadt: die Universität Basel im Zeitalter der Renaissance und Reformation. In: Martin WALLRAFF (Hg.), Gelehrte zwischen Humanismus und Reformation. Kontexte der Universitätsgründung in Basel 1460 (Litterae et Theologia 2), Berlin 2011, S. 47–68.

[20] BURCKHARDT, Paul: David Joris und seine Gemeinde in Basel. In: BZGAK 48 (1949), S. 5–106.

[21] GUGGISBERG, Basel in the Sixteenth Century (wie Anm. 5), S. 39.

Auch die Basler Drucker profitierten von der größeren Toleranz. Als Myconius 1535 versuchte, Erasmus' ‚Ecclesiastes' zensieren zu lassen, weil das Werk eine Passage enthielt, die angeblich das Messopfer befürwortete, konnte er für seine Position weder die Straßburger noch die Zürcher Reformatoren gewinnen.[22] In der Regel wurden die Basler Zensurvorschriften nicht mit großer Strenge durchgesetzt. In den Druckwerkstätten der Stadt erschienen Werke, die das gesamte religiöse Spektrum abdeckten; nur bei kontroverstheologischen Schriften war man zurückhaltend.[23] Seine kosmopolitische Offenheit kam Basel wirtschaftlich zugute und trug dazu bei, dass die Stadt in der zweiten Hälfte des 16. Jahrhunderts zu einem Zentrum des späten Humanismus wurde.[24]

Basel gehörte nicht zum Heiligen Römischen Reich und war somit nicht gezwungen, 1548 das Augsburger Interim anzunehmen. Daher lässt sich keine klare Trennlinie ausmachen, die das Ende der ersten Generation der Reformation markiert. Gleichwohl leiteten bestimmte Entwicklungen Ende der 1540er Jahre eine neue Ära in der Geschichte der Basler Kirche ein. In politischer Hinsicht sorgte der Ausbruch des Schmalkaldischen Krieges für neue Spannungen innerhalb der Eidgenossenschaft, und die geographische Lage Basels an der Grenze zum Reich ließ die Stadt in besonderem Maße die Auswirkungen eines Sieges des Kaisers fürchten.[25] In religiöser Hinsicht vertiefte die Eröffnung des Konzils von Trient Ende 1545 die Gräben zwischen Protestanten und Katholiken, während der Consensus Tigurinus, den Heinrich Bullinger und Johannes Calvin im Jahr 1549 unterzeichneten, zu neuen Streitigkeiten zwischen Lutheranern und Reformierten führte. Nicht zuletzt alterte die erste Reformatorengeneration; zwar starb Myconius erst 1552, doch war sein Gesundheitszustand in seinen letzten Lebensjahren schlecht. In den frühen 1550er Jahren folgte eine neue Generation junger Pfarrer, die mehrheitlich protestantisch aufgewachsen und erzogen worden waren.

---

[22] Vgl. RUMMEL/KOOISTRA, The Correspondence of Wolfgang Capito (wie Anm. 12), Bd. 3, S. 334–342; MYCONIUS, Briefwechsel 1 (wie Anm. 13), S. 342, 344, 348, 353.

[23] BIETENHOLZ, Peter: Printing and the Basel Reformation 1517–1565. In: Jean-François GILMONT (Hg.): The Reformation and the Book, Aldershot 1998, S. 235–263.

[24] GUGGISBERG, Hans R.: Reformierter Stadtstaat und Zentrum der Spätrenaissance. Basel in der zweiten Hälfte des 16. Jahrhunderts. In: August BUCK (Hg.): Renaissance-Reformation. Gegensätze und Gemeinsamkeiten (Wolfenbütteler Abhandlungen zur Renaissanceforschung 5), Wiesbaden 1984, S. 197-216.

[25] BURCKHARDT, Paul: Basel zur Zeit des Schmalkaldischen Krieges. In: BZGAK 38 (1939), S. 5–103.

4 Die Reformation und die Tolerierung von Andersgläubigen

Dieser Überblick lässt einige Schlussfolgerungen im Hinblick auf die Domestizierung der Religion und die Tolerierung religiösen Dissenses in Basel zu, die möglicherweise auch die Entwicklungen in Ulm beleuchten können.

Erstens war es einfacher, religiöse Einheit in der Stadt durchzusetzen als in den Dörfern im Umland. Die wichtigste Folge der frühen Mandate gegen die Täufer in den 1520er Jahren war deren Verdrängung aus der Stadt aufs Land. Trotz schärferer Maßnahmen gegen die Täufer nach 1529 blieb das Täufertum eine Herausforderung für die offizielle Basler Kirche. In den ländlichen Gemeinden war der Rat auf örtliche Amtleute angewiesen, die die Sittenordnungen durchsetzten, doch in den Synodalaufzeichnungen der 1530er Jahre finden sich immer wieder Beschwerden von Geistlichen, die sich beklagen, dass die Amtleute ihren Aufgaben nicht gerecht wurden. Als sich die religiöse Situation stabilisierte, die Katechisierungsbemühungen der Pfarrer zunehmend Früchte trugen und die Täufer nicht mehr als Bedrohung für das Wohl Basels wahrgenommen wurden, nahmen diese Beschwerden nach und nach ab.

Zweitens war die Basler Politik in Bezug auf Andersgläubige beeinflusst von Faktoren wie sozialem Status und wirtschaftlicher Potenz. Dass der Rat den katholischen Gottesdienst bis in die späten 1520er Jahre beschützte, suggeriert, dass – in Basel wie auch andernorts – die städtischen Eliten konservativer waren als der Großteil der Bevölkerung. Amerbachs Stellung als Professor der Rechtswissenschaft und Stadtsyndikus bewahrte ihn davor, dass die Anordnung, das Abendmahl zu empfangen, in seinem Fall streng angewandt wurde. Als wohlhabender Kaufmann erregte David Joris kein Misstrauen in Bezug auf seine wahre Identität. Am anderen Ende des Spektrums war die Mehrheit jener, die von der Lehre der Täufer angezogen wurden, ärmere Handwerker, Tagelöhner und Bauern. Sie hatten keine Fürsprecher im Rat, der in Mandaten ihre Festnahme, Inhaftierung und Ausweisung anordnete.

Die Haltung der Bevölkerung gegenüber Andersgläubigen scheint jedoch eine ganz andere gewesen zu sein als jene des Rats und der Pfarrer der Stadt. Das wird sowohl mit Blick auf die heftigen Reaktionen gegen Katholiken, die die Reformation im Jahr 1529 ablehnten, als auch mit Blick auf die offenbar freundschaftlichen Beziehungen der Dorfbewohner mit ihren täuferischen Nachbarn deutlich. Felix Platter berichtet zum Beispiel, dass sein Vater Thomas mit einem Täufer befreundet war, der außerhalb der Stadt lebte.[26]

---

[26] Jecker, Ketzer-Rebellen-Heilige (wie Anm. 9), S. 44–46.

Schließlich scheint die allmähliche Stabilisierung der Basler Kirche im Laufe der 1540er Jahre zu einer größeren Bereitschaft geführt zu haben, ein gewisses Maß an Dissens zu akzeptieren. Auf lange Sicht ermöglichten die Schaffung konfessioneller Standards wie des Katechismus und die Reorganisation des Bildungssystems die Unterweisung der Kinder und die systematische Ausbildung von Geistlichen; beide Aspekte trugen dazu bei, dass die offizielle Kirche der Stadt an Rückhalt gewann. Und paradoxerweise konnte gerade dort, wo die Kirche als stabil betrachtet wurde, Dissens erlaubt werden.

Spätestens Mitte des 16. Jahrhunderts war die reformierte Kirche in Basel stark genug, um soziale Integration und bürgerliche Einheit zu stiften, gleichzeitig aber auch ein gewisses Maß an religiöser Diversität zu akzeptieren. Bis dieses Gleichgewicht zwischen Einheit und Diversität erreicht war, dauerte es allerdings zwei Jahrzehnte. Grundlage dieser Domestizierung der Religion war die Tatsache, dass der Rat bis 1529 seine Kontrolle über die städtische Kirche ausdehnte. Ursprünglich ergriff er harte Maßnahmen, um Dissens zu unterdrücken, doch im Laufe der Zeit wurden diese Maßnahmen allmählich modifiziert oder ignoriert. Die wirtschaftlichen Interessen Basels und seine kosmopolitische kulturelle und intellektuelle Tradition waren schließlich die Gründe dafür, dass die ursprünglichen Bemühungen um die Durchsetzung religiöser Einheit und die Gleichsetzung des christlichen Glaubens mit dem Bekenntnis zu und dem Befolgen von strengen Glaubenssätzen überwunden wurden.

Stephen E. Buckwalter

Zerstrittene Reformation:
Augsburg 1530–1539

1   Augusta in sex divisa est sectas

Eine Tagung über „vielstimmige Reformation" zu veranstalten ohne einen zumindest kurzen Blick auf Augsburg zu werfen, ist kaum denkbar: Die Reformation in der mächtigen Reichsstadt am Lech war nämlich nicht nur in hohem Maße vielstimmig, sie drohte an dieser Vielstimmigkeit geradezu zu scheitern.[1] Tatsächlich können wir im Fall Augsburgs mit vollem Recht von nichts weniger als von einer in sich zerstrittenen Reformation reden. Diesen Sachverhalt haben schon Zeitgenossen ausdrücklich erkannt und beklagt. Berühmt ist die alarmierte Feststellung Martin Luthers in seinem Brief an Georg Spalatin vom 11. März 1527: *Augusta in sex divisa est sectas.*[2] Nicht weniger drastisch ist die Schilderung des Augsburger Bürgers Joachim Helm an seinen Schwager ein Jahr später, am 7. März 1528: *Es steht übel bei uns, denn große Ketzerei ist bei uns, fünferlei Sekten, [...] und ist ein solcher Jammer, dass die ganze Stadt Augsburg betrübt ist.*[3]

Welche waren diese fünf oder sechs Sekten? In seiner klassischen Darstellung der Reformationsgeschichte Augsburgs spricht Friedrich Roth an einer Stelle von „einer kleinen, aber mächtigen Partei der Altgläubigen, einer größeren lutherischen" Fraktion und schließlich von der „an Zahl weitaus größten" Partei – derjenigen „der Zwinglischen"[4]. Darüber hinaus gab es bekanntermaßen eine nicht geringe Zahl von Täufern, die sich vornehmlich aus einheimischen Handwerkerkreisen rekrutierten, aber auch enormen Zulauf von außen erhielten, so

---

[1] Zur Reformation in Augsburg immer noch grundlegend: ROTH, Friedrich: Augsburgs Reformationsgeschichte, 2 Bde., München ²1901–1904 (ND München 1974); einen hilfreichen Überblick bietet KIESSLING, Rolf: Augsburg in der Reformationszeit. In: Augsburger Stadtlexikon, hg. von Günther Grünsteudel, Günter Hägele und Rudolf Frankenberger, Augsburg ²1998, S. 61–74. Für hilfreiche Kritik einer früheren Fassung dieses Aufsatzes bin ich Wolfgang Krauß (Augsburg) zu Dank verpflichtet.

[2] WA.B 4, S. 175,19; vgl. auch KIESSLING, Rolf: Eckpunkte der Augsburger Reformationsgeschichte. In: Rolf KIESSLING/Thomas Max SAFLEY/Lee Palmer WANDEL (Hg.): Im Ringen um die Reformation. Kirche und Prädikanten, Rat und Gemeinden in Augsburg, Epfendorf 2011, S. 29–42, hier: S. 30.

[3] Zitiert nach ZSCHOCH, Hellmuth: Augsburg zerfällt in sechs Richtungen! Frühkonstitutioneller Pluralismus in den Jahren 1524 bis 1530. In: Helmut GIER/Reinhard SCHWARZ (Hg.): Reformation und Reichsstadt. Ausstellungskatalog, Augsburg 1996, S. 78–82, hier: S. 79; vgl. auch KIESSLING, Eckpunkte (wie Anm. 2), S. 30.

[4] ROTH, Augsburgs Reformationsgeschichte 2 (wie Anm. 1), S. 7.

dass ihre Zusammensetzung sich ständig änderte.[5] Schließlich war Augsburg bekannt für die vor allem im Laufe der 1530er Jahre auftretenden Anhänger des Spiritualisten Kaspar Schwenckfeld.[6] Wenn man bedenkt, dass allein die Täufer in viele weitere Gruppierungen zerfielen, die so grundverschieden sein konnten wie etwa ihre Führer Balthasar Hubmaier, Hans Denck oder Hans Hut, dann versteht man leicht, wie Luther und Helm auf ihre fünf bis sechs Sekten gekommen sind.

Das Dauerverhältnis zwischen diesen Gruppen beschreibt Roth an anderer Stelle als „erbitterten Kampf", den einerseits die Evangelischen gegen die sogenannten Papisten und die Täufer, aber auch den „die Lutheraner und Zwinglianer untereinander führten"[7].

Wir werden aber der Vielstimmigkeit der Augsburger Reformation nicht gerecht, wenn wir sie auf einen theologischen Richtungsstreit reduzieren. Die Reformation in Augsburg war auch deshalb vielfältig, weil die kirchlichen und politischen Strukturen Augsburgs von einer eigentümlichen Vielfalt waren. Mit seinen 35.000 Einwohnern und seiner unvergleichlichen Wirtschaftskraft war Augsburg nach Nürnberg die größte oberdeutsche Reichsstadt.[8] Sie musste aber mit ihrem mächtigen Stadtherrn, dem Bischof, zurechtkommen, und während der frühen Reformationsjahre war sie weder willens noch eigentlich fähig, eigene Wege gegenüber dem noch mächtigeren obersten Stadtherrn, Kaiser Karl V., zu gehen:

---

[5] Hierzu vgl. etwa GUDERIAN, Hans: Die Täufer in Augsburg. Ihre Geschichte und ihr Erbe, Pfaffenhofen 1984; DEPPERMANN, Klaus: Täufergruppen in Augsburg und Straßburg – ihre soziale Rekrutierung und Theologie. In: Bernhard KIRCHGÄSSNER/Fritz REUTER (Hg.): Städtische Randgruppen und Minderheiten. Südwestdeutscher Arbeitskreis für Stadtgeschichtsforschung, 23. Arbeitstagung in Worms, 16.-18. November 1984 (Stadt in der Geschichte 13), Sigmaringen 1986, S. 161–182; ZSCHOCH, Hellmut: Reformatorische Existenz und konfessionelle Identität. Urbanus Rhegius als evangelischer Theologe in den Jahren 1520 bis 1530 (BHTh 88), Tübingen 1995, S. 218–295; vgl. auch ROTH, Augsburgs Reformationsgeschichte 1 (wie Anm. 1), S. 218–271; 2, S. 398–411. Natürlich muss auch erwähnt werden, dass ab 1544 eine neue Gruppe von Täufern unter der Führung des in städtischen Diensten stehenden Wasserbauingenieurs und Laientheologen Pilgram Marpeck entstand.

[6] Vgl. GRITSCHKE, Caroline: ‚Via media'. Spiritualistische Lebenswelten und Konfessionalisierung. Das süddeutsche Schwenckfeldertum im 16. und 17. Jahrhundert (Colloquia Augustana 22), Berlin 2006, S. 28–39 und passim; WEIGELT, Horst: Vom Schlesien nach Amerika. Die Geschichte des Schwenckfeldertums (Neue Forschungen zur schlesischen Geschichte 14), Köln/Weimar/Wien 2007, S. 77f.; McLAUGHLIN, Robert Emmet: The Freedom of Spirit, Social Privilege, and Religious Dissent. Caspar Schwenckfeld and the Schwenkfelders (Bibliotheca Dissidentium. Scripta et Studia 6), Baden-Baden/Bouxwiller 1996, S. 204–207; ROTH, Augsburgs Reformationsgeschichte 2 (wie Anm. 1), S. 58–63 und S. 412–415.

[7] ROTH, Augsburgs Reformationsgeschichte 1 (wie Anm. 1), S. 309.

[8] JAHN, Joachim: Augsburgs Einwohnerzahl im 16. Jahrhundert – Ein statistischer Versuch. In: ZBLG 39 (1976), S. 379–396; GÖSSNER, Andreas: Weltliche Kirchenhoheit und reichsstädtische Reformation. Die Augsburger Ratspolitik des „milten und mitleren weges" 1520–1534 (Colloquia Augustana 11), Berlin 1999, S. 32; KIESSLING, Augsburg in der Reformationszeit (wie Anm. 1), S. 61.

Es waren ja Augsburger Geldmittel, die 1519 Karls Wahl zum römisch-deutschen König ermöglicht hatten, und der Rat konnte bei aller Popularität der Reformation diese prohabsburgischen politischen und ökonomischen Interessen vor Ort nicht missachten.[9]

Regionalpolitisch war Augsburg zwischen drei altgläubigen Territorien eingepfercht: dem wittelsbachischen Herzogtum Bayern, der habsburgischen Markgrafschaft Burgau und dem Hochstift Augsburg.[10] Innenpolitisch musste Augsburg mit einem enormen Konfliktpotential fertigwerden, denn die wirtschaftliche Blüte zu Beginn des 16. Jahrhunderts war mit einer drastischen sozialen Polarisierung einhergegangen. Zwar war es den Zünften in den Jahrhunderten vor der Reformation gelungen, der patrizischen Oberschicht eine Beteiligung an der Stadtregierung abzuringen.[11] Dennoch stand am Vorabend der Reformation eine enorm gewachsene, aber politisch machtlose Unterschicht von Handwerkern und Tagelöhnern einer kleinen Elite von Unternehmern und Stadtadligen gegenüber.[12] Bei den späteren Auseinandersetzungen zwischen den verschiedenen Religionsparteien sollten auch diese sozialen Spannungen mitwirken.

Schließlich war Augsburg auch in seiner kirchlichen Topographie enorm vielfältig.[13] Eine Bürgerschaft, die aufgrund gesteigerter Frömmigkeit danach trachtete, das kirchliche Leben immer intensiver zu gestalten, sah sich mit der misslichen Situation konfrontiert, dass der Rat keine einzige Pfarrstelle besetzen durfte: Alle sechs städtische Pfarreien waren in das Domkapitel und in weitere Stifte und Klöster der Stadt inkorporiert.[14] Einen Ausgleich für ihre fehlende Mitsprache und ihren Gestaltungsdrang fanden die Laien in der spezifisch augsburgischen Institution der „Pfarrzeche", einer von den Laien getragenen Vermögensverwaltung der

---

[9] BRANDI, Karl: Kaiser Karl V. Werden und Schicksal einer Persönlichkeit und eines Weltreiches, Frankfurt 1979, S. 91f. und S. 113; KIESSLING, Augsburg in der Reformationszeit (wie Anm. 1), S. 63.

[10] GÖSSNER, Ratspolitik (wie Anm. 8), S. 22–25.

[11] Ebd., S. 25–28.

[12] KIESSLING, Augsburg in der Reformationszeit (wie Anm. 1), S. 61; GÖSSNER, Ratspolitik (wie Anm. 8), S. 32f.

[13] GÖSSNER, Ratspolitik (wie Anm. 8), S. 28–32; vgl. auch die Karte in WANDEL, Lee Palmer: Die Geschichte des Christentums und die Reformation in Augsburg. In: KIESSLING/SAFLEY/WANDEL, Im Ringen um die Reformation (wie Anm. 2), S. 11–27, hier: S. 23.

[14] KIESSLING, Augsburg in der Reformationszeit (wie Anm. 1), S. 63.

einzelnen Pfarreien. Augsburger Laien konnten durch das Amt des Zechpflegers das Stiftungsvermögen ihrer Pfarrkirche in ihrem Sinne verwalten. Das erlaubte ihnen eine Mitbestimmung bei vielen gemeindlichen Belangen. So wurde die Pfarrzeche oft „zur Keimzelle der reformatorischen Gemeinde", wie der Augsburg-Kenner Rolf Kießling es ausdrückt.[15]

Aber die Vielfalt der religiösen Topographie Augsburgs kann auch im wörtlichen Sinne verstanden werden. Als die Reformation in vollen Gang gekommen war, drückte sich die Verflechtung von sozialen und familiären Netzwerken folgendermaßen aus: Das Gebiet um die St. Moritz-Kirche entwickelte sich zu einem Schwerpunkt des zur traditionellen Kirche stehenden Netzwerks der Fugger-Familie.[16] Die altpatrizische Welser-Familie, die das umfangreichste Netz bildete, sowie die aufsteigende Familie Hörbrot boten die soziale Basis für die lutherische Fraktion, die sich um die St. Anna-Kirche im Kaufleuteviertel kristallisierte.[17] Schließlich rekrutierten sich die Zwingli-Anhänger zum Teil aus dem Hörbrot-Netz, vor allem aber aus dem zünftisch-mittelständischen Netzwerk der Familie Seitz sowie aus breiten Handwerkerkreisen; ihren Mittelpunkt fanden sie bei den Barfüßern, wo Michael Keller predigte, sowie in der benachbarten Jakobervorstadt, aber später auch westlich und nördlich der Domstadt in den Gemeinden Heilig Kreuz und St. Georg.[18] Somit waren Familienzugehörigkeit, theologische Orientierung und Stadtgeographie in einem bunten Geflecht miteinander verwoben.

Der Reformationsgeschichte Augsburgs mangelt es nicht an aufsehenerregenden Ereignissen. Um nur drei zu nennen: der Massenaufstand von Handwerkern im August 1524, um vom Rat die Rückkehr des entlassenen Barfüsserpredigers Johann Schilling zu fordern;[19] das Auseinanderbrechen des evangelischen Lagers in verfeindete Gruppen aufgrund abweichender Abendmahlsverständnisse bereits

---

[15] KIESSLING, Rolf: Eine ,Doppelgemeinde': St. Moritz und St. Anna. In: KIESSLING/SAFLEY/WANDEL, Im Ringen um die Reformation wie Anm. 2), S. 105–171, hier: S. 105.

[16] KIESSLING, Augsburg in der Reformationszeit (wie Anm. 1), S. 68; DERS., Eine Doppelgemeinde (wie Anm. 15), S. 105.

[17] KIESSLING, Augsburg in der Reformationszeit (wie Anm. 1), 68; DERS., Eine Doppelgemeinde (wie Anm. 15), S. 110.

[18] KIESSLING, Augsburg in der Reformationszeit (wie Anm. 1), S. 67; SAFLEY, Thomas Max: Zentrum und Peripherie: Die Gemeinden Zu den Barfüßern und bei St. Georg. In: KIESSLING/SAFLEY/WANDEL, Im Ringen um die Reformation (wie Anm. 2), S. 45–101, hier: S. 57f.; GRAY, Emily Fisher: Von der Ottmarskappel zur Gemeindekirche: Heilig Kreuz. In: KIESSLING/SAFLEY/WANDEL, Im Ringen um die Reformation (wie Anm. 2), S. 215–239, hier: S. 226–228.

[19] Zur „Schilling-Affäre" vgl. ROTH, Augsburgs Reformationsgeschichte 1 (wie Anm. 1), S. 156–169; SAFLEY, Zentrum und Peripherie (wie Anm. 18), S. 45–48.

ab Herbst 1524 und die Intensivierung dieses Streites in den folgenden Jahren;[20] die Inhaftierung von nicht weniger als 88 Täufern auf einen Schlag am Ostermorgen 1528, von denen viele gefoltert, einer hingerichtet, und die Übrigen ausgewiesen wurden.[21]

So spannend diese Vorkommnisse auch sind, möchte ich im Folgenden unseren Blick nicht auf diese stürmischen 1520er Jahre, sondern auf das scheinbar ruhigere Jahrzehnt nach dem Reichstag von 1530 richten. Die Jahre 1530 bis 1539, die in den Worten von Gottfried Seebaß vom „allmählichen und mühsamen Weg Augsburgs zu einer entschieden reformatorischen Stadt"[22] gekennzeichnet sind, bieten uns reichlich Anschauungsmaterial, um das Phänomen der Vielstimmigkeit in der Reformation genauer zu verstehen. Vor allem die Rolle, die der Straßburger Reformator Martin Bucer in der theologischen Entwicklung der Stadt während dieser Jahre gespielt hat, wird uns beschäftigen.[23]

Der am 20. Juni 1530 eröffnete Reichstag hatte eine gewisse Zäsur in die Reformationsgeschichte Augsburgs gebracht, denn das vom Kaiser für die Dauer des Reichstages verhängte Predigtverbot erzwang den Weggang aller evangelischen Prediger aus der Stadt.[24] Am 26. Oktober 1530 rang sich der Rat dazu durch, den Reichstagsabschied abzulehnen, versuchte aber zugleich die traditionell guten Beziehungen zum Kaiser aufrechtzuerhalten, indem er ihm Gehorsam in allen weltlichen Dingen versicherte.[25]

---

[20] Vgl. Roth, Augsburgs Reformationsgeschichte 1 (wie Anm. 1), S. 197–210; Seebaß, Gottfried: Martin Bucer und die Reichsstadt Augsburg. In: Christian Krieger/Marc Lienhard (Hg.): Martin Bucer and Sixteenth Century Europe. Actes du colloque de Strasbourg (28–31 août 1991), 2 Bde., Leiden/New York/Köln 1993 (SMRT 52/53), hier: Bd. 2, S. 479–491 [ND in: Gottfried Seebaß: Die Reformation und ihre Außenseiter. Gesammelte Aufsätze und Vorträge. Zum 60. Geburtstag des Autors hg. von Irene Dingel, Göttingen 1997, S. 113–124]; Friedrich, Reinhold: Die Beziehungen Bucers zu den Augsburger Predigern. In: Wolfgang Simon (Hg.): Martin Bucer zwischen den Reichstagen von Augsburg (1530) und Regensburg (1532). Beiträge zu einer Geographie, Theologie und Prosopographie der Reformation (SMHR 55), Tübingen 2011, S. 157–169; vgl. auch die Ausführungen in BDS 8, S. 251–260 und S. 314–320.

[21] Grundlegend hierzu Roth, Friedrich: Zur Geschichte der Wiedertäufer in Oberschwaben. III: Der Höhepunkt der wiedertäuferischen Bewegung in Augsburg und ihr Niedergang im Jahr 1528. In: ZHVS 28 (1901), S. 1–154; vgl. auch Ders., Augsburgs Reformationsgeschichte 1 (wie Anm. 1), S. 248–257; Deppermann, Täufergruppen (wie Anm. 5), S. 173. Die drastische Art der Körperstrafen, zu denen es im Zuge der Razzia kam, verdient verdeutlicht zu werden: Drei Täufer wurden mit einem Brandmal gezeichnet, einer Täuferin wurde die Zunge herausgeschnitten, viele der Täufer wurden aus der Stadt buchstäblich hinausgepeitscht.

[22] Seebaß, Martin Bucer (wie Anm. 20), S. 479 [ND: S. 113].

[23] Vgl. hierzu Kroon, Marijn de: Die Augsburger Reformation in der Korrespondenz des Straßburger Reformators Martin Bucer unter besonderer Berücksichtigung des Briefwechsels Gereon Sailers. In: Reinhard Schwarz (Hg.): Die Augsburger Kirchenordnung von 1537 und ihr Umfeld (SVRG 196), Gütersloh 1988, S. 59–90; Friedrich, Beziehung (wie Anm. 20).

[24] Roth, Augsburgs Reformationsgeschichte 1 (wie Anm. 1), S. 337f.; Gössner, Ratspolitik (wie Anm. 8), S. 55.

[25] Kiessling, Augsburg in der Reformationszeit (wie Anm. 1), S. 68; Roth, Augsburgs Reformationsgeschichte 1 (wie Anm. 1), S. 347; Gössner, Ratspolitik (wie Anm. 8), S. 56–61.

Dieser reformatorischen Neuorientierung entsprechend machte sich nun die Stadt daran, ihre verwaisten Predigerstellen neu zu besetzen. Ab diesem Zeitpunkt wurden die Kontakte Augsburgs zu Straßburg, angebahnt durch die enge Verbindung zwischen dem Augsburger Stadtarzt Gereon Sailer und dem Straßburger Reformator Martin Bucer, von zentraler Bedeutung.[26] Bucer und seine Straßburger Kollegen bemühten sich nach Kräften, den Bitten des Augsburger Rates um geeignete Prediger durch die Entsendung von Mitarbeitern aus den eigenen Reihen zu entsprechen. Bis zum Ende des Jahres 1531 wurden nicht weniger als vier Predigerstellen in Augsburg mit aus Straßburg kommenden Pfarrern besetzt: Wolfgang Musculus, Bonifatius Wolfhart, Sebastian Maier und Theobald Nigri. In gewissem Maße war das evangelische Augsburg zu einer „Filialkirche Straßburgs" geworden.[27] Man könnte erwarten, dass ein derart homogenes Predigerkollegium ein Ende der Zwistigkeiten, die den bisherigen Verlauf der Reformation in Augsburg gekennzeichnet hatten, bedeuten würde. Doch das Gegenteil trat ein: Obwohl die reformatorische Bewegung in den kommenden Jahren eine immer stärkere institutionelle Verfestigung erhielt, nicht zuletzt aufgrund des unermüdlichen Einsatzes Bucers, wurden die Spannungen innerhalb der Pfarrerschaft nicht geringer, sondern schwelten weiter und brachen immer wieder in Form von erbitterten Konfrontationen auf. Eine zentrale Rolle in diesen Spannungen spielte Michael Keller, der seit 1524 Prediger der Barfüßerkirche war und nach dem Reichstag 1530 dorthin wieder zurückgekehrt war.[28] Als entschiedener Verfechter des Abendmahlsverständnisses Zwinglis geriet er immer wieder mit den Luther nahestehenden Predigern in Streit, etwa mit Stefan Agricola und Johannes Frosch, die deshalb 1531 Augsburg verließen.[29] Doch auch unter den zugereisten Straßburgern entstanden Spannungen. Der Prediger an St. Ulrich, Theobald Nigri,[30] nahm Anfang August 1531 daran Anstoß, dass sein Kollege an St. Anna, Bonifatius

---

[26] Ausführlich zum Folgenden: SEEBASS, Martin Bucer (wie Anm. 20); DERS.: Die Augsburger Kirchenordnung von 1537 in ihrem historischen und theologischen Zusammenhang. In: SCHWARZ, Augsburger Kirchenordnung (wie Anm. 23), S. 33–58 [ND in: SEEBASS: Die Reformation und ihre Außenseiter (wie Anm. 20), S. 125–148].

[27] KROON, Augsburger Reformation (wie Anm. 23), S. 67; SEEBASS, Martin Bucer (wie Anm. 20), S. 481 [ND: S. 115].

[28] Auch Cellarius genannt; geb. um 1495, gest. 1548; Prediger in Augsburg seit 1524. Zu ihm vgl. KROON, Augsburger Reformation (wie Anm. 23), S. 69, Anm. 40; ROTH, Friedrich: Zur Lebensgeschichte des Meisters Michael Keller. Prädikanten in Augsburg. In: BBKG 5 (1899), S. 149–163; BCor 2, Nr. 137, S. 166–169; BCor 3, Nr. 191, S. 135–141 und Nr. 255, S. 330–331; BCor 10, S. 478.

[29] KÖHLER, Walther: Zwingli und Luther. Ihr Streit über das Abendmahl nach seinen politischen und religiösen Beziehungen, Bd. 2: Vom Beginn der Marburger Verhandlungen 1529 bis zum Abschluß der Wittenberger Konkordie von 1536 (QFRG 7), Gütersloh 1953. S. 277f.; ROTH, Augsburgs Reformationsgeschichte 2 (wie Anm. 1), S. 13–17; BIZER, Ernst: Studien zur Geschichte des Abendmahlsstreites im 16. Jahrhundert, Göttingen 1940 [ND Darmstadt 1972], S. 60f.

[30] Zu ihm vgl. zuletzt BCor 10, S. 485f.

Wolfhart,[31] einen Katechismus Kaspar Schwenckfelds zu veröffentlichen plante. Dieses Vorhaben unterband Nigri, was zu einer erbitterten Feindschaft mit Wolfhart führte. Derart unerträglich fand Nigri die aufgeladene Stimmung in Augsburg, dass er keine drei Monate nach seiner Ankunft an Bucer schrieb, er wolle lieber in Straßburg sterben als in Augsburg leben.[32] Im Sommer 1532 kehrte er dann tatsächlich ins Elsass zurück, um von einem anderen Straßburger, Johann Heinrich Held,[33] an St. Ulrich ersetzt zu werden.

Diese theologischen Streitigkeiten waren keine innere Angelegenheiten Augsburgs, sondern belasteten die außenpolitische Beziehungen der Reichsstadt erheblich. Luther war nämlich über die bedrängte Lage seiner Anhänger am Lech verärgert und machte seinem Unmut in zornigen Briefen an den Augsburger Rat Luft.[34] Während der Rat sich um Schadensbegrenzung bemühte – schließlich stand die abendmahlstheologische Unklarheit Augsburgs der angestrebten Mitgliedschaft im Schmalkaldischen Bund entgegen – suchten Wolfhart und Keller unverhohlen die offene Konfrontation mit dem Wittenberger Reformator.

Bucer investierte enorm viel Zeit, um die Wogen zu glätten. Schon im Juni 1531 hatte er von Ulm aus einen Abstecher nach Augsburg gemacht, um die Pfarrerschaft zur Eintracht zu bewegen mit einer Versöhnungspredigt über jene Stelle in Johannes 17, in welcher Jesus darum betet, dass seine Jünger eins seien.[35] Im Oktober 1533 versuchte Bucer, Michael Keller und Bonifatius Wolfhart mit einem eigens dazu verfassten Gutachten zu einer versöhnlicheren Haltung Luther gegenüber zu bewegen.[36] Ende 1534 gelang es ihm, die Augsburger Pfarrerschaft gegen den Widerstand von Keller und Wolfhart zu einer Annahme der Luther entgegenkommenden Stuttgarter Abendmahlskonkordie zu überreden.[37] Wenige Monate

---

[31] Auch Lycosthenes genannt, geb. um 1480/85, gest. 1543; 1517 an der Universität Basel immatrikuliert, 1520 zum Mag. Phil. promoviert, Helfer an St. Aurelien in Straßburg ab 1527, zugleich Hebräisch-Professor ab 1528. 1531 übernahm er seine Stelle als Prediger an der St. Anna-Kirche in Augsburg; zu ihm vgl. ROTH, Augsburgs Reformationsgeschichte 2 (wie Anm. 1), S. 352f.; KROON, Augsburger Reformation (wie Anm. 23), S. 67, Anm. 32; POLLET, Jacques Vincent: Martin Bucer. Études sur la correspondance avec de nombreux textes inédits, 2 Bde., Paris 1958/1962, hier: Bd. 2, S. 254–266; BCor 10, S. 507f.

[32] *Malo enim Argentine mori, quam Auguste viuere;* BCor 6, S. 178,27f. Zitiert in: FRIEDRICH, Beziehung (wie Anm. 20), S. 161 mit Anm. 32.

[33] BCor 10, S. 473.

[34] ROTH, Augsburgs Reformationsgeschichte 2 (wie Anm. 1), S. 103–106.

[35] Diesen Abstecher nach Augsburg unternahm Bucer während seiner Bemühungen zur Einführung der Reformation in Ulm (21. Mai bis 30. Juni 1531; vgl. BDS 10, S. 69–71); seine Predigt über Joh 17,17–21 ist in BDS 4, S. 400–408 ediert; vgl. auch KROON, Augsburger Reformation (wie Anm. 23), S. 74f.

[36] Dieses ist in BDS 8, S. 261–292 ediert.

[37] SEEBASS, Martin Bucer (wie Anm. 20), S. 487 [ND: S. 121].

später drängte er die Augsburger Prediger auch noch dazu, zehn Glaubensartikel zu unterzeichnen, die eine klare Absage an jede Form von Spiritualismus enthielten – wieder gegen den massiven Widerstand von Keller und Wolfhart.[38] Diese Schritte bahnten den Weg für vorsichtige Annäherungsversuche des Augsburger Rates an Martin Luther im Sommer 1535.[39] Eine Versöhnung der beiden Seiten besiegelte man mit der Vereinbarung, die Predigerstelle an Heilig Kreuz mit einem Prediger aus Wittenberg, dem gebürtige Augsburger Johann Forster, zu besetzen.[40] Als Ergebnis dieser Entspannungspolitik konnte Augsburg am 20. Januar 1536 Mitglied des Schmalkaldischen Bundes werden. Doch mit der Ankunft Johann Forsters in Augsburg flammten die alten Streitigkeiten zwischen Lutheranern und Zwinglianern wieder auf. Bucer kam dann für drei Wochen nach Augsburg um zu schlichten, was ihm wohl gelang, denn er konnte anschließend mit Wolfgang Musculus und Bonifatius Wolfhart weiter nach Wittenberg reisen, wo die Verhandlungen stattfanden, die zur Abendmahlskonkordie mit Luther führen sollten. Diese wurde von Musculus und Wolfhart als Vertreter Augsburgs mitunterzeichnet.[41] Rein formal schien die abendmahlstheologische Versöhnung zwischen Wittenberg und Augsburg perfekt.

Im Januar 1537 beschloss der Augsburger Rat die Auflösung aller noch vorhandenen Klöster und die endgültige Einführung der Reformation,[42] wenige Monate später kam Bucer wieder nach Augsburg und blieb fast zwei Monate, um die Stadt mit einer evangelischen Kirchenordnung zu versehen.[43] Diese Fortschritte bei der Institutionalisierung der Reformation konnten aber nicht über das tatsächlich desolate Klima innerhalb der Predigerschaft hinwegtäuschen: Johann Forster und sein Diakon Kaspar Huberinus standen den Zwinglianern Michael Keller und Bonifatius Wolfhart unversöhnlicher denn je gegenüber. Zwischen Forster und Keller hatte sich sogar so etwas wie eine Todfeindschaft[44] entwickelt, obwohl man beiden am 9. Juli 1537 einen persönlichen Friedensschluss abgenötigt hatte.[45] Zu einem Eklat kam es am 8. August 1538, als Forster während des wöchentlichen Predigerkonvents seinen Kollegen Keller zu einer unmissverständlichen Stellungnahme zugunsten des lutherischen Abendmahlsverständnisses aufforderte, was

---

38 Das Gutachten ist in BDS 6,1, S. 77–82 ediert.

39 ROTH, Augsburgs Reformationsgeschichte 2 (wie Anm. 1), S. 247f.

40 Vgl. WA.B 7, Nr. 2211 und Nr. 2212, S. 210–213; vgl. auch ROTH, Augsburgs Reformationsgeschichte 2 (wie Anm. 1), S. 248–252; SEEBASS, Martin Bucer (wie Anm. 20), S. 488; KÖHLER, Zwingli und Luther 2 (wie Anm. 29), S. 388f.; zu Forster vgl. GERMANN, Wilhelm: D. Johann Forster, der Hennebergische Reformator. Ein Mitarbeiter und Mitstreiter D. Martin Luthers (Neue Beitr.ge zur Geschichte deutschen Altertums, Lieferung 12), [Wasungen] [1894]; SEEBASS, Augsburger Kirchenordnung (wie Anm. 26), S. 36–49.

41 BDS 6,1, S. 134,5f.

42 KIESSLING, Augsburg in der Reformationszeit (wie Anm. 1), S. 70.

43 Ausführlich beschrieben wird dieser Vorgang bei SEEBASS, Augsburger Kirchenordnung (wie Anm. 26).

44 So ROTH, Augsburgs Reformationsgeschichte 2 (wie Anm. 1), S. 433; vgl. auch SAFLEY, Zentrum und Peripherie (wie Anm. 18), S. 70f.

45 SEEBASS, Augsburger Kirchenordnung (wie Anm. 26), S. 48 [ND: S. 140].

dieser verweigerte. Es war mehr die aggressive Vorgehensweise der Beteiligten als sachlich ausgetragene Meinungsdifferenzen, die zu einer weiteren Eskalation des Konflikts bei der nächsten Sitzung des Predigerkonvents eine Woche später führte. Daraufhin schritt der Rat auf Bitten der Prediger gegen Forster ein und bezichtigte ihn der Streitlust und der Unbelehrbarkeit in Schreiben, die nach Wittenberg und Straßburg geschickt wurden.[46] Erneut wandte sich Bucer an die Prediger mit einem Gutachten, in welchem er sie mahnte, die Einheit der Kirche als höchstes Ziel anzustreben und die Heilsbedeutung des äußeren Vollzugs der Sakramente nicht unbedacht herabzusetzen und somit den Unwillen der Lutheraner unnötig zu erregen.[47] Luther dagegen antwortete dem Rat fast zeitgleich mit Bucer mit einem zornigen Brief, in welchem er den Augsburgern vorwarf, die Konkordie von 1536 gefährden zu wollen.[48] Aus seiner Sicht werde „sein Forster" aus der Stadt gedrängt, während Schwärmern wie Keller und Wolfhart Schutz gewährt werde.[49] Das Fass zum Überlaufen brachte aber Johann Forster selbst, der in dieser aufgeladenen Atmosphäre den Augsburger Rat am 3. November 1538 mit einer schroff lutherischen Abendmahlspredigt aufs Neue provozierte.[50] Am 14. November legte man ihm nahe, gegen eine Abfindung von 100 Gulden seine Stelle freiwillig zu räumen. Als Forster sich weigerte darauf einzugehen, kündigte ihn der Rat zum 18. Dezember 1538 und erteilte ihm bis zu diesem Zeitpunkt Predigtverbot. Am 15. Januar 1539 zog Forster nach Tübingen, wo er eine Anstellung an der Universität erhielt. Aber auch sein Gegner Michael Keller kam nicht unbeschadet aus dem Konflikt heraus. Keller erlitt am 12. Oktober 1538 einen schweren Schlaganfall, der ihn zur Aufgabe seiner Predigttätigkeit an der Barfüßerkirche zwang.[51]

Zusammenfassend läßt sich feststellen: Zwischen 1530 und 1539, also zwischen der Neubesetzung der Augsburger Predigerstellen in der Folge des Reichstages und dem Weggang des letzten lutherischen Predigers, Johann Forster, vollzog sich also eine spürbare Homogenisierung der anfänglichen theologischen Vielstimmigkeit Augsburgs. Stark vereinfachend könnte man von einer allmählichen Verdrängung der altgläubigen, der lutherischen und der täuferischen Partei bei gleichzeitiger Konsolidierung der sogenannten zwinglianischen Fraktion sprechen. Paradoxerweise fand zur selben Zeit eine offizielle, vom Straßburger Reformator Martin Bucer aktiv betriebene Annäherung an Wittenberger Abendmahlspositionen statt.

---

[46] Roth, Augsburgs Reformationsgeschichte 2 (wie Anm. 1), S. 436–438.
[47] Edition des Gutachtens in BDS 8, S. 321–330.
[48] WA.B 8, Nr. 3251, S. 274–276
[49] Roth, Augsburgs Reformationsgeschichte 2 (wie Anm. 1), S. 437f.
[50] Zum Folgenden vgl. ebd., S. 438–440; BDS 8, S. 319f.
[51] Vgl. auch Safley, Zentrum und Peripherie (wie Anm. 18), S. 71.

2 Weitere Beispiele einer zerstrittenen Reformation

Das zu Beginn angepeilte Thema war die Zerstrittenheit oder – positiver formuliert – Vielgestaltigkeit der Reformation in Augsburg. Doch zur Einordnung der
Beobachtungen drängt sich ein Vergleich mit zwei anderen Reichsstädten geradezu
auf, obwohl diese in keinem näheren Verhältnis zu Augsburg standen. Hier lassen
sich parallele Entwicklungen aufzeigen, mit denen sich die Ereignisse in Augsburg
kontextualisieren lassen.

2.1 Kempten

Auch die oberschwäbische Reichsstadt Kempten war ab Sommer 1527 zum Schau-
platz eines Abendmahlszwists geworden, der den Prediger an St. Mang, Jakob
Haistung,[52] in einen erbitterten Streit mit seinen Helfern an derselben Kirche,
Johannes Rottach[53] und Johannes Seeger,[54] verwickelte.[55] Haistung neigte zu
einem zwinglianischen Abendmahlsverständnis und verfügte über beträchtlichen
Rückhalt in der Bevölkerung, während seine Kollegen Anhänger Luthers waren
und hinter sich nur eine Minderheit hatten. Der Rat war seinerseits um eine
Bewahrung des städtischen Friedens bemüht. Im Frühjahr 1530 verwahrte sich
Haistung gegen Anschuldigungen des Ansbacher Reformators und Luther-Anhän-
gers Andreas Althamer, er würde Kempten aufgrund seiner zwinglischen Abendmahlslehre in den Abgrund führen.[56] Der städtischen Uneinigkeit zum Trotz und
zur großen Freude Rottachs und Seegers nahm der Kemptener Rat am 14. Juli
1530 die Confessio Augustana an. Bald darauf warf Seeger aber Haistung vor, den
Abendmahlsartikel des Augsburger Bekenntnisses nach eigenem Gutdünken zu

---

[52] Jakob Haistung (Haystung), geb. in Kempten um 1495, gest. dort 1536; am 24. Oktober 1516 an der Universität
Freiburg immatrikuliert, Erwerb des Bakkalaureats dort 1518, seit 1520 Kaplan am Hl. Geist Spital in Kempten,
seit dem 29. Januar 1523 Helfer des Kemptener Stadtpfarrers Sixtus Rummel an St. Mang. Zu ihm vgl. Pfarrerbuch Bayerisch-Schwaben (ehemalige Territorien Grafschaft Oettingen, Reichsstädte Augsburg, Donauwörth,
Kaufbeuren, Kempten, Lindau, Memmingen, Nördlingen und Pfarreien der Reichsritterschaft in Schwaben), hg.
von Helene Burger, Hermann Erhard und Hans Wiedemann (EKGB 77), Neustadt a. d. Aisch 2001, Nr. 411,
S. 72.

[53] Johannes Rottach, geb. in Kempten (Datum unbekannt), gest. nach 1553; am 25. Juli 1510 an der Universität
Tübingen immatrikuliert, Erwerb des Bakkalaureats am 23. Dezember 1511, seit 1523 Helfer an der St. Mang
Kirche in Kempten. Zu ihm vgl. Pfarrerbuch Bayerisch-Schwaben (wie Anm. 52), Nr. 1018, S. 173.

[54] Johannes Seeger (Seger, Serranus, Serarius), geb. in Kempten (Datum unbekannt), gest. 1552 in Roßfeld bei
Crailsheim; im Sommersemester 1520 an der Universität Leipzig immatrikuliert, Erwerb des Bakkalaureats am
6. März 1522, seit 1528 Helfer an St. Mang; aus einem späteren Brief Seegers und Rottachs an Luther von 10.
Juli 1533 geht zweifellos hervor, daß Seeger unmittelbar vor der Rückkehr nach Kempten auch in Wittenberg
studiert hat. Zu ihm vgl. Pfarrerbuch Bayerisch-Schwaben (wie Anm. 52), Nr. 1171, S. 197.

[55] Ausführlich zum Folgenden BUCKWALTER, Stephen: Bucer as Mediator in the 1532 Kempten Eucharistic
Controversy. In: Reformation and Renaissance Review. Journal of the Society for Reformation Studies 7.2–3
(2005), S. 188–206; vgl. auch die Ausführungen in BDS 8, S. 55–65.

[56] Vgl. ERHARD, Otto: Die Sakramentsstreitigkeiten in Kempten 1530-1533. In: BBKG 17 (1910), S. 153–173,
hier: S. 158.

missdeuten. Um den Frieden wiederherzustellen, bat der Rat alle drei Prediger im Sommer 1532 um schriftliche Stellungnahmen zum Abendmahl und schickte diese zur Begutachtung nach Nürnberg, Augsburg und Straßburg.[57] In seinem am 31. Dezember 1532 im Namen der Straßburger Theologen verfassten Gutachten[58] hebt Martin Bucer zunächst recht diplomatisch die impliziten, unbewussten Gemeinsamkeiten zwischen den Bekenntnissen Haistungs, Rottachs und Seegers hervor.[59] Doch von allen Bekenntnissen bescheinigt er demjenigen Jakob Haistungs, das konsensfähigste zu sein, denn es enthalte wenig, was nicht auch Seeger und Rottach als schriftgemäß und christlich erkennen würden. Bucer schließt sein Gutachten mit einer Art Maßnahmenkatalog zur Beilegung des Streites, bei welchem er Seeger und Rottach auffordert, bestimmte Formulierungen ganz fallen zu lassen.[60] Sie sollen z. B. nicht sagen *das Brot ist der Leib oder der Kelch ist das Blut, sondern lieber Im Abendmahl ist und wird der wahre Leib Christi und das wahre Blut Christi mit Brot und Wein wahrlich gegeben*[61]. Die Augsburger Theologen stellten sich in ihrem Gutachten ganz auf die Seite Haistungs, währen die Nürnberger dessen Abendmahlsanschauung *ein öffentlich Irrsal* nannten und offen auf die Seite Seegers und Rottachs traten.[62] Der Kemptener Rat entschied sich für das Bucersche Gutachten als vermeintliche Mittelposition und forderte die drei Prediger auf, dieses anzunehmen. Als Rottach und Seeger ihre Einwilligung aus Gewissensnot verweigerten, entließ sie der Rat kurzerhand am 31. Januar 1533 und ersetzte sie mit zwei Predigern aus dem Umfeld Zwinglis. Ihre Empörung über diese Vorgänge brachten Rottach und Seeger in einem 52seitigen Brief an Luther vom 10. Juli 1533 zum Ausdruck, in welchem sie diffamierend über Bucer herzogen und ihn der Täuschung und Falschheit bezichtigten.[63] Die Kemptener Ereignisse interpretierten sie als eine üble, von den Straßburgern und Haistung gemeinsam gegen sie geschmiedete Verschwörung.

---

[57] Vgl. hierzu BDS 8, S. 57–59.

[58] Ediert in: BDS 8, S. 67–154.

[59] BDS 8, S. 95–134.

[60] BDS 8, S. 137–139.

[61] BDS 8, S. 137,25–27.

[62] ERHARD, Sakramentsstreitigkeiten (wie Anm. 56), S. 162f.

[63] Das Autograph dieses Briefes ist im Straßburger Stadtarchiv erhalten; StadtA Straßburg, 1AST 174, fol. 282r–307v.

2.2 Frankfurt

Und nun zu einem weiteren Parallelfall, zur Reichsstadt Frankfurt am Main.[64] Obwohl diese Stadt als Wahlort der deutschen Könige sich auch, wie Augsburg, um eine gegenüber Karl dem V. rücksichtsvolle Haltung bemühen musste, rang der Rat sich dazu durch, im Februar 1531 eine evangelische Abendmahlsordnung offiziell einzuführen. Am 5. März 1531 wurde eine erste evangelische Abendmahlsfeier unter Beteiligung aller vier Prädikanten durchgeführt.[65] Dies waren Johannes Bernhardi, genannt Algesheimer,[66] Dionysius Melander,[67] Peter Pfeiffer, genannt Comberg,[68] und Johannes Cellarius.[69] Nun waren auch diese Prädikanten in ihrem Abendmahlsverständnis höchst uneinig: Melander, Algesheimer und Comberg tendierten zu einer zwinglianischen Auffassung des Abendmahls, während Cellarius, der gerade aus Wittenberg kam, als Schüler Luthers galt. Die Uneinigkeit unter den Predigern wurde so akut, dass Melander, Algesheimer und Comberg im Februar 1532 die Zusammenarbeit mit Johannes Cellarius aufkündigten.[70] Anfang April desselben Jahres wurde Cellarius sogar vom Frankfurter Rat seines Amtes enthoben. Im September 1532 musste er Frankfurt verlassen. Bei Luther in Wittenberg angekommen, schilderte Cellarius die Ereignisse und die Lage in Frankfurt in denkbar ungünstigem Licht. Über diesen Zwischenfall verständlicherweise empört, nahm Luther ihn zum Anlass, ein Warnschreiben „An die zu Frankfurt" in den letzten Monaten des Jahres 1532 zu verfassen.[71] Als Antwort darauf erschien im März 1533 eine von Martin Bucer auf Bitten der Prediger und in deren Namen verfasste ‚Entschuldigung der Diener am Evangelio Jesu Christi zu Frankfurt am Main auf einen Sendbrief Martin Luthers im Druck ausgegangen'.[72] Darin verwahren sich die Frankfurter Prädikanten gegen die Vorwürfe Luthers, betonen ihre Gemeinsamkeiten mit dem Wittenberger Reformator und fassen ihr Abendmahlsverständnis folgendermaßen zusammen,

---

[64] Zum Folgenden vgl. DECHENT, Hermann: Kirchengeschichte von Frankfurt am Main seit der Reformation, 2 Bde., Frankfurt 1913/1921, hier: Bd. 1, S. 116–142 und JAHNS, Sigrid: Frankfurt, Reformation und Schmalkaldischer Bund. Die Reformations-, Reichs- und Bündnispolitik der Reichsstadt Frankfurt am Main 1525–1536 (Studien zur Frankfurter Geschichte 9), Frankfurt 1976, S. 138f., 149–152 und 221–228.

[65] JAHNS, Frankfurt (wie Anm. 64), S. 202.

[66] Zum ihm vgl. MBW 11, S. 58f.; JAHNS, Frankfurt (wie Anm. 64), S. 40, Anm. 120.

[67] Zu ihm vgl. BCor 5, S. 337, Anm. 1; HBW Theologische Schriften, Bd. 6: Kommentare zu den neutestamentlichen Briefen. Röm – 1Kor – 2Kor, Zürich 2013, S. LXIf.; JAHNS, Frankfurt (wie Anm. 64), S. 40, Anm. 120.

[68] Auch Chomberg genannt; zum ihm vgl. JAHNS, Frankfurt (wie Anm. 64), S. 117, Anm. 22.

[69] Zu ihm vgl. BCor 5, S. 338; JAHNS, Frankfurt (wie Anm. 64), S. 139, Anm. 137; DECHENT, Kirchengeschichte 1 (wie Anm. 64), S. 129–136.

[70] JAHNS, Frankfurt (wie Anm. 64), S. 207.

[71] WA 30,3, S. 554–571.

[72] BDS 4, S. 312–319.

nämlich dass der Herr im Abendmahl *uns seinen wahren, natürlichen Leib und sein wahres, natürliches Blut gibt, und das zu einer wahren, wesentlichen Speise unserer Seelen*[73]. Hier wird um eine Formulierung gerungen, die Wittenberger Ansichten nicht widerspricht, aber zugleich mit der von Bucer übernommenen oberdeutschen Position in Einklang steht.

3   Fazit

Ich versuche eine abschließende Zusammenfassung: In allen drei Reichsstädten interveniert Bucer von außen als Gutachter oder Verfasser von Stellungnahmen, in Augsburg auch noch durch persönliche Aufenthalte. In allen drei Reichsstädten gibt es während dieser Jahre eine eindeutige Tendenz zur theologischen Vereinheitlichung im Sinne einer von Bucer betriebenen, spezifisch oberdeutschen Abendmahlstheologie. In allen drei Reichsstädten stellen wir während dieser Jahre eine Personalpolitik fest, die dazu neigt, lutherische Prediger auszugrenzen und zum Zwinglianismus neigende Prediger in ihrer Stellung zu bestärken. Polemisch könnte man sagen: In allen drei Städten geht Vielstimmigkeit verloren; doch paradoxerweise erfährt während dieser Zeit die Abendmahlstheologie Bucers, der ja als Stratege dieser Entwicklung erscheinen könnte, eine eindeutige Annäherung an lutherische Positionen. Ja, die spezifisch oberdeutsche Abendmahlstheologie, die der Straßburger Reformator in Frankfurt, Kempten und Augsburg durchsetzt, wird seitens Bullingers und der Schweizer als Kapitulation vor Luther wahrgenommen.[74] Eine scheinbar Wittenberg-feindliche Personalpolitik wird paradoxerweise von einer theologischen Annäherung an Wittenberg begleitet.

Unser Blick auf die Jahre 1530 bis 1539 in Augsburg eröffnet somit ein Fenster auf zutiefst widersprüchliche Vorgänge. Der Begriff der Vielstimmigkeit gewinnt durch sie neue Dimensionen, deren restlose wissenschaftliche Ergründung uns noch bevorsteht.

---

[73] BDS 4, S. 314,36–315,1.

[74] Vgl. etwa Heinrich Bullingers Brief an Bucer vom 12. Juli 1532 in: HBBW 2, Nr. 110, bes. Z. 202–217; vgl. auch FRIEDRICH, Reinhold: Heinrich Bullinger und die Wittenberger Konkordie. Ein Ökumeniker im Streit um das Abendmahl. In: Zwingliana 24 (1997), S. 59–79, hier: S. 65 sowie die Ausführungen in BDS 8, S. 293–302.

Volker Leppin

Resumée

Seit der grundlegenden Studie von Bernd Moeller über ‚Reichsstadt und Reforma-tion‘[1] scheinen die Rahmenbedingungen für dieses Thema fest gesteckt. Die Reichs-städte, insbesondere im Südwesten, sind aus einem Gesamtbild der Reformation nicht mehr fortzudenken, das städtische Bürgertum als Nährboden der reformato-rischen Bewegung steht deutlich vor Augen. Mit der zunehmenden Etablierung dieses Bildes ging allerdings auch eine gewisse Ermattung des Interesses an der städtischen Reformation einher. In den vergangenen Jahren hat unter neuen Bedin-gungen die territoriale Reformation wieder Aufmerksamkeit auf sich gezogen, nicht zuletzt aufgrund der Einsicht, dass die Dauerhaftigkeit der Reformation letztlich durch die größeren machtpolitischen Blöcke gesichert wurde. Eine erste Ideenzirkulation in den Städten, dann aber eine Durchsetzung vermittels der Territorien, so wird man wohl den Konsens beschreiben können, der sich in den jüngeren reformationsgeschichtlichen Darstellungen abzeichnet.[2]

Die nun vorliegenden Ergebnisse einer Ulmer Tagung aus dem Jahr des Reforma-tionsjubiläums eröffnen demgegenüber einen neuen Zugang zur städtischen Refor-mation: Nicht eine frühe begeisterte Aufnahme reformatorischer Ideen steht hier im Mittelpunkt, sondern es geht in einer etwas späteren Phase der Entwicklung um eine städtische Gemeinschaft, die ihren eigenen Weg in einer Situation zu gehen sucht, in welcher die Neuansätze sich zu verfestigen beginnen, die reforma-torische Bewegung zunehmend durch innere Konflikte geprägt ist und doch die Ulmer Akteure das Projekt der Reformation weder als Ganzes verabschieden noch einer dauerhaften Konflikthaftigkeit anheimgeben wollen. Nicht die Frage also, wie sich neue Ideen durchsetzen, steht hier im Vordergrund, sondern die, wie es gelingen kann, unterschiedliche Vorstellungen so in der Waage zu halten, dass die städtische Diskursgemeinschaft nicht zerbricht und die politisch Handelnden nicht gänzlich orientierungslos werden.

Die Orientierung war auch deswegen möglich, weil auch Ulm zunächst an dem Geschehen teilhatte, das man als eine Reduktion der Vielfalt oder mit Berndt Hamm als „Reduktion von Komplexität" und „normative Zentrierung" (S. 14) beschreiben kann: Wenn der vorliegende Band im Ergebnis eine Vielstimmigkeit

---

[1] MOELLER, Bernd: Reichsstadt und Reformation (SVRG 180), Göttingen 1962. Neue Ausgabe, mit einer Einleitung hg. von Thomas KAUFMANN, Tübingen 2011.

[2] DINGEL, Irene: Reformation. Zentren – Akteure – Ereignisse, Göttingen 2016; KAUFMANN, Thomas: Erlöste und Ver-dammte. Eine Geschichte der Reformation, München ³2017; LEPPIN, Volker: Die Reformation, Darmstadt ²2017.

der Ulmer Kirchlichkeit im Gefolge der Reformation konstatiert, so ist dies zunächst einmal kontraintuitiv gegenüber dem, was der Gesamtvorgang der Reformation bedeutete. Durch diesen kristallisierten sich solche Antriebskräfte heraus, die ungeachtet aller Vielfalt den unterschiedlichen Strömungen der Reformation zugrunde lagen. Hamm benennt sie als ein Streben nach Authentizität der Kirche, nach exklusiver Normativität des biblischen Gotteswortes sowie als Kirche des allgemeinen Priestertums, also Laienkirche.

Indem Hamm diese Faktoren als Antriebskräfte beschreibt, macht er deutlich, dass sie nicht unmittelbar Gestaltungen vorgaben – auch die exklusive Bedeutung des Gotteswortes gewann soziale und rechtliche Form allein durch die vielfältigen Vorgänge der Durchsetzung im innerstädtischen Diskurs wie im innerstädtischen Machtspiel. Der Diskurs war dabei für Ulm durch die klassischen Pole innerreformatorischer Pluralität bestimmt.

Der Diskurs aber richtete sich auch nach dem Durchsetzbaren, und das wiederum hing an den machtpolitischen Gegebenheiten. Diese lagen, wie Sabine Holtz zeigt, nach Städten und Territorien sehr unterschiedlich. So wird man auch für Ulm die Gründung des Schmalkaldischen Bundes als „Wendepunkt" (S. 38) ansehen dürfen, der neue Gestaltungsmöglichkeiten eröffnete, zumal mit der Hinwendung Württembergs zur Reformation ein gänzlich neues Machtgefüge entstanden war. Neben solchen Konstellationen macht der Blick auf die obrigkeitliche Reformation aber auch darauf aufmerksam, dass jene Antriebskräfte der städtischen Reformation, auf welche Hamm verweist, je nach Kontext einen sehr unterschiedlichen Ausschlag bringen konnten: Die Lehre vom allgemeinen Priestertum hat „politisch das landesherrliche Kirchenregiment weiter gestärkt", stellt Holtz sehr nüchtern fest (S. 45). Was also im städtischen Kontext Diskursgemeinschaft und -fähigkeit gefördert haben mag, hatte im territorialen Kontext eher eingrenzende Wirkung, und umgekehrt war es dann doch wieder dieser territoriale Zusammenhang, der die städtischen Gestaltungsmöglichkeiten eröffnete: Mit einfachen Entgegensetzungen kommt man in einem Bild, das städtische und territoriale Aspekte verbinden will, offenkundig nicht weiter.

Dass diese politischen Vorgaben auch den scheinbar freieren Diskurs durch Briefe beeinflussten und begrenzten, zeigt in einem Überblick vorwiegend zu Bullingers Korrespondenz mit Ulm Rainer Henrich auf: Der Vergleich zwischen 1530/31 und 1548 zeigt, wie das Interim sich auch auf die brieflichen Verbindungen auswirkte. Henrichs Befund eines markanten Rückgangs der Ulmer Korrespondenz mit Zürich weist allerdings auch auf die Anfänge von Versuchen, die „Vielstimmigkeit" der Reformation in Ulm im Sinne „konfessioneller Abgrenzung" (S. 68) zu reduzieren.

Welchen Einschnitt die Zuwendung zur Wittenberger Konkordie in der Ulmer Reformationsgeschichte bedeutete, macht ein Blick auf die vorher so bemerkenswerten Einflüsse Bucers deutlich: Christoph Strohm verweist darauf, dass die von diesem maßgeblich mit verfasste Ulmer Kirchenordnung von 1531 hinsichtlich des Abendmahls noch klar die ‚Confessio Tetrapolitana‘ zur Grundlage nahm und nicht die ‚Confessio Augustana‘. Ebenso zeigten auch der Umgang mit der Bilderfrage wie die Handhabung der Kirchenzucht im Vergleich mit Ordnungen Wittenberger Provenienz ein klar oberdeutsches Profil. Das hat sich durch das Wirken Frechts jedenfalls verschoben.

So bestätigt auch die Untersuchung von Susanne Schenk, dass sich Frechts Versuch, die Wittenberger Konkordie um- und durchzusetzen, in Ulm massiv bemerkbar machte. Sie zeigt dies an Frechts Konflikt mit Georg Keller, mit der markanten Pointe, dass „für Keller und viele weitere Ulmer das Abendmahl grundsätzlich nicht zu verhandeln war mit Luther" (S. 165) – diese Diskursverweigerung schreibt man sonst eher dem Wittenberger zu. Dass der Konflikt aber stattfand und ausgetragen werden musste, sich also Ulm im Innern keineswegs rasch auf die nach außen demonstrierte Geschlossenheit verständigt hat, zeigt der weitere Blick auf das innere Leben der Stadt, wie ihn Schenk präsentiert, indem sich für die vierziger Jahre eine hochgradige Lebendigkeit und eben Vielstimmigkeit bemerkbar machen: An mehreren Konflikten zeigt sie auf, wie unterschiedliche Ansätze konkurrierten und mit welchen Schwierigkeiten der Rat zu kämpfen hatte: Dass dem sozialethisch inspirierten Prediger Schaffner der Predigtauftrag im Münster mit der rein formalen Begründung mangelnder Bildung entzogen wurde, zeigt etwas von den Mühen, die von Hamm beschriebenen Impulse, die sich hier in der früh in Ulm angelegten sozialethischen Ausrichtung niederschlugen, in ihrer zunehmenden Differenzierung zu würdigen und zu beurteilen. Dass auch geschlechtergeschichtliche Perspektiven das Bild insgesamt erweitern werden, kann man an der Tatsache ablesen, dass die Liste, auf der Frecht Anfang der vierziger Jahre verdächtige Personen zusammenstellte, mehr Frauen als Männer enthielt – und dass die von Schenk untersuchten Verhöre hier hochinteressante Einblicke in eigene theologische Zugriffe eröffnen.

Jenseits aller Differenzen zwischen Konrad Sam und Martin Frecht darf nicht vergessen werden, dass zu den heutigen Vorstellungen von Vielstimmigkeit – gerade das Reformationsjubiläum 2017 hat dies eindrücklich gezeigt – auch die katholische, für die Reformationszeit: altgläubige Seite gehört. Die nüchterne Auflistung von Gudrun Litz, was den Altgläubigen alles nicht mehr im Münster möglich war: „das Feiern der Messe, der Empfang der Sakramente über Taufe und Abendmahl hinaus, Prozessionen, Rosenkranzgebete, kultische Handlungen mit Kerzen, Weihrauch etc." (S. 135) lässt erahnen, in welchem Ausmaß die reformatorischen Veränderungen über die gewachsene Glaubenskultur hinweggingen. Erstmals wird nun das Schicksal der Altgläubigen im reformatorischen Ulm beleuchtet – und konstatiert, dass zwar ein Auslaufen zur Messe ab 1531 geduldet wurde, sofern dies auf den Boden außerhalb des Ulmer Territoriums führte, dass eine eigentliche religiöse Lebensmöglichkeit für die Altgläubigen aber erst mit der Rückkehr der Augustinerchorherren ins Wengenstift 1549 wieder ermöglicht wurde.

Allenfalls am Rande des sich einpendelnden protestantischen Konsenses bewegten sich auch die Täufer, auf deren Ergehen im Südwesten Astrid von Schlachta eingeht. Hier wird deutlich, dass nicht nur Inklusions-, sondern auch Exklusionsprozesse ein Ausdruck von grundlegender Zugehörigkeit sein können. Wie kompliziert solche Untersuchungen im Einzelnen sind, lässt sich am Beispiel Ludwig Hätzers ablesen (Zorzin), der persönlich mit Ulm kaum in Berührung kam, seine Präsenz in der Stadt aber vermittelt über Sebastian Franck entfalten konnte. So wird er, gemeinsam mit Denck, „indirekt" Teil der Ulmer Vielstimmigkeit (S. 93). Diese Form publizistischer Präsenz führt allerdings zu komplexen methodischen Problemen, auf welche vor allem Martin Keßlers minutiöse Untersuchung der anonymen Flugschrift „Warhaffig ursach" hinweist: Die traditionelle Suche nach einem einzelnen Autor löst sich hier ebenso auf wie die einfache Lokalisierung aufgrund eines Druckortes. Nicht alles, was in Ulm gedacht und gelehrt wurde, ist auch in Ulmer Druckschriften zu finden, sondern es konnte auch vermittelt über den beliebten Druckort Augsburg auf den Markt der Meinungen gelangen. Ulmer Vielstimmigkeit, so wird man sagen können, hat ihren Resonanzraum weit über die städtischen Grenzen hinaus. Eben das aber eröffnet auch noch einmal neue Perspektiven auf den oben beschriebenen politikgeschichtlichen Zugriff: Das Kursieren der Gedanken konnte sich Schlupflöcher jenseits der politisch akzeptierten oder gar eröffneten Wege suchen, so dass ihre Verbreitung um vieles subkutaner erfolgte, als es der Blick auf die äußere reformatorische Landkarte erwarten lassen möchte.

Ulm könnte so zum Paradigma für einen neuen Blick auf die städtische Reformation werden: auf eine Gesellschaft, die sich dem Vereinheitlichungsdruck, der sich im Zuge des 16. Jahrhunderts entwickelte, zwar nicht gänzlich entziehen kann, die aber innerhalb dieses Vereinheitlichungsdrucks jene Momente diskursiver Wahrheitsfindung, die die Städte in den ersten Jahren der Reformation auszeichneten,[3] nicht etwa verabschiedet, sondern als einen Gesprächszusammenhang gestaltet, in dem gemeinschaftsverbindliche Grenzen des Diskurses diesen selbst eröffnen und ermöglichen. Diese Charakteristik zeigt dann auch besonders der vergleichende

---

[3] MOELLER, Bernd: Zwinglis Disputationen. Studien zur Kirchengründung in den Städten der frühen Reformation, Göttingen ²2011.

Blick auf Basel, den Amy Nelson Burnett in diesem Band entfaltet: Eine vor allem vom Rat vorangebrachte Vereinheitlichung zeichnet auch hier das Geschehen aus und ebenso eine in sich divergente Form des Umgangs mit religiösen Minderheiten. Faktoren wie der Stadt-Land-Gegensatz oder der soziale Status der betroffenen Devianten dürften nicht nur hier, sondern eben auch in Ulm die Haltung zu Andersgläubigkeit mit beeinflusst haben – nicht zuletzt ist auch auf die unterschiedlichen Tolerierungsgrade in der Bevölkerung einerseits, dem Rat und der Pfarrerschaft andererseits zu blicken. Vielfalt ist so mehr zu entdecken, wenn man die gesellschaftlichen Aushandlungsprozesse in den Blick nimmt, als wenn man allein auf die ratspolitischen Maßnahmen schaut.

„Vielstimmigkeit": Das war das Motto, das sich die Stadt Ulm für das Reformationsjubiläum gegeben hat und das auch die Tagung 2017 als Titel bestimmte. Bei einem solchen Gebrauch der Kategorie „Vielstimmigkeit" wird man nicht vergessen dürfen, dass deren Bewertung im 21. Jahrhundert grundlegend von der Sicht des 16. Jahrhunderts abweicht – das macht nicht zuletzt die Studie von Stephen Buckwalter zu Augsburg deutlich. Auch hier könnte man von Vielstimmigkeit sprechen. Buckwalter macht aber, den Quellen entsprechend, die Zerstrittenheit zum Leitbegriff seiner Untersuchung. Als solche muss ein vielfältiger Diskurs erscheinen, wenn das Idealbild, wie es vielfach von den Räten und den maßgeblichen Kirchenvertretern gezeichnet wird, letztlich einer Einheitskonzeption entspringt. Diese mag für diejenigen plausibel sein, die die eigene Stadt im Zusammenhang eines Machtgefüges denken, aber auch für diejenigen, die von der Einheit der göttlichen Wahrheit ausgehen. Die Entdeckung einer frühmodernen Vielstimmigkeit aus der Perspektive der Spätmoderne weist somit auf die latenten Spannungen zwischen Einheitskonzeptionen und faktischer Vielfalt der Meinungsoptionen hin. Die von Berndt Hamm beschriebene Reduktion der Komplexität stieß auf die Widerständigkeit eben dieser unterschiedlichen Meinungsoptionen, in denen sich in geänderter Form auch die plurale Welt des späten Mittelalters neu formierte, die weniger Einschränkungen und Vorgaben kannte als die Zeit der sich bildenden Konfessionen. Ulmer Vielstimmigkeit erscheint, so gesehen, nicht allein als das Wunschbild der heutigen Zeitgenossen, sondern gibt dem Ausdruck, dass sich die Bedingungen religiöser Sprache und religiösen Lebens im 16. Jahrhundert auf der Ebene der Obrigkeiten rascher verengten als unter den agierenden Subjekten in der Gesamtgesellschaft.

Personenregister
Tobias Jammerthal

Im Personenregister sind alle Personen erfasst, die im Text, den Bildunterschriften und in den Fußnoten vorkommen. Nicht berücksichtigt werden Personen in den Überschriften und Literaturangaben sowie Nomina Sacra und adjektivische Verwendungen (z. B. „lutherisch"). Personen in Fußnoten und Bildunterschriften sind durch * hervorgehoben. Sind Personen auf derselben Seite sowohl im Text als auch in den Fußnoten oder Bildunterschriften genannt, wird auf die Hervorhebung verzichtet.

Ortsregister
Tobias Jammerthal

Im Ortsregister sind alle Orte erfasst, die im Text, den Bildunterschriften und in den Fußnoten vorkommen. Nicht berücksichtigt werden Orte in den Überschriften und Literaturangaben sowie adjektivische Formen (z. B. „römisch", „Ulmer"). Orte in Bildunterschriften und Fußnoten durch * hervorgehoben. Sind Orte auf derselben Seite sowohl im Text als auch in den Fußnoten oder Bildunterschriften genannt, wird auf die Hervorhebung verzichtet.

Siglen und Abkürzungen

Arg.	Argument/argumentum
ARG	Archiv für Reformationsgeschichte
Art.	Artikel
BBKG	Beiträge zur bayerischen Kirchengeschichte
BBKL	Biographisch-bibliographisches Kirchenlexikon
BCor	Martin Bucer Briefwechsel/Correspondence de Martin Bucer, Bd. 1–3, hg. von Jean Rott, Leiden u. a. 1979–1995, Bde. 4–10, hg. von Berndt Hamm u. a., Leiden/Boston 2000–2016 (Martini Buceri Opera Omnia, Series 3; SMRT 25ff.)
BDS	Martin Bucers Deutsche Schriften, hg. von Robert Stupperich, Wilhelm H. Neuser, Gottfried Seebaß und Christoph Strohm, Bde. 1–19 in 24 Teilbänden, Gütersloh 1960–2016
begr.	begründet
BHTh	Beiträge zur historischen Theologie
BSB	Bayerische Staatsbibliothek München
BSHPF	Bulletin de la société de l'histoire du protestantisme français
bsr	Beck'sche Reihe
BWKG	Blätter für württembergische Kirchengeschichte
BZGAK	Basler Zeitschrift für Geschichte und Altertumskunde
CO	Calvini opera quae supersunt omnia, hg. von Johann Wilhelm Baum, August Eduard Kunitz und Eduard Reuss, 59 Bde., Braunschweig/Berlin 1863–1900
CThM	Calwer Theologische Monographien
CR	Corpus Reformatorum, 101 Bde., Zürich/Berlin/Halle/Leipzig 1834ff.
d. Ä.	der Ältere
d. J.	der Jüngere
EHS.T	Europäische Hochschulschriften, Reihe 23: Theologie
EKGB	Einzelarbeiten aus der Kirchengeschichte Bayerns
EKO	Evangelische Kirchenordnungen des XVI. Jahrhunderts, hg. von Emil Sehling, fortgeführt vom Institut für evangelisches Kirchenrecht der EKD in Göttingen und 2002–2017 von der Heidelberger Akademie der Wissenschaften

gen.	genannt
HAB	Herzog August Bibliothek Wolfenbüttel
HBW	Heinrich Bullinger Werke (Heinrich Bullinger Werke, Abt. 3)
HBBW	Heinrich Bullinger Briefwechsel, bearb. von Ulrich Gäbler u. a. (Heinrich Bullinger Werke, Abt. 2), Zürich 1973ff.
HStA	Hauptstaatsarchiv
JBTh	Jahrbuch für Biblische Theologie
Jh.	Jahrhundert/e
MBW	Melanchthons Briefwechsel. Kritische und kommentierte Gesamtausgabe, im Auftrag der Heidelberger Akademie der Wissenschaften hg. von Heinz Scheible, Johanna Loehr, Christine Mundhenk u. a., Stuttgart-Bad Cannstatt 1977ff.
m. E.	meines Erachtens
MennGBl	Mennonitische Geschichtsblätter
MennQR	Mennonite Quarterly Review
MTU	Münchener Texte und Untersuchungen
ND	Nachdruck/Neudruck
o. J.	ohne Jahr
o. P.	ohne Paginierung
o. O.	ohne Ort
OS	Joannis Calvini opera selecta, hg. von Peter Barth, Wilhelm Niesel und Dora Scheuner, 5 Bde., München 1926–1936
QASRG	Quellen und Abhandlungen zur schweizerischen Reformationsgeschichte
QFRG	Quellen und Forschungen zur Reformationsgeschichte
QFWKG	Quellen und Forschungen zur württembergischen Kirchengeschichte
QGT	Quellen zur Geschichte der Täufer, Bde. 3–18, Leipzig/Gütersloh 1932–2011
QGTS	Quellen zur Geschichte der Täufer in der Schweiz, Bde. 1–4, Zürich 1952–2008
QSG	Quellen zur Schweizer Geschichte, hg. von der Allgemeinen Geschichtforschenden Gesellschaft der Schweiz

RGST	Reformationsgeschichtliche Studien und Texte
RP	Ratsprotokoll
S.	Seite/n
SAMH	Studies in Anabaptist and Mennonite History
SCES	Sixteenth Century Essays and Studies
SGTK	Studien zur Geschichte der Theologie und Kirche
SKRG	Schriften zur Kirchen- und Rechtsgeschichte
SMHR	Spätmittelalter, Humanismus, Reformation / Studies in the Late Middle Ages, Humanism and the Reformation
SMRT	Studies in medieval and reformation thought
StA	Staatsarchiv
StadtA	Stadtarchiv
SuRNR	Spätmittelalter und Reformation. Neue Reihe
s. v.	sub voce
SVRG	Schriften des Vereins für Reformationsgeschichte
SWR	Studies in Women and Religion
THR	Travaux d'Humanisme et Renaissance
ThZ	Theologische Zeitschrift
TRE	Theologische Realenzyklopädie
UB	Universitätsbibliothek
UKG	Untersuchungen zur Kirchengeschichte
UO	Ulm und Oberschwaben
VD16	Verzeichnis der im deutschen Sprachraum erschienenen Drucke des 16. Jahrhunderts, hg. von der Bayrischen Staatsbibliothek in München in Verbindung mit der Herzog-August-Bibliothek in Wolfenbüttel, 25 Bde., Stuttgart 1982–2000 (htttp://www.vd16.de)
Vgl./vgl.	Vergleiche/vergleiche
VIEG	Veröffentlichungen des Instituts für Europäische Geschichte Mainz
VL	Verfasserlexikon. Die deutsche Literatur des Mittelalters (1. Aufl.)
²VL	Verfasserlexikon. Die deutsche Literatur des Mittelalters (2. Aufl.)
VL Hum.	Deutscher Humanismus 1480–1520. Verfasserlexikon, hg. von Franz Josef Worstbrock, 3 Bde., Berlin/New York 2005–2015
VL 16	Frühe Neuzeit in Deutschland 1520–1620. Literaturwissenschaftliches Verfasserlexikon

WA	D. Martin Luthers Werke. Kritische Gesamtausgabe, 120 Bde., Weimar 1883–2009
WA.B	Martin Luther: Werke. Abt. Briefwechsel, 18 Bde., Weimar 1930–1984
WA.TR	D. Martin Luthers Werke. Tischreden, 6 Bde., Weimar 1912–1921
WVhLG	Württembergische Vierteljahrshefte für Landesgeschichte
Z	Huldreich Zwinglis Sämtliche Werke, hg. von Emil Egli, Joachim Staedtke, Fritz Büsser u. a. (CR 88–108), Berlin/Leipzig/Zürich 1905–2013
Z.	Zeile
ZBKG	Zeitschrift für bayerische Kirchengeschichte
ZBLG	Zeitschrift für bayerische Landesgeschichte
ZBRG	Zürcher Beiträge zur Reformationsgeschichte
Zit./zit.	Zitiert/zitiert
ZDP	Zeitschrift für deutsche Philologie
ZHF	Zeitschrift für historische Forschung
ZHF.B	– Beihefte
ZHVS	Zeitschrift des Historischen Vereins für Schwaben und Neuburg
ZSRG	Zeitschrift der Savigny-Stiftung für Rechtsgeschichte
ZSRG.K	– Kanonistische Abteilung

Abbildungsnachweis

Stefan Aderhold, Heidelberg: S. 179

Hans Ulrich BÄCHTOLD: Heinrich Bullinger, Augsburg und Oberschwaben.
Der Zwinglianismus der schwäbischen Reichsstädte im Bullinger-Briefwechsel
von 1531 bis 1548 – ein Überblick. In: ZBKG 64 (1995), S. 15: S. 55
Théodore de BÈZE: Les vrais portraits des hommes illustres, Genève 1581: S. 178

Frans HOGENBERG/Georg BRAUN: Civitates Orbis Terrarum, [Köln] 1572: S. 182

Kantonsbibliothek St. Gallen, Vadiansche Sammlung: S. 63

Sabine Lutz Grafik-Design, Ulm: Titelbild, S. 15

F. W. Putzgers Historischer Schul-Atlas zur Alten, Mittleren und neuen
Geschichte, bearb. und hg. von Alfred Baldamus/Ernst Schwabe/Julius Koch,
Bielefeld/Leipzig [41]1918, S. 20f.: S. 174

Staatsarchiv Zürich: S. 64
Stadt Ulm, Öffenlichkeitsarbeit: S. 151
Stadtarchiv – Haus der Stadtgeschichte Ulm: S. 143, 149, 153, 167
Stadtbibliothek Ulm: S. 89, 90/91, 94/95, 97, 187

Verzeichnis der Autorinnen und Autoren

Stephen E. Buckwalter

Studium der Geschichte und Evangelischen Theologie in Goshen (Indiana), Heidelberg und Göttingen; 1996 Promotion in Göttingen; 1996–1998 Assistent am Lehrstuhl für Kirchengeschichte in Göttingen; 1998–2016 Wissenschaftlicher Mitarbeiter an der Forschungsstelle ‚Martin Bucers Deutsche Schriften' in Heidelberg; seit 2017 Wissenschaftlicher Mitarbeiter an der Forschungsstelle ‚Theologenbriefwechsel im Südwesten (1550–1620)' in Heidelberg.

Amy Nelson Burnett

Studium der Wirtschaftswissenchaften und Geschichte an der Universität Wisconsin-Madison; 1989 Ph. D. in Wisconsin-Madison; seit 1989 Professorin für Geschichte der frühen Neuzeit an der Universität Nebraska-Lincoln (Assistant Professor 1989–1996, Associate Professor 1996–2006, 2007 Professor, seit 2012 Paula and D. B. Varner University Professor of History). https://history.unl.edu/amy-burnett

Berndt Hamm

Studium der Evangelischen Theologie in Heidelberg und Tübingen; Promotion 1975 und Habilitation 1981 in Tübingen; 1984–2011 Lehrstuhlinhaber für Neuere Kirchengeschichte an der Universität Erlangen-Nürnberg; seit 2011 dort Forschungsprofessor. https://www.theologie.fau.de/lehrstuhl-kirchengeschichte-ii-neuere-kirchen-geschichte/prof-dr-berndt-hamm-em/

Rainer Henrich

Studium der Evangelischen Theologie in Zürich, Basel und Erlangen; 1986–2009 Wissenschaftlicher Mitarbeiter an der Bullinger-Briefwechseledition in Zürich; 2009–2016 Bearbeiter der Regestenedition des Briefwechsels von Oswald Myconius in Basel; seit 2016 Erschließung des Nachlasses von Johann Conrad Ulmer in Schaffhausen.

Sabine Holtz

Studium der Geschichte und der Evangelischen Theologie in Tübingen; 1991
Dr. phil. (Tübingen); 2000 Habilitation (Tübingen); ab 2000 Referentin/
Referatsleiterin am Landesarchiv Baden-Württemberg und apl. Professorin am
Institut für Geschichtliche Landeskunde und Historische Hilfswissenschaften
der Universität Tübingen; seit 2012 Lehrstuhlinhaberin für Landesgeschichte am
Historischen Institut der Universität Stuttgart; seit 2015 zugleich Vorsitzende der
Kommission für geschichtliche Landeskunde in Baden-Württemberg.
http://www.uni-stuttgart.de/hi/lg/mitarbeiter/holtz

Martin Keßler

Studium der Evangelischen Theologie in Heidelberg, Erlangen und München;
2006 Promotion in Jena und 2013 Habilitation in Göttingen; 2014–2016 Lehrstuhlvertretung in Bonn; 2016–2018 Lehrstuhlvertretung in Göttingen; seit 2018
Heisenberg-Professur für neuzeitliche Kirchengeschichte in Frankfurt/Main.

Volker Leppin

Studium der Germanistik und Evangelischen Theologie in Marburg, Jerusalem
und Heidelberg; 1994 Promotion und 1997 Habilitation in Heidelberg;
2000–2010 Lehrstuhlinhaber für Kirchengeschichte in Jena, seit 2010 in
Tübingen (Institut für Spätmittelalter und Reformation).
http://www.ev-theologie.uni-tuebingen.de/lehrstuehle-und-institute/kirchenge-
schichte/kirchengeschichte-i/lehrstuhl.html

Gudrun Litz

Studium der Mittelalterlichen und Neueren Geschichte, Buchwissenschaft,
Kunstgeschichte und Kirchengeschichte in Erlangen, Berlin und Göttingen;
1996–2006 Wissenschaftliche Mitarbeiterin an der Lazarus-Spengler-Edition
in Erlangen; 2004–2006 Wissenschaftliche Mitarbeiterin am Lehrstuhl für
Kirchengeschichte in Jena; 2006 Promotion in Göttingen; seit 2007 Wissenschaftliche Angestellte am Haus der Stadtgeschichte – Stadtarchiv Ulm.

Susanne Schenk

Studium der Evangelischen Theologie in Bethel, Oxford, Heidelberg, Princeton
und Tübingen; 2012 Promotion in Neuendettelsau; 2011–2014 Wissenschaftliche
Mitarbeiterin in Tübingen (Institut für Spätmittelalter und Reformation);
seit 2015 Dienstauftrag der Ev. Landeskirche in Württemberg zur reformationsgeschichtlichen Forschung in Ulm. http://www.ev-theologie.uni-tuebingen.de/
lehrstuehle-und-institute/kirchengeschichte/kirchengeschichte-i/mitarbeiter/
schenk-susanne-dr.html

Astrid von Schlachta

Studium der Geschichte und Germanistik (Innsbruck) 1992–1997; Promotion 2002; Wissenschaftliche Mitarbeiterin am Institut für Geschichte der Universität Innsbruck 2006–2012; Wissenschaftliche Mitarbeiterin am Lehrstuhl Neuere Geschichte (Frühe Neuzeit) der Universität Regensburg 2012–2015; Habilitation 2016; Leiterin der Mennonitischen Forschungsstelle Weierhof (Pfalz) seit 2016.

Christoph Strohm

Studium der Evangelischen Theologie und Geschichte in München, Neuendettelsau und Heidelberg; 1987 Promotion in Heidelberg; 1987/88 Research Fellow an der University of Chicago; 1995 Habilitation in Heidelberg; 1996–2006 Lehrstuhlinhaber für Reformationsgeschichte und Neuere Kirchengeschichte in Bochum, seit 2006 in Heidelberg; seit 2008 ordentliches Mitglied der Heidelberger Akademie der Wissenschaften.
https://www.uni-heidelberg.de/fakultaeten/theologie/personen/strohm.html

Alejandro Zorzin

Studium der Evangelischen Theologie in Buenos Aires (ISEDET); 1989 Promotion in Göttingen; 1990–2000 Dozent für Kirchengeschichte in Buenos Aires (ISEDET); seit 2012 Wissenschaftlicher Mitarbeiter der Karlstadt-Edition (DFG/Göttinger Akademie der Wissenschaften).
https://karlstadt-edition.org